Rüdiger Götte

Chaos an den Finanzmärkten?

Finanzmarkttheorien auf dem Prüfstand

Rüdiger Götte

CHAOS AN DEN FINANZMÄRKTEN?

Finanzmarkttheorien auf dem Prüfstand

ibidem-Verlag
Stuttgart

Bibliografische Information der Deutschen Nationalbibliothek
Die Deutsche Nationalbibliothek verzeichnet diese Publikation in der Deutschen Nationalbibliografie; detaillierte bibliografische Daten sind im Internet über http://dnb.d-nb.de abrufbar.

Bibliographic information published by the Deutsche Nationalbibliothek
Die Deutsche Nationalbibliothek lists this publication in the Deutsche Nationalbibliografie; detailed bibliographic data are available in the Internet at http://dnb.d-nb.de.

Coverabbildung: © Eisenhans - Fotolia.com

∞

Gedruckt auf alterungsbeständigem, säurefreien Papier
Printed on acid-free paper

ISBN-13: 978-3-8382-0189-4

Printed in Germany

Vorwort

Manchmal schreibt das Leben verrückte Geschichten. Zum Beispiel die des als Literaturstudent gescheiterten Japaners Takafumie Horie. Horie fiel in der Vergangenheit durch allerhand verrückte Ideen auf. So versuchte er erfolglos, ein Baseball-Team zu kaufen. Ebenso scheiterte er 2005 mit dem Versuch, den Radiosender *Nippon Broadcasting* zu übernehmen. Auch sein vorerst letzter Coup, sich ins japanische Unterhaus wählen zu lassen, war nicht von Erfolg gekrönt. Im Hauptberuf ist Takafumie Horie Chef der in Japan sehr bekannten Internetfirma *Livedoor.* Er galt wegen des stürmischen Wachstums seines Unternehmens als steinreich, bis im Januar 2006 Gerüchte über Kursmanipulationen und Bilanzfälschungen die Runde machten. Die Folge waren Panikverkäufe vor allem von *Livedoor*-Aktien, später griff die Panik jedoch auf den gesamten Markt über. Dies löste an der Tokioter Börse ein ziemliches Chaos aus, und am Ende musste die Aufsicht sogar den Aktienhandel aussetzen (als Grund wurden technische Probleme angegeben). Die Weltbörsen zogen nach. Verstärkt wurde der Kursdruck durch Hiobsbotschaften aus den USA. So gaben *Intel* und *Yahoo* schlechte Quartalszahlen bekannt und fielen postwendend innerhalb eines Tages um mehr als 12 %. Auch der deutsche Aktienindex DAX konnte sich dem negativen Trend nicht entziehen. Weltweit kam es zu einem mehr oder weniger großen Kursrutsch.

Wie lassen sich solche Kursschwankungen erklären? Die herkömmlichen Finanzmarkttheorien bieten eigentlich keine rechte Erklärung. Im umfangreichen ‚Portfolio der Theorien' bin ich auf der Suche nach einer geeigneten Erklärung auf die Chaostheorie[1] gestoßen. Um sie für diese Theorie zu ‚erwärmen', sollten wir einen Blick in die jüngste Vergangenheit werfen. Im Jahr 2007 sah alles nach einer ‚heilen' Börsenwelt aus, mit einem stabilen weltweiten Wirtschaftswachstum von 5 % – getrieben durch die aufstrebenden Staaten in Asien und ein erstarkendes Konsumklima auf dem alten Kontinent, welches den Export anheizte. Ganz leise konnte man aber schon die ersten

---

[1] Im Wissenschaftsdiskurs wird die Chaostheorie auch als ‚Dynamik nichtlinearer Systeme' oder ‚Komplexitätstheorie' bezeichnet.

‚fiesen' Schmetterlinge[2] mit ihren Flügen schlagen hören. Sie hießen: Subprime-Problematik, Immobilienkrise oder Private-Equity-Überhitzung. Die derivative Durchdringung der ökonomischen Welt sorgt dafür, dass vermeintlich kleine Ereignisse an einer Stelle erhebliche Auswirkungen an einer anderen Stelle haben können. Die ersten Ausläufer trafen uns mit dem Fall der deutschen IKB. Sie konnte nur durch das Eingreifen der KfW *(Kreditanstalt für Wiederaufbau)* gerettet werden. Wer noch etwas weiter zurück schaut, erinnert sich sicherlich noch an das 1998er-Desaster des amerikanischen LTCM-Hedgefonds. Damals konnte nur durch eine konzertierte Rettungsaktion eine Kettenreaktion verhindert werden. All diese Rettungsaktionen führten jedoch dazu, dass die Risikobereitschaft in der ökonomischen Welt immens zunahm, weil man aus der Vergangenheit wusste, dass im Zweifelsfall auf Hilfe von außerhalb gesetzt werden kann. Diese Mentalität ist sehr gefährlich für die Märkte und führte uns letztlich in die 2008 beginnende Finanzkrise. In dieser Finanzkrise zeigte sich, dass viele der ‚klassischen' ökonomischen Theorien nicht mehr zutreffen. So erlebten auch diejenigen Anleger herbe Verluste, die ihre Depots nach Markowitz optimiert hatten. Denn alle Assetklassen verloren in der Krise massiv. Dieses Buch geht nun der Frage nach, warum die ‚klassischen' Finanzmarkttheorien in der Krise nicht griffen, und ob es alternative Strategien gibt. Dazu wird die Chaostheorie vorgestellt.

Im Alltag finden sich überall chaotische Phänomene, die sich mathematisch nur schwer beschreiben lassen, wie z.B. der tropfende Wasserhahn. Es lässt sich nicht vorhersagen, nach wie vielen Sekunden der nächste Tropfen fallen wird. Der eigentliche Charme der Chaostheorie besteht darin, dass gleichwohl bestimmte Aussagen und Vorhersagen in chaotischen Systemen möglich sind – streng genommen müsste es heißen in Systemen mit deterministischen Chaos[3]. Denn jenseits des Chaos lassen sich in solchen chaotischen Systemen versteckte Eigenschaften erkennen. Lässt sich das Chaos an den Börsen vielleicht doch beherrschen und die Börsenkurse vorhersagen? Liegt hier der Schüssel zu einem verbesserten Verständnis der Finanzmärkte? Mit

---

[2] Eine plakative Vereinfachung geht davon aus, dass z. B. ein Schmetterling in Tokio mit seinen Flügeln wackeln kann und dadurch einen Wirbelsturm in New York auslöst.

[3] Heute versteht man unter deterministischem Chaos die Entwicklung eines Systems nach bestimmten Regeln, dessen Erscheinungsbild jedoch einem Zufallsprozess ähnelt.

diesen spannenden Fragen beschäftigt sich dieses Buch. Leider findet die Chaostheorie derzeit noch wenig Interesse bei den Anlegern. Möglicherweise schreckt viele die doch etwas anspruchsvolle Mathematik ab. Mit diesem Buch sollen Sie die Grundidee dieser Theorie verstehen. Sie werden sehen, dass die Lektüre Ihr Verständnis der Märkte auf den Kopf stellen wird.

Für die freundliche Unterstützung bei dieser Arbeit möchte ich Diplom-Ingenieur Hans-Jürgen Götte danken.

Inhalt

Abbildungsverzeichnis

Tabellenverzeichnis

1. Einleitung

Ökonomen und Spekulanten versuchen schon seit langem, das Geheimnis des Geldes zu ergründen. Wie erfasst man die Kaskaden der Spekulation? Auf den Anleger prasseln eine Vielzahl von Analyse- und Prognosemethoden ein. Die Auseinandersetzung zwischen ihren Vertretern trägt nicht selten ideologische Züge. Ob Random-Walk-Hypothese, effizienter Markt, Fibonacci-Zahlen, Elliott-Waves, technische oder fundamentale Analyse – all diese Verfahren haben ihre besten Resultate in vergleichsweise ruhigen Marktphasen. In solchen Marktphasen können die Anleger leicht davon überzeugt werden, den Schlüssel zum Verständnis der Märkte gefunden zu haben. Aber was passiert, wenn die Kurse plötzlich ganz andere Bewegungsmuster zeigen? In der Entwicklung der Finanzmärkte liegt etwas Überraschendes und Unvorhersehbares. Wie bringt man etwas Ordnung in das System?

Vielleicht mit den Gesetzen der Physik. Aus dieser Idee heraus entwickelte sich die nicht einmal 20 Jahre alte Mischwissenschaft *Econophysics* (aus Ökonomie und Physik). Das ist durchaus sinnvoll, weil sich die Naturwissenschaften mit komplexen Systemen schon lange auseinandersetzen, die Wirtschaftswissenschaften dies aber lange vernachlässigt haben. Die *Econophysics* begreift die Wirtschaft als ein komplexes System. Laut dem Physikprofessor Dietrich Stauffer finden sich Massenphänomene in der Physik genauso wie an den Finanzmärkten. Man beobachtet auf dem Börsenparkett ein komplexes Miteinander von Börsenhändlern und Investoren, das schwer zu verstehen ist. Ein physikalisches Phänomen ist beispielsweise, dass sich kleine Eisenspäne zu einem Elementarmagneten parallel zu einem äußeren Feld ausrichten. Erhöht man die Temperatur, bricht die Ordnung plötzlich zusammen. Dies erinnert an den plötzlichen Wechsel von einer Hausse zu einem Crash. Um die Zusammenhänge zu entschlüsseln, greifen Vertreter der *Econophysics* auf Erkenntnisse der Erdbebenforschung, Thermodynamik, Festkörperphysik, des Magnetismus oder der Chaostheorie zurück. Dieses Buch beschäftigt sich mit der Börse und konzentriert sich auf die Chaostheorie. Die Chaostheorie ist im Wesentlichen eine Disziplin, die sich bemüht, die verborgene Ordnung hinter chaotischem Verhalten aufzuspüren. Daher werden wir versuchen, mithilfe der Chaostheorie Regeln zu finden, um die Börse besser zu verstehen.

Kann man den Volkszorn in einer Zahl ausdrücken? Man kann: Repräsentative Umfragen stellten fest, dass ein Benzinpreis von 2,39 € zu einem Aufschrei der Empörung im Lande führen würde[4]. Früher war es der Getreidepreis, der die Massen auf die Barrikaden trieb, wie etwa bei der Französischen Revolution. Zur damaligen Zeit begannen die ersten Philosophen, systematisch das Auf und Ab an der Börse zu untersuchen. Dies mündete in den Ausspruch des französischen Wirtschaftstheoretikers Victor Riquetti Marquis de Mirabeau: „*Ohne Berechnung würde die Ökonomie immer eine unbestimmte Wissenschaft bleiben, überall verwirrt von Irrtum und Vorurteil.*"

Was lag näher, als sich von der Leitwissenschaft der Neuzeit – der Physik – inspirieren zu lassen. Mit deren eleganten mathematischen Werkzeugen konnte die Realität offenbar leichter nachgezeichnet werden. So schwärmte der französische Mathematiker Pierre-Simon Laplace: „*Mit der richtigen Formel würde nichts für den Verstand ungewiss sein, die Zukunft ebenso wie die Vergangenheit läge vor seinen Augen.*"

Besonders angetan hatte es den Ökonomen das Konzept der Energie. Welch geheimnisvolle Macht mag hinter der Bewegung von Körpern stecken? Gibt es womöglich etwas Ähnliches in der Sphäre der wirtschaftlichen Güter? Schließlich werden wirtschaftliche Güter auf dem Markt permanent getauscht und sind daher gewissermaßen in Bewegung. Als Pendant zur Energie lobten die Ökonomen den ‚Wert' aus, der in allen Gütern, Aktien, Rohstoffen usw. steckt. Er motiviert zum Handel und bleibt dennoch erhalten, ganz so wie die Energie in einem physikalischen System. Diese Vorstellung entwickelte u. a. der Schotte Adam Smith in seinem Werk *Der Wohlstand der Nationen* von 1776.

Im selben Zeitraum marschierte die Physik in Siebenmeilenstiefeln weiter. Die Lehre von Elektrizität und Magnetismus veränderte die Welt fundamental. In den Jahren zwischen 1861 und 1864 vereinheitlichte der Engländer James Clark Maxwell Optik und Elektromagnetismus in seinen berühmten Gleichungen und etablierte dabei eine ganz neue Vorstellung von Energie – die eines

[4] Vgl. Boeing, N.: Kaskaden der Spekulation – Warum die Ökonomie von der Eleganz physikalischer Formeln fasziniert wird, Die Woche, 21. Dezember 2001, S. 26

mathematischen Feldes im Raum. Dies blieb natürlich den Ökonomen nicht verborgen. So entwickelten zeitgleich der Engländer William Stanley Jevons, der Österreicher Carl Menger und der Schweizer Leon Walras um 1870 eine neue Wirtschaftslehre, die Neoklassik. Diese geht davon aus, dass die komplizierten Erscheinungen der Wirtschaft auf ihre einfachsten, der sicheren Beobachtungen noch zugänglichen Elemente zurückgeführt werden können und dass sich diese Elemente streng an Gesetze halten, gleich jenen der Natur. Die Neoklassik ist bis heute in ihren diversen Ausprägungen Grundlage der Wissenschaft vom Wirtschaften. In der Neoklassik sind zwei Annahmen essenziell:

1. Der Konsument ist mit einer sogenannten Nutzenfunktion vollständig beschrieben. Zudem spielen psychologische Phänomene oder soziale Kontexte keine Rolle.
2. Ferner lässt sich der Nutzen in Analogie zur Energie in der Physik als Feld beschreiben.

Vilfredo Pareto, ein Anhänger der Neoklassik, sagte begeistert: „*Die Theorie der Ökonomie bekommt so die Strenge der rationalen Mechanik.*" Dazu übertrugen die Neoklassiker den Formalismus der Mechanik eins zu eins auf die Wirtschaft. Hierzu wurde die Energie durch Nutzen, Kraft durch Grenznutzen und kinetische Energie durch Ausgaben ersetzt. Auf diesem Konzept fußt auch die moderne Finanzmathematik, deren Geburtsstunde das Jahr 1900 war. Zu dieser Zeit behauptete Louis Bachelier, dass die Aktienkurse rein zufällig verlaufen, wie ein Betrunkener, dessen Schritte zufällig nach rechts oder nach links vom Weg abweichen. Folgerichtig bewegen sich die Aktienkurse in einem unvorhersehbaren Zick-Zack-Kurs. Bachelier griff auf Erkenntnisse von Robert Brown[5] zurück, der zeigte, dass sich Blütenstaubkörner, die in Wasser gelegt werden, unregelmäßig in alle Richtungen hin und her bewegen. Diese *Brownsche Bewegung* wird durch zufällige Zusammenstöße der Blütenstaubkörner mit Wassermolekülen ausgelöst. Bachelier übertrug dies auf die Finanzwirtschaft, indem er voraussetzte, dass die Kursentwicklungen durch in-

---

[5] Dieser bekannte Prozess wird in der Stochastik auch als *Wiener-Prozess* bezeichnet. Genauer gesagt versteht man unter einem *Wiener-Prozess* einen zeitstetigen stochastischen Prozess, der normalverteilte und unabhängige Zuwächse ausweist.

formative Zusammenstöße induziert werden – demnach führen beispielsweise gute Unternehmensmeldungen zu Kurssteigerungen und vice versa.

Falls nun keine neuen Marktinformationen auftreten, so die Theorie Bacheliers, welche die Kurse in die eine oder andere Richtung treiben, schwanke der Kurs im Durchschnitt um seinen Ausgangspunkt. Somit wäre der heutige Kurs die beste Vorhersage für den folgenden. Außerdem hänge keine Kursbewegung von der vorherigen ab. Deshalb wäre die Wahrscheinlichkeit, dass der Kurs morgen steigt, genauso groß wie die, dass er fällt.

Bachelier zeichnete alle Änderungen der Kurse über ein Jahr auf und kam zu dem Ergebnis, dass die Kursveränderungen die Form der Gaußschen Glockenkurve aufwiesen, d. h. dass kleine Änderungen sich im Zentrum häuften und die wenigen großen Änderungen an den Rändern der Glocke lagen. Diese Beobachtungen wurden zur Theorie der effizienten Märkte weiter entwickelt. Vereinfacht ausgedrückt sagt diese Theorie aus, dass alle gehandelten Wertpapiere jederzeit so viel kosten, wie sie wert sind. Folglich gibt es keine zu tief oder zu hoch bewerteten Wertpapiere. Auf dieses Konzept beziehen sich viele berühmte ökonomische Werkzeuge, mit denen der Anleger heute arbeitet, wie die Portfoliotheorie von Markowitz oder die Sharpe-Ratio. Im ersten Teil dieses Buches werden wir deshalb untersuchen, ob die Annahmen der Theorie der effizienten Märkte zutreffen.

Ein Kritiker der Neoklassik, Philip Mirowski, benennt zwei fatale Folgen der Übertragung des Energiekonzeptes auf die Wirtschaft. Erstens folge aus der Energieerhaltung in der Physik, dass die Summe aus Nutzen und Ausgaben in der Wirtschaft stets konstant bleiben müsse. Zweitens spiele die reale Zeit in diesem Konzept keine Rolle. Welchen Nutzen Menschen von einem Apfel, Auto oder Computer haben mögen, ist der Neoklassik zufolge völlig unabhängig von ihren Erlebnissen und ihrem Lebensumfeld.

Darüber hinaus vollzog die Neoklassik die radikalen Veränderungen der Physik im 20. Jahrhundert nicht mehr mit. Dabei warfen gerade die Quantenmechanik und die Relativitätstheorie die alten Vorstellungen von der Energie über den Haufen. Philip Mirowski sagte dazu: „*... In einem solchen kulturellen Klima muss die neoklassische Wirtschaftslehre atavistisch, ja sogar irrelevant erscheinen.*“ Erst in den letzten 20 Jahren begannen die Ökonomen zaghaft, sich mit den neusten Erkenntnissen der Physik auseinanderzusetzen. Sie adaptierten die Chaostheorie, die Unbestimmtheit komplexer Systeme, zu denen zweifellos auch die Wirtschaft gehört. Nach dieser Ansicht liegt wirtschaftlichen Systemen eine dynamische, dissipative (=gleichgewichtsferne) Selbstorganisation zugrunde. Darunter wird die Wechselwirkung, die die Elemente (Anleger) eines Systems zu gemeinsamen, synergetischen Verhalten zwingt, verstanden, womit das Ganze mehr ist als die Summe seiner Einzelteile. Als Richtschnur dient dabei die Selektion der im nächsten Augenblick am günstigsten erscheinenden Variante. Hinter Entscheidungen dieser Art steht an den Börsen meistens ein komplexes Gebilde aus rationalen Überlegungen, aber auch Gier und Angst spielen hier mit hinein. Der zweite Teil dieses Buches wird sich deshalb mit der Chaostheorie und ihren Auswirkungen auf die Börse befassen. Vielleicht wird die Chaostheorie in einigen Jahrzehnten sogar die bestimmende neue Wirtschaftslehre sein, oder es erwächst aus ihren Erkenntnissen eine neue Lehre, die wir heute noch gar nicht auf der Rechnung haben.

Abschließend werfen wir noch einen Blick auf die fraktale Geometrie. Sie ist eng mit der Chaostheorie verwoben. Die fraktale Geometrie hat schon die Sicht auf die Natur verändert. Jeder Naturwissenschaftler kennt die drei Zustandsformen der Materie – fest, flüssig und gasförmig. Eine ähnliche Unterscheidung gibt es nach Ansicht der fraktalen Geometrie bei der Zufälligkeit – mild, langsam und wild. Dabei setzen die konventionellen Finanztheorien auf milde Formen des Zufalls, als wäre jede Zacke im Aktienchart nach oben oder unten durch einen Münzwurf bestimmt. Allerdings zeigt die fraktale Geometrie, dass die realen Aktienkurse sich eher wild verhalten. Die zentrale Aussage der fraktalen Geometrie ist daher, dass die Märkte wesentlich riskanter sind, als uns die ‚alten' Modelle glauben machen wollen.

Nur wer alle Seiten der Börse kennt, wird auf Dauer zu den Gewinnern zählen. Je genauer die statistischen Gesetzmäßigkeiten hinter den Kursveränderungen verstanden werden, desto größer ist die Wahrscheinlichkeit, extreme Schwankungen, wie Haussen oder Crashs, richtig einzuschätzen und auszunutzen.

Dieses Buch wird Sie wahrscheinlich nicht reicher machen. Es ist mehr ein Grundlagenbuch als ein Ratgeber. Doch es wird Sie davor bewahren, durch ‚dumme' Fehler gerade in Krisenzeiten ärmer zu werden.

2. Sind die Märkte chaotisch oder zufallsbestimmt?

„Wenn schon die physikalische Welt ungewiss und so schwer genau zu erkennen ist, um wie viel unsicherer und unerkennbarer muss dann erst die Welt des Geldes sein? Die Finanzwelt ist eine mit einem Schleier verhüllte Blackbox. Nicht nur die inneren Funktionszusammenhänge sind verborgen, auch die Eingaben werden verdunkelt …“[6]

Um den Schleier, der die Blackbox Finanzwelt umhüllt, zu lüften, müssen wir zunächst der allgemein akzeptierten ökonomischen Finanzmarkttheorie mit ihrem Grundsatz der effizienten Märkte auf den Zahn fühlen. Danach werden wir untersuchen, ob die Aktienmärkte Tendenzen von chaotischem Verhalten zeigen.

2.1. Das Gebäude der ‚modernen' Finanzmarkttheorie – Effiziente Märkte und Brownsche Bewegung

Als der Botaniker Robert Brown im 19. Jahrhundert durch sein Mikroskop blickte, sah er, dass sich kleine Blütenstaubpartikel im Wasser unregelmäßig in alle Richtungen hin und her bewegten. Waren sie lebendig geworden? Nein, die Bewegung kam dadurch zustande, dass die winzigen Pollen jedes Mal, wenn ein Wassermolekül[7] gegen sie stieß, einen kleinen Schubs bekamen. Die Pollenkörner wurden von den Wassermolekülen gleichzeitig von mehreren Seiten getroffen, allerdings nicht regelmäßig von allen Seiten. So wurden sie mal hierhin, mal dorthin gestoßen und folgten so dem Zufall. Diese Bewegung wurde nach ihrem Entdecker Brownsche Bewegung genannt.

Erst 1905 entwickelte Albert Einstein Gleichungen, um die Brownsche Bewegung mathematisch erfassen zu können. Im Jahr 1908 führte der Physiker Jean Perrin einen Großversuch durch und konnte bestätigen, dass die Teil-

---

6 Mandelbrot, B. und Hudson, R. L.: Fraktale und Finanzen. Märkte zwischen Risiko, Rendite und Ruin, Piper-Verlag GmbH, München, 2. Aufl., 2005, S. 57

7 Unter dem Mikroskop sieht man nur die Pollenkörner, aber nicht die um etliche hundert Mal kleineren Wassermoleküle.

chenbewegungen der berühmten Gaußschen Normalverteilung gehorchen. Was darunter zu verstehen ist, sehen wir uns im folgenden Abschnitt an.

2.1.1. Die Gaußsche Normalverteilung – die milde Form des Zufalls

„Mathematik ist das Alphabet, mit dessen Hilfe Gott das Universum beschrieben hat.“ So soll es einmal Galileo Galilei ausgedrückt haben. Ich glaube, treffender lässt sich die Bedeutung der Mathematik kaum zum Ausdruck bringen. Sie werden in diesem und den folgenden Abschnitten sehen, dass die Mathematik in ihren vielen Facetten ein unverzichtbares Hilfsmittel ist.

Stellen Sie sich Folgendes vor: Der Kurs Ihrer Aktie (aktuell 100 €) wird am nächsten Handelstag nicht durch den Börsenhandel bestimmt, sondern durch einfaches Würfeln[8]. Dazu nehmen wir an, dass der Aktienkurs um einen Euro steigt, wenn der Würfel die Zahlen 1 bis 3 zeigt, wohingegen die Zahlen 4 bis 6 für fallende Kurse stehen. Wird z. B. beim ersten Wurf eine 2 gewürfelt, so steigt der Kurs auf 101 €. Ist Fortuna dem Würfler nicht mehr hold, und es wird eine 6 gewürfelt, so erniedrigt sich der Aktienkurs um einen Euro auf wiederum 100 €. Wenn man dieses Spiel einige tausend Mal spielt und das Ergebnis in ein Diagramm einträgt, so erhält man folgendes Bild.

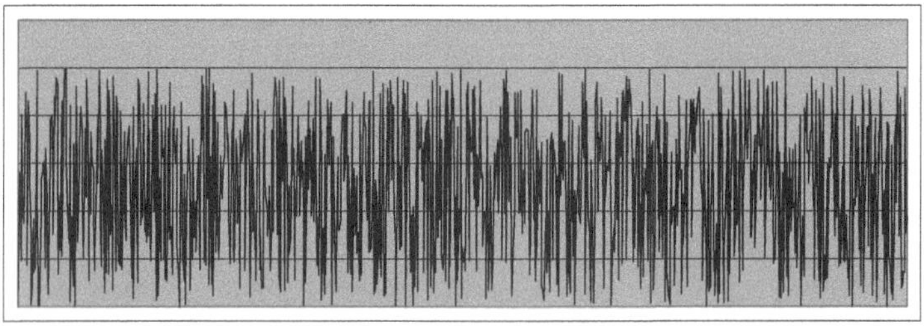

Dieser wild oszillierende Graph zeigt die einzelnen Würfe, der untere Graph zeigt die daraus resultierende Kursentwicklung.

[8] Vgl. Beta, T.: Chaostheorie, Wirtschaft und Börse, R. Oldenbourg Verlag, München, 2. Aufl., 1997, S. 12ff.

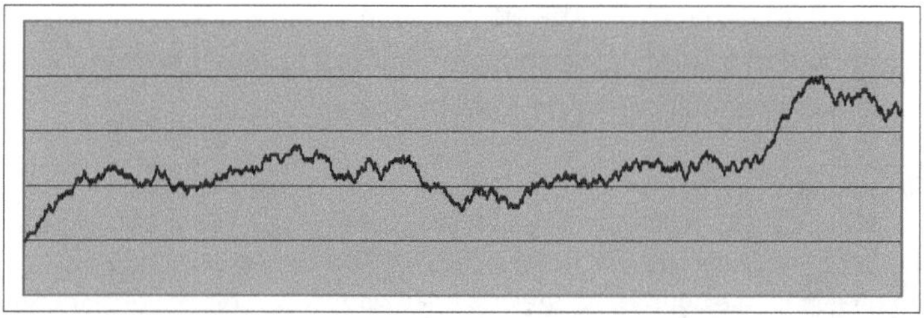

Abbildung 1: Simulierte Börsenkurse durch Würfeln mit Gaußschen Zufallszahlen

Tatsächlich sieht der simulierte Börsenverlauf aus Abbildung 1 doch ganz ähnlich aus, wie bei einer tatsächlich gehandelten Aktie (s. z. B. Abbildung 14, S. 75). Wie bei der Brownschen Bewegung wird die Aktie hin- und hergeschickt. Führt man jetzt dieses Experiment mehrmals (einige tausend Mal) durch und notiert sich am Ende jeweils den Endstand der Aktie, und zählt man dann, wie häufig die Aktie den Endwert von 100 € erreicht hat, wie oft sie bei 99 bzw. 101 € oder bei 98 bzw. 102 € schloss, und trägt man das Ergebnis dann in ein Diagramm ein, wobei auf der x-Achse die Abweichung vom Startwert (z. B. hat 102 € eine Abweichung vom Startwert 100 von 2 %) notiert wird und auf der y-Achse die Häufigkeit, so erhält man folgendes Ergebnis.

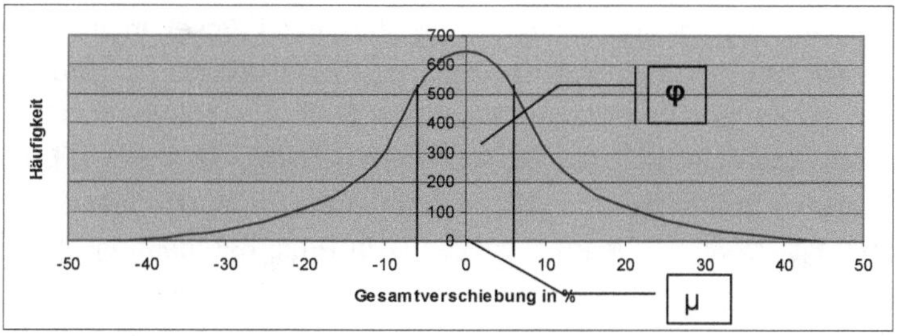

Abbildung 2: Endpositionen der Aktie ausgezählt nach Häufigkeiten nach ca. 1.000 Durchläufen

Abbildung 2 zeigt, dass bei einer Abweichung von null die größte Häufigkeit vorkommt, während größere Abweichungen immer seltener werden. Das heißt, der Aktienkurs pendelt immer um seinen Startkurs.

> **Einschub:** In der Praxis beobachtet man tatsächlich, dass Aktienkurse langfristig ihrem Mittel (= arithmetisches Mittel) entgegenstreben. Dabei schwanken die Kurse in einer bestimmten Bandbreite um das arithmetische Mittel (Mean-Reversion-Effekt). Diese Schwankungen können aufwärts, abwärts oder seitwärts verlaufen. Aus dieser Beobachtung leitet sich die Börsenweisheit „*What goes up, must come down and vice versa*" ab.

Der Graph aus Abbildung 2 erinnert schon stark an die berühmte Gaußsche Glockenkurve. Würde man das Würfelexperiment nicht nur tausend Mal durchführen, sondern eine Million Mal, und würde man jeweils die Endpositionen der Aktie notieren, dann würde sich der Graph immer genauer der Gaußschen Glockenkurve annähern (zentraler Grenzwertsatz). Deswegen streben die ausgezählten Häufigkeiten gegen die Normalverteilung[9].

Die Normalverteilung ist dadurch gekennzeichnet, dass sich alle Werte symmetrisch um den Wert μ (siehe Abbildung 2) verteilen. μ definiert die größte Häufung, die von diesem Wert aus in beiden Richtungen (also zu größeren und kleineren Werten) gleichmäßig abnimmt[10]. Aber ebenso hat die Fläche unterhalb der Kurve eine wichtige Bedeutung. Sie kann als Wahrscheinlichkeit aufgefasst werden. Den Begriff Wahrscheinlichkeit kann man am besten mit einem Fall aus einer der beliebten Gerichtsshows im Fernsehen erklären. Innerhalb eines fiktiven Gerichtsverfahrens um einen Raubüberfall wird als einziges Indiz gegen den Angeklagten eine DNA-Spur vom Tatort angeführt. Dabei sagt der Gutachter aus, dass die Wahrscheinlichkeit, dass eine zufällig ausgewählte DNA-Probe mit der Probe vom Tatort übereinstimmt, nur 0,0001 % beträgt. Wenn jemand nun dieses DNA-Profil hat, dann ist es so

---

9 Unter Normalverteilung versteht man eine Häufigkeitsverteilung, welche die Form der Gaußschen Glockenkurve hat. Weiterhin gilt, dass bei der Gaußschen Glockenkurve kleine Abweichungen vom Mittelwert häufig sind und große immer unwahrscheinlicher (seltener) werden.

10 Damit ist der Wert μ als Ergebnis am wahrscheinlichsten. Diesen wahrscheinlichsten Wert einer Zufallsvariablen X bezeichnet man auch als Erwartungswert. Sind aus der Vergangenheit bereits Werte der Zufallsvariablen bekannt, lässt sich der Erwartungswert durch ihren Mittelwert annähern.

gut wie sicher, dass ein entsprechender DNA-Test einen Treffer zeigt. Schließlich beträgt die Wahrscheinlichkeit, dass der DNA-Test bei einer Probe einen Treffer anzeigt, obwohl sie nicht übereinstimmt, lediglich 0,001 %. Würden Sie den Angeklagten aufgrund dieser DNA-Probe verurteilen? Die meisten würden dies sicher tun. Ist das aber richtig? Könnte der Angeklagte nicht unschuldig sein, auch wenn die DNA-Probe ihn mit dem Tatort in Verbindung zu bringen scheint?

Rechnen wir das Beispiel doch einmal mit ‚echten' Zahlen gegen. So haben von 10 Millionen Menschen immerhin 10 (0,0001 %) ein DNA-Profil, welches mit der Probe übereinstimmt – egal ob sie am Tatort waren oder nicht. Von den übrigen 9.999.990 Menschen zeigt der DNA-Test in immerhin 0,001 % der Fälle, d. h. bei 100 Menschen, fälschlicherweise ein positives Ergebnis an. Das bedeutet, dass bei einer Stichprobe von 10 Millionen Menschen der DNA-Test insgesamt 110 Treffer liefern würde. Von diesen 110 Menschen haben tatsächlich aber nur 10 Menschen dasselbe DNA-Profil, das am Tatort sichergestellt werden konnte. Ein Schuldspruch nur aufgrund dieses DNA-Testes würde bedeuten, einen Menschen aus diesen 110 herauszugreifen, und ihn der Tat zu beschuldigen[11].

Nach diesem kleinen Ausflug, sollten wir uns jetzt wieder der Normalverteilung zuwenden. Die Gesamtfläche unter der Kurve (in Abbildung 2) ist definitionsgemäß gleich 1, d. h. die Wahrscheinlichkeit, einen Aktienkurs (aus unserem Beispiel) unter der Kurve zu finden, muss gleich 1, also 100 %, sein. Mathematisch wird dies so formuliert:

$$P(a \leq X \leq b) = \int_a^b f(x) \cdot dx$$

In Worten: Wenn X eine beliebige (zufällige) Größe (z. B. Aktie) ist, so ist die Wahrscheinlichkeit (P), dass X zwischen den Werten a und b liegt, durch die Fläche unterhalb der Kurve zwischen diesen beiden Punkten zu verstehen. Zudem sei f(x) gleich die Funktion, welche die Normalverteilung beschreibt. Somit ist die Wahrscheinlichkeit, dass sich ein zufällig ausgewählter Wert unseres Beispiels (siehe Abbildung 2) in dem eingezeichneten Bereich $\mu \pm \phi$

[11] Vgl. Quarks & Co – Die Wissenschaft vom Zufall. Sendung vom 12.11.2002, www.quarks.de

bewegt, gleich der Fläche unterhalb der Kurve zwischen (μ-φ) und (μ+φ). Für diesen Fall bekommt man einen Wert von 0,6827 (oder 68 %). Das heißt, mit einer Wahrscheinlichkeit von 68 % liegt der Aktienkurs in dem eingezeichneten Bereich $\mu \pm \phi$.

Einschub: Funktion der Gaußschen Glockenkurve

$$\Phi_X(x|\mu;\sigma^2) = \frac{1}{\sqrt{2 \cdot \Pi \cdot \sigma^2}} \exp\left(-\frac{(x-\mu)^2}{2 \cdot \sigma^2}\right)$$ für $x \in \Re$ wobei E(X) = μ und varX = σ^2 (Varianz) ist.

Man sagt, X ist normalverteilt mit den Parametern μ und σ^2, in Symbolschreibweise $X \sim \Phi_x(x|\mu;\sigma^2)$ oder $X \sim N(\mu;\sigma^2)$. Das Problem ist, dass das Integral der Dichtefunktion nicht einfach analytisch berechnet werden kann. Um dieses Problem zu umgehen, wird aus X die standardisierte Zufallsvariable Z mit den Parametern 0 und 1. Mithilfe der standardisierten Zufallsvariablen wird dann die gesuchte Wahrscheinlichkeit ermittelt. Die Zufallsvariable Z ist wie folgt definiert:

$$Z = \frac{X - E(X)}{\sqrt{\text{var}X}} = \frac{X-\mu}{\sigma}$$

Anhand der so bestimmten Zufallsvariablen Z kann man die Wahrscheinlichkeit durch Ablesen in der Normalverteilungstabelle[12] ermitteln. Zur Verdeutlichung gehen wir von einem Beispiel aus.

„Auf einer Hühnerfarm mit sehr vielen Hühnern werden eine Woche lang die einzelnen Eier gewogen. Als Zufallsvariable X definieren wird das Gewicht eines Eies in Gramm. Es stellt sich heraus, dass ein Ei im Durchschnitt 50 g wiegt. Der Erwartungswert E(X) ist daher 50. Außerdem ist bekannt, dass die Varianz varX = 25 g^2 beträgt. ... . Wie groß ist die Wahrscheinlichkeit, dass ein Ei höchstens 55 g wiegt? Hierzu berechnet man zunächst die Zufallsvariable Z.

$$Z = \frac{x-\mu}{\sigma} = \frac{55-50}{\sqrt{25}} = 1$$

Nun schaut man in der Normalverteilungstabelle nach und erhält den Wert 0,8413.

12 In der ersten Spalte einer Normalverteilungstabelle sind die ersten zwei signifikanten Stellen der Ausprägung der Zufallsvariablen Z angegeben, in der ersten Tabellenzeile die zweite Nachkommastelle. So setzt sich Z = 1,00 zusammen aus 1,0 +0,00. Wo sich die Zeile und die Spalte des jeweiligen Z-Wertes kreuzen, steht die gewünschte Wahrscheinlichkeit. Eine Tabelle befindet sich z. B. unter http://de.wikibooks.org/wiki/Mathematik:_Statistik:_Normalverteilungstabelle.

Dies bedeutet, dass die Wahrscheinlichkeit, dass ein Ei höchstens 55 g wiegt, bei 0,8413 oder 84,13 % liegt."[13]

Aus der Normalverteilung wird auch einer der am häufigsten genutzten statistischen Parameter abgeleitet, der Mittelwert. Er ist der zentrale Punkt, das Maximum der Gaußschen Glockenkurve. Mathematisch berechnet wird er, indem alle Werte addiert und mit der Anzahl der Werte dividiert werden.

$$\mu = \frac{\sum_{n=1}^{N} x_n}{N}$$

wobei μ = Mittelwert, N =Anzahl der Messwerte, x_n = einzelne Messwerte

Zudem muss zwischen dem Mittelwert einer Sichtprobe ($\bar{x}$) und der Grundgesamtheit einer Stichprobe (μ) unterschieden werden. Diese Unterscheidung ist wichtig, weil beide Mittelwerte üblicherweise einen anderen Wert haben, wobei sich ($\bar{x}$) umso mehr (μ) annähert, je größer der Umfang der Stichprobe wird.

Einschub: Diskrete Rendite und stetige Rendite

Die Rendite ist für Anleger eine wichtige Entscheidungsgröße zur Auswahl einer Anlage. Dabei ist zu unterscheiden zwischen der diskreten und der stetigen Rendite.

Die diskrete, einperiodische Rendite kann als prozentuale Änderungsrate eines Kurses K_{t-1} nach K_t im Zeitablauf t-1 $\rightarrow$ t definiert werden.

$$R_t = \frac{K_t - K_{t-1}}{K_{t-1}}$$

mit R_t = diskrete Rendite, K_t = Kurs am Ende der Betrachtungsperiode und K_{t-1} = Kurs am Anfang der Betrachtungsperiode.

Dagegen geht das zweite Renditemaß, die logarithmierte bzw. stetige Rendite, von einer kontinuierlichen Verzinsung aus.

$$r_t = \ln\left(\frac{K_t}{K_{t-1}}\right)$$ mit r_t = stetige Rendite

Die nachfolgende Tabelle zeigt die wesentlichen Unterschiede beider Renditebegriffe.

[13] Beispiel aus: http://de.wikibooks.org/wiki/Mathematik:_Statistik:_Normalverteilung (Stand 08.10.2009)

	R_t	r_t
Mehrperiodische Rendite	$\prod_{t=1}^{T}(R_t+1)-1$	$\sum_{t=1}^{T} r_t$
Durchschnittsrendite	$\sqrt[T]{\prod_{t=1}^{T}(R_t+1)}-1$	$\frac{1}{T}\sum_{t=1}^{T} r_t$
Zusammenhang zwischen beiden Renditen	$R_t = e^{r_t}-1$	$r_t = \ln(R_t+1)$

Normalerweise kann bei Tagesdaten, bei denen die Kurse von Tag zu Tag relativ wenig schwanken, der Unterschied zwischen den beiden Renditen beinahe vernachlässigt werden. Dagegen wird die Differenz immer größer, je größer der Untersuchungszeitraum ist.

Leider ist der Mittelwert einer Serie von Messdaten alleine nicht immer aussagekräftig, da es einen Unterschied macht, ob bei gleichen Mittelwerten die Streuung der Daten (um den Mittelwert) groß oder klein ist. Dies lässt sich aus dem Mittelwert nicht erkennen.

Dazu eignet sich die Standardabweichung vom Mittelwert. Für die Standardabweichung der Grundgesamtheit wird das Symbol φ verwendet, für die Standardabweichung einer Stichprobe *s*. Es gilt wieder: Die Standardabweichung einer Stichprobe nähert sich mit zunehmender Größe der Stichprobe der Standardabweichung der Grundgesamtheit an. Die Größen werden nach folgenden Gleichungen berechnet.

$$s=\sqrt{\frac{\Sigma(x-\bar{x})^2}{n-1}} \quad \text{und} \quad \phi=\sqrt{\frac{\Sigma(x-\mu)^2}{n}}$$

Diese Rechnung sieht viel komplizierter aus, als sie ist. Zunächst wird ein Mittelwert aller Daten berechnet und dann jeweils das Quadrat der Differenz jedes einzelnen Wertes zu diesem Mittelwert aufsummiert. Zum Schluss wird durch die Anzahl der Daten dividiert und die Wurzel gezogen. Die Quadratierung der Differenzen ist notwendig, weil sich sonst positive und negative Differenzen aufheben würden und man stets wenig aussagekräftige Werte um null errechnete. Es ist selbstverständlich, dass stark auseinanderliegende Werte auch größere Differenzen zum Mittelwert erzeugen, welche durch das Quadrieren nochmals vergrößert werden Damit wächst auch die Summe dieser Differenzquadrate an. Deshalb gilt: je größer die Schwankungsbreite ist, desto größer ist die Standardabweichung (oder Volatilität). Damit sind zwar auch höhere Renditechancen verbunden, diese sind aber gleichzeitig verknüpft mit dem Risiko auf einen entsprechend höheren Verlust. Diese doch sehr banale Aussage kann mithilfe der Zweidrittelregel der Wahrscheinlichkeitstheorie (s. S. 11) spezifiziert werden. Diese Regel sagt aus, dass die Rendite einer Anlageform mit einer Wahrscheinlichkeit von 2/3 zwischen dem Erwartungswert abzüglich der Volatilität (anderer Begriff für die Standardabweichung) und dem Erwartungswert zuzüglich der Volatilität, d. h. im Intervall [μ-σ; μ+σ], liegt:

In $\mu \pm 1\varphi$ liegen 68,27 %,

in $\mu \pm 2\varphi$ liegen 95,45 % und

in $\mu \pm 3\varphi$ liegen 99,73 % aller Messwerte (Beispiel Aktienkurse)

Überdies ist die Volatilität einer Aktie keine feststehende Größe, sondern sie kann sich innerhalb kurzer Zeit ändern. Deshalb werden für die Volatilitätsberechnung meistens kurze Zeiträume verwendet. Allerdings werden in der Regel alle berechneten Volatilitäten auf ein Jahr bezogen.

Tagesrenditen: $\sigma_{\text{annualisierte}} = \sigma \cdot \sqrt{250}$

Monatsrenditen: $\sigma_{\text{annualisierte}} = \sigma \cdot \sqrt{12 \cdot \frac{250}{365}}$

Jahresrenditen: $\sigma_{\text{annualisierte}} = \sigma$

Hin und wieder ist auch von der Varianz die Rede. Die Varianz[14] (v oder var) ist eine mit der Standardabweichung vergleichbare Größe, weil sie das Quadrat der Standardabweichung darstellt. Zwischen den beiden Größen besteht also kein fundamentaler Unterschied.

$$v = s^2 = \frac{\sum(x - \bar{x})^2}{n - 1}$$

Wichtig zu wissen ist allerdings, dass sich Standardabweichung und Varianz von einem Tag auf ein Jahr ganz einfach übertragen lassen, weil sie sich mit

[14] Die Varianz drückt vereinfacht gesagt aus, mit welcher Abweichung vom Erwartungswert bzw. Mittelwert durchschnittlich zu rechnen ist. Da es hier egal sein soll, ob die Abweichung nach oben oder unten auftritt, wird das Quadrat der Abweichung genutzt.

der Zeit linear ändern. Geht man von einem Handelsjahr von 252 Handelstagen aus, so gilt:

$$\sigma^2_{Jahr} = 252 \cdot \sigma^2_{Tag}$$

Damit die Normalverteilung angewendet werden darf, muss die Unabhängigkeit der einzelnen Ereignisse gewährleistet sein. So darf bei unserem Würfelexperiment (s. S. 8) der erste Wurf keinen Einfluss auf den zweiten und der zweite keinen Einfluss auf den dritten usw. haben. Folglich haben Informationen aus der Vergangenheit keinen Einfluss auf die weitere Entwicklung. Würden wir z. B. bei unserem Würfelexperiment die soeben gewürfelte Zahl auf dem Würfel markieren und beim folgenden Wurf nur die verbleibenden Zahlen berücksichtigen, so hätte hier plötzlich die Vergangenheit einem Einfluss auf die Zukunft und eine Normalverteilung läge nicht mehr vor.

Einschub: Die Weltformel der Börsen – die Normalverteilung

An allen Börsen der Welt kalkuliert man mithilfe der Normalverteilung das Risiko oder die Rendite. Wie geht das eigentlich?
Nehmen wir an, Sie möchten 10.000 € investieren. Das Geld steht Ihnen zwei Jahre uneingeschränkt zur Verfügung. Sollten Sie es nun sicher in Anleihen investieren oder auf einem Tagesgeldkonto parken oder vielleicht etwas riskanter in Aktien anlegen? Ein gewiefter Börsianer würde nun die Formel der Gaußschen Normalverteilung zu Rate ziehen. Dabei berücksichtigt er, dass derjenige, der sich für Aktien entscheidet, auch Verluste ertragen muss.
Für die Investmententscheidung muss eine zweite Fragestellung berücksichtigt werden. Wie hoch ist die Wahrscheinlichkeit, dass die Aktienanlage nach zwei Jahren noch mindestens 8.000 € wert ist? Der Börsianer legt also seine Verlustgrenze fest.
Um diese Verlustwahrscheinlichkeit berechnen zu können, muss man zunächst die Annahme treffen, dass die Verteilungsfunktion der Renditen des DAX lognormalverteilt ist.

Annahme $\ln\left(\frac{DAX_T}{DAX_0}\right)$ ist normalverteilt.

DAX_T drückt dabei die Verteilung des DAX-Standes in zwei Jahren aus, DAX_0 den aktuellen DAX-Stand.
Im folgenden Schritt müssen der Erwartungswert und die Varianz des DAX bestimmt werden. Wie schon angesprochen, ist die Varianz ein Streuungsmaß, das die Abwei-

chung der DAX-Stände von ihrem Erwartungswert misst. Der Erwartungswert spiegelt die zu erwartende DAX-Rendite (r_{DAX}) wider. Sie wird aus der Vergangenheit gebildet. Hierzu verwenden wir die Periode 30.12.1987 (DAX-Stand 1.000) bis 30.12.2009 (DAX-Stand 5.957). Aus diesen Daten schätzen wir die zu erwartende DAX-Rendite.

$$1000 \cdot (1+r)^{22} = 5957$$

$$1+r = \sqrt[22]{\frac{5957}{1000}} = \sqrt[22]{5{,}957} = 1{,}0845 \Rightarrow r = 8{,}45\ \%$$

Die erwartete DAX-Rendite beträgt also 8,45 %. Als nächster Schritt muss die Varianz geschätzt werden. Dazu kann entweder auf die historische Schwankung des DAX oder aber auf die aktuelle gesetzt werden. Dazu veröffentlicht die *Deutsche Börse* den Index VDAX-New, der allerdings die Volatilität angibt. Die Volatilität wird dann zur Bestimmung der Varianz verwendet. Ich verwende in der Regel den Mittelwert für ein paar Jahre, umso Phasen hoher und niedriger Volatilität berücksichtigen zu können. Für den Zeitraum vom 06.10.2006 bis zum 28.05.2010 betrug der Mittelwert des VDAX-New 26,69 %. Das heißt, die erwartete Schwankung des DAX für die folgende Zeit ist 26,69 % pro Jahr. Der entscheidende Nachteil der Varianz ist, dass sie keine Einheit besitzt. Deshalb ist es besser, die Standardabweichung bzw. Volatilität zu verwenden. Die Verteilungsfunktion der log-normalverteilten DAX-Renditen in zwei Jahren sieht wie folgt aus:

$$\ln\left(\frac{DAX_T}{DAX_0}\right)$$

Daraus folgt für die Varianz:

$$\sigma^2 = 2 \cdot \upsilon^2 = 2 \cdot (0{,}2669)^2 = 0{,}1424 \qquad \text{mit } \sigma = \text{Varianz und } \upsilon = \text{Volatilität}$$
$$\sigma = 0{,}3774$$

Als Zwischenergebnis halten wir fest, dass der Mittelwert der DAX-Renditen 8,45 % und die Standardabweichung 37,74 % beträgt.
Kommen wir jetzt zu unseren eingangs gestellten Fragen. Wie hoch ist also die Wahrscheinlichkeit (Ws) bei einer Vollinvestition in den DAX (z.B. über einen ETF) nach zwei Jahren noch mindestens 8.000 € zu besitzen?

Nebenrechnung: $\frac{8000}{10000} = 0{,}8$

Das heißt, es muss gelten Ws ($DAX_T \geq DAX_0 \cdot 0{,}8$) $\rightarrow Ws\left(\frac{DAX_T}{DAX_0}\right) \geq 0{,}8$. Zur Lösung dieser Gleichung muss sie logarithmiert werden.

$$Ws\left(\ln\left(\frac{DAX_T}{DAX_0}\right) \geq \ln(0{,}8)\right)$$

$$Ws\left(\ln\left(\frac{DAX_T}{DAX_0}\right) \geq -0{,}2231\right)$$

Leider gibt es für DAX $\ln\left(\frac{DAX_T}{DAX_0}\right)$ mit dem Mittelwert 8,45 % und der Standardabweichung 37,74 % keine Daten in einer Formelsammlung. Deshalb muss diese Verteilung standardisiert werden. Dazu wird die DAX-Verteilung mit dem Mittelwert 0 und der Standardabweichung 1 auf Norm gebracht.

$$\frac{\ln\left(\frac{DAX_T}{DAX_0}\right) - r}{\sigma} \text{ mit Mittelwert 0 und Standardabweichung 1}$$

$$Ws\left(\frac{\ln\left(\frac{DAX_T}{DAX_0}\right) - r}{\sigma} \geq \frac{-0{,}2231 - r}{\sigma}\right) = 1 - Ws\left(\frac{\ln\left(\frac{DAX_T}{DAX_0}\right) - r}{\sigma} \geq \frac{-0{,}2231 - r}{\sigma}\right)$$

Die Werte für r und σ lauten:

$$1 - \Phi\left(\frac{-0{,}2231 - 0{,}0845}{0{,}3774}\right)$$

Φ ist die Verteilungsfunktion der Standardnormalverteilung. Man erhält den Wert aus Formelsammlungen oder z. B. mit Excel mit der Funktion standnormvert.

$$1 - \Phi\left(\frac{-0{,}2231 - 0{,}0845}{0{,}3774}\right) = 1 - \Phi\left(\frac{-0{,}3076}{0{,}3774}\right) = 1 - \Phi(-0{,}8150) = 1 - 0{,}2075 = 0{,}7924 \rightarrow 79{,}24\%$$

Es ergibt sich also eine 79,24 %ige Wahrscheinlichkeit, nach 2 Jahren mindestens noch ein Vermögen von 8.000 € erlösen zu können.
Mit der gleichen Formel lässt sich auch der *Value at Risk* (s. S. 50 ff.) berechnen. Der *Value at Risk* symbolisiert die Summe Geld, mit die der Anleger mit einer Wahrscheinlichkeit von 95 % maximal verlieren kann. Im Umkehrschluss bedeutet dies, dass der Verlust in 5 % der Fälle den *Value at Risk* überschreiten wird. Um den *Value at Risk* zu berechnen, muss man die Wahrscheinlichkeit auf 95 % festlegen (an die Stelle, an die in der vorherigen Gleichung 0,8 eingesetzt ist, muss also 0,95 gesetzt werden) und

anschließend nach dem potenziellen Verlust hin auflösen.
Wie groß ist die Wahrscheinlichkeit, dass eine zweijährige Anlage im Aktienmarkt mehr abwirft, als eine Anlage in eine zweijährige Anleihe mit einem Zinssatz von 2 %?
Eine Anlage in den DAX wirft mit einer Wahrscheinlichkeit von 54 % mehr ab als eine Anlage in eine zweijährige Anleihe. Um dieses Ergebnis zu erhalten, berechnet man mit der Zinsformel, wie viel die Rentenanlage nach 2 Jahren wert ist. Bei unserem Beispiel hat die Anlage nach 2 Jahren einen Wert von 10.404 €. Diesen Wert dividiert man durch 10.000 und setzt ihn anstelle von 0,8 (8.000/10.000) in die Beispielrechnung ein. Anschließend führt man die Rechnung analog fort.

„Das Schöne an der Börse ist", so sagte der Aktienguru Andre Kostolany einmal, *„dass man tausend Prozent gewinnen, aber nur hundert Prozent verlieren kann"*. Angesichts dieser enormen Chancen verwundert es nicht, dass im wissenschaftsgläubigen zwanzigsten Jahrhundert die Beschäftigung mit der Börse Gegenstand der angewandten Mathematik wurde.

Dabei gilt als Geburtsstunde der modernen Finanzmathematik das Jahr 1900, weil in diesem Jahr Louis Bachelier seine Dissertation *Theorie de la speculation* veröffentlichte und hier die bereits beschriebene These der zufällig verlaufenden Aktienkurse (*Random Walk*) entwickelte. Bachelier zufolge bewegen sich Aktienkurse nicht auf einen Schlag um mehrere Prozentpunkte nach oben oder unten, sondern sie bewegen sich glatt von einem zum anderen Wert, die Kursveränderungen verlaufen praktisch kontinuierlich. Eine solche Kontinuität ist beispielhaft für alle physikalischen Systeme, die der Massenträgheit unterliegen. So steigt und fällt z.B. die Temperatur im Verlauf eines Tages auf diese Weise. *„Natura non facit saltum."* – Die Natur macht keine Sprünge, die Aktienkurse also auch nicht? Im Jahr 1956 etablierte P.A. Samuelson die Beschreibung von Aktienkursen in der exponentiellen Form als geometrische Brownsche Bewegung.

Einschub: Wie Samuelson den Aktienkursen Leben einhauchte

Nach der Random-Walk-These verlaufen Aktienkurse wie die zufälligen Bewegungen kleinster, in ruhender Flüssigkeit suspendierter Teilchen, also nach der Brownschen Bewegung. Dabei verändern die Moleküle ihre Lage nur, wenn sie von anderen Teilchen gestoßen werden. Die Richtung und die Stärke der Impulse sind normalverteilt mit einem Mittelwert von null und der Standardabweichung σ^2 pro Zeiteinheit. Obendrein gilt, dass die Kursveränderungen der Vergangenheit ohne Einfluss auf die Wahrscheinlichkeitsverteilungen der Kursänderungen in der Zukunft sind. Formal lässt sich der *Random Walk* wie folgt darstellten:

$X_t = \xi + X_{t-1} + e_t$

Falls der Einfluss der Konstanten ξ gering ist, spricht man von einem *Random Walk* mit Drift, andernfalls von einem *Random Walk* mit Trend. Prinzipiell sagt die Formel des *Random Walks* aus, dass die jetzige Kursbewegung gleich der vorherigen Beobachtung plus einen zufälligen Störterm (e) ist. Deswegen ist die beste Schätzung für den morgigen Kurs der heutige Kurs. Somit hat die Vorhersage der zukünftigen Entwicklung eines Kurses eine ebenso große Vorhersagekraft, wie die Bestimmung der Zahlenfolge beim Lotto.

Samuelson führte jetzt an, dass man, um ein Modell zur Berechnung eines Aktienkurses entwickeln zu können, zunächst die wesentlichen Eigenschaften der Aktienkurse näher betrachten muss. Dies sind:

Aktienkurse können nicht negativ werden. Das bedeutet, dass ein Anleger nur mit seinem eingesetzten Kapital und nicht darüber hinaus haftet.

Überdies ist die erwartete mittlere Rendite einer Aktie langfristig gesehen annähernd konstant und liegt pro Jahr bei etwa 4 % - 9 %. Sie wird als Drift μ bezeichnet.

Ebenfalls sind die prozentualen Kursschwankungen annähernd konstant. Sie liegen normalerweise zwischen 20 % und 40 % und werden durch die Volatilität σ beschrieben.

Die Parameter μ und σ sind voneinander abhängig und für die Anlageentscheidungen auf Basis von Risikopräferenzen wesentlich. Es gilt: Je größer die erwartete Rendite sein soll, umso größer muss das eingegangene Risiko werden. Überdies ist der Verlauf eines Aktienkurses nicht vorhersehbar, weil er mit gleicher Wahrscheinlichkeit steigen oder fallen kann. Zusätzlich geht man davon aus, dass aufgrund der normalverteilten Störung, die auf den Kurs wirkt, jede Kursveränderung unabhängig von der vorherigen ist, die Märkte also kein Gedächtnis haben. Ein solches Verhalten kann mithilfe einer geometrischen Brownschen Bewegung X_t mit dem Drift μ und Volatilität σ dargestellt werden. Ein weiterer Grund, aus dem eine geometrische Brownsche Bewegung verwendet wird, ist, dass eine Normalverteilung der Aktienkurse negativen Aktienkursen eine positive Wahrscheinlichkeit zuweist – und zwar obwohl Aktionäre nur mit ihrem eingesetzten Kapital haften, so dass keine negativen Kurse möglich sind.

$$S_t = S_0 e^{\left(\mu - \frac{\sigma^2}{2}\right) + \sigma \cdot X_t}$$

Aus der Formel folgt, dass die logarithmierten Veränderungsraten normalverteilt um einen Mittelwert schwanken. Eine Zufallsvariable X, deren Logarithmus normalverteilt ist, bezeichnet man auch als log-normalverteilt.

Üblicherweise wird der Mittelwert als null oder als ein positiver Wert angenommen, der der Rendite des Wertpapiers entspricht (z. B. Dividendenrendite bei Aktien). Ist dieser Mittelwert positiv, so symbolisiert er die langfristige Wachstumsrate bei Aktien. So stieg der *Dow Jones Industrial* z. B. seit 1896 von 30 auf in der Spitze über 14.000 Indexpunkte. Folglich wird hier von einem *Random Walk* mit Drift gesprochen. Eine solche Kursveränderung vom Zeitpunkt t auf den Zeitpunkt t +1 kann durch folgenden Zufallsprozess beschrieben werden.

$$\Delta S = \mu \cdot S\Delta t + \sigma \cdot S \cdot \varepsilon \cdot \sqrt{\Delta t}$$

Dabei stellt ΔS die Veränderung des Kurses innerhalb eines Zeitschrittes dar. $\mu \cdot S\Delta t$ zeigt die (nicht zufällige) Driftkomponente für die Kursveränderungen und $\sigma \cdot S \cdot \varepsilon \cdot \sqrt{\Delta t}$ den zufälligen Anteil der Kursveränderung. Mithilfe von Zufallszahlen (s. S. 275) können nun leicht Random-Walk-Darstellungen berechnet werden.

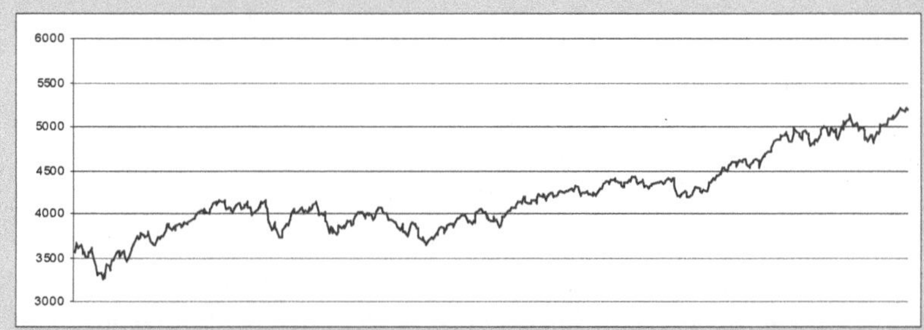

Abbildung 3: Simulierter Kursverlauf mithilfe von Zufallszahlen für den DAX

Abbildung 3 zeigt, dass die mithilfe von Zufallszahlen simulierten Kursverläufe realen (s. S. 75) auf frappierende Weise ähnlich sehen. Es ist also schwer zu unterscheiden, ob ein Kursverlauf zufällig generiert wurde, oder ob es sich um den Verlauf einer tatsächlich existierenden Aktie handelt. Das war ein wichtiger Grund, aus dem Samuelson die Entwicklung realer Wertpapierkursänderungen auf das Gesetz der geometrischen Brownschen Bewegung zurückgeführt hat. In einem so künstlich erzeugten Kursverlauf nach einer geometrischen Brownschen Bewegung haben sehr große tägliche Kursveränderungen eine extrem niedrige Wahrscheinlichkeit. Dabei ist die Normalverteilung auf das Intervall von minus unendlich bis plus unendlich definiert. Doch tatsächlich beobachtet man bei solch künstlichen Kursverläufen, dass je höher die Abweichung vom Mittelwert (häufig gemessen in Standardabweichungen) wird, die Wahrscheinlichkeit, dass sie auftritt, umso geringer wird. So dürfte z.B. eine Kursveränderung von einem zum nächsten Börsentag von 5 Standardabweichungen um den Mittelwert nur etwa alle 9.500 Jahre vorkommen. Im Rahmen der Monte-Carlo-Simulationen werden nun tausende solcher simulierter Kursverläufe berechnet, um z.B. faire Werte für Optionen zu ermitteln.

Somit besteht zwischen einem Markt, der sich im *Random Walk* bewegt, und einem effizienten Markt eine enge Beziehung. Was versteht man genau unter effizienten Märkten? Die klassische Finanztheorie geht von einem *Homo oeconomicus* aus. Hier handelt es sich um das Idealbild eines durch und durch rational (= vernünftig) denkenden und handelnden Anlegers. Im ökonomischen Kontext geht Rationalität unmittelbar einher mit einem ganz bestimmten Prinzip der Bewertung, und zwar mit der Maximierung des Erwartungsnutzens. Das bedeutet, dass der *Homo oeconomicus* für jede Alternative eines Problems den erwarteten Nutzen ermittelt und dann die Alternative wählt, die ihm den höchsten Nutzenerwartungswert bringt. Dies fasste der Mathematiker Bernoulli prägnant zusammen: „*Jeder Mensch versucht bei seinen wirtschaftlichen Entscheidungen den erwarteten Nutzen (an Börsen den Gewinn) zu maximieren.*"

Zu einer absoluten Rationalität gehören noch weitere Bedingungen. So zeigt der *Homo oeconomicus* ein unbegrenztes Interesse an allen notwendigen Informationen, um zu einer fundierten Entscheidung zu kommen. Er benötigt die Informationen, um verlässlich die Wahrscheinlichkeiten für den finanziellen Erfolg seiner Entscheidung ermitteln zu können. Dabei kann schon ein einziger vernachlässigter Aspekt den späteren Nutzen deutlich reduzieren. Der rationale Anleger blockt also keine Informationen ab und nimmt alles, was er wissen muss, unverzerrt und vollständig auf. Ferner verarbeitet der *Homo oeconomicus* die eingehenden Informationen ähnlich wie ein leistungsfähiger Computer, d. h. sorgfältig und logisch.

Genauso nimmt er auch die Bewertungen der Informationen vor. Dabei trifft der *Homo oeconomicus* seine Entscheidungen gefühllos, ähnlich wie eine Maschine. Zudem ist er von Natur aus risikoavers, d. h. er wünscht sich eine höchstmögliche Rendite bei minimalem Risiko. Denn die Finanzmärkte belohnen das Eingehen von Risiken – wie hoch die Belohnung ausfällt, hängt von der mittleren Risikoaversion der Anleger im Kollektiv ab. So gilt an der Börse: „*Sind vor allen Feiglinge am Markt aktiv, dann zahlt sich ein bisschen Mut aus. Wenn hingegen nur Zocker am Markt sind, findet nur ein bisschen Mut kaum Beachtung.*" Das bedeutet, dass die Risikoprämie im zeitlichen Ablauf schwankt. So kostete eine 5-prozentige-BMW-Anleihe mit einer Laufzeit bis 2018 am 20.10.2008 (Höhepunkt der Finanzkrise) 78,10 %, knapp ein

Jahr später (Entspannung), am 11.09.2009, 104 %. Im Oktober 2008 hätte ein Anleger mit dieser Anleihe eine Effektivverzinsung[15] von 7,75 % erzielen können (hauptsächlich Feiglinge am Markt), und ein knappes Jahr später nur noch 4,4 % (hauptsächlich Zocker am Markt). Insbesondere nach Kurseinbrüchen werden die Anleger extrem risikoavers, dann ist die Risikoprämie höher. Dagegen werden die Anleger im Laufe einer Aktienhausse immer risikofreudiger und die Risikoprämie sinkt.

Um das Verhalten der Anleger an den Börsen besser beschreiben zu können, wurde die klassische Finanztheorie in zwei Teilgebiete aufgeteilt: die Theorie der rationalen Erwartungen und die These der Informationseffizienz der Kapitalmärkte.

Die Theorie der rationalen Erwartungen geht auf den Wissenschaftler John F. Muth zurück und unterstellt, dass alle Marktteilnehmer ihre Erwartungen so bilden und umsetzen, dass auch tatsächlich die Kurse zustande kommen, die sie erwartet haben. Wäre das nicht der Fall, würden die Anleger ihr Entscheidungsmodell so lange anpassen, bis sich die Erwartungen erfüllen, wobei die Anpassungen selbst zu entsprechenden Kursveränderungen führen. Durch dieses Lernverhalten können die Marktteilnehmer ihre Ergebnisse systematisch verbessern, bis sie das optimale Modell für sich gefunden haben. Somit ist ein effizienter Markt dadurch gekennzeichnet, dass alle an ihm gehandelten Wertpapiere jederzeit so viel kosten, wie sie wert sind. Folglich gibt es keine zu tief oder zu hoch bewerteten Wertpapiere.

Das bedeutet auch, dass alle Wertpapiere durch die Erwartungswerte der Renditen μ und durch die Streuung σ der Renditen um den Erwartungswert hinreichend genau beschrieben werden können. Deshalb kann man die Streuung der Renditen um den Erwartungswert auch als Risikomaß verwenden. Anleger sind zudem bestrebt, bei gleichem Erwartungswert der Renditen μ die Anlagealternative mit dem kleinsten erwarteten Risiko σ auszuwählen,

---

[15] Die BMW-Anleihe hat einen Nominalbetrag von 1000 €, eine Restlaufzeit (Oktober 2008) von 10 Jahren und einen Zins von 5 %. Die Anleihe wurde zu 78,10 % gekauft, d. h. für 780,10 €. Die ersparten 219,90 € werden durch die Restlaufzeit geteilt, somit werden pro Jahr ca. 27,49 € ($\approx$2,75 %) zusätzliche Rendite erzielt. Die Effektivverzinsung erhöht sich daher von 5 % auf 7,75 %.

oder umgekehrt bei gleichem Risiko die Alternative mit der höchsten Rendite zu präferieren.

Einen Gegenbeweis zu dieser These lieferte der legendäre *Railroad Tycoon* Jay Gould, der wegen einer groß angelegten Manipulation des Aktienkurses der von ihm kontrollierten Eisenbahnlinie *Erie Railroad* in die Börsengeschichte einging. So musste Charles Dow anerkennen, dass solche Machenschaften die Kurse der betroffenen Aktien tatsächlich verzerren können – nicht aber den Durchschnitt einer ganzen Industrie. Dow vertritt vielmehr die Ansicht, dass die Entwicklung der Durchschnittskurse von einem ganzen Bündel von Ursachen abhängt. Niemand auf der Welt weiß alles. Die einzige Ausnahme ist der Durchschnittskurs, weil er das gesamte Wissen aller Investoren enthält.

Auf dieser Vorstellung aufbauend hat der Ökonom Fama die These der Informationseffizienz entwickelt. Demnach schlagen sich alle öffentlich verfügbaren Informationen, die die Wertpapierkurse beeinflussen können, unmittelbar zum Zeitpunkt ihres Bekanntwerdens in den Kursen nieder. Folgerichtig müssen sich die Aktienkurse im Spiegel der zufälligen Nachrichten ebenso zufällig ändern. Deshalb können lediglich unvorhersehbare Ereignisse zu unerwarteten Kursänderungen führen, die jedoch aufgrund des Überraschungseffekts nicht gewinnbringend ausnutzbar sind. Da die Ereignisse sowohl eine positive wie auch eine negative Wirkung haben können und von zufälliger Natur sind, haben sie einen Erwartungswert von null. Auf effizienten Kapitalmärkten sind Renditesteigerungen nur möglich, wenn man zugleich ein höheres Risiko eingeht[16].

Einschub: Die Informationseffizienz im Detail

Der vollkommene Markt lässt sich mit den vier Thesen zur Informationseffizienz von E. F. Fama umschreiben.

1. Von einer starken Informationseffizienz spricht man, wenn alle bewertungsrelevanten Informationen unmittelbar und vollständig jederzeit in den aktuellen Marktpreis einfließen.
2. Dagegen unterstellt eine halbstrenge Informationseffizienz, dass nur alle öf-

[16] Fama sagt aber nicht, dass sich die Märkte 100 % effizient verhalten. Sie müssen lediglich so effizient sein, dass der erzielbare Gewinn durch eine systematische Abweichung kleiner ist als die Spesen, die anfallen, um sie gewinnbringend umzusetzen.

fentlich zugänglichen Informationen in die Kurse einmünden.

3. Bei einer schwachen Informationseffizienz sind nur Informationen über vergangene Kurse unmittelbar und vollständig im aktuellen Marktpreis enthalten.
4. Trifft keine der drei vorgestellten Thesen zur Informationseffizienz zu, wird dies als keine Informationseffizienz bezeichnet.

Sieht man sich diese Thesen zur Informationseffizienz an, so wird schnell klar, dass nur bei keiner oder schwacher Informationseffizienz finanzanalytische Verfahren sinnvoll angewendet werden können. Denn es sollte klar sein, dass die Analyse kursrelevanter Informationen nicht zu Gewinnen führt, wenn diese wie bei der halbstrengen und starken Informationseffizienz bereits in den Kursen enthalten sind.

Zeigen die Märkte eine schwache Informationseffizienz, so ist es nicht sinnvoll, vergangene Kursverläufe auszuwerten. Viel interessanter ist die Analyse aller öffentlich zugänglichen Informationen wie der Geschäftsberichte und Adhoc-Mitteilungen. Anhand der gewonnenen Informationen kann der Anleger systematisch Gewinne realisieren. Dazu kann er die Methoden der Fundamentalanalyse einsetzen, um den inneren Wert einer Aktie zu ermitteln. Wie erfolgreich dies ist, zeigt der Investor Warren E. Buffett mit der *Berkshire Hathaway*. Vereinfacht gesagt kaufen Anleger hier Aktien nach dem Zigarrenstummel-Ansatz. Er besagt: Wenn man einen Zigarrenstummel auf der Straße findet und ihn anzündet, hat man mindestens noch einen Zug. Dieser Zug schmeckt zwar scheußlich, da er aber umsonst ist, ist er immer noch preiswert. Ähnliches gilt für Aktien. Egal wie schlecht die Branche oder Aktie zurzeit dasteht, solange die Aktie unter ihrem inneren Wert steht, lohnt sich das Geschäft.

Falls dagegen keine Informationseffizienz vorliegt, so macht die Analyse vergangener Marktpreise bzw. Kursverläufe Sinn. Dies geschieht mithilfe der technischen Analyse. Die technische Analyse befasst sich mit der Deutung von Aktienkursverläufen und ignoriert fundamentale Daten. Sie geht davon aus, dass sich die Masse der Anleger in bestimmten wiederkehrendenden Situationen gleich verhält, dass sich also die Geschichte wiederholt. Somit stellen die Kursverläufe die aktuelle Marktsituation dar, wobei sich die Kurse in Trends bewegen, der Markt bewegt sich abwechselnd auf-, seit- oder abwärts. Außerdem sind im aktuellen Aktienkurs sämtliche vorhandenen Informationen schon enthalten. Das hat zur Folge, dass sich in den Kursverläufen bestimmte Muster erkennen lassen, aus denen die Chartdeuter den zukünftigen Kursverlauf der Aktie vorhersagen.

Viele Untersuchungen haben gezeigt, dass die Finanzmärkte höchstens schwach informationseffizient sind. Hierfür sprechen u.a. die bei Aktienkursen auftretenden Zyklen und Trends sowie die Erfolge der technischen und fundamentalen Analyse.

Denkt man das Modell der Informationseffizienz konsequent zu Ende, so machen die Suche nach der optimalen Aktie oder der unübertreffbaren Anleihe keinen Sinn. Denn ungeachtet der täglichen Schwankungen seines Vermögens kann man sich sicher sein, dass man doch nichts Besseres hätte tun können, als sein Portfolio möglichst gut zu diversifizieren und stillzuhalten, weil zu jeder Zeit die Aktienkurse nach der These der Informationseffizienz fair gepreist sind. Es gilt: „*Niemand ist klüger als der Markt, man kann sich langfristig nur mit diesem Markt und nicht gegen ihn bewegen.*" Denn der klassische Erklärungssatz für die Kursbildung setzt voraus, dass Gleichgewichtskurse für die Aktien existieren, die sich auf Basis aktuell verfügbarer Informationen bilden. Die bekannten Gleichgewichtsmodelle *(Capital Asset Pricing Model)* sind lineare Modelle, die die Änderung des aktuellen Kurses in Abhängigkeit neu auf den Markt treffender Informationen erklären. Dieser Ansatz besagt auch, dass eine Abhängigkeit zukünftiger Kurse von vergangenen Kursen nicht existiert, und die beste Vorhersage für den morgigen Kurs der heutige Preis ist.

Von der Risikomessung bis hin zur Optionspreistheorie (Black-Scholes-Formel) greift eine Vielzahl von finanztheoretischen Konzepten auf das statistische Fundament der Gaußschen Glockenkurve, also der Normalverteilung, zurück. Beispiele sind die Markowitz-Optimierung, das CAPM *(Capital Asset Pricing Model)* von William F. Sharpe, die Sharpe-Ratio, die Volatilität oder der *Value at Risk* – die Liste der finanztheoretischen Modelle und Kennzahlen ist lang. Weitere wichtige Annahmen dieser Modelle sind:

- Arbitrage-Freiheit: Es existiert keine Möglichkeit, auf risikolose Art einen Gewinn zu erzielen, da weitere Anleger schnell ebenso agieren, wodurch die Voraussetzungen sich wieder ändern.

Einschub: Beispiel eines Arbitrage-Geschäftes

Das Arbitrage-Prinzip (Arbitrage-Freiheit) ist an den Börsen allgegenwärtig. Es hält das Preisverhältnis aller Wertpapiere im Einklang. Stellen Sie sich Folgendes vor: Die Banken A, B und C geben Kurse für verschiedene Wechselkurspaare vor. So quotiert Bank A einen Geldkurs (Kurs, zu dem der Anleger die Währung von der Bank kaufen kann) von 1,35 $/€, Bank B von 0,54 £/$ (Britisches Pfund je US-Dollar) und Bank C einen Briefkurs (Kurs, zu dem der Anleger die Währung an die Bank verkaufen kann) von 0,71 £/€.

Zur Erkennung einer Arbitrage-Möglichkeit, muss zuerst der implizierte Geldkurs der Bank C zwischen Britischem Pfund und Euro berechnet werden, der Kreuzwechselkurs *(Cross Rate)*.

Implizierter Geldkurs: 1,35 $/€ · 0,54 £/$ = 0,7290 GPB/€

Danach muss der implizierte Geldkurs der Bank C mit dem Briefkurs der Bank C verglichen werden. Es fällt auf, dass der implizierte Geldkurs zu niedrig ist, weil durch einen Tausch von Euro in US-Dollar bei Bank A, von US-Dollar in Britische Pfund bei Bank B und von Britischem Pfund zurück in Euro bei Bank C ein sofortiger Gewinn möglich wäre.

Berechnung des Arbitrage-Gewinns. Der Anleger investiert 1000 €.
Bank A: 1000 Euro $\xrightarrow{1000 \cdot 1,35}$ 1350 US-Dollar
Bank B: 1350 US-Dollar $\xrightarrow{1350 \cdot 0,54}$ 729 Britische Pfund
Bank C: 729 Britische Pfund $\xrightarrow{729 \cdot 0,71}$ 1026,76 Euro

Der Anleger kann also ohne jedes Risiko einen Arbitrage-Gewinn in Höhe von 26,76 € oder 2,67 % einfahren. Eine solche Situation wird naturgemäß nicht lange anhalten, weil sich hier einfach Geld verdienen lässt, was andere Anleger anzieht.

- Keine Transaktionskosten: Es wird angenommen, dass die Märkte ohne Transaktionskosten existieren.
- Jederzeit große Transaktionsvolumina: Jederzeit können beliebig große Wertpapiertransaktionen durchgeführt werden, ohne dass hierdurch der Preis eines Wertpapiers beeinflusst wird. Allerdings kann man sich leicht vorstellen, dass Anleger ihr Verhalten überdenken, wenn einzelne Anleger oder eine Gruppe besonderes große Käufe oder Verkäufe vornehmen. Der Preis eines Wertpapiers wird so zwangsläufig beeinflusst, da hier das Prinzip von Angebot und Nachfrage gilt.
- Andere wichtige Annahmen: Die Volatilität der Wertpapiere ist konstant. Ebenso ist die Korrelation[17] (s. S. 57 ff.) verschiedener Wertpapiere zueinander konstant. Zudem gilt: Je größer die erwartete Rendite sein soll, umso größer muss das eingegangene Risiko werden.

Anleger sollten die Annahmen jedes Finanzmodells kritisch überprüfen, bevor sie es einsetzen. Denn die zugrunde liegenden Annahmen sind für den Erfolg des Modells entscheidend. So machten z. B. zwei Mathematiker, die an der Entwicklung der Black-Scholes-Formel mitgearbeitet hatten, einen Fonds auf. Als Russland in den 1990er Jahren seine Schuldentilgungen einstellte und daraufhin Panik an den Märkten einsetzte, fuhr der Fonds gewaltige Verluste

---

[17] Korrelationen beschreiben Abhängigkeiten zwischen Kursverläufen verschiedener Aktien.

ein. Das ist ein schönes Beispiel dafür, dass selbst die Mathematik noch keine Erfolgsgarantie ist, es kommt immer auf die Annahmen an, die der Mathematik zugrunde liegen. Sind sie falsch, liefert auch die Mathematik falsche Ergebnisse.

Ein Sprichwort lautet: „*In der Kürze liegt die Würze.*" Zum Verständnis der folgenden Kapitel sollte diese kurze Darstellung der Theorie der effizienten Märkte ausreichen. Sie sollten wissen, dass zur Beschreibung der Kursbewegungen die Normalverteilung *(Randow Walk)* anzunehmen ist, wenn man von effizienten Märkten ausgeht. Die Frage ist jedoch: Ist wirklich jeder Mensch (Anleger) ein *Homo oeconomicus* und entscheidet rein rational? Falls tatsächlich jeder Anleger ein *Homo oeconomicus* ist, sollte z. B. die Kursentwicklung des DAX der Normalverteilung gehorchen. Ist das wirklich so?

2.2. Ist die Normalverteilung ein Börsenmärchen?

M. Loeve sagte zu der Normalverteilung spitz: „*Sie ist eines der faszinierendsten mathematischen Objekte. In den Augen von Hermite und Poincaré allerdings war sie ... das vollkommene Monstrum.*"

Wie bereits oben angedeutet, wird viel Mühe darauf verwendet, um die statistischen Eigenschaften eines Aktienverlaufs so gut wie möglich zu erfassen. Im Laufe der Zeit sind Forscher auf Eigenschaften gestoßen, die mittlerweile als sogenannte stilisierte Fakten anerkannt sind. Dabei werden die meisten Phänomene in den unterschiedlichsten Märkten beobachtet. Eine Frage, die lange Zeit die Wissenschaft beschäftigt hat, ist, ob diese Phänomene auch in Zeiten existierten, in denen es noch keine Computer und damit keinen Programmhandel gab. Es konnte gezeigt werden, dass diese Phänomene bereits am Florenzer Währungsmarkt von 1389 bis 1432 oder am Londoner Aktienmarkt von 1724 bis 1740 auftraten – also weit vor der Erfindung des Computers.

Um diesen Phänomenen auf die Spur zu kommen, greifen wir auf den Aktienindex DAX zurück. Er gehört zu einem der am meisten beachteten Börsenbarometer der Welt, somit sollte der DAX alle typischen Merkmale eines Aktienkurses aufweisen. Der DAX enthält als gewichteter Gesamtrendite-Index die 30 Aktien der führenden deutschen Unternehmen, die an der deutschen Börse gehandelt werden. Der Wert des DAX wird minütlich bzw. sekündlich von der *Deutschen Börse AG* publiziert. Der DAX wurde am 31.12.1987 mit einem Basiswert von 1.000 Punkten ins Leben gerufen. Seit Juni 1999 werden die Aktienpreise des Xetra-Handelssystems zur Berechnung herangezogen. Als Auswahlkriterien für den DAX dienen u.a. die Börsenkapitalisierung oder die Branchenrepräsentativität.

Nehmen wir vereinfachend an, ein Anleger habe den DAX mittels eines Indexzertifikates gekauft. Dann sähen die täglichen Renditen, also die Änderungsraten des DAX vom 26.11.1990 bis zum 26.11.2009 wie folgt aus:

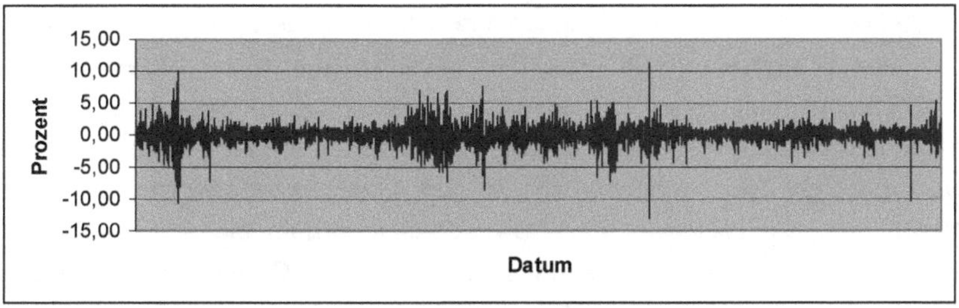

Abbildung 4: Tägliche DAX-Renditen vom 26.11.1990 bis 26.11.2009

Man sieht, dass es bei den täglichen Renditen des DAX Phasen mit großen Ausschlägen gibt, aber auch Phasen, in denen wenig passiert. Man hat den Eindruck, der Markt wechsele sich ab zwischen einer nervösen Marktphase und einer ausgedehnten Ruhephase, als müsste der Markt sich nach der Kraftanstrengung in der nervösen Marktphase wieder erholen.

Diese Clusterbildung hat statistische Konsequenzen. Man erkennt aus Abbildung 4 leicht, dass die Streuung der Aktienrenditen über die Zeit nicht konstant ist, sondern sich ändert. Dies hat natürlich auch die unangenehme Konsequenz, dass die Volatilität nicht konstant bleibt, sondern sich sogenannte Volatilitätscluster ausbilden. Dabei beobachtet man Phasen mit hoher Volatilität und Phasen mit niedriger Volatilität.

Eine unangenehme Konsequenz dieser Volatilitätscluster ist, dass extreme Börsenereignisse häufiger auftreten, als man dies anhand der Normalverteilung erwarten würde. Es kommt also häufiger zu einem Börsencrash oder einer -hausse, als die Normalverteilung vorhersagt. Zum Beispiel ergibt sich aus der Normalverteilung für eine negative Abweichung von mehr als 5 Standardabweichungen vom Mittelwert eine Wahrscheinlichkeit von ungefähr 1 zu 3 Millionen, d. h. mit solchen Ereignissen wäre alle 12.000 Jahre (je Jahr mit 250 Handelstagen) zu rechnen. Beim DAX entsprechen 5 Standardabweichungen für den Versuchszeitraum vom 26.11.1990 bis 26.11.2009 bei einer durchschnittlichen geschätzten Tagesvolatilität von ca. 1,52 % einem Tagesverlust von 7,6 %. Allein in unserem Versuchszeitraum traten 10 solcher Tagesverluste ein. Im Rahmen der letzten großen Finanzkrise beobachte man am 23.10.2008 ein Minus von 8,01 %, am 09.10.2008 verlor der DAX 10,32 % und am Tag des Anschlages auf das World Trade Center am 11.09.2001 8,5 %. Zuvor gab es solche extremen Tagesverluste beim Gorbatschow-Putsch am 19.08.1991 (DAX: -9,4 %). Aus dieser kleinen Aufzählung erkennt man, dass solche Dramen wesentlich häufiger auftreten, als nach den Regeln der Gaußschen Glockenkurve zu erwarten wäre. Einer der wohl größten Tageskurseinbrüche in der Geschichte ereignete sich am 19.10.1987, damals verlor der *Dow Jones* innerhalb eines Handelstages mehr als 20 %. Der Kursverlust hatte viele Ursachen. Obendrein erreichte die Volatilität des *Dow Jones* am 21.10.1987 einen noch nie da gewesenen Wert von 106,6 % p.a. (zum Vergleich: das langjährige Mittel seit 1980 liegt bei 14,9 % p.a.).[18]

Aber auch Tagesgewinne mit mehr als 7,6 % treten häufiger auf, als man denkt, so z. B. im Rahmen der Finanzkrise am 13.10.2009 (DAX: 9,78 %) oder am 12.10.2009 (DAX: 7,78 %). Die Häufigkeit derartiger extremer Ausschläge steht also in einem offensichtlichen Widerspruch zu der sich aus der Normalverteilung ergebenden Wahrscheinlichkeitseinschätzung. Dies hat die unangenehme Konsequenz, dass extreme Kurssteigerungen bzw. -rückgänge durch die Statistik der Normalverteilung nicht adäquat beschrieben werden. Die Risiken solcher Kursbewegungen werden daher regelmäßig unterschätzt, weil empirische Daten eine Häufung von Renditesprüngen aufwei-

[18] Vgl. auch Rüdiger Götte: "Finanzkrisen: Mythos und Wahrheit, Anatomie und Geschichte. Warum Spekulationsblasen immer wieder entstehen, wie sie platzen - und wie Anleger sich vor ihnen schützen können" (Erscheinungstermin November 2011). Hier werden die wichtigsten Finanzkrisen der Börsengeschichte aufgearbeitet und gezeigt, dass extreme Kursgewinne und -verluste viel häufiger entstehen, als allgemein erwartet wird.

sen, die nicht durch die Normalverteilung erklärt werden kann. Häufig führen solche negativen Schocks am Aktienmarkt zu einem Anstieg der Volatilität. Gefährdend kommt noch dazu, dass die Volatilität nach einem Anstieg häufig eine Beharrungstendenz zeigt oder sich sogar noch weiter steigert. Dies liegt daran, dass kräftige Ausschläge ebenso häufig zu deutlichen Gegenbewegungen führen, und es so zu Phasen mit verstärkten Kursschwankungen kommt.

Die Volatilitätscluster führen aber auch dazu, dass an der Börse das große Geld nur an wenigen Tagen verdient wird. Wer beispielsweise von 1996-2006 die zehn besten Tage im *Standard & Poors 500* verpasste, dessen Rendite sank von 11,5 auf 8,1 %; im *Hang-Seng-Index* kostete das Fernbleiben von der Börse an den zehn entscheidenden Tagen fast sieben Prozentpunkte. Wer in dieser Zeit voll in den DAX investierte, erzielte im Schnitt eine Rendite von 9,4 % jährlich. Verpasste man allerdings die zehn Tage, an denen der DAX am stärksten gestiegen ist, reduzierte sich die jährliche Rendite um immerhin 4,6 %. Noch schlimmer wird das Bild, wenn man statt der besten zehn die besten 20 oder 30 Tage verpasste. In diesem Fall hätte ein DAX-Anleger ein Minus von 1,9 % erzielt. Das gilt aber auch in der umgekehrten Richtung. So zeigt sich, dass Anleger, die von 1996 bis 2006 die zehn schlechtesten Tage im DAX ausgelassen haben, ihre Rendite von 9,4 auf fast 15 % steigerten. Wer sogar die 40 schlechtesten Tage vermied, konnte sich über eine jährliche Rendite von 26 % freuen.

Andererseits beobachtet man an der Börse aber auch sehr viele kleine Renditen, d. h. an den allermeisten Tagen passiert nichts Auffälliges in der Kursentwicklung. Man kann sogar von einer Häufung der täglichen Rendite im Intervall zwischen -1 bis 1 % sprechen, weil im Untersuchungszeitraum von 4761 Handelstagen ca. an 3625 Handelstagen eine tägliche Rendite von ± 1 % erzielt wurde. Folglich beobachtet man eine starke Konzentration der Renditen um ihren Mittelwert herum.

Trägt man die monatlichen Renditen von Dezember 1987 bis Oktober 2009 in eine Grafik ein (Erweiterung des Beobachtungszeitraumes auf den Startzeitpunkt des DAX), wobei auf der horizontalen x-Achse die jeweiligen Monatsrenditen abgetragen werden und auf der y-Achse deren relative Häufigkeit (d. h. die Anzahl der Tage, an denen die Monatsrendite in dem auf der x-Achse dargestellten Intervall lag). Dazu bildet man noch eine Kurve ab, die die Normalverteilung darstellt. Vergleicht man jetzt diese beiden Kurven (s. Abbildung 6), so fällt auf, dass die Normalverteilung sehr schnell gegen null konvergiert und sich daher streng monoton fallend der x-Achse anschmiegt. Dagegen beobachtet man bei der Kurve mit den realen Werten, dass immer wieder Zacken nach oben sichtbar werden. Deswegen hat die empirische Verteilungsfunktion in den Enden mehr Masse, ein Phänomen, das als *fat tails* bezeichnet wird. Überdies fällt auf, dass ganz große Schwankungen nach oben oder unten eher selten sind, wohingegen kleine Schwankungen in der Größenordnung des Mittelwertes wesentlich häufiger auftreten als bei der Normalverteilung. Dies stimmt auch mit dem täglichen Börsenleben überein, wo große Börsencrashs oder -haussen eher selten auftreten, während Tagesgewinne um die 1 bis 2 % durchaus die Regel sind.

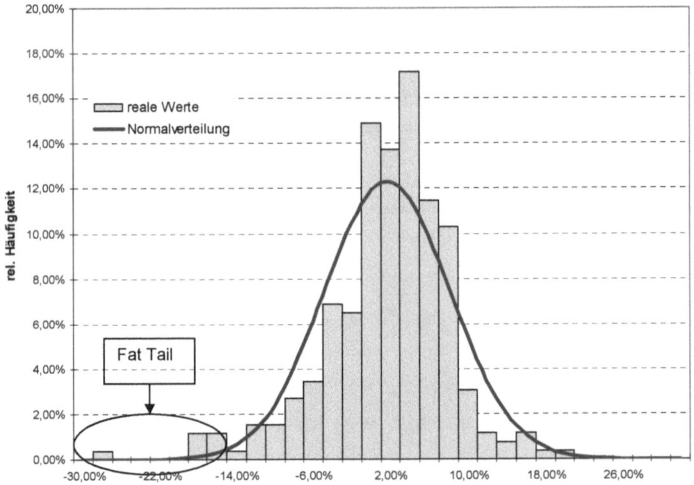

Abbildung 5: Verteilung der monatlichen DAX-Renditen von Dezember 1987 bis Oktober 2009

Fat-tail-Events (Tage mit Kursschwankungen größer als 3 %) treten an der Börse immer gehäuft auf und gerade dann, wenn der Anleger sie nicht braucht. Wenn der Anleger sie nutzen könnte (positive Fat-tail-Events), verschwinden sie meistens viel zu schnell. So zeigt Abbildung 6 (s. S. 33) dass sich die negativen Fat-tail-Events in bestimmten Perioden häufen. Ebenfalls häufen sich die positiven Fat-tail-Events (Tage mit Gewinnen von größer als 3 %). Dies liegt daran, dass häufig starke Kursrückgänge ebenfalls starke Kurssprünge nach oben nach sich ziehen. Ferner beobachtet man, dass üblicherweise die negativen Ausschläge extremer sind als die positiven.

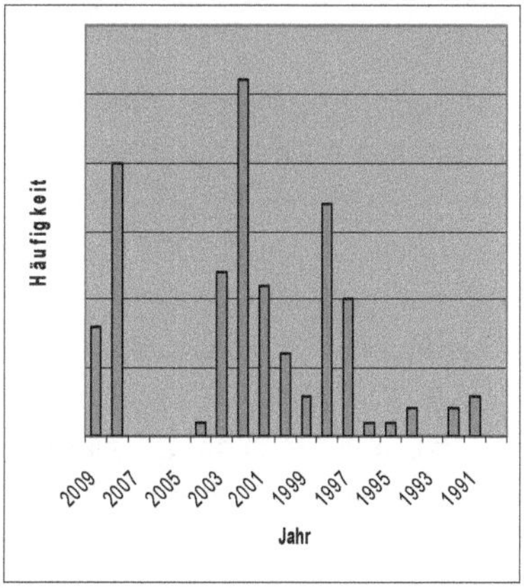

A)

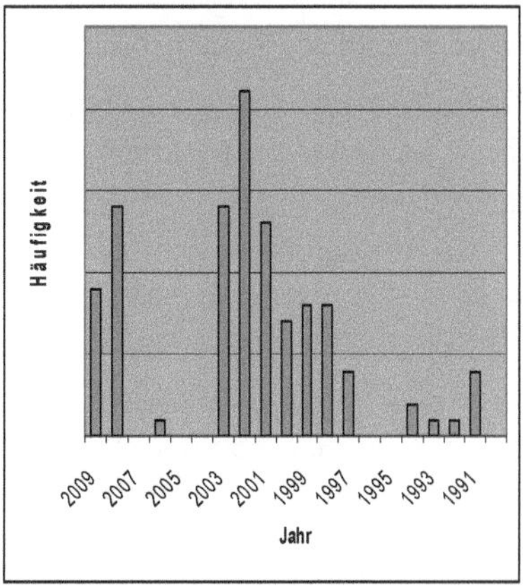

B)

Anmerkung: Abbildung A zeigt die Häufigkeitsverteilung der negativen *fat tails* und Abbildung B zeigt die Häufigkeitsverteilung der positiven *fat tails* an. Als *fat tails* werden definiert alle Schwankungen der Tagesrendite von größer 3 %.

Abbildung 6: Häufigkeitsverteilung der *fat tails*

Abbildung 6 zeigt, dass es deutliche Spitzen in der Zahl negativer Extremereignisse für die Jahre 1998, 2002 und 2008 gibt. Diese Jahre sind in die Annalen der Börsengeschichte eingegangen als die großen Aktienmarktkrisen[19] mit besonders lang andauernden Phasen stark erhöhter Volatilität. Wie eingangs schon erwähnt, zeigt die Volatilität nach einem deutlichen Anstieg, wie

[19] Entsprechend der Theorie der effizienten Märkte können auf Aktienmärkten keine spekulativen Blasen enstehen. Denn Abweichungen des aktuellen Aktienkurses vom Fundamentalwert werden durch Arbitrageaktivitäten rational handelnder Investoren abgebaut und haben daher keinen längeren Bestand. Dagegen beruhen spekulative Blasen auf nicht fundamentalen Aktienkurserhöhungen, welche sich durch selbsterfüllende Erwartungen fortpflanzen und zu langfristigen Abweichungen vom Fundamentalwert führen können. So wird z. B. in der Literatur davon ausgegangen, dass die Aktienhaussen der 1980er und 1990er Jahre spekulative Blasen waren.

nach Extremereignissen, eine Beharrungstendenz. So ist es nicht verwunderlich, dass die positiven Fat-tail-Events gehäuft im selben Jahr auftreten wie die negativen Fat-Tail-Events. Die *fat tails* hängen also eng mit der Volatilität des Marktes zusammen. Dabei beobachtet man, dass die Volatilität sich im Zeitablauf ändert, wobei sich bestimmte Cluster ausbilden. Dies bezeichnet man als Heteroskedastizität. Heteroskedastizität und Volatilitätscluster führen zu einer höheren Wahrscheinlichkeit für extreme Ereignisse als es die Normalverteilung vorhersagt.

Solche Extremereignisse treten immer häufiger auf. Ende der 1980er Jahre gab es in den USA die Sparkassenkrise, dann folgte Ende der 1990er Jahre der Zusammenbruch des milliardenschweren Hedgefonds LTCM, darauf folgten die Russlandkrise und die Bankenkrise in Asien. Anfang 2000 erschütterte der Internet-Crash die Aktienmärkte, und nun, gerade mal acht Jahre später, stehen wir vor dem Fast-Kollaps des gesamten Geldkreislaufs, ausgelöst durch die Subprime-Markt-Krise in den USA. Die Abstände zwischen den Horrorereignissen scheinen immer kürzer zu werden. Doch gerade diese Horrorereignisse läuten häufig länger andauernde Phasen mit besonders hoher Volatilität ein. Genau hier setzt die Kritik an der Normalverteilung an. Schließlich impliziert deren Gestalt (Glockenkurve), dass bei einem Anstieg der Verlusthöhe die Eintrittswahrscheinlichkeit rapide sinkt. Man nimmt an, dass die Eintrittswahrscheinlichkeit für Verluste mit exponentieller Geschwindigkeit abnimmt, womit die Wahrscheinlichkeit hoher Verluste im Tagesgeschäft praktisch vernachlässigt werden kann. Allerdings gibt es überwältigende empirische Beweise, dass die Wahrscheinlichkeit für hohe Verluste nur langsam abklingt. Zudem fehlt der Glockenkurve auch die Flexibilität, um entscheidende Eigenschaften wiederzugeben. So unterschätzt sie nicht nur die Wahrscheinlichkeit sehr großer, sondern auch die Wahrscheinlichkeit sehr kleiner Veränderungen (s. Abbildung 5). Demgegenüber wird die Häufigkeit mittelgroßer Bewegungen überschätzt. Wie kann man mathematisch eine nicht normale Verteilung der Renditen erfassen? Hierzu bieten sich die höheren Verteilungsmomente Schiefe und Wölbung an.

In der Statistik verwendet man den Begriff Kurtosis[20] (oder Exzess; Abk. ω), um die Wölbung einer Verteilung zu beschreiben. Im Allgemeinen deutet eine Wölbung der Verteilung darauf hin, dass positive wie auch negative Überraschungen durch eine höhere Dichte an den Enden der Renditeverteilung wahrscheinlicher sind als bei Annahme normal verteilter Renditen.

Liegt eine Normalverteilung vor, so hat die Kurtosis einen Wert von 3, unabhängig von Varianz und Mittelwert. Häufig wird der Ausdruck ‚ω-3' auch als Exzess-Kurtosis bezeichnet.

$$\omega = \frac{\frac{1}{n}\sum_{i=1}^{n}(r_i - \bar{r})^4}{s^4}$$ mit ω = Wölbung und s = Standardabweichung

Eine positive Wölbung ist ein Indiz dafür, dass die Enden fetter *(fat tails)* sind, eine negative deutet an, dass sie dünner *(thin tails)* sind als bei einer Normalverteilung.

Eine Verteilung wird als leptokurtisch bezeichnet, wenn die Kurtosis einen Wert von größer als 3 hat. Das heißt, sie besitzt eine spitze Wölbung und eine schmale Taille in der Umgebung des Mittelwertes, die Renditen ballen sich viel enger um den Mittelwert. Zugleich steigt die Wahrscheinlichkeit von Extremrenditen an den Rändern der Verteilung.

Von einer platykurtischen Verteilung spricht man, wenn die Kurtosis kleiner 3 ist. Sie ist dadurch gekennzeichnet, dass ihre Dichte an den Rändern nicht so groß ist wie bei der Normalverteilung und ihre Dichte um den Mittelwert recht hoch ist.

[20] Die Kurtosis ist das vierte Moment einer statistischen Verteilung.

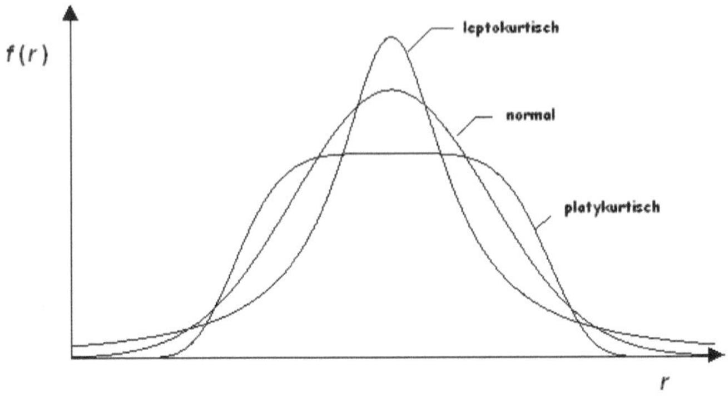

Abbildung 7: Wölbungen der Renditeverteilungen

Zur Erfassung der Asymmetrie einer Verteilung dient das dritte Element der statistischen Verteilung, die Schiefe (oder *Skewness*). Hat die Schiefe einen Wert von null, so liegt eine symmetrische Verteilung vor.

$$\gamma = \frac{\frac{1}{n} \cdot \sum_{i=1}^{n} (r_i - \bar{r})^3}{s^3}$$

Errechnet sich ein negativer Wert, ist die Verteilung linksschief (rechtssteil) → arithm. Mittel < Median < Modus

Errechnet sich ein positiver Wert, ist die Verteilung rechtsschief (linkssteil) → Modus < Median < arithm. Mittel

mit γ = Schiefe, $\bar{r}$ = (historische) Durchschnittsrendite, s = Standardabweichung, n = Anzahl der Beobachtungen.

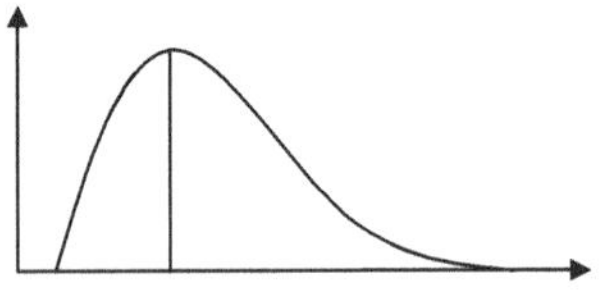

Rechtsschiefe Renditeverteilung

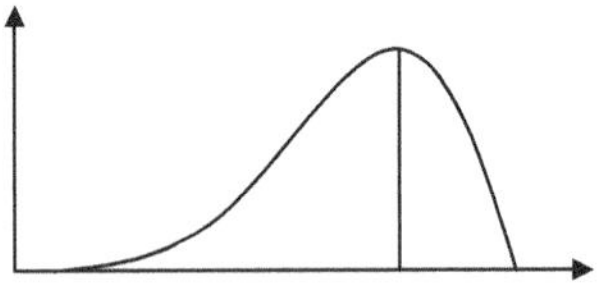

Linksschiefe Renditeverteilung

Abbildung 8: Beispiel für eine links- und rechtsschiefe Verteilung

Abbildung 8 zeigt, dass eine rechtsschiefe Verteilung zur rechten Seite flach und zur linken steil abfällt. Bei einer linksschiefen Verteilung ist es umgekehrt.

Dabei geben positive Werte für die Schiefe ein Indiz für eine rechtsschiefe Verteilung und negative Werte für eine linksschiefe Verteilung.

Eine rechtsschiefe (positive Schiefe) Verteilung weist im Gegensatz zu einer linksschiefen Verteilung (negative Schiefe) eine größere Neigung zu hohen positiven Renditen auf und bietet daher einen besseren Schutz vor Verlusten. Bei ähnlicher Rendite und gleicher Standardabweichung ist die Gefahr hoher negativer Extremwerte bei der linksschiefen Verteilung sehr viel höher als bei der rechtsschiefen. Wie sieht es nun beim DAX aus?

Tabelle 1: Kurtosis und Schiefe für den DAX auf Basis der täglichen Rendite

Kurtosis	Schiefe	Zeitraum
5,0026	-0,0890	Nov. 1990 bis Nov. 2009

Der DAX hat also eine Kurtosis von 5. Das bedeutet, die reale DAX-Kursentwicklung zeigt im Vergleich zur Normalverteilung eine relativ schmale und spitze Verteilung (s. Abbildung 5, S. 32). Zudem sind aufgrund der positiven Kurtosis die Enden fetter *(fat tails)* als bei der Normalverteilung. Weiterhin deutet die positive Kurtosis auf eine größere Wahrscheinlichkeit zu größeren Verlusten als bei der Normalverteilung hin, wie auch in Abbildung 5 zu sehen ist. Da die Kurtosis deutlich über 3 liegt, kann man davon ausgehen, dass für den DAX keine Normalverteilung vorliegt.

Diese Annahme wird durch den von Carlos M. Jarque und Anil K. Bera vorgeschlagenen Test für die Normalverteilung bestätigt. Der Jarque-Bera-Test prüft anhand der Kurtosis und der Schiefe die Anpassung an die Normalverteilung.

Einschub: Jarque-Bera-Test im Detail

Die Teststatistik (JB) lautet:

$$JB = \frac{n}{6} \cdot \left(\gamma^2 + \frac{(\omega - 3)^2}{4} \right)$$ wobei n = Anzahl der Messdaten ist.

Die Schiefe in den Daten wird wie folgt bestimmt.

$$\gamma = \frac{\mu_3}{\sigma^3} = \frac{\mu_3}{\left(\sigma^2\right)^{\frac{3}{2}}} = \frac{\frac{1}{n}\sum_{i=1}^{n}\left(x-\overline{x}\right)^4}{\left(\frac{1}{n}\sum_{i=2}^{n}\left(x-\overline{x}\right)^2\right)^2}$$

Die Schiefe hat bei einer symmetrischen Verteilung wie z.B. der Normalverteilung den theoretischen Wert von null. Die Kurtosis hat bei der Normalverteilung einen Wert von drei. Werte, die darüber liegen, deuten darauf hin, dass die Verteilung *fat tails* hat. Folglich ist die Dichte der Verteilung an den Rändern und im Zentrum größer und dafür in den mittleren Bereichen geringer als bei der Normalverteilung.
Die Kurtosis in den Daten wird wie folgt bestimmt:

$$\omega = \frac{\mu_4}{\sigma^4} = \frac{\mu_4}{\left(\sigma^2\right)^2} = \frac{\frac{1}{n}\sum_{i=1}^{n}\left(x-\overline{x}\right)^4}{\left(\frac{1}{n}\sum_{i=1}^{n}\left(x-\overline{x}\right)^2\right)^2}$$

μ_3 und μ_4 werden als das dritte und vierte Moment einer Verteilung bezeichnet. Denn die Schiefe wird als das dritte Element und die Kurtosis als das vierte Element bzw. Moment der Verteilung bezeichnet.
$\overline{x}$ ist der Durchschnitt der Stichprobe, und σ^2 ist das zweite Moment der Verteilung, die Varianz.
Die JB-Teststatistik liefert das Hypothesenpaar:

- H_0: Die Stichprobe ist normalverteilt.
- H_1: Die Stichprobe ist nicht normalverteilt.

Bei einem Signifikanzniveau von $1-\alpha = 0{,}9$ gilt: Wenn für die Teststatistik Werte von über 4,6 berechnet werden, kann die Normalverteilung verworfen werden. Dagegen wird die Normalverteilung bei einem Signifikanzniveau von $1-\alpha = 0{,}95$ bzw. $1-\alpha = 0{,}98$ bei Werten für die Teststatistik von größer 6 und 7,8 verworfen. Für die täglichen DAX-Renditen ergibt sich, nach Vereinfachung der JB-Teststatistik, folgender Wert:

$$JB \approx \left(\frac{262}{6}\right) \cdot \left(-0{,}0890^2 + 5{,}0026^{\frac{2}{4}}\right) \approx 4970{,}81$$

Das bedeutet, dass die Normalverteilung verworfen werden kann, also für den Zeitraum November 1990 bis November 2009 keine Normalverteilung der täglichen DAX-Renditen vorlag.

Auch andere Indizes weisen eine mehr oder minder große Kurtosis auf. So berichtet der Mathematiker Wim Schoutens, dass die täglichen Schwankungen des *Standard & Poors 500* zwischen 1970 und 2001 eine Kurtosis von 43,36 aufwiesen. Hohe Werte für die Kurtosis bedeuten, dass die Standabweichung hauptsächlich aus den Extremwerten zustande kommt. Die anderen Werte liegen nahe ihres Mittelwerts und liefern nur einen kleinen Beitrag zur Standardabweichung. Entnimmt man aus der obigen Datenreihe für den *Standard & Poors 500* den würzigsten Datenpunkt, den Crash 1987, so fällt die Kurtosis schlagartig auf 7,17. Mandelbrot und Hudson zeigen, dass der *Nasdaq* eine Kurtosis von 5,78 und der französische Leitindex CAC 40 eine von 4,36 aufweist. In einer weiteren Studie untersuchten Philip Hans Franses und Dirk Van Dijk die weltweite Entwicklung der Renditen auf Aktien- und Devisenmärkten. Sie stellten fest, dass die Kurtosis der betrachteten Zeitreihen[21] weit über drei liegt. Einzelne Aktien haben sogar eine Kurtosis von weit über 7.

Der negative Wert für die Schiefe deutet auf eine linksschiefe Verteilung hin. Das bedeutet, dass die Wahrscheinlichkeit, Renditen über dem arithmetischen Mittel zu erzielen, groß ist, aber gleichzeitig besteht die Gefahr von höheren Verlusten als bei der rechtsschiefen Verteilung. Ein weiteres Indiz für eine linksschiefe Verteilung ist, dass das durchschnittliche Wachstum (arithmetisches Mittel) mit 0,03 % kleiner ist als das Medianwachstum[22] von 0,08 %. Obendrein streuen die Werte um den Mittelwert relativ stark, was durch einen Maximalwert von 10,80 % und einen Minimalwert von -9,87 % zum Ausdruck kommt. Ebenso ist die Standardabweichung mit 1,47 % relativ zum Mittel recht groß. Mit anderen Worten, es existieren gegenüber der Normalverteilungsannahme höhere Wahrscheinlichkeiten, dass sich die täglichen DAX-Renditen entweder nicht ändern (höhere Wahrscheinlichkeit, dass die Renditen um den Mittelwert liegen als bei der Normalverteilung) oder aber extreme Abweichungen von ihrem Mittelwert aufweisen. *„Die Wirklichkeit nimmt keine Rücksicht auf unsere Illusionen. Die Wand ist immer härter als der Kopf.“* (Arnulf Baring) So ist es leider auch an den Börsen. Es hat sich nämlich gezeigt, dass die Wahrscheinlichkeit für einen Verlust deutlich höher ist, als die Normalverteilung vorhersagt, was extreme Auswirkungen auf das Vermögen eines Anlegers haben kann.

---

[21] Eine Zeitreihe ist eine Folge zeitlich geordneter Zeitpunkte (z.B. Datumsangaben), welchen jeweils ein bestimmtes Ereignis (Kurs) zugeordnet wird.

[22] Der Median liegt in der Mitte einer Zahlenreihe. Folglich hat die eine Hälfte der Zahlen Werte, die kleiner sind als Median, und die andere Hälfte hat Werte, die größer sind als der Median.

Tabelle 2: Wie wahrscheinlich ist ein Tagesverlust im Dow-Jones-Index?

Tagesverlust	Theoretische Häufigkeit unter der Annahme der Normalverteilung*	Tatsächliche Häufigkeit*
>1 %	Einmal pro Woche	Alle 2 Wochen
>2 %	Alle 6 Wochen	Alle 7 Wochen
>3 %	Alle 13 Monate	Alle 4 Monate
>4 %	Alle 22 Jahre	Alle 8 Monate
>5%	Alle 908 Jahre	Alle 17 Monate
>6%	Alle 174532 Jahre	Alle 3 Jahre

* Im Durchschnitt von 1928 bis 2006

Noch etwas fällt beim der Betrachten der Renditen auf. Sie sind autokorreliert. Allgemein gilt: Positive (negative) Autokorrelation führt zu einer Unterschätzung (Überschätzung) der Standardabweichung der Renditen. Die Über- bzw. Unterschätzung der Standardabweichung der Renditen ist deswegen problematisch, weil die Standardabweichung eine zentrale Maßzahl für das Risiko ist. So wird ein falsches Bild des Risikos des DAX gezeichnet. Viele Studien zeigen, dass der DAX positiv autokorreliert ist, d. h. die Standardabweichung der Rendite wird als zu gering ausgewiesen (unterschätzt). Überdies konnte gezeigt werden, dass die positive Autokorrelation in den absoluten Renditen langsamer als exponentiell abklingt. Das ist gewöhnlich ein Zeichen für ein Langzeitgedächtnis der Renditen, also einen Einfluss vergangener Renditen auf zukünftige.

Untermauert wird dies dadurch, dass die Volatilitätscluster des DAX (die Varianzen), also die Streuung der Daten, eine Persistenz[23] aufweisen. Von Persistenz spricht man, wenn auf große Werte mit hoher Wahrscheinlichkeit wieder große Werte folgen und auf kleine mit hoher Wahrscheinlichkeit wieder kleine Werte (siehe z. B. Abbildung 4, S. 29). Mit anderen Worten: Nach einer außergewöhnlichen Kursveränderung sind weitere große Kursschwankungen wahrscheinlicher als kleine Kursbewegungen. Das bedeutet, dass Phasen niedriger Volatilität durch Phasen höherer Volatilität abgelöst werden. Deswegen sagt man auch, die Volatilität habe die Tendenz zur Klumpen- bzw. Clusterbildung. Viele Studien zeigen, dass dieser Effekt recht häufig anzutref-

[23] Im Allgemeinen spricht man von Persistenz, wenn eine Zufallsgröße (wie Temperatur, Börsenkurse) die Tendenz hat, ihren augenblicklichen Wert beizubehalten.

fen ist. Beispielsweise zeigte der DAX zwischen November 1989 bis Anfang 1991, beim Entstehen und Platzen der New-Economy-Blase (Anfang 1997 - Mitte 2000), deutlich höhere Schwankungen als in anderen Phasen, verbunden mit höheren positiven und negativen Renditen. Besonders trat dies im Rahmen der Finanzkrise Ende 2008 bis Anfang 2009 auf, wie der Volatilitätsindex VDAX[24]-New zeigt.

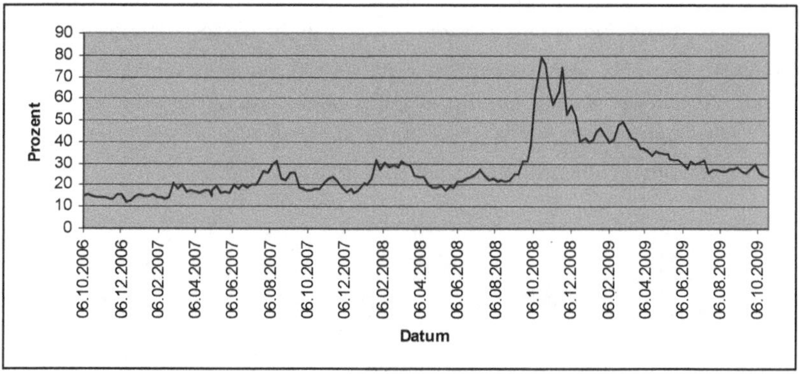

Abbildung 9: VDAX-New

Dies führt zu einer langfristigen Abhängigkeitsstruktur der Kurse. Man sagt, die Varianzen haben ein langes Gedächtnis. Aufgrund der Korrelation zwischen der heutigen und zukünftigen Volatilität lässt sich die Volatilität in gewissem Maße vorhersagen. Ähnlich wie beim Wetterbericht nimmt die Verlässlichkeit der Prognose mit der Länge des Prognosezeitraumes ab.

Vorsicht! Wie bereits erläutert, beobachtet man an den Aktienmärkten über einen längeren Zeitraum Phasen von unterschiedlicher Schwankungsintensität. Die Phänomene einer sich mit der Zeit verändernden Varianz (Heteros-

[24] Er berechnet sich aus DAX-Eurex-Optionen und bezieht sich auf die nächsten 30 Tage. Um den 30-tägigen VDAX-New zu berechnen, werden im ersten Schritt Subindices aus den verschiedenen Laufzeiten der Eurex-Optionen berechnet. Dabei verwendet man „am" und „aus dem Geld" liegende DAX-Optionen, von den nächstfälligen bis zur Zwei-Jahres-Option. Im nächsten Schritt werden die Subindizes so interpretiert, dass der VDAX-New die 30-Tage-Marktvolatilität abbildet. Um dies zu bewerkstelligen, nimmt die Börse immer die beiden Subindices, die gerade kürzer und länger als 30 Tage Restlaufzeit haben. Daher muss der VDAX-New einmal im Monat angepasst werden.

kedastizität) sowie der Klumpenbildung (bedingte Heteroskedastizität) führen dazu, dass starke Kurs- oder Preisausschläge in der Regel gehäuft auftreten. Daher bleibt die Volatilität der Aktienmarktrenditen nicht konstant, sondern variiert.

Somit bleiben alle Vorhersagen zu einer Aktienkursentwicklung mit einem Restrisiko behaftet. Darum findet sich in nahezu allen Prospekten zu Finanzprodukten der folgende Satz: *„Die historische Wertentwicklung ist kein Indikator für die zukünftige Wertentwicklung."* Wie wahr diese Aussage ist, zeigt wiederum der DAX. Die meisten Anleger haben diesen Spruch wohl schon gehört: *„Auf 10-Jahresfrist kann man mit einem diversifizierten Portfolio von Blue Chips nichts verlieren, weil die Aktie auf lange Sicht jede andere Geldanlage mit Durchschnittsrenditen von 12 % p. a. schlägt."*

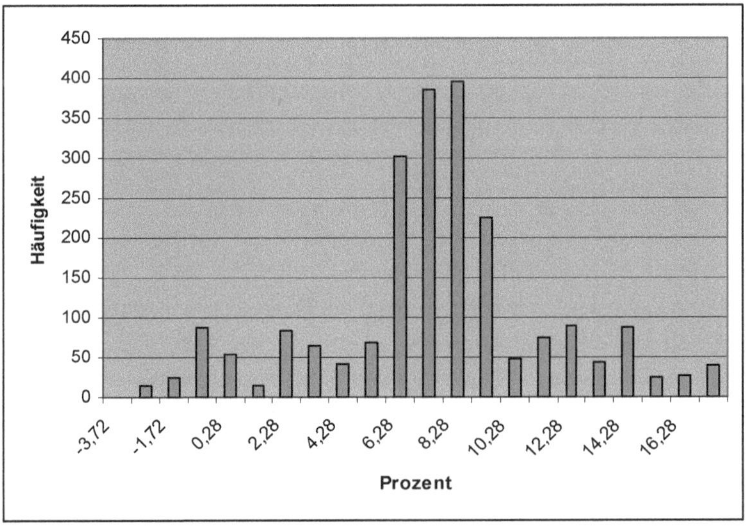

Abbildung 10: Häufigkeitsverteilung der 10-Jahresrenditen für den Versuchszeitraum vom 26.11.1990 bis 26.11.2009, bei einem Einstieg in den DAX zu einem bestimmten Zeitpunkt (in Tagesabschnitten) nach einer Haltedauer von genau 10 Jahren.

Tatsächlich sind Renditen von mehr als 12 % p. a. auf 10-Jahresfrist möglich. Das ist mehr, als man nach der Normalverteilung erwarten dürfte. Statistisch gesehen sind aber Renditen zwischen 6 % und 9 % für den Zeitraum vom

26.11.1990 bis 26.11.2009 am wahrscheinlichsten. Noch längerfristige Analysen vom 29.09.1959 (rückberechnet, den DAX gibt es erst seit dem 30.12.1987) bis zum 29.10.1999 kommen zu dem Schluss: Je nachdem, welche Börsenphase man betrachtet, sind Renditen zwischen 5,2 und 8,2 % p. a. auf 10-Jahresfrist unter realistischen Bedingungen möglich. Hierzu stellte Warren Buffett fest: *„Aktieninvestoren erwarten heutzutage viel zu viel."* Eine andere wichtige Aussage aus dem Versuch ist, dass der Anleger mit einer 92 %igen Wahrscheinlichkeit nach 10 Jahren mit einem Plus rechnen darf. Auf der anderen Seite hat der Anleger aber auch eine 8 %ige Wahrscheinlichkeit, nach einer 10-jährigen Haltedauer mit einem Verlust dazustehen.

Der vorsichtige Anleger mag sich fragen, wie es um das Verlustrisiko bestellt ist. Gibt es einen Anlagehorizont, ab dem bei einem DAX-Investment das Verlustrisiko kein Thema mehr ist? Ja! Nach ungefähr 23 Jahren erhält ein Anleger statistisch gesehen seinen Einsatz zurück, er kann also keinen Verlust mehr erzielen[25]. Allerdings ist bei dieser Betrachtung weder der Zugriff des Fiskus auf Erträge oder die Inflation berücksichtigt. Würde man dies berücksichtigen, so würde sich der Zeitpunkt, an dem der Anleger keine Verluste mehr erzielt, noch weiter nach hinten verschieben. Bedenkt man, dass ein durchschnittlicher Anleger maximal 30 Jahre ununterbrochen im Markt sein kann, ist ein Vermögensverlust auch im Aktienmarkt bei wirklich langer Anlagedauer nicht auszuschließen.

So warten z. B. Anleger, die im Dezember 1989 in den Nikkei 225 bei 38.915 Punkten eingestiegen sind, seit über 20 Jahren auf Gewinne. Aktuell steht der Nikkei bei um die 10.000 Punkte. Er hat also noch einen weiten Weg vor sich, bis er wieder die Gewinnzone erreicht. Langfristinvestoren wie Warren Buffett haben also aus statistischer Sicht schlichtweg Glück gehabt, ihre Strategie in einer für sie günstigen Börsenphase begonnen zu haben.

Allerdings sollte nicht nur die Wahrscheinlichkeit des Eintretens eines Verlustes eine Rolle spielen, sondern auch die mögliche Verlusthöhe. So gilt, dass das Eintreten eines Verlustes mit der Zeit immer unwahrscheinlicher wird, aber damit einher geht ein immer größer werdendes Verlustrisiko nach der absoluten Höhe.

---

[25] Allgemein gilt: Je kürzer der Anlagehorizont, desto größer das Risiko eines Verlustes.

2.2.1. Resümee

John Maynard Keynes fand nichts so unheilvoll, „*wie eine rationale Investmentpolitik in einer irrationalen Welt*". Menschliches Verhalten ist nicht normalverteilt. Der Aktienmarkt ist eine Erfindung des Menschen und muss somit auch die menschlichen Eigenarten reflektieren. Es ist ein Trugschluss, dass die Wirtschaft und damit das Verhalten von Individuen einer großen Maschine gleich linear modelliert werden können. Beispielsweise ist die Kauflust (oder -unlust) nicht quantifizierbar, weil Lust sich nicht proportional zu einer Ursache entwickelt, sondern Schwankungen unterliegt – ebenso wie die Aktienmärkte. Folgende Tatsachen belegen dies:

1) Die Renditen sind nicht normalverteilt!

Abbildung 5 zeigt eindeutig, dass die Normalverteilung die Verteilung der DAX-Renditen nicht exakt nachzeichnet. Das offensichtlichste Phänomen sind die *fat tails*. Es liegt auf der Hand, dass Risiken systematisch unterschätzt werden, wenn man mit der Normalverteilungsannahme arbeitet. Die Märkte sind riskanter als man denkt! Auf den Finanzmärkten sind extreme Kursausschläge die Regel. Das sind keine Abweichungen, die man eigentlich ignorieren kann. Deswegen bewegen sich die Aktienkurse eher auf einer wilden Kurve, die den Weg des Anlegers viel holpriger macht, als er annimmt. Nimmt man beispielsweise eine typische Verteilung einer TMT-Aktie (wie *Intel*, *Microsoft*) mit einer Standardabweichung von 23 % p. a., einer Schiefe von -1 und einer Kurtosis von 5 an, so ergibt sich aus der Risikoanalyse unter der Normalverteilungsannahme, dass ein Anleger mit 99 %iger Wahrscheinlichkeit innerhalb eines Börsentages nicht mehr als -3,5 % verlieren sollte. Bezieht man jedoch die Schiefe und die Kurtosis mit ein, so kommt man bei denselben Parametern zu einem möglichen Tagesverlust von -7,4 %. Das ist mehr als doppelt so viel. Allerdings unterschätzt die Glockenkurve nicht nur die Wahrscheinlichkeiten sehr großer, sondern auch die Wahrscheinlichkeit sehr kleiner Kursveränderungen. Demgegenüber wird die Häufigkeit mittelgroßer Kursveränderungen überschätzt. Das heißt, es kommt zu einer Häufung kleiner und großer Preisänderungen, was durch den Nachweis einer heteroskedastischen Varianz (s. S. 41) für finanzwirtschaftliche Zeitreihen bestätigt wurde.

2) Die Renditen sind nicht symmetrisch!

Für die Risikomessung reicht es offenbar nicht aus, nur auf die Streuung der Renditen zu setzen. Die Volatilität ist also kein gutes Risikomaß. Entscheidend sind auch Informationen über die Form der Verteilung, und gerade diese Form wird durch die Extremereignisse stark beeinflusst.

Die Verteilung der Renditen ist linksschief. Das ist für den Anleger besonders ärgerlich, weil das bedeutet, dass große Kursverluste wahrscheinlicher sind als gleich große Kursgewinne. Mit anderen Worten: Ein Eintages-Crash ist wesentlich wahrscheinlicher als ein Kursfeuerwerk. Aufgrund der Linksschiefe bei Aktienrenditen führt die Verwendung der Normalverteilung dazu, dass das Verlustpotenzial unter- und das Gewinnpotenzial überschätzt werden.

3) Die Renditen sind autokorreliert!

Die positive Autokorrelation[26] lässt darauf schließen, dass auf kleine (positive oder negative) Renditen tendenziell wieder kleine Renditen und auf große Renditen wieder große folgen. Es gibt ruhige Perioden (seitwärtslaufende Märkte) mit kleinen Kurssauschlägen und turbulente Perioden (Crash oder Hausse) mit großen Ausschlägen, d. h. Markturbulenzen bilden tendenziell Cluster. Das bedeutet, dass entscheidende Ereignisse den Markt über einen längeren Zeitraum hinweg beeinflussen. So kann z. B. auf einen wilden Montag ein noch wilderer Dienstag folgen. Zudem können diese Perioden von relativ langer Dauer sein. Aber Vorsicht, solche Muster können Narrengold sein. Erstmals beschrieben wurde dieser Effekt durch den Hydrologen Hurst (s. S. 79 ff.). Er stellte fest, dass die jährlichen minimalen Abflussmengen des Nils noch erheblich von den weit zurückliegenden Werten abhängen. Mit anderen Worten: Die Aktienkurse sind nicht unabhängig. Was heute geschieht, hat einen (zumindest geringfügigen) Einfluss auf das, was morgen abläuft.

---

[26] Unter Autokorrelation versteht man, dass die Daten zeitlich voneinander abhängen. Diese Abhängigkeit kann über einen längeren Zeitraum in die Vergangenheit zurückreichen.

Die Auswirkungen eines zuvor eingetretenen Ereignisses werden in der zeitlichen Abfolge nur sehr langsam geringer. Deswegen haben Kapitalmarktrenditen ein langes Gedächtnis.

4) Die Volatilität schwankt mit der Zeit!

Im Allgemeinen beschreibt die Volatilität die Schwankungsbreite z. B. eines Indexes um seinen Mittelwert, für einen festgelegten Zeitraum. Es gilt als Kriterium zur Beurteilung des Risikos. Je höher die Volatilität ist, desto größer ist das damit verbundene Risiko, zugleich aber auch die Chance, höhere Gewinne zu realisieren.

Die Volatilität ändert sich mit der Zeit, sie ist nicht konstant, sie ist vielmehr zufällig. Daten, die eine solche Eigenschaft besitzen, werden auch als heteroskedastisch bezeichnet. Zudem weist die Volatilität wie bereits beschrieben ein Clusterverhalten auf. Aus empirischer Sicht besteht kein Zweifel daran, dass die Volatilität asymmetrisch auf das Vorzeichen von Schocks reagiert. So beobachtet man, dass steigende Kurse (Hausse) häufig zu einer niedrigeren Volatilität führen, während Kursrückgänge zu einer Erhöhung der Volatilität führen.

Zusätzlich beobachtet man einen Leverage-Effekt, d. h. ein asymmetrisches Verhalten des Kursverlaufes einer Aktie auf Nachrichten. So werden oftmals schlechte Nachrichten überbewertet und führen zu einer höheren Volatilität, wohingegen bei guten Nachrichten die Volatilität geringer ausfällt. Außerdem wird argumentiert, dass Heteroskedastizität und Volatilitätscluster zu einer höheren Wahrscheinlichkeit für extreme Ereignisse führen.

5) Der Einfluss von großen Werten auf den Mittelwert wird unterschätzt, d. h. die Renditen sind nicht konstant!

In der Umgebung der Glockenkurve tragen die großen Werte (große Kursstürze und -haussen) in vernachlässigbarer Weise zum Mittelwert bei. Nach einer gewissen Zeit wird der Mittelwert als stabiler Wert angenommen. Es gibt keine Möglichkeit, dass der nächste Kurs von diesem Durchschnitt abweicht. Darum sind die ausgewiesenen Renditen (die sich aus dem Mittelwert ergeben) falsch. Sie zeichnen nicht das reale Bild nach, da sie einen Teil vernachlässigen. Anders ist dies bei der Gauchy-Verteilung, die am Beispiel des Bogenschießens erklärt werden kann[27]. Man verbindet dem Bogenschützen die Augen und lässt ihn auf ein Ziel, welches auf eine unendlich lange Wand gemalt ist, schießen. So gehen natürlich die meisten Schüsse daneben. Wenn die Schüsse der Normalverteilung gehorchen würden, dann müssten sich die meisten recht nah am Ziel befinden, und nur wenige sehr weit entfernt sein. In der Realität beobachtet man allerdings, dass viele Pfeile extrem weit vom Ziel einschlagen. Hier hilft uns nun die Gauchy-Verteilung weiter. Bei ihr überlagert ein Fehlschuss, der das Ziel um etwa 1.000 m verfehlt, ca. 100 Schüsse, die einen Meter vom Ziel entfernt treffen. Daher stellen sich die Ergebnisse des Bogenschützens niemals als sauberer, vorhersagbarer Mittelwert mit konstanter Varianz dar – ähnlich wie die Aktienkurse. Ein Mathematiker würde sagen, die Fehler des Bogenschützens konvergieren nicht auf den Mittelwert. Darum ist ihr Erwartungswert unendlich und damit ist auch die Varianz unendlich. Mit anderen Worten: In der Welt von Gauchy werden wichtigen Ereignissen auch eine größere Bedeutung zugemessen.

Einhergehend mit diesen Widersprüchen zum klassischen Random-Walk-Modell unterstützen die empirisch nachweisbaren Erfolge der Chartdeuter (Chartanalyse), die auf Basis vergangener Strukturen im Chart auf die zukünftige Entwicklung eines Wertpapieres schließen, die Annahme, dass Abhängigkeiten existieren. Folglich ist die klassische Modellierung von Kursbildungsprozessen nicht kompatibel mit den empirischen Befunden, weil sie nicht in der Lage ist, die wesentlichen Verhaltenscharakteristika von realen Börsenkursen abzubilden. In diesem Zusammenhang ist bei den bisher entwickelten Gleichgewichtsmodellen (wie *Capital Asset Pricing Model*) zu beachten, dass alle Modelle ausschließlich auf einem linearen Ansatz beruhen. Damit wird die Existenz nichtlinearer Eigenschaften von vorneherein ausgeschlossen, obwohl die Kursentwicklung von Aktien nichtlineare Verhaltensweisen aufweist. Zum anderen liegt sämtlichen Modellen die Annahme zugrunde, dass die Kursentwicklung unabhängig von der Vergangenheit ist. Das ist aber falsch. Das Anwenden dieser Modelle führt also zu mehr oder

---

[27] Mandelbrot, B. und Hudson, R. L.: Fraktale und Finanzen. Märkte zwischen Risiko, Rendite und Ruin, Piper-Verlag GmbH, München, 2. Aufl., 2005, S. 69-73

minder großen Fehlern. Mandelbrot und Hudson fassen ihre Kritik gegen die moderne Finanztheorie so zusammen:

> „Wenn man den Finanzmarkt mittels der Wahrscheinlichkeit modellieren will, sollte man besser die richtige Art der Wahrscheinlichkeit verwenden. Die echten Märkte sind wild. Ihre Kursschwankungen können die Haare zu Berge stehen lassen – sie sind weit größer und zerstörerischer als die milden Variationen der orthodoxen Finanztheorie. Das heißt, einzelne Aktien und Währungen sind riskanter, als man normal annimmt. ... Wo immer die Annahme einer Glockenkurve in finanzielle Berechnungen eingeht, kann ein Fehler herauskommen...“[28]

Ins gleiche Horn stößt auch Warren E. Buffett:

> „Doch keiner ihrer Vertreter (Effiziente Märkte) hat je gesagt, er liege falsch, ganz gleich, wie viele tausend fehlerhaft ausgebildete Studenten er in die Welt entließ. Offenbar ist die Scheu, etwas zu widerrufen und damit die Priesterschaft zu entmystifizieren, nicht auf Theologen beschränkt...“[29]

Meiner Ansicht nach stellen sich die jüngsten Entwicklungen der makroökonomischen Theorie wie Reparaturmaßnahmen dar, um nicht von der Theorie der effizienten Märkte abweichen zu müssen. Diese Vorgehensweise erinnert an den Umgang mit Kindern, die am liebsten endlos nach dem ‚Was‘ oder ‚Warum‘ fragen. Eltern können diese Fragespiele nur dann zu einem friedlichen Ende führen, wenn es ihnen gelingt, das Kind mit einer stichhaltigen Antwort restlos zu überzeugen. Genau das versucht nun auch der Reparaturbetrieb der Ökonomen. Dazu wird zunächst der Bereich der zulässigen Fragen stark eingeschränkt. Danach wird es so eingerichtet, dass alle ‚Was‘-Fragen auf dieselben grundlegenden Fakten führen, deren Überzeugungskraft von vorneherein feststeht, sodass sich die ‚Warum‘-Fragen aus diesen grundlegenden Fakten durch eine logische Ableitung ergeben. So sagt z. B. Fama, der Entwickler der Informationseffizienz, auf die Frage „Was ist die Informationseffizienz?“ – „Alle bekannten öffentlich verfügbaren Informationen schlagen sich unmittelbar zum Zeitpunkt ihres Bekanntwerdens in den Kursen nieder.“ – „Warum ist das so?“ – „Das liegt daran, dass sich die Kurse so bilden, dass die Informationen nicht ausgenutzt werden können, um eine über dem eingegangenen Risiko äquivalente Rendite einzufahren. Gäbe es diese

---

[28] Mandelbrot, B. und Hudson, R. L.: Fraktale und Finanzen. Märkte zwischen Risiko, Rendite und Ruin, Piper-Verlag GmbH, München, 2. Aufl., 2005, S. 156

[29] Mandelbrot, B. und Hudson, R. L.: Fraktale und Finanzen. Märkte zwischen Risiko, Rendite und Ruin, Piper-Verlag GmbH, München, 2. Aufl., 2005, S. 40

Möglichkeit, würde sie schnell durch Arbitrage ausgelöscht. Deswegen können lediglich unvorhersehbare Ereignisse zu unerwarteten Kursänderungen führen, die jedoch wegen des Überraschungseffekts nicht gewinnbringend ausgenutzt werden können. Diese Ereignisse haben sowohl eine positive wie auch eine negative Wirkung und treten zufällig auf, sie haben außerdem einen Erwartungswert von null. Darum verhält sich ein Aktienkurs nach der Normalverteilung." – Und schon sind alle ‚Was'- und ‚Warum'-Fragen schlüssig erklärt.

Menschen sind aber schlechte Zufallsgeneratoren und gerade der Zufall sorgt dafür, dass sich die Normalverteilung einstellt. Denken Sie sich z. B. eine Folge von Würfelergebnissen aus – würfeln Sie also im Kopf. Solche ausgedachten Folgen unterscheiden sich deutlich von real gewürfelten, wie viele Versuche zeigen. Dabei gibt es zwei Hauptunterschiede:

1. In realen Würfelfolgen tauchen immer wieder Kombinationen von drei oder gar vier Wiederholungen auf, z. B. viermal in Folge wird die Eins gewürfelt. Solche Wiederholungen sind zufälliger Natur. Dennoch vermeiden es viele Menschen, solche Muster zu produzieren, weil sie eine derartige Zahlenfolge als nicht zufällig ansehen.
2. Menschen neigen dazu, innerhalb einer kurzen Zeitspanne alle Ziffern in etwa gleich häufig zu nennen, d. h. sie achten auf eine Gleichverteilung der Würfelergebnisse. Zwar nähern sich auch reale Würfel nach extrem langer Sicht einem Erwartungswert an, aber es gibt keinen Zwang zum Ausgleich. Viele Menschen meinen dagegen unbewusst, dass eine Zahl wahrscheinlicher wird, wenn sie lange nicht gefallen ist.

Wenn der Mensch also ein schlechter Zufallsgenerator ist, warum sollte dies gerade an den Börsen funktionieren? Warum sollte sich also eine Normalverteilung ausbilden?

Deswegen bleibt ein grundsätzliches Unbehagen über eine ökonomische Theorie, die den Menschen als Individuum ausblendet. Mit den Worten von John Neumann: *„In der Mathematik sind die Fragen alle bekannt doch die Antworten sind zum Teil sehr schwer...in den Wirtschaftswissenschaften ist es das Schwierige, die richtigen Fragen zu formulieren — die rechnerische Ableitung der Ergebnisse ist dann trivial.*" Kurzum: Wer sich auf die Normalverteilung verlässt, blendet Risiken aus. Diese Erfahrung mussten viele Anleger im Jahr 2008 machen: Obwohl sie ihr Depot nach der Portfoliotheorie optimal diversifiziert hatten, erlitten sie enorme Verluste. Welche Auswirkungen hat also das Festhalten an der Normalverteilung?

2.2.1.1. Auswirkungen

Der am häufigsten verwendete Risikoparameter ist der *Value at Risk*. Er spiegelt den höchsten (zu erwartenden) Verlust wider, der

unter gewöhnlichen Marktbedingungen

über einen vorgegebenen Zeitraum (z.B. für 10 Tage)

mit einer gewissen Wahrscheinlichkeit (Konfidenzniveau) auftritt.

Um das Risiko unmittelbar greifbar zu machen, wird es häufig durch einen bestimmten Geldbetrag quantifiziert. Zur Erläuterung gehen wir von einem Anlagebetrag von 1.000 € aus, der in einen ETF im DAX investiert wurde, so dass die Wertenwicklung dieses Depots genau parallel zur Entwicklung des DAX verläuft. Gefragt ist nun nach dem maximalen Verlust, der mit einer vorgegebenen Sicherheitswahrscheinlichkeit von z. B. 95 % innerhalb eines Handelstages nicht überschritten wird. Mit anderen Worten: Der *Value at Risk* versteht unter dem Begriff Risiko die Wahrscheinlichkeit, dass ein Desaster eintritt[30].

Hinweise für dieses Verlustpotenzial können aus den vergangenen Schwankungen des DAX abgeleitet werden. Dazu betrachten wir die empirische Häufigkeitsverteilung der DAX-Renditen für den Zeitraum vom 01.10.2008 bis 01.10.2009.

---

[30] Bislang hatten wir das Risiko verstanden als Renditestreuung.

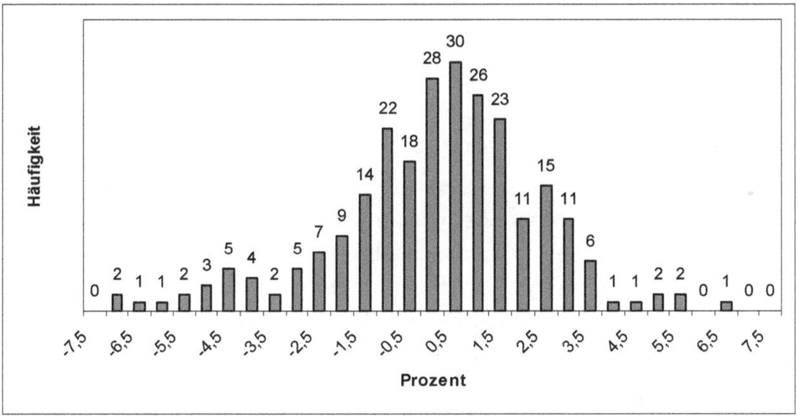

Abbildung 11: Häufigkeitsverteilung der täglichen DAX-Renditen für den Zeitraum vom 01.10.2008 bis 01.10.2009

Bei einem Stichprobenumfang von 252 ergibt sich 13-mal – 5 % des Stichprobenumfangs – ein Verlust von größer als 4,5 %. Das bedeutet, dass der DAX mit einer 95 %igen Wahrscheinlichkeit innerhalb eines Tages nicht mehr als 4,5 % verlieren sollte. Somit beträgt der *Value at Risk* für unser DAX-Depot mit einem Volumen von 1.000 € immerhin 45 €. Die genauen Werte für den *Value at Risk* lauten:

Berechnet aus	Value at Risk (5%)*	Value at Risk (1%)**
Empirischen Daten	-4,77 %	-6,88 %
Normalverteilung	-4,22 %	-5,96 %

* Sicherheitswahrscheinlichkeit 95 %; ** Sicherheitswahrscheinlichkeit 99 %

Geht man ferner vereinfachend von der Normalverteilung aus, dann ergibt sich der *Value at Risk* als ein bestimmtes Vielfaches der Standardabweichung σ.

Value at Risk = $\alpha \cdot \sigma$ wobei z. B. $\alpha(95\%) = 1{,}65$ oder $\alpha(99\%) = 2{,}33$ ist[31].

Allerdings ist die Normalverteilungsannahme wie gezeigt problematisch. Aus diesem Grund liefert ein Schätzverfahren für den *Value at Risk*, das von der

[31] Der *Value at Risk* ist also bei einer Sicherheitswahrscheinlichkeit von 99 % statistisch gesehen um etwa 41 % größer als bei einer 95 %tigen Sicherheitswahrscheinlichkeit.

Normalverteilungsannahme ausgeht, regelmäßig zu kleine Value-at-Risk-Werte. So hat die Finanzkrise 2008 gezeigt, dass die Risikosysteme bestimmte Risiken gar nicht abbilden. Der Ausfall von Kreditausfallversicherungen wurde fast gar nicht eingepreist. Die feine Risikokalibrierung durch den *Value at Risk* beruht daher auf der Illusion der Messbarkeit von Risiken.

Hat das unterschätzte Risiko Auswirkungen auf die Rendite? Viele Anleger denken, dass einzelne mehr oder minder starke Verlustjahre vor dem Hintergrund einer angemessenen Durchschnittsverzinsung über die Zeit verwischt werden. Ist das wirklich so? Betrachten wir zunächst theoretisch, was aus einer Anlage von 10.000 € innerhalb von 10 Jahren wird, wenn die Volatilität einmal als null, einmal als 9,7 % angenommen wird.

Tabelle 3: Einfluss der Volatilität auf das Anlageergebnis

Jahr	Rendite 1, fix	Anlage 1, aus 10.000 € werden	Rendite 2, schwankt	Anlage 2, aus 10.000 € werden
1999	5	10500,00	5	10500,00
2000	5	11025,00	-10	9450,00
2001	5	11576,25	20	11340,00
2002	5	12155,06	5	11907,00
2003	5	12762,82	10	13097,70
2004	5	13400,96	2	13359,65
2005	5	14071,00	20	16031,58
2006	5	14774,55	5	16833,16
2007	5	15513,28	5	17674,82
2008	5	16288,95	-10	15907,34
2009	5	17103,39	3	16384,56
Mittelwert der Rendite	5,0		5,0	
geometrischer Zins	5,0		4,6	
Volatilität	0,0		9,7	

* Dies ist der Mittelwert der berechneten Rendite 1 bzw. 2; ** Die geometrische Rendite entspricht der durchschnittlichen Rendite pro Periode (Jahr) einer Anlage. Zur Berechnung verwendet man folgende Formel:

$$R_{[x,y]} = \sqrt[n]{\frac{K_y}{K_x}} - 1$$

mit $R_{[x,y]}$ = durchschnittliche Rendite pro Periode im Zeitraum von x bis y; K_x = Kurs zu Beginn der Periode x; K_y = Kurs am Ende der Periode; y und n = Anzahl der betrachteten Perioden

Die obige Tabelle zeigt, dass beide Anlagen im Mittel zwar 5 % bringen, die Anlage 1 mit der geringeren Volatilität aber deutlich mehr abwirft. Bei schwankenden Jahresrenditen – was meist die Realität ist – ist der geometrische Zins stets niedriger als der arithmetische. Je größer die Volatilität, desto größer ist auch der Unterschied zwischen den Renditen. Was soll's, mag man nun denken, wenn meine Anlage eine höhere Durchschnittsverzinsung hat, spielt das doch keine Rolle. Weit gefehlt!

Tabelle 4: Unterschiedliche Durchschnittsrendite und Volatilität

Jahr	Rendite 3, schwankt	Anlage 3, aus 10.000 € werden	Rendite 4, schwankt	Anlage 4, aus 10.000 € werden
1999	10	11000,00	15	11500,00
2000	18	12980,00	20	13800,00
2001	8	14018,40	10	15180,00
2002	-10	12616,56	-30	10626,00
2003	-15	10724,08	-24	8075,76
2004	5	11260,28	15	9287,12
2005	15	12949,32	20	11144,55
2006	27	16445,64	40	15602,37
2007	20	19734,77	32	20595,13
2008	30	25655,20	30	26773,66
2009	-35	16675,88	-40	16064,20
arithmetischer Zins	6,64		8,00	
geometrischer Zins	4,25		3,40	
Volatilität	19,58		26,92	

Tabelle 4 zeigt ein verblüffendes Ergebnis. Ein Anleger, der nur auf den Durchschnittszins achtet, erkennt nicht das Gesamtbild. Trotz des höheren Durchschnittszinses bringt Anlage 4 weniger Ertrag als Anlage 3, weil die Schwankungen höher sind. So lehrt die Mathematik, dass der prozentuale Zuwachs stets größer sein muss als der vergangene Rückgang, um die Anlage wieder ins Plus zu ziehen. Folgt also auf heftige Verluste (Anlage 4, Jahr 2002) keine extrem gute Wertsteigerung, braucht die Anlage schon mehrere Jahre, um den Rückstand zur Anlage 3 wieder aufzuholen bzw. um überhaupt wieder in die Pluszone zurückzukommen. Mathematisch gesehen bedarf es nach einem Verlust von 30 % eines Gewinns von 43 %, um den Rückgang wieder auszugleichen. Daher bedeutet die Unterschätzung des Risikos für den Anleger im Endeffekt eine niedrigere Verzinsung seines Kapitels, als ursprünglich gedacht.

Der Grund für dieses verblüffende Ergebnis ist der Zinseszinseffekt. Denn Verluste reduzieren die Kapitalbasis und sind schwerer wieder aufzuholen, als die meisten Anleger denken. Darum sagen Finanzexperten: **Volatilität kostet Geld bzw. Rendite**. Sie umschreiben dies mit dem Begriff der Kompensationsrendite.

$$\text{Kompensationsrendite} = \sqrt{1 + \text{Volatilität}^2} - 1$$

Aus der Gleichung der Kompensationsrendite ist zu erkennen, dass in Abhängigkeit der Höhe der Volatilität auch der Renditeanspruch wächst. So ist z. B. bei einer Volatilität von 25 % zum Ausgleich eine Zusatzrendite von mehr als 3 % nötig, bei einer Volatilität von 50 % wird schon eine Zusatzrendite von 12 % benötigt.

Deshalb muss ein Anleger immer die Volatilität seines Depots im Auge haben. So könnte wegen der geringeren Schwankungsbreite ein Anleihedepot eine höhere Rendite erzielen, als ein sehr schwankungsreiches Aktiendepot, obwohl die Aktien eine höhere Durchschnittsverzinsung aufweisen. Es gilt: Je höher die Volatilität der Aktienmärkte ist, umso höher muss die Rendite sein, damit sie über der von Anleihen liegt.

Gerade für Indexinvestments ist die Volatilität gefährlich, da der Anleger hier bestenfalls die Marktrendite erwirtschaftet. Steigt dabei die Volatilität an, verbleibt dem Anleger weniger von der Marktrendite. Somit muss der Anleger bei der Auswahl seiner Investments unbedingt die Volatilität berücksichtigen. Denn weniger schwankungsintensive Indizes (z. B. MSCI World, DJ Euro Stoxx 50, MDAX usw.) können auf längerer Sicht eine deutlich höhere Rendite als schwankungsreiche Indizes (z. B. MSCI Emerging Markets) bringen. Denken Sie immer daran, Schwankungen kosten Geld. Je geringer die Volatilität ihres Depots ist, desto mehr Rendite verbleibt Ihnen.

Um diesem Problem Herr zu werden, wurde eine Vielzahl von Kennzahlen entwickelt, die das Risiko und die Rendite einer Anlage beurteilen. Die bekannteste ist die Sharpe-Ratio, die Risiko und Rendite in einer Zahl zusammenführt, um so Anlagen vergleichbar zu machen, von denen die eine eine bessere Rendite und die andere ein geringeres Risiko aufweist. Die Sharpe-Ratio wird auch als risikogewichtete oder risikoadjustierte Ertragskennzahl bezeichnet.

$$\text{Sharpe-Ratio} = \frac{\text{Rendite - risikofreier Zins}}{\text{Standardabweichung}}$$

Der risikofreie Zinssatz ist der Zinssatz, der kein Ausfallrisiko beinhaltet. In der realen Welt gibt es nur Näherungsgrößen für diesen Zinssatz. Ich verwende den Durchschnittszinssatz für einjährige Finanzierungsschätze der Bundesrepublik Deutschland. Deren Stand war am 10. Juni 2009 0,75 %. Man kann die Sharpe-Ratio aber auch in ihrer vereinfachten Form anwenden, indem man nur die Rendite durch die Standardabweichung teilt und auf die Subtraktion des risikofreien Zinses verzichtet.

Sehen wir uns Anlage 3 und Anlage 4 aus Tabelle 4 nochmals an. Anlage 3 hat eine Rendite von 6,64 % und eine Volatilität (Standardabweichung) von 19,58 %. Die Anlage 4 hat eine Rendite von 8 % und eine Volatilität von 26,92 %. Welche Anlage ist vorzuziehen?

$\text{Sharpe-Ratio}_{\text{Anlage3}}$= (6,64 % -0,75 %) / 19,58 % = 0,3

$\text{Sharpe-Ratio}_{\text{Anlage4}}$= (8 % -0,75 %) / 26,92 % = 0,27

Anlage 3 ist auf risikoadjustierter Basis die bessere Anlage. Je Risikoeinheit (Standardabweichung) weist Anlage 3 eine höhere Rendite aus als Anlage 4. Somit besitzt Anlage 3 eine höhere risikogewichtete Rendite, obwohl die Rendite dieser Anlage für sich genommen in der Vergangenheit deutlich niedriger war als diejenige von Anlage 4.

Wie eingangs in diesem Abschnitt erwähnt, wird die Standardabweichung bzw. das Risiko, das durch die Normalverteilung bestimmt wird, regelmäßig unterschätzt. Das bedeutet aber auch, dass die Rendite überschätzt wird, denn mit zunehmender Standardabweichung nimmt die geometrische Rendite ab. Anleger sollten die Rendite deshalb stets mit den empirischen Daten ermitteln und nicht über die Normalverteilung. Das gleiche gilt für die Standardabweichung.

In den vergangenen Jahren hat sich das Zauberwort des Portfoliomanagements eingebürgert, mit dem sich fast alle Probleme wie von selbst lösen sollten. Als Vater der Portfoliotheorie gilt Markowitz mit seinem Portfolio-

Selection-Modell. Diese Theorie ist eine mathematisch-statistische Anleitung dazu, wie man sein Vermögen beschützt und vermehrt. Schon Shakespeare skizziert die Grundidee der Portfoliotheorie in seinem „Kaufman von Venedig“:

> „Mein Vorschuss ist nicht einem Schiff vertraut, noch einem Ort; noch hängt mein ganz' Vermögen am Glücke dieses gegenwärt'gen Jahrs; deswegen macht mein Handel mich nicht traurig.“ [Der Kaufmann von Venedig, 1. Akt, 1. Szene]

Ebenso stellte der Talmud bereits vor über zwei Jahrtausenden fest: *„Lege ein Drittel deines Vermögens in Land an, ein Drittel in Geschäften und halte ein Drittel liquide.“* Dieser Ratschlag beschreibt die Kernaussage der Portfoliotheorie: *„Streue das Vermögen über möglichst viele Assetklassen und mindere so das Risiko.“*

Markowitz' Idee ist, dass zwei Koordinaten genügen, um ein Portfolio zu beschreiben: die erwartete Rendite und die Varianz. Folglich trifft jeder Anleger seine Anlageentscheidungen nur anhand von Rendite- und Risikoüberlegungen und kann somit anhand der Parameter erwartete Rendite und Varianz bzw. Standardabweichung (in der Markowitz-Welt die zentrale Kennzahl zur Risikoquantifizierung) seiner Anlagen bewerten. Daher spricht man auch von einem Zwei-Parameter-Modell oder *Mean-Variance Model.*

Weiterhin geht Markowitz davon aus, dass die künftige Rendite eine Zufallsvariable ist. Er nimmt an, dass die Renditen der Vergangenheit normalverteilt sind und künftig auch bleiben. Deshalb sollte die Volatilität bzw. Varianz konstant sein. Wie baut man unter Berücksichtigung der Portfoliotheorie ein Depot auf?

Durch geschickte Zusammenstellung von Aktien, deren Kurse schwanken, wird das Gesamtrisiko des Portfolios unter das der Einzelwerte gedrückt[32]. Dies ist möglich, weil die Kurschwankungen unterschiedlicher Aktien aus unterschiedlichen Branchen oder Regionen nicht zu hundert Prozent korrelieren. Das heißt, die Renditen verschiedener Aktien entwickeln sich unterschiedlich. Sind nun die entsprechenden Korrelationen der Einzelrenditen innerhalb eines Depots bekannt, kann der Portfoliotheorie zufolge durch gezielte Zumischung von anderen Aktien geringerer Wechselwirkung zu den ande-

---

[32] Genauer gesagt kann das unternehmensspezifische Risiko eliminiert werden, das systematische Gesamtrisiko dagegen nicht.

ren Depotbestandteilen das Risiko des gesamtes Portfolios gesenkt werden. Es gilt: Je geringer die Korrelationen der einzelnen Werte innerhalb eines Depots sind, desto besser fällt der Diversifikationserfolg[33] aus. Wenn aber die unterstellte Gaußsche Glockenkurve für die Aktienrenditen nicht zutrifft, dann müsste die Relevanz der von Markowitz verwendeten Parameter (erwartete Rendite und Varianz) und somit auch das Ergebnis der Portfoliooptimierung in Frage gestellt werden.

Aus den vorherigen Abschnitten wissen wir, dass die Aktienkurse wilde Kursbewegungen vollziehen. Folglich liegt keine ideale Normalverteilung vor. Doch die Statistik zeigt, dass zumindest die Standardabweichung einer Anlageklasse hinreichend stabil ist und die Varianz der Monatsrenditen bei sehr langen Betrachtungszeiträumen näherungsweise einer normalverteilten Menge entspricht. Beispielsweise schwankt die monatliche Standardabweichung des *Dow Jones* seit 1950 nur zwischen ca. 3,8 und 4,2 %. Was man von einer solchen Vorgehensweise halten soll, bringt folgender Witz am besten zum Ausdruck: *„Zwei Männer sitzen im Wirtshaus, der eine verdrückt eine Kalbshaxe, der andere trinkt zwei Maß Bier. Statistisch gesehen ist das für*

---

[33] Ein schönes Beispiel für das Prinzip der Diversifikation ist folgende Vorstellung: Eine kleine Inselwirtschaft besteht nur aus zwei Unternehmen, einem Ferienclub und einer Regenschirmfabrik. Scheint nun die Sonne, dann blüht natürlich das Geschäft des Ferienclubs. Regnet es dagegen, so floriert die Regenschirmfabrik. Folglich schwankt je nach Wetterlage der Ertrag der beiden Unternehmen. Überdies ist das Klima der Insel so, dass es gleich wahrscheinlich ist, ob es in einer Saison regnet oder die Sonne scheint. Ein Investor, der nur in eines der beiden Unternehmen investiert, hat also immer eine Periode mit Gewinnen und eine Periode mit Verlusten, d. h. seine Erträge schwanken in Abhängigkeit von der Wetterlage. Teilt der Investor seine Investition dagegen zu gleichen Teilen auf beide Unternehmen auf, so kann er einen risikolosen Ertrag realisieren, der ebenso hoch ist, wie der durchschnittliche Ertrag der beiden einzelnen Investitionen.
Unterstellt man nun, dass es noch ein Unternehmen auf der Insel gibt, nämlich eine Silbermine, und korreliert der Ertrag der Silbermine nicht mit dem Wetter und haben alle Unternehmen dieselbe Ertragskraft, dann sinkt das Investitionsrisiko des Investors weiter, wenn er zu gleichen Teilen in die drei Unternehmen investiert.
Das Gegenteil ist der Fall, wenn es auf unserer kleinen Insel ein viertes Unternehmen, eine Strandkorbvermietung, gibt, das ebenfalls von der Wetterlage abhängig ist. Wenn der Anleger nun anstatt in die wetterunabhängige Silbermine in die Strandkorbvermietung investiert, steigt das Risiko, weil der Anleger überwiegend schönes Wetter braucht, um seine Ertragsziele zu erreichen.

jeden eine Maß Bier und eine halbe Haxe, aber der eine hat sich überfressen und der andere ist besoffen."

Die Schwankungen im kurzfristigen Bereich sind weitaus heftiger, was die Portfolio-Selektion für kurzfristige Investoren nur zu einer Nervenprobe werden lässt, aber keinen wirklichen Gewinn abwirft. Auch konnte bis jetzt nicht die Frage geklärt werden, wie groß der Betrachtungszeitraum sein muss, damit man statistisch gesehen von einer näherungsweise normalverteilten Menge ausgehen darf.

Aber nicht nur die historische Standardabweichung muss in der Zukunft stabil sein, damit sich ein effizientes Markowitz-Portfolio im praktischen Einsatz bewährt, sondern auch die Korrelation der einzelnen Portfoliobestandteile.

Einschub: Correlation Breakdown

Für die Modellwelt von Markowitz sind zwei Annahemen entscheidend: Erstens geht Markowitz davon aus, dass die Renditen normalverteilt sind und dass zweitens die Parameter der Wertpapiere (Rendite, Korrelation und Standardabweichung) verlässlich geschätzt werden können und während der Anlageperiode nahezu konstant bleiben. Doch in den letzten Jahren hat sich gezeigt, dass eine verlässliche Parameterschätzung äußerst schwierig ist. So gibt es – wie schon angesprochen – eine Zeitabhängigkeit von Korrelationen und Varianzen. Es lässt sich feststellen, dass die Varianzen und Korrelationen dazu neigen zu steigen, wenn die Märkte fallen, bzw. dass sie fallen, wenn die Märkte steigen.

In der wissenschaftlichen Diskussion über die Bedeutung von Korrelationen und Volatilitäten ist in den letzten Jahren verstärkt der Begriff „Correlation Breakdown" aufgetaucht. Dieser Term beschreibt das Phänomen, dass sich die Korrelationen und Volatilitäten zwischen ruhigen und hektischen Marktphasen unterscheiden. So zeigt sich, dass Korrelationen und Volatilitäten in turbulenten Marktphasen ansteigen und eine starke positive Beziehung zwischen diesen Parametern besteht. Dies führt dazu, dass Diversifikationseffekte genau dann überschätzt werden, wenn sie am meisten benötigt werden, nämlich in turbulenten Zeiten. Dies liegt daran, dass die Korrelationsstruktur sehr sensibel auf extreme Marktgeschehnisse reagiert. Betrachten wir beispielhaft den Analysezeitraum 01.03.1999 bis 01.03.2010. Wir verwenden die Monatsschlusskurse. Innerhalb dieses Zeitrahmens kann man zwei Bärenmärkte (Dotcom-Krise (31.03.2000 bis 31.03.2003) und eine Finanzkrise (30.04.2008 bis 31.03.2009)) sowie einen Bullenmarkt (30.04.2003 bis 31.03.2008) erkennen. Um den Einfluss der Volatilität und Korrelation zu studieren, verwenden wir folgende Indizes: EURO STOXX 50 - Total Return Index (Aktien Europa), MSCI USA - Total Return Index (Aktien USA), MSCI Emerging Markets - Price Index (Aktien EM), REX - Total Return Index (Staatsanleihen), iBoxx EUR Corporates AA - Total Return Index (Unternehmensanleihen AA) und

CRB Spot Index - Price Index (Rohstoffe). Für die Volatilitäten ergibt sich folgendes Bild.

Index	Volatilität in verschiedenen Phasen			
	Gesamt	Dotcom	Bullenmarkt	
Aktien Europa	17,41 %	19,39 %	11,25 %	21,28 %
Aktien USA	16,39 %	18,69 %	9,16 %	27,15 %
Aktien EM	20,91 %	20,81 %	15,73 %	31,73 %
Staatsanleihen	3,13 %	2,81 %	3,05 %	4,41 %
Unternehmensanleihen	3,55 %	3,21%	2,99 %	5,51 %
Rohstoffe	11,80 %	9,19 %	7,78 %	26,21 %

Für die Korrelationen ergibt sich folgendes Bild:

Index	Korrelation in verschiedenen Phasen			
	Gesamt	Dotcom	Bullenmarkt	Finanzkrise
Aktien Europa	0,19	0,15	0,07	0,37
Aktien USA	0,25	0,19	0,13	0,41
Aktien EM	0,26	0,22	0,14	0,38
Staatsanleihen	-0,08	-0,02	0,04	-0,16
Unternehmensanleihen	0,14	0,07	0,11	0,13
Rohstoffe	0,19	0,09	0,05	0,29

Es zeigt sich, dass die Korrelation in Zeiten hoher Volatilitäten generell ansteigen und die Beziehung zwischen den Korrelationen und den Volatilitäten umso ausgeprägter ist, umso höher die Volatilität ist. Deswegen dürfen die Korrelationen und Volatilitäten nicht ohne weiteres aus den historischen Daten geschätzt werden, da dies zu einem erheblichen Schätzfehler führt. Zudem verändert sich die Korrelation nicht nur in eine Richtung, sie kann ansteigen oder fallen. Obendrein ändern sich die Volatilität und die Korrelation bei unterschiedlich langen Zeiträumen. Dies bedeutet nichts anderes, als dass mit zunehmender Volatilität Portfolios, die gut diversifiziert erschienen, plötzlich risikoanfällig werden. Dies könnte auch ein Grund dafür sein, dass Crashs häufiger auftreten, als man aufgrund der Normalverteilung annehmen würde.

Verändert sich also die Abhängigkeit der Wertentwicklung der Portfoliobestandteile signifikant voneinander, so wird aus dem vermeintlich stabil ausbalancierten Portfolio schnell ein sehr schwankungsfreudiges und damit riskantes Depot. Und tatsächlich nehmen die Korrelationen in Phasen hoher Volatilität und in Marktabschwungsphasen zu, um anschließend wieder zu sinken. Die Korrelationen sind also nicht konstant, sondern ändern sich mit der Zeit mehr oder minder stark. Das zeigte sich besonders beim Crash der Finanzmärkte in den Jahren 2008 bis 2009. Im Rahmen dieses Crashs sind praktisch fast alle Assetklassen kollektiv abgestürzt – Aktien, Unternehmensanleihen, Immobilien, Rohstoffe, Hedge-Funds verzeichneten fast gleichzeitig hohe Verluste, anstatt sich gegenläufig zu entwickeln, um so die Verluste einzelner Assetklassen abzumildern. Folglich griff das Prinzip Diversifikation auch bei den ausgeklügeltsten Portfolios in der Praxis nicht mehr. Somit verloren auch die Anleger, die ihre Portfolios gemäß der von Markowitz entwickelten Portfoliotheorie über verschiedene Asset-Klassen gestreut hatten, viel Geld. Der Crash widerlegte auch die Annahme, dass die Anleihen aller entwickelten Länder (z.B. sämtliche EU-Mitgliedstaaten) praktisch für alle Laufzeiten einen risikolosen Zins offerieren. Denn die Anleihen einiger Staaten (wie Ungarn, Lettland, Griechenland, Spanien usw.) wurden über Nacht risikobehaftet, wodurch viele Anleger überrascht wurden und viel Geld verloren. In der Krise ist außerdem zu beobachten, dass Anlageklassen plötzlich korrelieren, die sich eigentlich gegenläufig entwickeln sollten. So sagt der Betriebswirt Martin Weber: *„Die Wissenschaft zeigt ganz deutlich, dass Kurse dem Zufall gehorchen und nicht irgendwelchen schlauen Bewertungsmodellen. Deshalb sind auch Prognosen Scharlatanerie.“*[34] Deswegen ist auch einer der Hauptkritikpunkte an der Portfoliotheorie, dass der Anleger die erwartete Rendite, Standardabweichung und Korrelationen schätzen muss. Er hat nur dann ein wirklich effizientes Portfolio, wenn all seine Annahmen eintreffen. Zudem zeigen viele Untersuchungen, dass sich Verzerrungen in der Varianz (also beim Risiko) nur untergeordnet auf die Portfoliozusammensetzung auswirken, während die Renditeschätzungen einen sehr großen Einfluss auf die Wertpapiergewichtungen innerhalb eines optimierten Portfolios haben. Als Faustregel gilt, dass Fehler in den Renditeschätzungen in etwa elfmal so schwerwiegend sind wie ein Fehler in den Varianzen. Daher sollte bei der Konstruktion von optimalen Portfolios das Hauptaugenmerk auf den Renditeschätzungen liegen. Hier tritt aber ein weiteres Problem auf: Die Rendite einer Aktie, Rohstoff, Anleihe usw. ist nicht der Normalverteilung entsprechend

---

[34] Die Zeit, 04.01.2007, S. 23

konstant. So lag die mittlere Rendite des DAX im 10-Jahresbereich zwischen -2 bis über 16 %. Wer jetzt auf den falschen Wert setzt, bekommt ein extrem schlecht optimiertes Portfolio. Bei einzelnen Aktien sind die Renditeschwankungen sogar noch wesentlich größer. Dies ist auch ein Grund, warum die Optimierung der Portfolios mindestens einmal jährlich durchgeführt werden muss, damit die veränderten Renditen angepasst werden können.

Deswegen raten Experten auch, alle Inputparameter der Portfoliooptimierung kritisch zu hinterfragen, besonders die Renditeerwartungen. Denn die derzeit in der Praxis durchgeführten Portfoliooptimierungen nach Markowitz führen häufig zu prozyklischen Investments, die langfristig meist nicht robust sind und daher ständig umgeschichtet werden müssen, was zu hohen Transaktionskosten führen kann und den passiven Anlagestil ad absurdum führt.

Befürworter der Portfoliotheorie führen jetzt an, dass diese Theorie nie versprochen habe, vor größeren Verlusten zu schützen – nur vor unnötigem Risiko. Die wesentliche Erkenntnis der Theorie ist, dass Investieren Handeln in Unsicherheit bedeutet. Daher bleibt der Grundgedanke der Diversifikation auch weiterhin gültig. Hätte ein Anleger sein Geld im Jahr 2008 z.B. ausnahmslos in einen ETF auf den DAX gesetzt, wäre am Jahresende ein Verlust von ca. 40 % entstanden. Wer jedoch sein Kapital zu gleichen Teilen in den DAX und den Rentenindex *IBOXX € Sovereigns Eurozone*[35] anlegte, musste ‚nur' Verluste von 25 % verkraften. Markowitz bringt es auf den Punkt:

> „Man sagt, dass erstens während Finanzkrisen die verschiedenen Anlageklassen stärker untereinander korrelieren; darum zweitens die Diversifikation versagt, wenn man sie braucht und darum drittens die moderne Portfolio-Theorie nutzlos ist. Die erste Aussage ist korrekt, die zweite Aussage ist teilweise korrekt, die dritte Aussage ist falsch. Hätte sich ein Anleger zum Beispiel nur auf eine Anlageklasse konzentriert (Aktien) und innerhalb dieser sich nicht breit diversifiziert – wenn er also beispielsweise in Unternehmen wie AIG, Citigroup oder General Motors investiert gewesen wäre – dann wäre das Ergebnis entsprechend katastrophal. Bei einem Investment in Staatsanleihen wäre ein Anleger weniger stark unter die Räder gekommen. So gesehen weist ein diversifiziertes Depot immer noch den besten Schutz auf, da niemand mit Sicherheit vorhersagen kann, welche Klassen sich wie entwickeln werden…"[36]

---

[35] Dieser Index bildet die Gesamtheit der auf Euro lautenden Staatsanleihen ab, die von den Regierungen der Eurozone emittiert wurden.

[36] 10x10. THE ETF-Newsletter, Ausgabe 07/09, S. 4, www.10x10.ch

Die Portfoliotheorie geht von einer Nutzenanalyse aus. Demnach maximieren Anleger den erwarteten Nutzen ihres Vermögens. Dabei orientieren sie sich an den erwarteten Renditen und deren Schwankungen. Obendrein sind alle Anleger risikoavers, sie bevorzugen bei gleicher Rendite immer die Anlage mit niedrigerem Risiko. Zudem sind alle Anleger bestrebt, ihr Vermögen zu vermehren. Überträgt man diese Annahmen in eine Kurve, so ergibt sich für jeden Anleger ein bestimmter Grad an Risikobereitschaft. Setzt man voraus, dass sich der tatsächliche Nutzen des Investors durch das Quadrat annähern lässt, so ist die Optimierung des Quadrats ein Mittelwert-Varianz-Problem. Daher müssen die Renditen nicht vollkommen symmetrisch sein. Nach Bernoulli ist die Nutzenfunktion ein Logarithmus. Nähert man sich dem Logarithmus quadratisch an, dann stellt man fest, dass dies gut passt, solange man sich innerhalb einer Bandbreite von z. B. 30 % Verlust und 40 % Gewinn bewegt. Dann verlaufen die zwei Kurven völlig ähnlich, der Erwartungswert der einen Kurve ist exakt der Erwartungswert der anderen Kurve. Wird allerdings die Bandbreite zu groß – z.B. 50 % Gewinn und ein Verlustrisiko von 60 % – dann bricht der Näherungswert zusammen. In diesem Fall funktioniert die Mittelwert-Varianz-Analyse nicht mehr. Das ist der Grund, warum die Portfoliotheorie bei extremen Börsenereignissen versagt. Die Zugrundelegung der Normalverteilung führt dazu, dass große Kursschwankungen als unwahrscheinlich angesehen werden und daher bei der Berechnung keine Rolle spielen. Deshalb treffen die Annahmen der Portfoliotheorie in ca. 95% der Fälle mehr oder minder zu. Das hilft aber wenig, wenn während der restlichen 5 % die entscheidenden Dinge passieren.

Die in den vorherigen Abschnitten vorgestellten *fat tails* haben gezeigt, dass starke Kursschwankungen wesentlich häufiger sind, als es einem Anleger lieb sein kann. Börsenkräche wie der von 2008-2009 treten häufiger auf, als die bisherige Finanztheorie wahrhaben möchte. Diese Erkenntnis könnte Anleger dazu ermutigen, sich gegen größere Bewegungen stärker abzusichern. Hierzu bieten sich Optionen an, insbesondere Put-Optionen.

Einschub: Das 1 x 1 der Optionen

Im Allgemeinen verbrieft ein Call-Optionsschein das Recht, ein Wertpapier (wie z.B. Aktie) zu einem festgelegten Preis (Bezugspreis oder *Strike Price*) und zu einer festgelegten Menge zu kaufen. Dieses Recht gewinnt an Wert, wenn der Preis des Wertpa-

pieres steigt. Dagegen verbrieft ein Put-Optionsschein das Recht, ein bestimmtes Wertpapier zu einem festgelegten Preis und zu einer festgelegten Menge während einer bestimmten Frist zu verkaufen. Dieses Recht gewinnt an Wert, wenn der Preis des Wertpapieres fällt.
In der Regel wird das Optionsrecht nur selten ausgeübt, sondern es geht vielmehr darum, auf eine Preissteigerung des Optionsscheins zu spekulieren, sodass er zu einem höheren Preis verkauft werden kann, als er gekauft wurde.
Der Wert von Optionsscheinen setzt sich aus dem inneren Wert und dem Zeitwert zusammen.

Fairer Kurs = Innerer Wert + Zeitwert

Der innere Wert ergibt sich aus der positiven Differenz zwischen dem aktuellen Kurs des Basiswerts und dem Basispreis, multipliziert mit dem Optionsverhältnis.
Der innere Wert kann niemals negativ sein. Dies liegt daran, dass ein Optionsschein lediglich das Recht auf den Kauf (Call-Optionsschein) bzw. den Verkauf (Put-Optionsschein) des jeweiligen Basiswerts des Optionsscheins zu einem festgelegten Basispreis darstellt. Ist nun der Kurs des Basiswerts niedriger (Call-Optionsschein) bzw. höher (Put-Optionsschein) als der festgelegte Basispreis, so lohnt sich die Ausübung des Optionsrechtes nicht. In diesem Fall kann der Anleger den Optionsschein einfach verfallen lassen.
Mithilfe des inneren Wertes werden die Optionsscheine auch in Gruppen eingeteilt. Ein Optionsschein, der einen inneren Wert aufweist, wird auch als ein Optionsschein ‚im Geld' oder ‚in the Money' bezeichnet. Im Gegensatz dazu werden Optionsscheine, deren Basispreis und der aktuelle Kurs des Basiswerts identisch sind, als Optionsscheine ‚am Geld' oder ‚at the Money' bezeichnet. Solche Optionsscheine haben keinen inneren Wert. Desgleichen haben Optionsscheine keinen inneren Wert, wenn der aktuelle Kurs des Basiswerts unter dem Basispreis des Call-Optionsscheins bzw. über dem Basispreis des Put-Optionsscheins liegt. Solche Optionsscheine werden auch als ‚aus dem Geld' oder ‚out of the Money' bezeichnet.
Hat ein Optionsschein keinen inneren Wert, heißt das noch lange nicht, dass er wertlos ist. Solange der Verfallstag noch nicht erreicht wurde, besteht immer noch die Möglichkeit, dass sich der Kurs des Basiswerts in die vom Anleger erwartete Richtung bewegt. Diesen Wert des Optionsscheins bezeichnet man als Zeitwert.

Zeitwert = Kurs des Optionsscheins – innerer Wert des Optionsscheins

Grundsätzlich gilt, dass der absolute Zeitwert des Optionsscheins umso niedriger ist, je weiter er im Geld notiert (also je größer der innere Wert ist). Außerdem ist der Zeitwert bei Optionsscheinen, die am Geld notieren, absolut gesehen am größten. Je weiter der Optionsschein aus dem Geld notiert, desto niedriger sind der absolute Zeitwert und somit auch der Wert des Optionsscheins. In jedem Fall sinkt der Zeit-

wert mit der verstreichenden Laufzeit. Umgekehrt gilt natürlich: Je länger der Zeitraum bis zum Verfall des Optionsscheins noch ist, desto größer ist die Chance, dass der Basiswert eine Kursbewegung zeigt, um ins Geld zu kommen. Entsprechend steigt mit zunehmender Restlaufzeit auch der Zeitwert an. Weiterhin nimmt gegen Ende der Laufzeit des Optionsscheins der Zeitwertverfall progressiv zu, bis er zur Fälligkeit des Optionsscheins den Wert null erreicht. Daher entspricht der Wert des Optionsscheins am Verfallstag nur noch dem inneren Wert, und dieser kann auch null sein, was letztlich zu einem Totalverlust des eingesetzten Kapitals führt.
Im Wesentlichen beeinflussen vier Faktoren den Zeitwert, den inneren Wert und somit den Preis eines Optionsscheins. Der Kurs des Basiswerts (Delta) beeinflusst den inneren Wert. Dagegen beeinflussen die Volatilität (Vega), die Restlaufzeit (Theta) und das Zinsniveau (Rho) den Zeitwert. Mit den griechischen Begriffen werden die entsprechenden Kennzahlen bezeichnet. Die vier Größen wirken jedoch nicht einheitlich: Während eine steigende Volatilität und eine abnehmende Restlaufzeit denselben Effekt bei Calls und Puts haben, sind die Einflüsse bei Delta und Rho entgegengesetzt.

Einflussfaktoren	Kennzahl	Call-Optionsschein	Put-Optionsschein
Restlaufzeit **steigt**	Theta	Preis **steigt**	Preis **steigt**
Volatilität **steigt**	Vega	Preis **steigt**	Preis **steigt**
Zinsniveau **steigt**	Rho	Preis **steigt**	Preis **sinkt**
Kurs des Basiswerts **steigt**	Delta	Preis **steigt**	Preis **sinkt**

Nach unseren bisherigen Kenntnissen müsste eine Out-of-the-Money-Option teurer sein, als sie es nach den üblichen Berechnungsmethoden (Black-Scholes-Formel, Annahme Normalverteilung) tatsächlich ist. Denn die Black-Scholes-Formel (vereinfacht) unterstellt u. a. eine konstante Volatilität.

$$\text{Callpreis} = \text{Aktie} \cdot N\left(\frac{\ln\left(\frac{\text{Aktie}}{\text{Basis}}\right) + \left(\text{Zins} + \frac{V^2}{2}\right) \cdot \text{Zeit}}{V \cdot \sqrt{\text{Zeit}}}\right) - \text{St} \cdot e^{(-\text{Zins} \cdot \text{Zeit})} \cdot N\left(\frac{\ln\left(\frac{\text{Aktie}}{\text{Basis}}\right) + \left(\text{Zins} + \frac{V^2}{2}\right) \cdot \text{Zeit}}{V \cdot \sqrt{\text{Zeit}}}\right)$$

Aktie = Preis des Basiswerts heute, Basis = Basispreis, St = Basispreis der Call-Option, V = Volatilität des Basiswerts (wird im Modell als konstant angenommen), Zeit = Zeitspanne bis Fälligkeit der Option in Jahren, Zins = der risikolose Marktzins, N()= die kumulative Standardnormalverteilung, e = Eulersche Konstante und ln () = natürliche Logarithmusfunktion.

Zusätzlich geht die Black-Scholes-Formel mit Ln[Aktie/Basis]) wenig realistisch davon aus, dass der künftige, unterstellte Kurs um den Basiswert der Option streut. Selbst beim Random-Walk-Modell geht man davon aus, dass der Kurs um den letzten bekannten Aktienkurs (‚bester Schätzer') streuen wird.

Normalerweise ist eine Out-of-the-Money-Option nicht viel wert, weil der Bezugspreis über dem aktuellen Börsenkurs der Aktie liegt. Demgemäß wäre ein deutlicher Anstieg der Aktie notwendig, damit der Börsenkurs der Aktie über den Bezugspreis steigt und die Option ins Geld kommt. Gemäß der Theorie der effizienten Märkte bewegt sich aber eine Aktie normalverteilt, deswegen ist ein großer Anstieg eher unwahrscheinlich. Diese theoretische geringe Anstiegs-Wahrscheinlichkeit fließt aber in die heute üblichen Bewertungsmodelle für Optionen ein. Die *fat tails* führen dazu, dass aus einer mehr oder weniger uninteressanten Out-of-the-Money-Option wesentlich schneller eine In-the-Money-Option wird, als es die bisherige Theorie vorhersagt. Das heißt, es ergeben sich größere Gewinnerwartungen für Out-of-the-Money-Optionen als nach der Theorie der effizienten Märkte. Prinzipiell gilt dies für sämtliche Optionen, weil man mit Optionen grundsätzlich Geld verdient, wenn sich die Aktie in eine bestimmte Richtung bewegt. Allerdings ist der Effekt bei Out-of-the-Money-Optionen am größten. Zudem dürften langfristige Optionen zu billig sein. Wie bereits angesprochen, laufen Aktienkurse nicht einfach zufällig hin und her, sondern bewegen sich in Trends. Deshalb nehmen die Schwankungen mit der Zeit proportional zu, d. h. der Aktienkurs entfernt sich stärker vom Ausgangspunkt, als er es gemäß der Theorie der effizienten Märkte tun sollte. Daraus folgt, dass langlaufende Optionen, die mit den traditionellen Methoden bewertet wurden, zu niedrig bewertet sind. So ist die in der Optionswelt bekannte Aussage „Eine Option ist umso teurer, je höher die Volatilität ist" nur die halbe Wahrheit. Denn durch das Trendverhalten der Aktien erhöht sich die Volatilität, und dieser Effekt wird umso stärker, je mehr Zeit man der Aktie zur Entwicklung gibt. Daher müssten langlaufende Optionspreise stärker ansteigen, als es die Berechnungsmethoden nach den effizienten Märkten vorgeben. Häufig wird nämlich die Volatilität von Aktien für ein bestimmtes Zeitintervall empirisch ermittelt und danach mithilfe der Skalierungsformel der Brownschen Bewegung auf andere Zeiträume hochgerechnet (s. S. 83 ff.). Darum sind die nach der Theorie der effizienten Märkte berechneten Volatilitäten zu klein, was sich besonders bei langen Laufzeiten auswirkt. Diese Beobachtung spiegelt sich auch in der Praxis wider. So sagte einmal ein Optionshändler: *„Bei kurzfristig laufenden Optionen habe ich oft viel Geld verloren, während es mit langlaufenden Optionen irgendwie besser lief.“* Zusammenfassend kann man also sagen, dass es Preisverzerrungen bei Out-of-the-Money-Optionen und bei langlaufenden Optionen gibt, die der Anleger für sich ausnutzen kann. Am Rande sei noch erwähnt, dass die berühmten Buy-and-Hold-Strategien (kaufen und halten), also einen Trend ausnutzen, wegen des Trendverhaltens der Aktien überhaupt erst funktionieren.

Ein zentrales Element der modernen Finanztheorie ist das *Capital Asset Pricing Model*. Dessen wesentliche Erkenntnis ist der faire Preisaufschlag, mit welchem das zusätzliche Risiko entlohnt werden soll. Dieses Modell wird hauptsächlich zur Ermittlung des Preises für unsichere Anlagen verwendet. Seine zentrale Größe ist das zu erwartende Risiko, das es zu bestimmen gilt. Das *Capital Asset Pricing Model* wird hauptsächlich wegen seiner Annahmen kritisiert, da sie häufig als realitätsfern eingestuft werden. So wird ein identischer Zinssatz für risikolose Geldaufnahme und -anlage angenommen, außerdem wird von identischen Erwartungen aller Marktteilnehmer ausgegangen sowie davon, dass alle Marktteilnehmer das gleiche Portfolio, nämlich das Marktportfolio, halten. Wie nahezu alle Modelle der modernen Finanztheorie (Portfoliotheorie, Sharpe-Ratio oder *Value at Risk*) basiert auch das *Capital Asset Pricing Model* auf linearen Gleichgewichtsmodellen, bei denen die empirisch festgestellten dynamischen Effekte und Nichtlinearitäten unberücksichtigt bleiben.

Ganz anders sieht es bei der Fundamentalanalyse aus. Hier wird versucht, den marktgerechten Unternehmenspreis zu schätzen. Dieser wird als innerer Wert bezeichnet und auf Basis der erwarteten Gewinne des Unternehmens bestimmt. Analysten verwenden für ihre Schätzungen gesamtwirtschaftliche, sektorale und unternehmenseigene Daten. Kritiker sagen auch, dies gleiche Kaffeesatzleserei. Zur Ermittlung des inneren Wertes eines Indizes wird die Summe der gewichteten inneren Werte der Aktien, die im Index enthalten sind, berechnet. Weicht nun der Preis für ein bestimmtes Wertpapier vom inneren Wert ab, so sollte dieses Wertpapier gekauft werden (wenn innerer Wert > Marktwert) oder verkauft (wenn innerer Wert < Marktwert) werden. Die Fundamentalanalysten gehen davon aus, dass sich alle Wertpapiere langfristig immer dem inneren Wert annähern. Kurzfristige Abweichungen vom inneren Wert werden dabei als Unvollkommenheit des Marktes vernachlässigt. Auch die Fundamentalanalysten gehen von einem rational agierenden Anleger aus, dem *Homo oeconomicus*. Das Weltbild der Fundamentalanalyse setzt also auf einen deterministischen (berechenbaren) Aktienmarkt. Hiernach sind für die Aktienpreisbildung bestimmte Einflussfaktoren – hauptsächlich Gewinne der Unternehmen – verantwortlich. Somit schwanken die Aktienkurse um ihren inneren Wert.

Dagegen wird bei der technischen Analyse versucht, kurzfristige Preisentwicklungen vorherzusagen. Dazu wird maßgeblich auf eine grafische Analyse der Zeitreihen gesetzt und hier nach typischen Formationen gesucht. Bei der technischen Analyse wird davon ausgegangen, dass alle Faktoren, welche die Kursentwicklung beeinflussen, in den aktuellen Kursen bereits enthalten sind. Demnach ist die Analyse der Kursbewegungen ausreichend. Außerdem sagen die Chartanalysten, dass sich die Kurse in Trends bewegen, sodass nur außergewöhnliche Ereignisse zu einer Trendumkehr führen können. Eine weitere Annahme dieser Finanzmarkttheorie ist, dass sich die Geschichte wiederholt, so dass bestimmte Preismuster im Zeitverlauf regelmäßig wieder auftauchen. Im Gegensatz zur Fundamentalanalyse untersucht die technische Analyse also nicht Einflussgrößen, die den Aktienpreis auf den Finanzmärkten beeinflussen, sondern sie versucht den zukünftigen Kurs anhand von Vergangenheitsmustern zu prognostizieren. Der häufigste Kritikpunkt an der technischen Analyse ist, dass ihr eine akademische Fundierung fehlt. So beruht die Fundamentalanalyse auf solch vertrauten Größen wie quantitativen Kennzahlen (z. B. KGV), Profitabilität, Finanzkraft oder sonstigen Bilanzdaten.

In der Mathematik sagt man: *„Garbage in, Garbage out.“* Steckt man ‚Schrott‘ hinein, kommt auch als Ergebnis wieder ‚Schrott‘ heraus. Deswegen gilt: Sobald man Modelle nutzt, muss man wissen, wie das Modell funktioniert, welche Annahmen dahinter stehen und welche Daten wofür verwendet werden. Meiner Ansicht gehen viele Leute im Moment zu fahrlässig mit vielen Modellen um, weil sie die Annahmen statistischer Art nicht kennen. Deswegen ist auch dieses so ausführliche Kapitel über die Normalverteilung wichtig, damit Sie sich ein eigenes Bild über die Schwächen und Stärken der herkömmlichen Finanzmarkttheorien machen können. Nur so können Sie diese Theorien für sich sinnvoll nutzen. Zum Abschluss des Kapitels möchte ich noch eine nicht ganz ernstgemeinte Anmerkung zu Theorie und Praxis machen.

Es ist der ewige alte Zwiespalt zwischen Theorie und Praxis. Häufig versagt die Theorie. So erhielt Markowitz den Nobelpreis für seine moderne Portfoliotheorie, doch er selbst gilt keineswegs als reicher Mann. Andere bekannte Nobelpreisträger irrten sich auch gewaltig. So sagte etwa der US-Ökonom Milton Friedmann 1999 voraus, dass der Euro nur zwei Jahre überstehen würde, der Nobelpreisträger Paul Krugmann dagegen prognostizierte den Staatsbankrott von Österreich. Man könnte diese Reihe der Irrtümer der großen Ökonomen um viele weitere ergänzen. Doch wie schlugen sich die Praktiker?

Auch einer der erfolgreichsten Aktieninvestoren der Welt, Warren Buffett, musste durch die Finanzkrise hohe Verluste erleiden – obwohl er kein Spekulant ist, sondern auf lange Sicht Aktien erwirbt. Auch Ratschläge von Börsengurus führen häufig in die Irre. So ist ein Rat von Andre Kostolany, nach einer Krise in die Apotheke zu gehen, Schlafmittel zu kaufen und vier Jahre zu schlafen. Die Zeit wird die in der Krise erlittenen Verluste schon wieder auffangen. Wenn ein Anleger diesen Rat nach der Finanzkrise im Jahr 2008 bis 2009 befolgt hätte, dann würde er sich sehr wundern, wenn er nach vier Jahren wieder aufwacht: Eine ganze Reihe früher guter Aktientitel (wie z. B. *Lehman Brothers, Arcandor* usw.) gibt es nicht mehr. Was ist der Grund für diese Irrtümer?

Die Theoretiker sind nicht so sehr daran interessiert, selbst reich zu werden, sie wollen ihre Theorien verteidigen. Dabei können sie sich aber auch leicht verrennen und vergessen, dass eine Theorie nur in ganz bestimmten Grenzen anwendbar ist. Viele Praktiker, wie Buffet oder Kostolany, haben hingegen den stetigen Aufwärtstrend an den Aktienmärkten nach 1945 vollständig miterlebt. In dieser Zeit gab es zwar auch Crashs, diese liefen aber immer nach dem gleichen Muster ab: starker Aufwärtstrend – Überhitzung – Crash – Krise usw. Das Problem, mit dem sowohl Theoretiker als auch Praktiker zu kämpfen haben, ist, dass die Wirtschaft nie nach dem gleichen Muster und schon gar nicht eintönig verläuft. All die bekannten Finanztheorien bzw. Ratschläge müssten eigentlich permanent neu überdacht und angepasst werden. Peter Lynch formuliert es so: „*Man verliert nie seinen Job, wenn man das*

Geld seiner Kunden mit IBM verliert. Historisch betrachtet werden Aktien mit schöner Regelmäßigkeit entweder als Investitionsform angenommen oder zum Glücksspiel abgewertet, und dies stets genau zum falschen Zeitpunkt."

Halten wir fest: Viele Annahmen der modernen Finanztheorie sind Wunschdenken. So zeigt z.B. der DAX keine Normalverteilung, extreme Renditen kommen zu häufig vor. Doch wie bringen wir Ordnung ins System? Vielleicht mit der Chaostheorie?

2.3. Was ist Chaos?

Der französische Ökonom Jean-Philippe Bouchard fordert provokativ: Die Ökonomie braucht eine neue wissenschaftliche Revolution. Denn die quantitativen Ergebnisse der Wirtschaftswissenschaften sind recht enttäuschend. So schaffte es die Physik, eine Rakete zum Mond fliegen zu lassen, aus Atomen Energie zu gewinnen – was aber hat die Ökonomie geschaffen? Nicht viel, sie kann nicht einmal zuverlässig Krisen vorhersehen oder abwenden – wie man an der letzten großen Kreditkrise gesehen hat. Der Kern der Kritik an der Mainstream-Ökonomie ist, dass sie ihre grundlegenden Annahmen zu wenig hinterfragt, anders als die Naturwissenschaften. Ein Beispiel ist das Konzept des *Homo oeconomicus*. Nach der Normalverteilung liegt die Wahrscheinlichkeit, dass Sie mit Aktien oder Anleihen pleitegehen bei ca. 1:10 Milliarden. Es wäre also wahrscheinlicher, dass Sie von einem Kometen erschlagen werden. Wieso ist dann aber *Lehman Brothers* und mit ihr viele Aktionäre pleitegegangen? Weil die grundlegende Mathematik, mit der das Risiko an Märkten berechnet wird, von falschen Annahmen ausgeht. Gehen wir also den Weg der Naturwissenschaften und hinterfragen die grundlegenden Annahmen. Dazu ist es nötig, sich stärker an Versuch und Irrtum zu orientieren, wie etwa in der Physik. Werfen wir den alten Ballast von Bord und wenden uns etwas Neuem zu – der Chaostheorie.

Umgangssprachlich versteht man unter Chaos eine Form der Unordnung. So bezeichnet man z. B. den Kundenansturm in einem Warenhaus zum Sommerschlussverkauf als chaotisch. In der Sprache der Wissenschaft ist Chaos ein nicht prognostizierbares Verhalten, welches jedoch strengen Regeln und Ordnungen unterliegt, die man, wie wir später sehen werden, mathematisch als ein komplexes dynamisches System modellieren kann. Dies wird als deterministisches Chaos bezeichnet.

Das Wesen des Chaos erschließt sich wohl am besten, wenn man zwei (selbst) gebaute Schiffe vergleicht. Werden diese beiden Schiffe in ein langsam dahinfließendes Gewässer gesetzt, so werden sie auch dann, wenn sie nicht miteinander verbunden sind, dicht beieinander bleiben. Anders verhält es sich, wenn die Schiffe in einen Wirbel geraten. Dann können sie weit auseinander gerissen werden. Genau so etwas geschieht beim Chaos.

Die Chaosforschung untersucht verschiedene Formen der Selbstähnlichkeit bei geometrischen Objekten (Fraktale) und Zahlenfolgen, welche durch Iteration von Funktionen erzeugt werden.

- Fraktale: Unter Fraktalen versteht man geometrische Objekte in der Ebene oder im Raum, welche irgendeine Form von Selbstähnlichkeit aufweisen. Objekte besitzen eine Selbstähnlichkeit, wenn ein Teil des Objekts herausgeschnitten werden kann, das gleich bzw. ähnlich aussieht, wie das ganze ursprüngliche Objekt. Die Natur ist voll mit fraktalen Strukturen, wie z.B. dem Blumenkohl, dessen einzelne Knospen kleine Kopien der ganzen Pflanze sind.
- Iterierte Funktionssysteme: Im Grunde besteht ein iteriertes System zunächst einmal aus einer Funktion, wie z. B. x^2. In dieser Funktion gibt man einem Startwert ein, den berechneten Funktionswert setzt man erneut in die Funktion ein. Dadurch erhält man einen weiteren Wert und fährt analog weiter fort. Für unsere Beispielsfunktion x^2 sei der Startwert 2, dann ergibt sich folgende Reihe 2, 4, 16 usw.

Die beiden Bereiche sind dadurch gekennzeichnet, dass hier Phänomene auftreten können, die dem gesunden Menschenverstand widersprechen oder deren Verhalten nicht genau vorausberechnet werden kann.

Einschub: Unterschied zwischen Zufall und Chaos
Für die meisten Menschen bedeutet Chaos Zufall. Diese Vorstellung ist falsch. Chaos ist auf keinen Fall gleichzusetzen mit dem Zufall. Was ist beispielsweise der Unterschied zwischen der mathematischen Beschreibung des Wetters und eines Glückspiels, wie Würfeln?
Beim Werfen eines Würfels tritt der Zufall in Aktion. Hierbei ist die Wahrscheinlichkeit, dass eine bestimmte Zahl, z.B. die sechs, gewürfelt wird, jeweils ein Sechstel.

Beim zweiten Wurf bleibt die Wahrscheinlichkeit für das Erscheinen der Sechs weiterhin bei einem Sechstel. So ist es ebenfalls beim dritten, vierten, fünften Wurf usw. Ein Ereignis wird nie durch das vorherige beeinflusst. Dies sieht beim Chaos anders aus.
Liegt z.B. die Temperatur im Sommer bei angenehmen 30°C, so wird sie im nächsten Augenblick nicht auf 10°C fallen. Dies liegt, daran, dass ein chaotisches System wie das Wetter sich in Abhängigkeit von den Ausgangswerten ändert und dabei bestimmten Regeln folgt. Wird allerdings nur eine Größe geringfügig verändert, so entwickelt sich das ganze System völlig anders. Wegen dieser eher theoretischen Berechenbarkeit spricht man auch von einem deterministischen Chaos – was das genau ist, werden wir noch sehen. Chaos entsteht, weil die Anfangsbedingungen des Systems nicht beliebig genau bestimmbar sind. So können z. B. Messungen zufällig durch äußere Einflüsse leicht gestört werden. Weist z. B. die Temperaturmessung einer Wetterstation einen Fehler von einem Grad Celsius auf, so werden wohl die Auswirkungen auf die Wettervorhersage nicht sofort sichtbar. Aber wenn man auf diesem falschen Wert basierend eine längerfristige Wetterprognose erstellt, wird diese mit hoher Wahrscheinlichkeit nach einiger Zeit überhaupt keine Ähnlichkeit mehr mit dem realen Wetter draußen vor der Tür haben.
Darum vertreten auch einige Experten die Ansicht, dass der Zufall auf den Anfangswert wirkt und so die weitere Entwicklung des Systems beeinflusst. Somit weist das Chaos zugleich zufällige und deterministische Aspekte auf.

Das klassische Beispiel für ein Fraktal ist die berühmte Koch-Kurve (s. auch 247 ff.). In der folgenden Abbildung sind die Konstruktionsschritte dargestellt. Hierzu nimmt man eine beliebige Strecke und schneidet den Mittelteil heraus. Anschließend setzt man dafür die zwei neuen Strecken in Form eines Dreiecks auf. Somit besteht das neue Gebilde aus vier geraden Teilstrecken. Jede diese vier neu entstandenen Teilstrecken wird in gleicher Weise wie zuvor bearbeitet, und so fährt man fort.

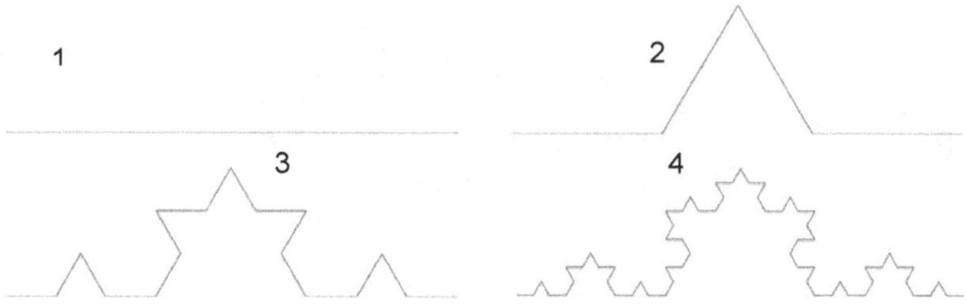

Abbildung 12: Koch-Kurve

Das eigentliche Fraktal ist das sogenannte Grenzobjekt (in Abbildung 12, Nr. 4, Annäherung). Dieses Gebilde entsteht, wenn man das oben beschriebene Konstruktionsverfahren unendlich oft wiederholt. Die Länge der Koch-Kurve ist unendlich lang, da aufgrund des Konstruktionsverfahrens die Kurve von Stufe zu Stufe um den Faktor 4/3 länger wird. Somit strebt das Fraktal gegen unendlich, hat aber trotzdem Platz auf einem Blatt Papier. Zudem ist die Koch-Kurve selbstähnlich. Schneidet man ein kleines Stückchen heraus, so erkennt man unter einer entsprechenden Vergrößerung, dass es genau gleich aussieht wie die ursprüngliche Koch-Kurve. Aber Vorsicht: Das gilt nicht für die Vorstufen, weil man in der Regel jeweils ein kleines Geradenstück herausschneidet, was sich vom Ganzen doch merklich unterscheidet.

Bei den iterierten Funktionen ist die logistische Gleichung (s. S. 120 ff.) ein typisches Beispiel für chaotisches Verhalten. Hier handelt es sich um eine geometrische Funktion, mit deren Hilfe eine Zahlenfolge erzeugt wird und nicht wie bei der Koch-Kurve ein geometrisches Objekt. Die Formel der logistischen Gleichung (s. auch S. 121 ff.) ist:

$$x + ax \cdot (1 - x)$$

Dabei kann die Zahl a beliebig sein, muss aber fest gewählt werden, z.B. a = 4. Die Variable x bezeichnet den Startwert, z.B. 0,6. Mit diesen Werten erhält man 1,56 als Ergebnis. Mit dieser Zahl berechnet man nun einen neuen Wert der Zahlenfolge. Die folgende Grafik zeigt einen typischen Verlauf einer solchen Zahlenfolge.

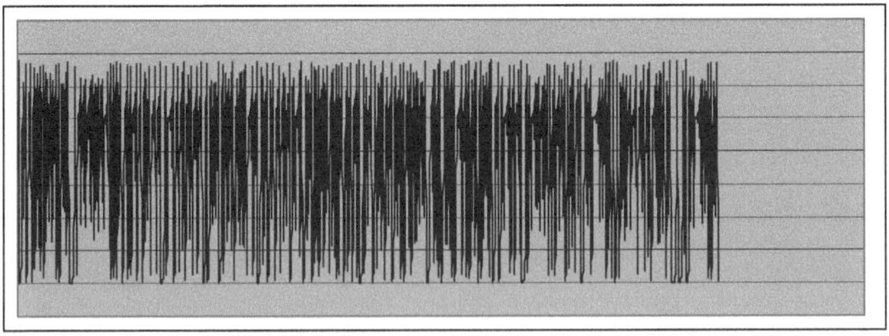

Abbildung 13: Logistische Gleichung

Aus Abbildung 13 erkennt man zunächst einmal Phasen, in denen die Werte stark hin und her schwanken, aber auch Phasen, zu denen plötzlich für kurze Zeit Ruhe herrscht, die Werte seitwärts laufen und sich danach wieder unruhige Phasen anschließen. Außerdem erkennt man auch bei den hektischen Phasen eine gewisse Periodizität, d. h. die Maximal- und Minimalwerte liegen alle auf etwa der gleichen Höhe und in gleichen zeitlichen Abständen. Allerdings zeigen genauere Untersuchungen, dass das Langzeitverhalten dieser Zahlenfolge nicht vorausberechnet werden kann. Denn sobald Sie mit einem anderen Startwert arbeiten, erhält man schon nach wenigen Iterationsschritten eine völlig neue Folge. Mit anderen Worten, kleine Störungen des Anfangswertes wirken sich in der Zahlenfolge sehr schnell aus bzw. werden sogar noch verstärkt. Hiervon leitet sich der berühmte Schmetterlingseffekt[37] ab: kleine Ursache – gewaltige Auswirkung. Die Fehlerverstärkung ist sogar so groß, dass bei einem gleichen Startwert mit zwei verschiedenen Tabellenkalkulationsprogrammen wie *Microsoft Excel* und *Openoffice.org Calc* schon nach etwa 15 bis 20 Iterationsschritten völlig andere Werte berechnet werden. Der Grund dafür ist ein Rundungsfehler. Daher wird das Verhalten der logistischen Gleichung als chaotisch bezeichnet. Das Chaos steckt aber nicht in praktischen Unzulänglichkeiten, wie z. B. Rechenungenauigkeit, sondern ist Bestandteil der theoretischen Überlegungen. Denn es tritt irgendwann ein Rundungsfehler auf, der eine Abweichung erzeugt, die durch die Fehlerverstärkung bald ganz andere Werte für die Zahlenfolge bedingt.

Diese beiden Beispiele zeigen, dass sich die Chaosforschung der Suche nach Ordnung und Strukturen in scheinbar ungeordneten Abläufen verschrieben hat. Die Natur ist voll von solchen Abläufen, welche beim genaueren Hinsehen plötzlich Regelmäßigkeiten und strikte Gesetze aufweisen. Ein Bonmot von Ricarda Huch sagt aus: „*Was lange währt, wird auch nicht besser.*“ Lassen Sie uns also nun genauer betrachten, was die beiden besprochenen Phänomene mit der Börse zu tun haben.

---

[37] Der Begriff Schmetterlingseffekt stammt eigentlich aus der Wetterforschung. Er beschreibt Wetterlagen, die derart instabil sind, dass schon kleine Störungen zu einem sofortigen Umschwung des Wetters führen können. Theoretisch würde schon ein Flügelschlag eines Schmetterlings (oder ähnlich unbedeutende Ereignis) ausreichen, um eine Kettenreaktion zu starten, an deren Ende es z.B. zu einem Gewitter kommt.

Aktienkurse sind selbstähnlich, d. h. sie weisen wie die Koch-Kurve selbstähnliche Strukturen auf. Natürlich ist die Aktienkursentwicklung nicht streng selbstähnlich wie ein mathematisches Fraktal, aber man spricht in diesem Zusammenhang auch von einer statistischen Selbstähnlichkeit. Was genau darunter zu verstehen ist, betrachten wir in späteren Kapiteln. Jetzt legen wir unser Augenmerk eher auf eine anschauliche, dafür aber etwas ungenaue Erklärung der Selbstähnlichkeit bei Aktien.

Beim Betrachten von Abbildung 14 fällt sofort auf, dass sich die Kurse im Tageschart nicht wesentlich von denen des Monatscharts unterscheiden. Demzufolge sind in beiden Charts die Trends (Phase, während der sich die Kurse eine Weile mehr oder weniger in eine bestimme Richtung bewegen) ähnlich. Außerdem sind die Verhältnisse von Auf- und Abwärtstrends in beiden Charts gleich. Folglich kann man beim Betrachten eines Aktiencharts nicht auf den ersten Blick sagen, ob es sich um einen Monats-, Wochen- oder sogar Minutenchart handelt. Erst durch die Beschriftung der Achsen wird dies ersichtlich. Somit haben Aktiencharts eine Selbstähnlichkeit.

Diese Form der Selbstähnlichkeit nutzen unbewusst viele Anleger aus. So gibt es an der Börse Anleger, die langfristig (über Jahre) investieren und nur auf die großen Trends setzen. Andere Anleger hingegen setzen auf kurzfristige Trends (tägliches Rein und Raus).

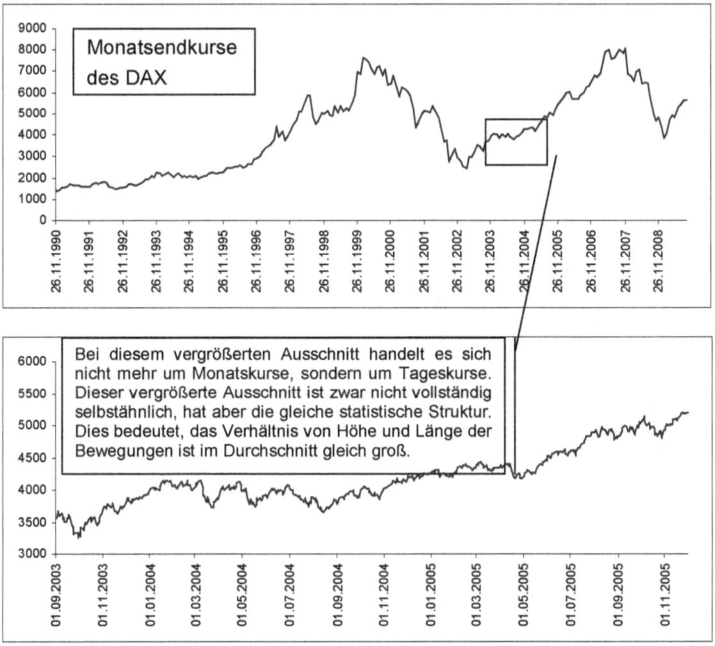

Abbildung 14: DAX-Selbstähnlichkeit

Dennoch sind beide so unterschiedlichen Anlegertypen mit denselben Entscheidungsproblemen konfrontiert, wie z. B. „Soll ich aussteigen oder noch abwarten?“ Dabei versteht der eine Anleger unter Warten vielleicht einen Monat, während der andere einen Tag meint. Dennoch ist das Verhältnis von Zeit zur Größe des Gewinns in beiden Fällen dasselbe. Das heißt, Aktienkurse haben in gewisser Weise die Form von Fraktalen.

Aktienkurse und iterierte Funktionssysteme. Zusätzlich haben Aktienkurse auch einen Bezug zu iterierten Funktionen. Die derzeit allgemein akzeptierte ökonomische Finanzmarkttheorie stützt sich auf den Grundsatz der effizienten Märkte. Dieser Grundsatz sagt aus, dass alle derzeit bekannten Informationen (z. B. Gewinnschätzungen) bereits in den Aktienkursen enthalten sind, und man deswegen hieraus keinen Gewinn erzielen kann.

Beim oberflächlichen Betrachten scheint sich diese Annahme tatsächlich zu bestätigen. So mussten schon viele Anleger die leidvolle Erfahrung machen, dass die Kurse oftmals nicht mehr auf gute Nachrichten reagieren, weil das Positive bereits erwartet wurde und somit schon im Aktienkurs enthalten ist. Hiervon leitet sich auch die berühmte Börsenweisheit „*Sell on good news*" ab. Auch reagiere, so die Theorie, die Börse häufig so schnell auf überraschende Neuigkeiten, dass der Kurs bereits angepasst sei, bevor der Anleger eine Order aufgeben könne. Das bedeute auch, dass sich die Aktienkurse rein zufällig auf und ab bewegen müssten. Dabei sei die Wahrscheinlichkeit für einen Anstieg genau gleich groß wie für einen Rückschlag. Es gilt: Würden Aktien sich nicht zufällig bewegen, dann könnte man Gesetzmäßigkeiten finden, um von diesen Bewegungen zu profitieren. Damit könnte man aus den Daten der Vergangenheit Rückschlüsse über die Zukunft ziehen. Das sei aber nicht möglich, was zeige, dass sich Aktienkurse zufällig bewegen.

Betrachtet man z. B. die DAX-Charts aus Abbildung 14, so erkennt man, dass sich die Aktienkurse nicht zufällig hin und her bewegen, sondern eine Tendenz haben, d. h. eine einmal eingeschlagene Bewegung wird eine Zeit lang fortgesetzt. Außerdem lösen sich Phasen der Ruhe durch Phasen mit plötzlicher Hektik ab. Beispielweise stieg der DAX zwischen 1993 und 1995 ruhig an. Das bedeutet, es existierten länger andauernde Trends, welche nicht durch Zufallsbewegungen erklärt werden können. Die Vergangenheit wirkt sich also ganz offensichtlich doch auf die Zukunft aus. Die Aktienkurse haben ein Gedächtnis. Somit kann man aus den Beobachtungen der Vergangenheit gewinnbringende Rückschlüsse auf die Zukunft ziehen. Damit haben wir die Analogie von Aktienkursentwicklung und iteriertem Gleichungssystem gefunden. Ein iteriertes Gleichungssystem ist nichts anderes als ein stetiges Übertragen von Informationen aus der Vergangenheit (Startwert) in die Zukunft (neuer Wert).

Zur Beschreibung der Aktienkursentwicklung müssen wir also die newtonsche Welt der einfachen dynamischen Systeme verlassen, die nach Laplace (s. S. 115 ff.) vollständig berechenbar ist. Vielleicht kennen Sie aus Ihrem Physikunterricht noch dem Begriff der Kausalität (s. S. 116), der definiert, dass Ursachen und Wirkungen immer proportional sind.

Wie schon in der Einleitung erwähnt, beruht das ökonomische Gleichgewichtsmodell von Adam Smith auf dem Vorbild der newtonschen Dynamik. Dabei wird, wie bei vielen neoklassischen Wirtschaftsmodellen, rationales Handeln und Entscheiden der Anleger bei vollständiger Information unterstellt. Dieser idealisierte Markt erlaubt Berechnungen, die leider wenig mit der ökonomischen Realität zu tun haben, wie die vielen Irrtümer in den Vorhersagen der Analysten zeigen. Vielmehr erzeugen die Finanzmärkte instabile Zustände, wie Haussen und Crashs, deren Dynamik eher an die Turbulenzen von Stürmen erinnern. Um diese Turbulenzen beschreiben zu können, müssen wir neue Ansätze finden. Nur so besteht eine Chance, Prognosen für zukünftige Börsenereignisse treffen zu können. Hierzu betreten wir die Welt der komplexen (nichtlinearen) Systeme, in der kleinste Veränderungen von Ursachen zu großen globalen Veränderungen des Systems führen, d. h. die Systeme werden instabil und chaotisch. Einige Wissenschaftler vertreten sogar die Meinung, dass Börsendaten nichts anderes sind als die Messung von subjektiven Meinungen und Hoffnungen der Anleger, die die Börsenkurse in die eine oder andere Richtung treiben. Mit anderen Worten, die Kurse verändern sich in Reaktion auf die Anleger. Deswegen kommt es zu Rückkopplungen zwischen den agierenden Anlegern (Börsenzeitschriften usw.), ihren Ansichten und Modellen (z.B. über Internetforen). Solche Rückkopplungen können auch mit den komplexen (nichtlinearen) Systemen beschrieben werden.

Einer der wohl legendärsten Finanzmanager der letzten Jahre, George Soros, stellte schon fest, dass die Wirtschaftslehre versucht habe, die Physik für sich einzunehmen. Dazu nahmen sich die ‚klassischen' Wirtschaftstheoretiker Isaac Newton zum Vorbild – einen Verlierer, der selbst sein Vermögen bei der spekulativen *South Sea Bubble* verlor. Nach Soros Ansicht ist die ‚klassische' Wirtschaftstheorie keine Wissenschaft, sondern eher Alchimie. Hat die Chaostheorie mehr zu bieten? Um dies herauszufinden, werde ich Sie in den folgenden Kapiteln in die geheimnisvolle Welt des Chaos einführen. Dort werden Sie sehen, dass der Aktienmarkt sehr viel mit diesen komplexen Systemen gemeinsam hat.

3. Was hat der Nil mit den Aktienmärkten gemeinsam? – Der Hurst-Exponent

Nach Freeman Dyson[38] *„... hat die Natur den Mathematikern einen Streich gespielt. Den Mathematikern des 19. Jahrhunderts mag es an Phantasie gefehlt haben, der Natur jedenfalls nicht. Dieselben abstrusen Strukturen, die die Mathematiker ersonnen haben, um sich vom Naturalismus des 19. Jahrhunderts loszureißen, sind, wie sich jetzt herausstellt, den uns überall in der Natur umgebenden gewohnten Objekten eigen.“*

Bei dieser Aussage dachte Dyson vermutlich an Mathematiker wie G. Cantor oder W. Sierpinski, die durch die Schaffung ihrer originellen abstrakten Objekte die Welt der Mathematik aus den Angeln hoben. Lassen Sie uns auf den Spuren dieser großen Mathematiker wandeln und versuchen, die Theorie der effizienten Märkte ins Wanken zu bringen und neue Ideen zum Verständnis der Aktienmärkte zu entwickeln.

In Kapitel 2.1.1. haben wir gelernt, dass die Annahme der effizienten Märkte einer der Grundpfeiler der modernen Wirtschafts- und Portfoliotheorie ist. Zusammenfassend sind die Grundannahmen der Theorie der effizienten Märkte, dass dank der modernen Kommunikationsmittel wie Internet alle Informationen umgehend in die Kurse einfließen und somit keinerlei Einfluss auf die Zukunft haben. Nach der Kursanpassung müssten also die Kurse seitwärts laufen. Nur etwas Unerwartetes führt zu einer neuen Kursreaktion und verliert danach sofort jegliche Bedeutung für die weitere Kursentwicklung. Die Grundidee der effizienten Märkte scheint auf den ersten Blick logisch zu sein. Aber man muss sich doch fragen, ob die Menschen tatsächlich neue Informationen sofort in Taten (Aktienkäufe oder -verkäufe) umsetzen und danach diese Information schlicht wieder vergessen. Es wäre denkbar, dass Informationen ganz anders verarbeitet werden.

Jeder von uns kennt doch sicherlich das Gefühl, um eine Entscheidung ringen zu müssen, sodass die Entscheidung erst mit einiger Verzögerung in Taten umgesetzt wird. Zudem wird ein Großteil derartiger Entscheidungen unbewusst getroffen. Außerdem ist es denkbar, dass Neuigkeiten zunächst nur

---

[38] Dyson, F.: Characterizing Irregularity, Science 200, 1978, S. 677-678.

Teilhandlungen auslösen, welche dann zu Folgehandlungen (z. B. Zukäufe bzw. Teilverkäufe von Aktien) führen, die über einen längeren Zeitraum wirken. Möglicherweise führt eine neue Information aber auch zu gar keinen direkten Handlungen, sondern lediglich zu einer anderen Grundeinstellung (wie z.B. nach dem Neuen-Markt-Crash, nach dem viele Anleger sich für lange Zeit aus den Aktienmärkten verabschiedeten). Wir haben jetzt zwei Angriffspunkte gegen die Theorie der effizienten Märkte gefunden. Jeder Anleger kann sich bei der Informationsverarbeitung ineffizient verhalten und neu eintreffende Informationen können bereits in einer gewissen Abhängigkeit zueinander stehen. Somit ist die Unabhängigkeit der Ereignisse nicht mehr gewährleistet und der *Random Walk* nicht mehr korrekt.

In Kapitel 2.3. haben wir kurz die Selbstähnlichkeit von Aktienkursen angesprochen. Jetzt ist es an der Zeit, diese Selbstähnlichkeit genauer unter die Lupe zu nehmen und zu zeigen, dass sich die Selbstähnlichkeit stufenlos verändert, je nachdem, wie sich der Einfluss der Vergangenheit auf die Zukunft vergrößert oder verkleinert. Hierbei treffen wir die schon angesprochenen iterierten Funktionssysteme (Abk. IFS) (s. auch S. 72 ff.) wieder.

Eine Aktienkursentwicklung kann man auch anhand ihrer Schwankungsbreite während einer bestimmten Zeitdauer (z.B. eines Monates) untersuchen. Dabei ist der Vergleich von Schwankungsbreiten für verschiedene Zeitintervalle besonders aufschlussreich. So kann die Schwankungsbreite während eines Tages ermittelt und mit der Schwankungsbreite einer Woche verglichen werden. Nach dem gesunden Menschenverstand ist zu vermuten, dass eine Aktie in einer Woche im Durchschnitt fünfmal stärker schwankt als während eines Tages (die Handelswoche hat im Normalfall fünf Tage). Schließlich hat die Aktie fünfmal mehr Zeit, sich vom Startpunkt zu entfernen. Verhält es sich aber tatsächlich so? Zunächst definieren wir, was genau unter dem Begriff Schwankungsbreite zu verstehen ist.

3.1. Definition der Schwankungsbreite

Es gibt so viele unterschiedliche Methoden zur Berechnung der Schwankungsbreite wie Sand in der Wüste. Die wohl bekannteste ist die Varianz bzw. deren Wurzel, die Standardabweichung (oder Volatilität, Abk. σ) (s. S. 14ff.).

$$\sigma = \sqrt{\frac{\sum (x-\mu)^2}{n}}$$

Neben der bekannten Standardabweichung wird als Maß für die Streuung in der Fachwelt die sogenannte *Rescaled Range Analysis* (Abk. R/S-Methode) verwendet. Der Unterschied zur Standardabweichung bzw. Varianz ist, dass die Abweichungen vom Mittelwert zunächst eine nach der anderen addiert werden und dadurch sukzessive eine Folge von Zahlen entsteht. Diese Folge kann wachsen (wenn eine positive Abweichung addiert wird) oder fallen (wenn eine negative Abweichung hinzukommt). Daneben hat die Folge einen größten Wert und einen kleinsten Wert. Die Differenz zwischen diesem Maximum und Minimum wird als *Range* bezeichnet und ähnlich interpretiert wie die Schwankungsbreite. Aber Vorsicht! Die addierten Abweichungen sind prozentuale Werte, d. h. der Logarithmus des Quotienten zweier aufeinanderfolgender Kurse. Abschließend wird die *Range* durch die Standardabweichung dividiert (man sagt *rescaled*). Das erlaubt einen besseren Vergleich verschiedener Aktien. Es gilt: je größer die Schwankungsbreite ist, desto größer ist die R/S-Zahl. Zudem gilt, dass die Varianz und die R/S-Zahl[39] ungefähr gleich stark anwachsen, wenn die beobachteten Zeitintervalle verlängert werden.

Einschub: Die *Rescaled Range Analysis* im Detail

Zunächst wird eine Zeitreihe der Länge (Anzahl) M nach folgender Formel in eine Zeitreihe der Länge N = M - 1 umgewandelt.

$N_i = \log\left(\frac{M_{(i+1)}}{M_i}\right)$ mit i=1,2, ... (M-1) und M_i sind die einzelnen Folgemitglieder

Jetzt wird die neue Zeitreihe (N) dividiert in A aufeinanderfolgende Intervalle der Länge n, sodass A · n = N ergibt. Diese Intervalle werden mit I_a (für a = 1, 2, 3, ... A) bezeichnet. Obendrein wird jedes Element im Intervall I_a mit $N_{k,a}$ (für k = 1, 2, 3, ... n) bezeichnet.

[39] Vom Prinzip her ist die mit der R/S-Methode ermittelte Zahl die gleiche wie die Varianz.

Im nächsten Schritt ermittelt man für jedes Intervall I_a den Durchschnittswert e_a nach folgender Formel:

$$e_a = \frac{1}{n}\sum_{k=1}^{n} N_{k,a}$$

Nun wird für jedes Intervall I_a eine weitere Zeitreihe $X_{k,a}$ (der Länge n) erstellt. Dabei wird zunächst $X_{k,a}$ für k = 1 als erstes Folgeglied ermittelt, dann k = 2 als zweites Folgeglied usw.

$$X_{k,a} = \sum_{i=1}^{k} \left(N_{k,a} - e_a\right)$$

So erhalten wir eine Zeitreihe, bei der die Abweichungen von den Intervallmittelwerten aufsummiert werden. Je nachdem, ob die jeweils letzte Abweichung positiv oder negativ war, fällt oder steigt die Folge $X_{k,a}$. Daher hat die Folge $X_{k,a}$ ein Minimum und ein Maximum. Jetzt wird für jedes Intervall I_a die Schwankungsbreite *(Range)* definiert.

R_{Ia} = Maximum von $X_{k,a}$ – Minimum von Xk,a für a = 1, 2, ... A, d. h. wir haben nun A Schwankungsbreiten für jedes Intervall Ia berechnet.

Nun müssen wir die Standardabweichung für jedes Intervall I_a berechnen.

$$S_{Ia} = \sqrt{\frac{1}{n}\sum_{k=1}^{n} \left(N_{k,a} - e_a\right)^2}$$

Abschließend wird die durchschnittliche *Range* für die A Intervalle der Länge n (n = Anzahl der Tage) berechnet.

$$(R/S)_n = \frac{1}{A}\sum_{a=1}^{A} \left(\frac{R_{Ia}}{S_{Ia}}\right)$$

Vorsicht, hier wird also nicht einfach über die einzelnen *Ranges* R gemittelt, sondern jedes R wird zunächst durch die Standardabweichung S dividiert.

Im Jahr 1907 entdeckte der Wasserbauingenieur H.E. Hurst, dass große Pegelstände der Nilfluten am ersten Assuandamm wesentlich häufiger auftraten, als nach der Normalverteilung anzunehmen war. Daraufhin entwickelte er über Jahrzehnte hinweg die oben beschriebene R/S-Methode. Dabei stellte er fest, dass sich die Wasserstände ähnlich wie Aktien irgendwie unregelmäßig auf und ab bewegten.

Aber auch die R/S-Methode hat ihre Kritiker. So fragte schon in den 1950iger Jahren der bekannte amerikanische Wahrscheinlichkeitstheoretiker William Feller, ob die erwähnte Reskalierung (Division durch die Standardabweichung) überhaupt nötig sei und ob diese nicht sogar das Resultat verzerre. Diese Frage ist bis heute nicht geklärt. Dennoch ist diese Methode in der aktuellen Chaosforschung an den Kapitalmärkten nicht mehr wegzudenken.

Bis jetzt haben wir nur einen Blick darauf geworfen, wie man eine Schwankungsbreite einer Zeitreihe berechnet. Doch es muss vorher festgelegt werden, wie groß das beobachtete Zeitintervall sein soll. Man kann durchschnittschliche Schwankungsbreiten für einen Handelstag, eine Woche, einen Monat oder ein Handelsjahr oder sogar noch größere Zeiträume verwenden. Betrachtet man beispielsweise die Kursentwicklung des DAX für ein Jahr, dann teilt man dieses Jahr in 52 Wochenintervalle auf. Für jedes dieser 52 Wochenintervalle berechnet man mit einer der vorgestellten Methoden (Standardabweichung oder R/S-Methode) die Schwankungsbreite. Danach wird aus den 52 Werten ein Durchschnitt ermittelt, indem man einfach die 52 Werte aufaddiert und anschließend durch 52 dividiert. Dieser Wert entspricht der durchschnittlichen Wochenschwankung des DAX. Nach diesen Vorüberlegungen widmen wir uns jetzt den Skalierungsgesetzen.

3.2. Skalierungsgesetze

Wie bereits angesprochen, hängen die verschiedenen Schwankungshorizonte miteinander zusammen. So haben wir in Kapitel 2.1. eine künstliche Aktienkursentwicklung durch Würfeln simuliert. Dabei stellten wir fest, dass die Aktienkurse um den Startkurs herum pendeln, sich aber durchaus vom Startkurs entfernen können. Aufgrund des zentralen Grenzwertsatzes (s. S. 10) ist klar, dass die Entfernung vom Startkurs umso größer wird, je mehr Zeit dem Kurs für seine Entwicklung gegeben wird. Beispielsweise könnte man davon ausgehen, dass die durchschnittliche Wochenschwankung rund fünfmal so groß ist wie eine Tagesschwankung. Dann würde gelten:

$(R/S)_n = c \cdot n^{\frac{1}{2}} = c \cdot \sqrt{n}$ mit c = Konstante; n = Anzahl der Tage

Dabei ist $n^{\frac{1}{2}}$ nur eine andere Schreibweise für $\sqrt{n}$, wobei n eine beliebige natürliche Zahl ist, welche der Länge des untersuchten Zeitintervalls entspricht. Bei Tagesschwankungen ist n = 1, bei Wochenschwankungen n = 5. Dagegen spielt die Konstante c für die weiteren theoretischen Betrachtungen keine Rolle und wird daher mit 1 gleichgesetzt. Mit $(R/S)_n$ ist die durchschnittliche Schwankungsbreite während eines n-Tage-Intervalls gemeint.

Wenn diese Formel wirklich zutreffen würde, dann könnte man sich das mühsame Berechnen der Varianzen bzw. R/S-Zahlen ersparen. Man würde einfach auf der rechten Seite der Gleichung das gewünschte Zeitintervall einsetzen und bekäme die gesuchte Schwankungsbreite. Beispielsweise würde für einen Zeitraum von einem Handelsjahr mit 250 Tagen die durchschnittliche Schwankungsbreite bei 15,8 %[40] liegen. Leider ist die Sache nicht ganz so einfach. Die Formel ist zwar mathematisch korrekt, bildet aber die Wirklichkeit nicht exakt genug ab.

Deswegen wählte Hurst bei seinen Versuchen am Nil einen anderen Ansatz. Er modifizierte die obige Gleichung. Anstatt des zuvor festen Exponenten (½), führte er den sogenannten Hurst-Exponenten (H) ein.

$(R/S)_n = c \cdot n^H$ (Hurst-Formel)

Der Hurst-Exponent kann jeden beliebigen Wert annehmen, neben ganzen Zahlen auch Brüche oder irrationale Zahlen. Falls man für den Hurst-Exponenten eine ganze Zahl einsetzt, erhält man natürlich gewöhnliche Potenzen, wie z.B. H = ½ usw. Eine wichtige Erkenntnis der Hurst-Formel ist, dass die Schwankungsbreite zunimmt, je mehr Zeit die Aktie hat, sich zu bewegen.

Zur Ermittlung des Hurst-Exponenten probierte Hurst einfach verschiedene Werte für H aus und verglich die Ergebnisse mit den tatsächlichen Beobachtungen. Er ging davon aus, dass der Hurst-Exponent höchstwahrscheinlich zwischen 0 und 1 liegen müsste. Die beste Übereinstimmung mit der Wirklichkeit erzielte Hurst mit einem Wert von 0,7. Dieser Wert gilt nur für die Wasserläufe am Nil, aber es drängt sich die Vermutung auf, dass es sich hier

---

40 $(R/S)_{250} = 250^{\frac{1}{2}} = 15{,}8$

um ein allgemeines Gesetz handelt, was z. B. auch für Schwankungen an der Börse gilt.

Im Allgemeinen gilt: Wenn der Hurst-Exponent den Wert H = 0,5 annimmt, dann handelt es sich bei der betrachteten Zeitreihe um einen Zufallsprozess, einen *Random Walk*. Gilt $0 \leq H < 0{,}5$, so handelt es sich um eine antipersistente Zeitreihe. Das bedeutet, der Kurs wird weniger weit kommen als bei einem *Random Walk*. Jedem Schritt folgt tendenziell ein weiterer Schritt in eine andere Richtung, was ein enges, heftig schwankendes Zickzackmuster ergibt. Je näher H gegen null strebt, desto ausgeprägter ist dieses Verhalten. Gilt dagegen $0{,}5 < H \leq 1$, dann handelt es sich um eine persistente Zeitreihe, es ist ein Trend zu erkennen. Der Kurs verhält sich also wie ein Esel, der sich in den Kopf gesetzt hat, seine eigene Richtung beizubehalten und in diese Richtung trabt, egal was der Reiter auch tut. Je mehr H gegen 1 geht, umso ausgeprägter ist das persistente Verhalten der Zeitreihe.

Heute ermittelt man den Hurst-Exponenten nicht mehr durch Probieren. Man greift auf das mathematische Grundgerüst der Potenzfunktion zurück. Vielleicht ist Ihnen ja noch aus dem Mathematikunterricht folgende Potenzfunktion in Erinnerung geblieben.

$$x = x^a$$

Ihr bekanntester Vertreter ist die Parabel, mit x^2. Aber auch die Formel der Schwankungsbreiten nach Hurst ist eine Potenzfunktion.

$(R/S)_n = c \cdot n^H$ umgeformt ergibt sich $y = (R/S)_n; x = n; c = 1$ und $a = H \rightarrow y = c \cdot x^a$

Ferner ist für ganzzahlige Werte der Exponent a eindeutig definiert. Auch ohne tiefere mathematische Kenntnisse ist ersichtlich, dass z. B. mit x^5 (für 5 Handelstage) die fünfte Potenz von x gemeint ist. Doch wie verfährt man mit Brüchen, beispielsweise mit ½. Was bedeutet der Ausdruck $x^{1/2}$?

Mathematisch gesehen gilt: $x^{\frac{1}{2}} = \sqrt[2]{x}$. Daraus folgt: $x^{\frac{1}{n}} = \sqrt[n]{x}$. Aus dieser allgemeinen Definition folgt, dass beispielsweise $16^{\frac{1}{4}} = \sqrt[4]{16} = 2$ ist, weil $2^4 = 16$ ergibt.

Paul Erdoes stellte schon fest: *„Ein Mathematiker ist eine Maschine, die Kaffee in Theoreme verwandelt.“* So könnte man sagten, dass der Mathematiker jetzt Milch und Zucker zu dem Kaffee Potenzfunktion gibt. Denn es geht noch ein bisschen komplizierter. Was ist, wenn allgemeine Brüche im Exponenten stehen, wie z.B. $x^{\frac{3}{4}}$? Lösbar ist dies mit folgendem Ansatz:

$x^{\frac{a}{b}} = \sqrt[b]{x^a}$ somit gilt $x^{\frac{3}{4}} = \sqrt[4]{x^3}$

Das bedeutet, dass der Zähler eines Bruches stets die Potenz angibt, der Nenner die Wurzel. Damit ist die Potenzfunktion für alle Exponenten von a eindeutig definiert. Übertragen wir nun das Resultat von Hurst in die Potenzfunktion, so lautet sie:

$x^{0,7} = x^{\frac{7}{10}} = \sqrt[10]{x^7}$ z.B. mit x = 2 $\sqrt[10]{2^7} = 1{,}625$

„Eine Grafik sagt mehr als tausend Worte.“ Darum betrachten wir nun die Potenzfunktion einmal als ein Diagramm.

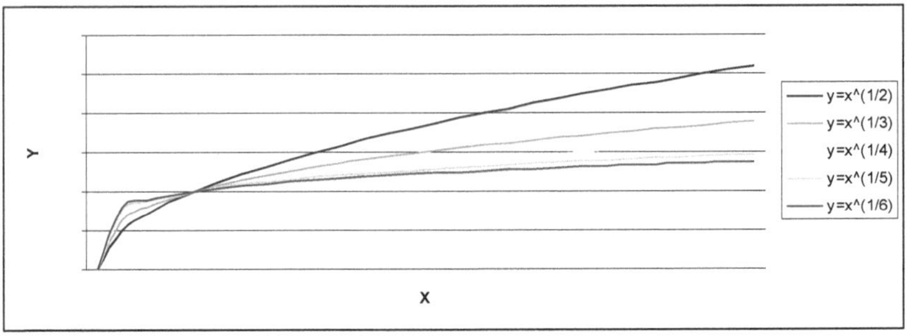

Abbildung 15: Potenzfunktion mit verschiedenen Exponenten

Zunächst einmal stellt man fest, dass die Graphen gekrümmt sind. Für Werte a >1 ist die Kurve nach links (konkav) und für Werte a < 1 (nicht in Abbildung enthalten) nach rechts (konvex) gekrümmt. Durch diese Krümmung ändert sich die Steigung der Kurve in jedem Punkt. Somit lässt sich das allgemeine Verhalten der Funktion nicht mehr richtig erfassen.

Doch die Mathematik hat sich einen Trick einfallen lassen. Sie versucht, gekrümmte Funktionen durch Geraden darzustellen. Dies bezeichnet man als linearisieren. Wegen der speziellen Form unserer Potenzfunktion bietet sich hier das Logarithmieren als Umformungsverfahren an. Betrachten wir dazu zunächst unsere Formel in der allgemeinen Form:

$y = c \cdot x^a$

Die Konstante c ändert nichts Grundsätzliches am Krümmungsverhalten. Wirklich störend ist der Exponent a. Er ist schwierig zu handhaben. Deshalb berechnen wir auf beiden Seiten den Logarithmus. Beim Logarithmus handelt es sich um die Umkehrfunktion der Exponentialfunktion.

$\log(y) = \log(c \cdot x^a)$

Mithilfe der Rechenregeln[41] für Logarithmen gelingt es, aus der Potenz eine einfache Multiplikationsaufgabe zu machen. Deshalb formen wir weiter um:

$\log(y) = \log(c) + \log(x^a)$
$\log(y) = \log(c) + a \log(x)$

Was hier jetzt steht, ist nichts anderes als eine einfache Geradengleichung der Form:

$y = a \cdot x + b$

wobei y = log (y), b = log (c) und x = log (x), man beachte, dass a die Steigung der Geraden ist und b = log (c) konstant ist.

Aus der vormals gekrümmten Potenzfunktion wird jetzt eine Gerade mit der Steigung a, wie folgende Abbildung zeigt.

[41] Es gilt: $\log ab = \log 1 + \log b$ und $\log x^a = a \log x$

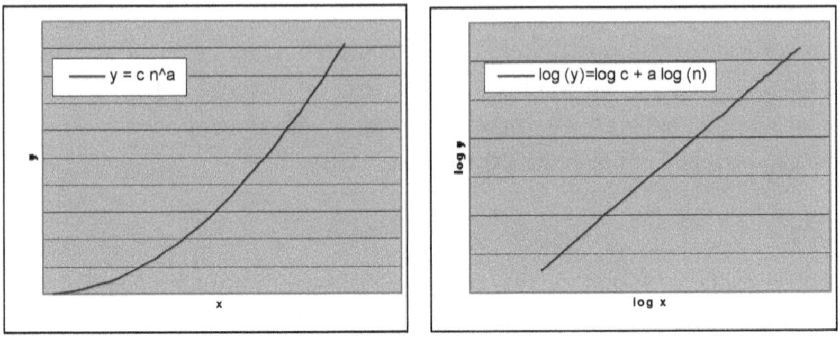

Abbildung 16: Geradengleichung vor und nach Umformung

Das Diagramm nach der Umformung bezeichnet man auch als doppeltlogarithmisches Diagramm. Zudem gehen durch die Umformung keinerlei Informationen verloren. Aber der Hurst-Exponent lässt sich besser berechnen. Dazu müssen wir nur noch die allgemeine Hurst-Formel umformen.

$(R/S)_n = c \cdot n^H$ (wird häufig auch als Schwankungsgesetz bezeichnet)
$\log (R/S)_n = \log (c) + H \log (n)$

Nach Hurst verhalten sich die Aktienkurse gemäß diesem Ansatz. Demzufolge nimmt gemäß dem Potenzgesetz die Schwankungsbreite mit der Anzahl der Tage (n) zu. Trägt man in ein Diagramm auf die x-Achse die Intervalllängen und auf die y-Achse die durchschnittliche Schwankungsbreite (R/S) auf, so liegen die Daten (Schwankung gegen die Zeit) tatsächlich näherungsweise auf einer gekrümmten Potenzkurve. Diese lässt sich einfach durch Logarithmieren in eine Gerade transformieren. Die Steigung der Geraden ist dann nichts anderes als der gesuchte Hurst-Exponent (H). Aus der Geraden ergeben sich aufgrund ihrer Steigung Hinweise auf mögliche vorhandene Trends (= Abhängigkeit der Zukunft von der Vergangenheit) oder eben auf fehlende Trends (= *Random Walk*). Trends sind nichts anderes als wiederkehrende Muster. Hätte es den Begriff Fraktal schon zu Hursts Zeiten gegeben, hätte er ihn wohl verwendet.

Greifen wir nun auf unser Beispiel des DAX zurück. Hierzu berechnen wir die R/S-Zahlen (s. S. 81) für die verschiedenen Intervalle (der Längen in Tage von 1, 2, 3, usw.). Anschließend tragen wir die Werte in einem doppeltlogarithmischen Diagramm ein.

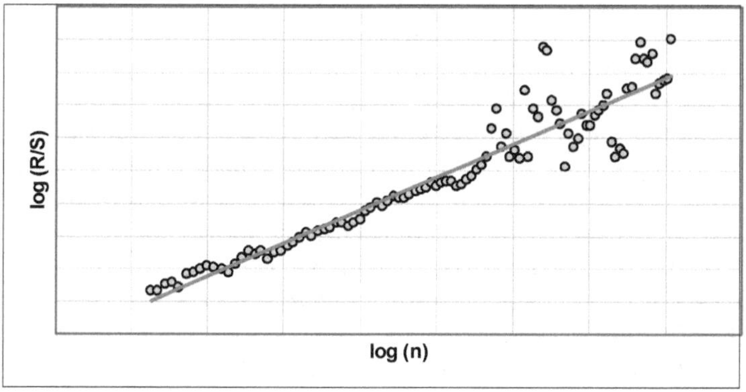

Abbildung 17: Ermittlung des Hurst-Exponenten für den DAX

Als Ergebnis stellt man fest, dass die logarithmierten Werte tatsächlich näherungsweise auf einer Geraden liegen. Somit scheint das allgemeine Schwankungsgesetz (s. S. 88) bzw. die Hurst-Formel zu stimmen. Allerdings passt die Steigung (= H) der Geraden nicht, sie ist mit 0,71 deutlich größer als H = 0,5, wie es für den *Random Walk* sein sollte. Zufall? Eher nicht, weil die Analyse verschiedenster anderer Aktien oder Indizes ähnliche Resultate liefert. Der Hurst-Exponent liegt stets signifikant über 0,5. Mit diesem Ergebnis ist die Theorie der effizienten Märkte empirisch ernsthaft in Frage gestellt, weil sich H-Werte von mehr als 0,55 (oder weniger als 0,45) nicht mehr erklären lassen. Deswegen müssen Abhängigkeiten von der Vergangenheit auf die Zukunft bestehen. Einschränkend muss gesagt werden, dass der Hurst-Exponent keine Invariante ist, weil er abhängig vom Betrachtungszeitraum ist, wie folgende Tabelle zeigt. Somit sagen Kritiker auch, der Hurst-Exponent habe etwas Willkürliches an sich.

Tabelle 5: Ausgewählte Hurst-Exponenten[42]

Zufallsgröße	Hurst-Exponent (H)
Aktienkurs IBM 1963 – 1989	0,72
DAX Nov. 1990 bis Nov. 2008	0,75
Deutsche Telekom Juli 1997	0,979
Nilwasserstände	0,7

Ein Hurst-Exponent von H > 0,5 deutet darauf hin, dass sich in der Zufallsgröße (Aktienkurse) weitreichende Korrelationen verbergen. Folglich wird ein Aktienkurs zum Zeitpunkt t nicht nur durch die zeitlich unmittelbar zurückliegenden Aktienkurse beeinflusst, sondern auch durch Aktienkurse, die bereits lange vor dem herausgegriffenen Zeitpunkt t realisiert wurden. Oder, ganz einfach ausgedrückt: Die Vergangenheit beeinflusst die Zukunft. Das heißt, die Kursschwankungen sind hochgradig korreliert. Daher folgen auf größere Kursänderungen in der Regel wiederum größere Kursbewegungen. Ein Grund hierfür könnte die sogenannte Hyper-Informationseffizienz sein. Hiermit ist gemeint, dass sich unvalidierte und in der Qualität ungesicherte Informationen global auf die Finanzmärkte auswirken. Heute ist ein Gerücht schneller beim Anleger gelandet, als es durch den ersten Experten überprüft werden kann. Dieses Phänomen wurde durch die modernen Kommunikationsmöglichkeiten wie das Internet extrem verstärkt. Dies führt dazu, dass extreme Änderungen keinerlei äußere Auslöser benötigen. Ein Börsen-Crash oder eine -Hausse können jederzeit auftreten. Ein gutes Beispiel dafür ist der irrationale Höhenflug der Technologie-, Medien- und Telekomaktien in den Jahren 1998 bis 2000.

Dagegen weisen Werte unter 0,5 darauf hin, dass die Werte einer Zeitreihe zufällig und unkorreliert um die Nullachse herum schwanken[43].

---

[42] Hand, I. und Henning, P. A.: Glücksspielen an der Börse: Eine verhaltenspsychologische Analyse, Sucht 2004, S. 183

[43] Eigentlich kann niemand erwarten, dass er ein System in der Natur vorfindet, dass sich messbar exakt an eine Gleichung hält. Dies ist nicht einmal für kurze Beobachtungszeiten zu erwarten, weil reale Systeme immer mit einem Rauschen behaftet sind. Dabei unterscheidet man folgende Arten von Rauschen. Erstens das Messrauschen, dass daraus resultiert, dass das Messgerät, mit dem die Zustandsgrößen aufgenommen werden, einen statistischen Fehler hat. Systemrauschen bedeutet, dass zur Modellierung des Systems Kleinigkeiten vernachlässigt werden, die ein eigenes dynamisches Verhalten zeigen und daher wie zufällige Schwankungen erscheinen. Unter externem Rauschen versteht man, dass das System durch externe Einflüsse zufällig gestört wird, wenn z. B. ein LKW am Labor vorbeifährt und den Versuchsaufbau erschüttert.

Einschub: Was hat die Formel von Hurst mit der Selbstähnlichkeit zu tun?
Lassen wir uns auf ein Gedankenexperiment ein. Sobald eine Zeitreihe Schwankungsbreiten aufweist, die sich nach der Hurst-Formel verhalten, kann man aus ihrem Verlauf ein Stück herausschneiden und unter der Lupe betrachten. Hat unsere Lupe z.B. eine horizontale Vergrößerung von 3, dann müsste die vertikale Achse um den Faktor 3^H vergrößert werden. Die so erstellte Vergrößerung hat dann optisch gesehen wieder ein ähnliches Aussehen, d. h. das Verhalten von Auf- und Abwärtsbewegungen zur Zeitachse wäre ähnlich. Bei richtiger Skalierung kann selbst ein Stück der Vergrößerung nochmals vergrößert werden. Ebenfalls hätte diese Kopie von der Kopie das gleiche Verhältnis der Schwankungsbreiten zur Zeitachse bzw. den gleichen Hurst-Exponent. Somit zeigen Zeitreihen, die der Hurst-Formel gehorchen, ein selbstähnliches Verhalten, d. h. durch Iteration von Funktionen kann man Zeitreihen simulieren. Hierfür spricht auch, dass für Aktien $H = 0{,}7$ oder höher angenommen werden kann. Daraus folgt, dass es sich hier nicht um einen *Random Walk* handelt.

Abschließend kann man sagen, dass sich die Bewegung der Börsenkurse statt mit der Brownschen Bewegung eher mithilfe von Potenzgesetzen beschreiben lässt. Ein alternatives Konzept zum Hurst-Exponenten brachte der Physiker H. Eugene Stanley ins Spiel.

Er geht davon aus, dass sich die Börsenkurse mit der Statistik eines abgeschnittenen Levy-Flugs beschreiben lassen (auch ein Potenzgesetz). Als Levy-Flüge[44] bezeichnet man stochastische Prozesse, die extremere Fluktuationen bzw. Ereignisse als die Gaußverteilung zulassen. Darum hat die Levy-Verteilung ‚fette Schwänze', die die Wahrscheinlichkeit für große Abweichungen vom Mittelwert zulassen. Der Nachteil ist, dass eine Levy-Verteilung normalerweise keine endliche Varianz hat. In der Finanzwelt beschreibt aber die Wurzel der Varianz das Finanzrisiko. Außerdem erkannte Stanley, dass die extremen Enden *(fat tails)* der Renditeverteilung nach einem Potenzgesetz abnehmen. Stanley sagt sogar, dass die extremen relativen Preisänderungen – abweichend von der Statistik des reinen Levy-Fluges – eine exponentielle Dämpfung vornehmen, die er als ‚truncated Levy flight' bezeichnet.

[44] Man kann sich den Flug einer Biene in einem Blumenbeet auf Nektarsuche als Levy-Flug vorstellen. Dabei wird die Biene die meiste Zeit einen erratischen Kurs in unmittelbarer Nähe einer Blüte einschlagen und nur hin und wieder von einem längeren Sprung zur nächsten Blüte unterbrochen.

Ein ebenfalls alternatives Verteilungsgesetz ist das *Power Law*. Um dieses zu ermitteln, trägt man die 250 schlechtesten Tagesrenditen des DAX (ca. 1 % des Stichprobenumfanges) für den Versuchszeitraum vom 30.09.1959 bis 07.05.2009 in eine doppeltlogarithmische Darstellung ein. Hieraus ermittelt man die kumulierte Wahrscheinlichkeitsverteilung (Prob(R<-r)) in Abhängigkeit von der Verlustschranke r.

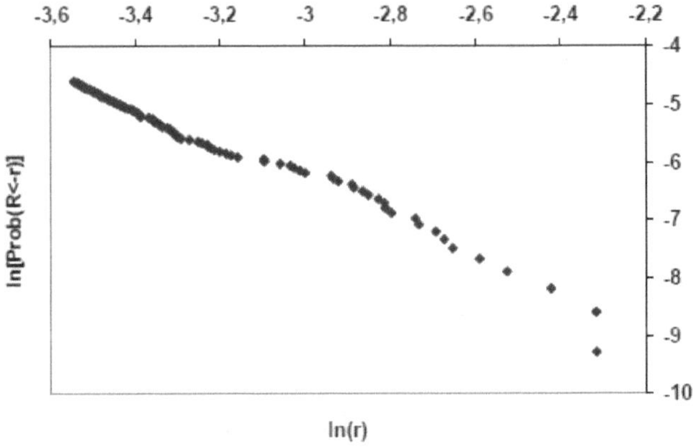

Abbildung 18: Doppeltlogarithmische Darstellung der kumulierten Häufigkeitsverteilung der DAX-Tagesrenditen für den Zeitraum 30.09.1959 bis 07.05.2009 für die 250 schlechtesten Tage

Abbildung 18 zeigt, dass der DAX skaleninvariant ist. Man erkennt, dass die Wahrscheinlichkeitsverteilung der Verluste mit einer bestimmten Größe (r) umgekehrt proportional zu einer Potenz von (r) ist. Es handelt sich hier also um ein sogenanntes Potenzgesetz (oder *Power Law*). Ferner bedeutet dies, dass die Funktion unverändert bleibt, auch wenn man die Einheiten ändert. Somit gibt es keine ‚normale' Verlusthöhe für den DAX.

$\ln [(\text{Prob}(R < -r)]= \ln (b) - \alpha \ln(r) \rightarrow \text{Prob } (R< - r) \approx b \cdot r^{-\alpha}$

Eine lineare Regression liefert für den α-Wert 3,06. Dass die Häufigkeit extremer Ereignisse mit einem derartigen *Power Law* beschrieben werden kann, gilt nicht nur für Aktienkurse, sondern auch für Währungskurse und Warenpreise. Es ist eine allgemeine Gesetzmäßigkeit in der Welt der Finanzmärkte. Das *Power Law* wird häufig auch als Pareto-Verteilung bezeichnet. Der Tail-

Index α liegt meistens in einem Intervall zwischen 3 und 4. Dabei gilt: je kleiner der α-Wert wird, desto stärker sind die *fat tails* ausgeprägt und desto höher ist die Wahrscheinlichkeit für extreme Verluste. Häufig findet man zur Illustration des *Power Laws* folgende Umformung in der Literatur.

$$\text{Prob}(R < -r) = k^{\alpha}\ \text{Prob}\ (R < -k\ r)$$

Betrachten wir wiederum das Beispiel des DAX. Die Jahresvolatilität des DAX beträgt ca. 25 %, was bei 255 Handelstagen im Jahr einer Tagesvolatilität von etwa 1,6 % ($\sigma = \frac{25\%}{\sqrt{255}}$) entspricht. Daraus ergibt sich ein *Value at Risk* (s. S. 50 ff.) für eine Haltedauer von einem Handelstag und ein Konfidenzniveau von 99 % von ca. 3,7 %. Dies bedeutet, dass alle hundert Tage ein Tagesverlust von mehr als 3,7 % auftreten kann. Denkt man das weiter, so lässt sich aus Prob (R <- 3,7 %) = 1 % die Tagesverlustwahrscheinlichkeit von mehr als 8 % (entspricht in etwa 5 Standardabweichungen des DAX) abschätzen.

$$\text{Prob}(R < -8\%) = \left(\frac{3{,}7}{8}\right)^{3{,}005} = 0{,}094\%$$

Das heißt, nach dem *Power Law* kommt es ungefähr alle 4 Jahre zu einem Tagesverlust von mehr als 8 %.

Zusammenfassend kann man sagen, dass wir festgestellt haben, dass sich Börsenkurse offenbar von einer reinen Zufallsbewegung deutlich unterscheiden. Sie folgen einem Potenzgesetz. Das heißt, es müssen Abhängigkeiten von der Vergangenheit auf die Zukunft bestehen. Jetzt wird es Zeit, diese Abhängigkeiten näher zu untersuchen.

3.3. Art der Abhängigkeiten einer Börsenreihe

„Grau, treuer Freund, ist alle Theorie, und grün des Lebens goldener Baum." Dieser Satz stammt aus Goethes Faust. Also, wenden wir uns nach all der Theorie wieder den Finanzmärkten zu und widmen uns der Frage: Gibt es Abhängigkeiten in den Aktienkursen? Haben die Aktienkurse wirklich ein Gedächtnis?

Um die Abhängigkeiten näher zu untersuchen, greifen wir auf unser Würfelexperiment aus Kapitel 2.1. zurück. Mit diesem Experiment haben wir eine künstliche Aktienentwicklung erzeugt, deren Startkurs 100 € war und deren weitere Kurse gewürfelt wurden. Wurden die Zahlen 1, 2 oder 3 gewürfelt, stieg der Aktienkurs um einen Euro, und bei den Zahlen 4, 5 oder 6 verlor der Aktienkurs einen Euro. Daraus resultierte der klassische *Random Walk* mit seinen normalverteilten Kursschwankungen.

Doch jetzt spielen wir mit einem Joker. Wie bisher stehen die Zahlen des Würfels 1 und 2 für einen Kurszuwachs von einem Euro. Doch jetzt streichen wir die Zahl 3. Diese Zahl bezeichnen wir als Joker. Jetzt wird der jeweils folgende Kurs ausgewürfelt, wobei die Zahlen 1 oder 2 für einen Zuwachs von einem Euro stehen, und die Zahlen 4, 5 und 6 für einen Kursverlust von einem Euro. Falls jedoch der Joker (die Zahl 3) gewürfelt wird, dann vertauschen die Seiten ihre Rollen. Folglich stehen dann die Zahlen 1 oder 2 für Verlust, und die Zahlen 4, 5 oder 6 für einen Kursgewinn. Erscheint der Joker erneut, dann werden wieder die Seiten vertauscht. Und so fährt man einige tausend Würfe fort.

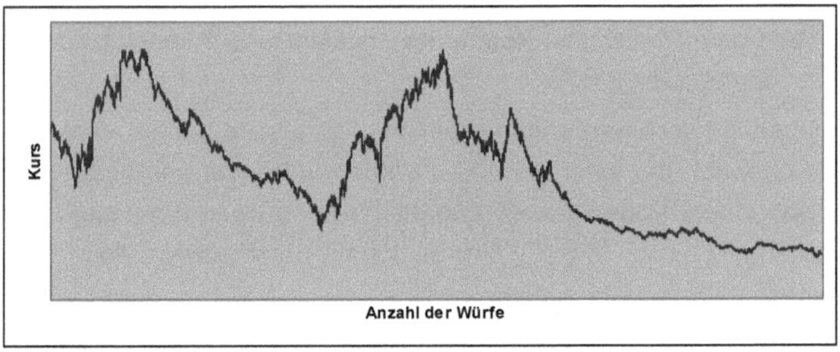

Abbildung 19: Würfelexperiment mit Joker

Abbildung 19 zeigt, dass zunächst eine Richtung bevorzugt wird, da auf der einen Seite drei Zahlen und auf der anderen nur zwei stehen. Solange der Joker nicht gewürfelt wird, bewegt sich unsere künstliche Aktie eher nach unten als nach oben. Sobald jedoch der Joker erscheint, dreht sich der Wind, und die Tendenz verstärkt sich nach oben, und zwar solange bis der Joker erneut gewürfelt wird.

Durch diese einfache Modifikation haben wir eine ganz andere statistische Struktur der Bewegung. Es bilden sich Trends aus, d. h. die Vergangenheit wirkt in gewisser Weise auf die Zukunft. Denn der jeweils vorherrschende Trend wird von dem zuvor gewürfelten Joker bestimmt. Anstatt ziellos um den Startwert herum zu pendeln, wird jetzt eine bestimmte Richtung (bei unserem Experiment nach unten) bevorzugt, was zu größeren Entfernungen vom Ausgangspunkt führt. Und je mehr Würfe bzw. Zeit der Aktie zur Entwicklung gegeben wird, desto größer wird diese Abweichung zu einem gewöhnlichen *Random Walk*. Das heißt, die Schwankungsbreiten nehmen mit der Zeit überproportional zu, was sich in steileren R/S-Geraden in einem doppeltlogarithmischen Diagramm niederschlägt, da ja die Größe der Schwankungen (Abweichung vom Startwert) gegen die Intervalllänge (Zeit) abgetragen wird (s. auch Abbildung 21, S.100).

Durch das Streichen einer Zahl und die Einführung eines Jokers wurde also eine Form der Trendverstärkung ins Spiel gebracht. Diesen Effekt kann man noch verstärken, indem man mehrere Zahlen auf dem Würfel durchstreicht. Also starten wir ein neues Würfelexperiment. Die Zahl 3 bleibt unser Joker. Zusätzlich streichen wird die Zahl 2. Erscheint jetzt die Zahl zwei, wird einfach nochmal gewürfelt. Damit hätte zu Beginn des neuen Würfelexperimentes die Richtung ‚Kursgewinn von einem Euro' nur noch eine Wahrscheinlichkeit von 1 zu 3, weil die Zahlen 4, 5 und 6 für einen Kursverlust von einem Euro stehen. Auch jetzt würde der Joker jeweils die Seiten vertauschen.

Somit wird die eingeschlagene Richtung stark übergewichtet, d. h. die Aktie bewegt sich zielgerichtet. Der Extremfall wäre, alle Zahlen einer Seite zu streichen (also 1 und 2 und als Joker fällt auch 3 weg), dann würde sich die Aktie nur noch in eine Richtung bewegen, solange der Joker nicht gewürfelt würde. In diesem Fall würden die Trends ihre maximale Länge erreichen. Derartig erzeugte Bewegungen haben ein Gedächtnis. Denn die jeweils eingeschlagene Richtung wird beibehalten, bis der Joker erscheint. Danach geht diese Richtungsinformationen verloren, und es wird eine andere Richtung eingeschlagen, welche wiederum bis zum nächsten Erscheinen des Jokers anhält.

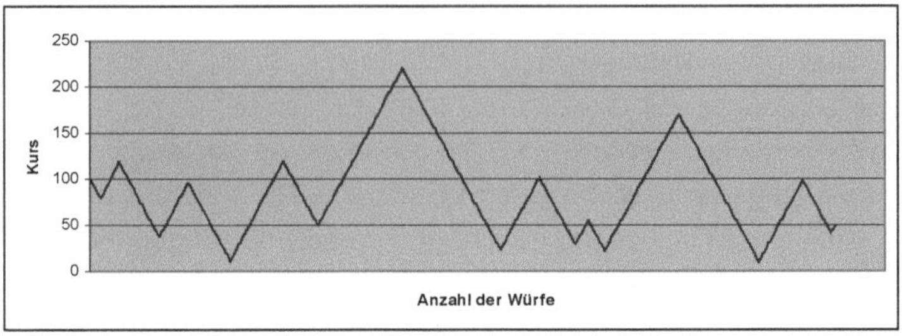

Abbildung 20: Würfelexperiment mit einem Joker und Streichung aller Zahlen einer Seite

Aus Abbildung 20 erkennt man, dass die Länge des Gedächtnisses bei unserem Würfelexperiment vom Erscheinen des Jokers abhängt. Prinzipiell hängt die Länge des Gedächtnisses bzw. Trends davon ab, wie viele Zahlen auf dem Würfel durchgestrichen werden. Dementsprechend verändert sich die durchschnittliche Schwankungsbreite innerhalb eines Zeitintervalls. Insbesondere nimmt die Schwankungsbreite mit der Länge (n) des Zeitintervalls umso stärker zu, je ausgeprägter der Trend war. Übertragen auf die Hurst-Formel (s. S. 88) bedeutet dies, dass der Hurst-Exponent umso größer wird, je mehr Zahlen durchgestrichen werden – je stärker also der Trend ist. Dies liegt daran, dass für größere H-Werte auch der Ausdruck $c \cdot n^H$ ebenfalls größer wird. Man sagt, die Funktion $c \cdot n^H$ wächst monoton mit H an.

Für Aktienkurse bedeutet das Ergebnis unseres Würfelexperimentes, dass bei H von 0,71 (für den DAX, s. S. 89) die entsprechende Kursbewegung einen Trend ausweist, und zwar umso stärker, je größer H ist. Man spricht in diesem Zusammenhang auch von persistentem Verhalten.

Nur bei Hurst-Exponenten in der Größenordnung von 0,5 handelt es sich um einen klassischen *Random Walk*. Wir haben also mit den Hurst-Exponenten ein Maß für die Trendstärke gefunden.

Einschub: Alternative Methode zur Messung der Trendstärke

An der Börse können starke Trends über lange Zeiträume anhalten. Allgemein gilt: je länger der Trend anhält und je stärker er wird, desto mehr Marktteilnehmer werden darauf aufmerksam. Dies führt zu einer weiteren Nachfrage bei einem Aufwärtstrend oder einem weiteren Angebot bei einem Abwärtstrend. So sprechen einige Experten davon, dass es sich bei Trends in gewisser Weise um selbst erfüllende Prophezeiungen handelt, sodass die Trends länger anhalten, als viele zu Anfang gedacht hätten. Aller-

dings ist es nicht möglich, objektiv die Stärke eines Trends zu messen. Dazu entwickelte Welles Wilder den *Average Directional Index* (ADX).
Die Berechnung des ADX erfolgt in mehreren Schritten. Zunächst erfolgt die Bestimmung der *Directional Movements* (+DM und -DM). Die Idee, die hinter dem DM steht, ist der Vergleich der Hochs und Tiefs bei aufeinanderfolgenden Zeitabschnitten. Ist z. B. der Höchstkurs von heute höher als der Höchstkurs von gestern, wird ein neuer +DM aus der Differenz von heutigem minus gestrigen Höchstkurs berechnet. Falls jedoch der heutige Höchstkurs unterhalb des gestrigen liegt, ergibt sich ein +DM-Wert von null. Genau umgekehrt wird der -DM-Wert berechnet, d. h. der gestrige Tagestiefstkurs wird vom heutigen Tagestiefstkurs abgezogen, wobei der niedrigste mögliche Wert wiederum null ist. Sind jetzt sowohl der +DM und -DM-Wert größer null, zählt nur der höhere Wert, der niedrigere wird gleich null gesetzt.
Üblicherweise wird zur Bestimmung des ADX eine Periode von 14 Zeitabschnitten herangezogen. Die +DM 14 bzw. -DM 14 errechnen sich aus dem exponentiellen gleitenden Durchschnitt der +DM und -DM-Werte. Anschließend dividiert man die +DM14- und -DM14-Werte durch den exponentiellen gleitenden Durchschnitt für 14 Perioden, dann erhält man den positiven bzw. negativen *Directional Indicator* (+DI14 und -DI 14). Den ADX erhält man, indem der absolute Wert der Differenz zwischen +DI 14 und -DI 14 gebildet wird und anschließend durch die Summe von +DI 14 und -DI 14 dividiert wird.
Die Besonderheit des ADX ist, dass er nur die Trendstärke anzeigt, aber nicht die Richtung. Rein theoretisch schwankt der ADX zwischen 0 und 100, aber Werte über 60 sind extrem selten. Im Allgemeinen gelten Werte unter 20 für eine Seitwärtsphase, wobei Werte unter 15 auf besonders enge Handelsspannen hindeuten. Letzteres kann sogar ein Zeichen dafür sein, dass eine anstehende heftige Bewegung in die eine oder andere Richtung ansteht. Werte oberhalb von 40 zeigen einen starken Trend an. Die Schwäche des ADX ist, dass er eine starke Verzögerung hat. Das heißt, entsteht ein neuer Trend, wird dieser mithilfe des ADX erst später erkannt.

Tatsächlich gibt es an den Finanzmärkten auch Märkte, die einen Hurst-Exponent von um die 0,5 haben. So liegt der Hurst-Exponent am Devisenmarkt je nach Währung zwischen 0,55 bis 0,64. Dies bedeutet, dass die Devisen eher zu einem klassischen *Random Walk* neigen, d. h. der Zufall spielt hier eine wesentlich größere Rolle als z.B. bei Aktien. Dies liegt daran, dass die Entwicklung der Devisen wesentlich weniger an die Konjunktur gekoppelt ist als beispielsweise der Aktienmarkt. Daher kann der US-Dollar auch steigen, obwohl gerade eine Rezession vorherrscht. Der Devisenmarkt wird eher von außen in zufälliger Weise beeinflusst, durch Zentralbanken, politische Erwägungen usw. Überdies ist der Devisenmarkt um ein Vielfaches größer als der Aktien- oder Rentenmarkt. Hierdurch wird das Zufällige noch weiter gefördert. Bestätigt wird diese Vermutung durch Währungen, die an eine andere gekoppelt sind, wie z. B. der Singapur-Dollar, der an den US-Dollar gekoppelt ist. Eigentlich dürften am freien Markt keine bzw. nur ganz kleine und rein zufällige Kursschwankungen zwischen dem Singapur-Dollar und dem US-Dollar auftreten. Daher müsste bei gekoppelten Währungen ein Hurst-Exponent von genau 0,5 auftreten, tatsächlich beobachtete man von 1950 bis 1990, dass der Singapur-Dollar zum US-Dollar einen Hurst-Exponenten von 0,5 hat. Hier ist also von einem reinen *Random Walk* auszugehen.

Sobald H ungleich 0,5 ist, besteht eine Abhängigkeit der Vergangenheit auf die Zukunft, die solange anhält, bis der Trend wechselt. In unserem Würfelexperiment war für den Trendwechsel der Joker zuständig, in der Realität ist der Mechanismus, welcher einen Trendwechsel auslöst, noch nicht erkannt. Trotzdem ist die Information, dass irgendein Joker an Werk ist, nicht nutzlos. So versucht z.B. die technische Analyse, diese Trendwechsel mit einen riesigen Arsenal an Hilfsmitteln aufzuspüren, mehr oder minder erfolgreich. Beispielsweise sagte der Stammvater aller technischen Handelsansätze Charles Dow, dass der Chart bereits alle Informationen beinhaltet, die für den Investor wesentlich sind. Er prägte die Idee von lang-, mittel- und kurzfristigen Trends, die in den Kursen zu entdecken seien. Dies mündet in der Aussage, dass diese Trends bei korrekter Analyse als Leitlinie für Anlageerfolge dienen können.

Ist H kleiner als der Brownsche Wert von 0,5, dann wird der Kurs des Teilchens weniger weit kommen. Nach Mandelbrot verhält sich der Kurs wie ein verängstigtes Pferd, das lieber auf dem sicheren Pfad bleibt, anstatt seinem Reiter zu gehorchen und in einen finsteren unheimlichen Pfad abbiegt.

Unser Würfelexperiment liefert auch noch ein anderes Ergebnis, nämlich dass eine Bewegung umso glatter verläuft, je größer H wird (Abbildung 19 und Abbildung 20). Bei einen H von 0,5 springen die Kurse wild nach oben oder unten. Die Kursentwicklung wirkt auf den Betrachter stark gezackt und zerklüftet und wegen der Selbstähnlichkeit ist auch jede beliebige Vergrößerung eines Teilstückes genauso zerklüftet. Bei großen H-Werten von größer 0,5 wird die Bewegung des Aktienkurses in eine bestimmte Richtung gelenkt. Dadurch werden die Bewegungen glatter und in die Länge gezogen, d. h. die Zacken in der Kursentwicklung werden kleiner. Dies gilt wiederum für alle

Vergrößerungen. Falls H = 1 ist, dann entsteht eine vollständig glatte Kurve, ohne jegliche Zacken.

Zusammenfassend kann man sagen, dass Börse und Wirtschaft einen Hurst-Exponenten um die 0,7 bis 0,8 haben. Deswegen haben sie gegenüber dem *Random Walk* einen kleineren Zufallsanteil und laufen koordinierter in eine bestimmte Richtung. Bis jetzt haben wir in unseren Überlegungen den Faktor ‚Zeit' überhaupt noch nicht mit einbezogen, tut man dies, so stößt man auf die Existenz von Zyklen.

3.4. Zyklen

Die meisten Anleger denken bei der Untersuchung von Kursbewegungen hauptsächlich an den Kurs. Doch ein typischer Aktienchart besteht aus zwei Achsen: Kurs und Zeit. Zeitzyklen sind ein wichtiger Bestandteil des Lebens, wie die Jahreszeiten, die Mondphasen, Ebbe und Flut usw. Die Zyklen werden für Vorhersagen über die Zukunft in so selbstverständlicher Weise genutzt, dass wir dies häufig gar nicht mehr wahrnehmen. Zyklen, die mit natürlichen oder astronomischen Ereignissen zusammenhängen, werden schon seit Jahrhunderten beobachtet. Also, warum sollten ausgerechnet an der Börse keine Zyklen auftreten? Zunächst sollten wir klären, was ein Zyklus ist.

> „Ein Zyklus ist eine rhythmische Schwankung, die sich im Zeitverlauf mit angemessener Regelmäßigkeit wiederholt. Wenn er ausreichend regelmäßig auftritt und über eine ausreichend lange Zeitspanne anhält, kann er vernünftigerweise nicht das Ergebnis von Zufall sein. Und je länger ein nicht-zufälliger Rhythmus anhält, desto vorhersagbarer wird er."[45]

Im vorherigen Abschnitt haben wir gelernt, dass sich die Finanzmärkte in Trends bewegen, deren Ausmaß (= durchschnittliche Kursbewegung im Verhältnis zur Zeit) mit dem Hurst-Exponenten gemessen wird. Dabei haben wir festgestellt, dass eine Kursentwicklung mit einem H > 0,5 Trends aufweist, während sie bei H = 0,5 als trendlos gilt. Ein häufiges Missverständnis ist, dass Trends und Zyklen (Börsenzyklus) gleichgesetzt werden. Das ist falsch, wie der folgende Abschnitt zeigen wird.

---

[45] www.foundationforthestudyofcycles.org

Betrachten wir zunächst wieder unser Würfelexperiment mit dem Joker (siehe Abbildung 19, S. 94). Abbildung 21 zeigt eine Kursbewegung mit einem Hurst-Exponenten von 0,72.

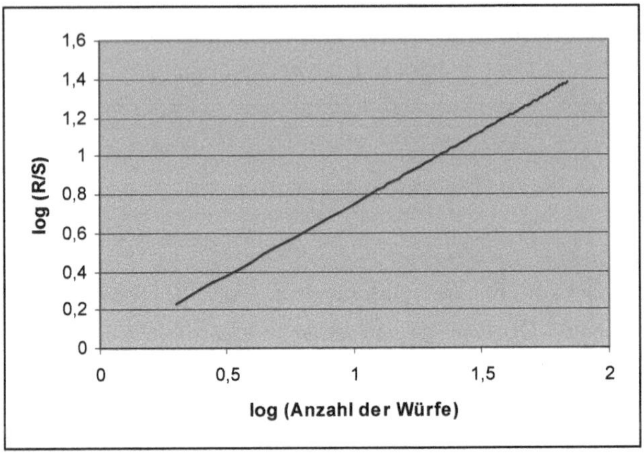

Abbildung 21: Würfelexperiment mit einem Joker im log/log-Diagramm aus Abbildung 19

Nach Thomas Beta zeigt sich ein Zyklus in einem log/log-Diagramm, wenn die ansteigende Gerade nach einer bestimmten Zeit abknickt und anschließend seitwärts läuft. Mit anderen Worten: Die Schwankungsbreite nimmt nicht mehr zu, auch wenn die Funktion mehr Zeit hat, um sich weiterzuentwickeln.

Bei der Suche nach Zyklen in unserem Würfelexperiment fällt auf, dass die Gerade im log/log-Diagramm nirgends einen Knick aufweist. Man könnte nun argumentieren, dass ein Zyklus länger dauert, und man daher eine wesentlich längere Simulation durchführen müsste. Zum Glück brauchen wir uns darum keine weiteren Gedanken zu machen, weil der Mathematiker Benoît B. Mandelbrot bereits im Jahr 1982 nachgewiesen hat, dass die hier untersuchten Hurst-Prozesse keine Zyklen im Sinne der R/S-Analyse aufweisen können. Sie sehen also, dass Bewegungen mit einem Trend trotzdem keine Zyklen aufweisen müssen, d. h. Trends und Zyklen ganz verschiedene Dinge sind. Doch wie sieht es in der Praxis an den Finanzmärkten aus?

Tatsächlich beobachtet man hier Zyklen. So zeigt Thomas Beta, dass die Konjunkturentwicklung in den USA von 1950 bis 1990 (anhand des Konjunkturindikators *New Business Formation*) tatsächlich Zyklen aufweist. Zunächst stellte er einen sehr hohen H-Wert von 0,81 fest, d. h. die Konjunkturentwicklung zeigt eindeutig einen Trend. Außerdem fand er heraus, dass in einem log/log-Diagramm die Gerade einen Knick aufweist. Dabei hat die Gerade eine Steigung von 0,81 (d. h. H=0,81), und bei einer Marke von ca. 1,8 kommt es zum Knick und der Kursverlauf mündet in einer Seitwärtsbewegung. Vorsicht: Der Wert von 1,8 bedeutet log (der Zeit) = 1,8 (Logarithmus zur Basis 10), d. h. der wirkliche Wert beträgt $10^{1,8}$ = 63,1. Da Thomas Beta monatliche Intervalle bzw. Mehrfache davon verwendet, entspricht die Zykluslänge ungefähr 63 Monaten bzw. 5 Jahren. Dies stimmt mit Erfahrungen aus der Praxis überein, weil Praktiker von einem ungefähren Konjunkturzyklus von fünf bis acht Jahren ausgehen. Doch wie sieht es an den Aktienmärkten aus? Auch hier begegnen uns Zyklen. So stellte ein Börsianer treffend fest: „*Wer sich mit der Zukunft auseinandersetzen möchte, der kommt an der Vergangenheit nicht vorbei.*“ So beobachtet man in den USA und in anderen industrialisierten Ländern einen langfristig steigenden Basistrend. Dieser langfristige Indexanstieg erklärt sich durch das kontinuierliche Wirtschaftswachstum, die Steigerung der Ertragskraft und des Substanzwertes der Unternehmen sowie die Steigerung der Produktivität.

Ferner konnte bei langfristigen Untersuchungen (1881 – 1987) von Aktienanlagen in den USA gezeigt werden, dass die Renditen zu etwa gleichen Teilen aus der Dividende und den Kursgewinnen stammen. Diese so ermittelte Rendite liegt zwischen 6 bis 8 % p. a. Ein ähnliches Bild zeigt sich in Deutschland. Allerdings verläuft dieser Trend nichtlinear. Gerade die langfristigen Beobachtungen zeigten nämlich ein Muster von Wellenbewegungen, die die Finanzmärkte beeinflussen. So hat z. B. der österreichische Ökonom Joseph Schumpeter in den 1920er Jahren mehrere diese Wellenbewegungen bzw. Zyklen identifiziert und mit Namen anderer berühmter Ökonomen bezeichnet.

Der längste Zyklus ist der Kondratieff-Zyklus (oder Primärtrend). Er hat eine Dauer von 40 bis 60 Jahren. Der Kondratieff-Zyklus wird getragen von grundlegenden Innovationen, die die Produktivität der Unternehmen und damit auch ihre Gewinne massiv erhöhen.

Der erste Kondratieff-Zyklus wurde durch die Erfindung der Dampfmaschine ausgelöst. Anfang des 19. Jahrhunderts führte die Dampfmaschine zur beginnenden Industrialisierung. So war z. B. ein Webstuhl, der mit einer Dampfmaschine betrieben wurde, rund 200-mal produktiver als ein mechanischer Webstuhl. Dies führte zu einer höheren Produktion, niedrigeren Preisen und gleichzeitig zu steigenden Gewinnen. Dies funktionierte fantastisch, bis man an die Kapazitätsgrenzen stieß. So hatte man z. B. irgendwann nicht mehr genügend geeignete Transportmittel, um die Ware zu den Kunden zu bringen.

Deshalb kam es gegen 1850, mit der Erfindung der Eisenbahn, zum 2. Kondratieff-Zyklus. So wurden gegen Ende des 19. Jahrhunderts die Börsen von den Eisenbahngesellschaften dominiert. Heute können Sie die meisten dieser Gesellschaften nur noch als historische Aktien kaufen, weil die Mehrzahl pleiteging. Doch schon ab 1900 kam der 3. Kondratieff-Zyklus zum Tragen, mit bahnbrechenden Erfindungen in der Elektrotechnik und Chemie. Nach dem 2. Weltkrieg begann mit der zunehmenden Industrialisierung und Dank des Wiederaufbaus der Aufschwung der Petrochemie und der Automobilindustrie (ab 1950 4. Kondratieff-Zyklus). Diese Branchen galten damals als äußerst ‚sexy' in den Augen der Börsianer, ähnlich wie heute *Apple* oder *Google*. Anfang 1990 begann der 5. Kondratieff-Zyklus mit dem Informationszeitalter. Dies führte dazu, dass Unternehmen, die sich mit der Informationstechnik beschäftigen, heute an den Börsen den Ton angeben.

Beim 5. Kondratieff-Zyklus ist ein Wechsel augenfällig. So haben die ersten vier Kondratieff-Zyklen die Basisindustrien gestützt. Doch mit dem 5. Kondratieff-Zyklus ist zum ersten Mal der Dienstleistungsbereich zyklustreibend. Darum sagen viele Experten auch voraus, dass sich der 6. Kondratieff-Zyklus mit den Themen Gesundheit und Ökologie beschäftigen wird. Dazu gehören z. B. die Biotechnologie oder optische Technologien.

Um es etwas komplizierter zu machen: Nicht nur der Primärtrend (Kondratieff-Zyklus) schwankt um den Basistrend, sondern der Primärtrend wird seinerseits von einem Sekundärtrend, den Kitchin-Zyklen, überlagert. Die Kitchin-Zyklen spiegeln die konjunkturell bedingten Kursschwankungen innerhalb des Primärtrends wider. Sie haben in der Regel eine Länge von 3 bis 5 Jahren. Dabei setzt sich der Kitchin-Zyklus aus zwei aufeinanderfolgenden Sekundärtrends (aufsteigend und fallend) zusammen. Das bedeutet: Steigende Unternehmensgewinne führen zu steigenden Kursen, und fallende Unternehmensgewinne bedeuten fallende Kurse. Daher finden die Kitchin-Zyklen in der Aktienanalyse bzw. technischen Analyse eine starke Beachtung. Beispielsweise befanden wir uns 2001 in einem fallenden Sekundärtrend, wo fallende Unternehmensgewinne auch fallende Kurse nach sich zogen, ebenso beobachtete man dies im Jahr 2008.

Noch ein Stück komplizierter wird es, wenn man sich den Tertiärtrend ansieht. Waren die Primär- und Sekundärtrends noch weitgehend durch ökonomische Veränderungen zu erklären, so kann man die Tertiärtrends eigentlich nur noch über die Marktpsychologie erklären. Besonders auffällig ist, dass bei einem flachen Sekundärtrend die Tertiärtrends relativ stark ausfallen, während sie bei steilen Sekundärtrends eher ruhig verlaufen. Darum sagen Experten, dass es besonders sinnvoll ist, in einem flachen Sekundärtrend auf Trading zu setzen.

In seinem Buch *The Profit Magic of Stock Transactions Timing* aus dem Jahr 1970 offenbarte Hurst seine Gedanken über die Zyklenanalyse am Aktienmarkt. Nach Ansicht von Hurst haben Zyklen drei Hauptcharakteristiken, die Amplitude, die Periode und die Phase. Die Amplitude misst die Höhe der Zyklenwelle, ihre Maßeinheiten sind Kurseinheiten oder Punkte. Dagegen beschreibt die Periode die Zeit zwischen den Tiefs. Ein Maß für die zeitliche Lokalisierung eines Wellentals ist die Phase. Sobald Amplitude, Periode und Phase eines Zyklus bekannt sind, kann der Zyklus in die Zukunft extrapoliert werden. Dabei geht man von der Annahme aus, dass dieser Zyklus konstant bleibt, sodass zukünftige Höhepunkte und Tiefs berechnet werden können.

Unter Harmonizität versteht man in der Zyklenanalyse, dass koexistierende Wellen häufig zueinander in Beziehung stehen, gewöhnlich mit der Zahl 2. Wenn zum Beispiel ein 26-Wochen-Zyklus identifiziert wurde, wird der nächst kürzere koexistierende Zyklus die halbe Länge haben, das heißt 13 Wochen, und der nächst größere Zyklus wird 52 Wochen lang sein.

Dagegen beschreibt die Proportionalität die proportionale Beziehung zwischen Zyklenlänge und -amplitude. Wenn die Länge eines Zyklus zunimmt, vergrößert sich seine Amplitude proportional. Folglich gilt, je länger die Dauer eines Zyklus ist, desto größer ist seine Höhe. So sollte die Amplitude eines 26-Wochen-Zyklus etwa doppelt so groß sein wie die eines 13-Wochen-Zyklus.

Ein besonders bekannter Zyklus ist der 75-Jahres-Generations-Zyklus. Dieser Zyklus hat eine Länge von 75 Jahren. Nach diesem Zyklus tritt etwa alle 75 Jahre ein Kurstief auf.[46]

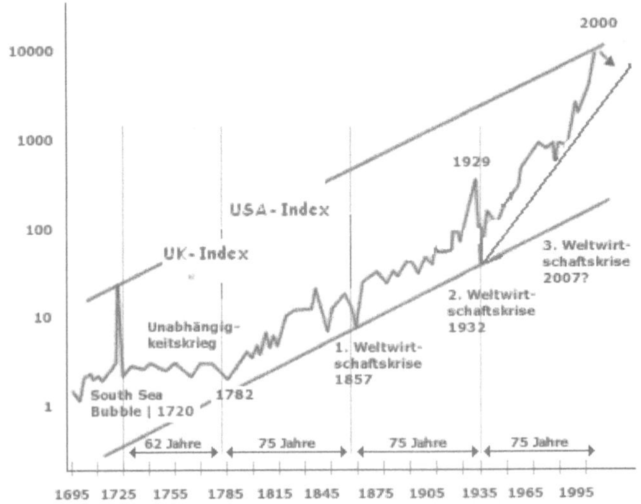

Beim 36-Jahre-Zyklus handelt es sich ebenfalls um einen längeren Zyklus, dessen Tiefpunkte alle 36 Jahre auftreten. Allerdings beobachtet man eine Abweichung von ± 4 Jahren. Der erste 36-Jahres-Zyklus war von 1890-1932, der zweite von 1932-1974 und der dritte von 1974-2008.

Ein anderer wichtiger Zyklus ist der 18-Jahres-Zyklus. Hier sollen die Tiefpunkte alle 18 Jahre mit einer Abweichung von ±3 Jahren auftreten. Dazu werden die Daten in der Regel in einem Quartalschart erfasst.

---

46 Vgl. Comdirect Zyklenanalyse

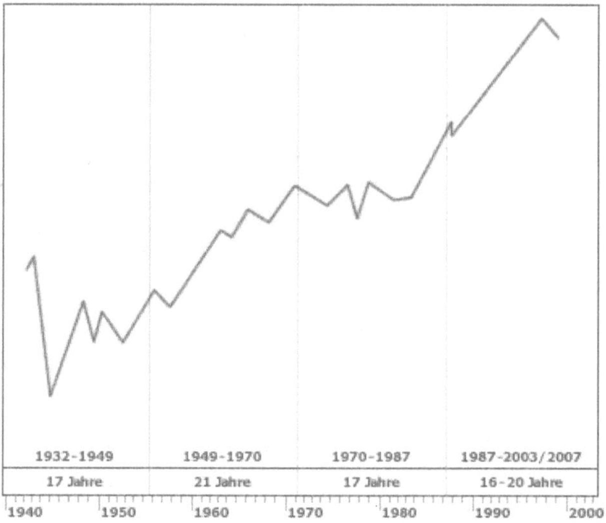

Auf diese Weise betrachten Zyklenanalysten Kursschwankungen an den Finanzmärkten. Ihrer Ansicht nach sind Kursänderungen im Wesentlichen die kombinierten Ergebnisse verschiedener Zeitzyklen, welche Einfluss auf den Kurs ausüben. Dies ist zugleich auch eine Grundlage für die Behauptung, dass Kursaktivitäten an den Finanzmärkten vorhersagbar sind. Denn man setzt voraus, dass die Summe verschiedener Zyklenlängen isoliert und gemessen werden können, und dass sich diese Zyklen in der Zukunft so fortsetzen.

Devisen führen allerdings ein Eigenleben, da sie keine Zyklen aufweisen, wie z. B. die Aktienmärkte. Hierfür verantwortlich ist der niedrige H-Wert um die 0,5. Deswegen haben Devisenkurve einen hohen Zufallsanteil (d. h. unregelmäßige, zufällige Störungen[47], die gelegentlich als weißes Rauschen (engl. *white noise*) des Systems bezeichnet werden). Deswegen haben sie

[47] Allgemein gilt, dass je mehr Störungen vorhanden sind, desto zufälliger die Bewegung und umso eher ist ein *Random Walk* mit H = 0,5 gegeben. So haben Untersuchungen gezeigt, dass eine Erhöhung des weißen Rauschens (Störungen) zu einer Senkung des Hurst-Exponenten führt.

ein verhältnismäßig kurzes Gedächtnis, sodass jene Informationen, welche einen möglichen Zyklus einleiten könnten, zuvor verloren gehen.

3.5. Resümee

„Der Leser, nicht der Verfasser bestimmt die Bedeutung einer Aussage.“ (Frei nach Heinz von Foerster) Einer der letzten Wirtschaftsnobelpreise ging nicht an einen ‚traditionellen‘ Ökonomen, sondern an Elinor Ostrom, die die fundamentalen Annahmen der klassischen Ökonomie hinterfragt. Sie glaubt also nicht, dass die Märkte völlig rational sind und man sich auf sie verlassen kann. Ihrer Ansicht nach ist die Annahme, dass Menschen superrationale Profitmaximierer sind, fragwürdig. Unsere Untersuchungsergebnisse zeigen ebenfalls, dass diese Annahme die Sicht unserer Wirklichkeit verdreht hat. Willkommen in der Wirklichkeit!

Mit dem Hurst-Exponenten (H) haben wir ein Maß gefunden, eine Reihe von Ergebnissen (Aktienkurse) als zufällig oder rückgekoppelt zu beschreiben. Ist H = 0,5, so handelt es sich um eine Zufallsreihe mit Gaußscher Normalverteilung (bzw. *Random Walk*), deren Erwartungswert die Durchschnittsveränderung der einzelnen Elemente der Zeitreihe ist. Werte von kleiner 0,5, die Richtung null gehen, deuten darauf hin, dass man es mit weißem Rauschen zu tun hat. In der Statistik versteht man darunter, dass die einzelnen Werte zufällig und unkorreliert um die Nullachse schwanken, d. h. dass ihr Erwartungswert null ist. Dagegen symbolisieren Werte größer 0,5, die in Richtung von 1 gehen, dass man es mit einem Trendverhalten zu tun hat. Demnach sind nachfolgende Werte der Zeitreihe abhängig von vergangenen – also rückgekoppelt. Folgerichtig wird die Zukunft von der Vergangenheit beeinflusst.

Als Ergebnis lässt sich festhalten, dass der DAX ein Trendverhalten zeigt, weil der Hurst-Exponent 0,71[48] ist. Dies liegt daran, weil der DAX im Versuchszeitraum deutlich höhere Schwankungsbreiten aufwies, als dies durch die Brownsche Bewegung erklärt werden könnte. Dies könnte daran liegen,

---

[48] Dieses Ergebnis ist typisch für reale Aktienkursverläufe. Ihr H-Wert ist meistens deutlich größer als 0,5. So konnte z.B. Peters für den Aktienindex *Dow Jones Industrial Average* zeigen, dass dieser im Zeitraum von 1898 bis 1991 H-Werte von 0,58 bis 0,72 hatte.

dass ein immer stärkerer Anteil an trendverfolgenden Anlegern zu stärkeren Kursschwankungen führt.

Dies wird unterstützt davon, dass der DAX in den vergangenen 45 Jahren (teils rückberechnet) regelmäßig ein ausgeprägtes saisonales Muster zeigte. Wohl jeder Anleger hat schon die Begriffe ‚Jahreswechselrallye', ‚Dividendenrallye' oder ‚Sommerrallye' gehört. Beispielsweise läuft die Jahreswechselrallye regelmäßig zwischen November und Januar ab.

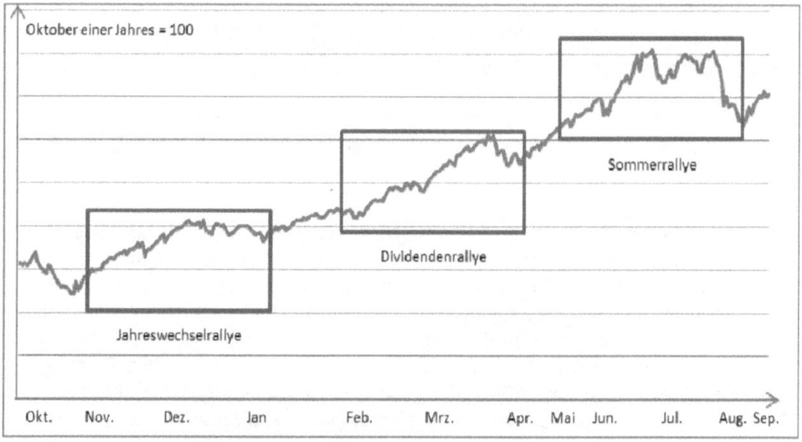

Abbildung 22: Durchschnittlicher Jahresverlauf des DAX seit 1965 normiert auf den Oktober eines Jahres gleich 100

Darüber hinaus haben Evertzsy, Hendrych, Peitgen und Singer in einer Untersuchung aufgezeigt, dass die 30 DAX-Aktien sehr unterschiedliche Hurst-Exponenten haben. Zweitens sind die gemessenen Exponenten fast alle größer als der Hurst-Exponent H = 0,5 aus dem Gaußschen Random-Walk-Modell. Das bedeutet, dass die Aktienkurse Trends haben, d. h. die Zukunft von der Vergangenheit beeinflusst wird. Hat dies überhaupt Konsequenzen? Ja, besonders für die Volatilität, genauer für die Volatilität der k-Tages-Rendite. Dabei ist die historische 1-Tages-Volatilität definiert als die (empirische) Standardabweichung der täglichen Renditen über einen historischen Zeitraum von z.B. 30 oder 100 Tagen. In der Praxis berechnet man die 1-Jahres-Volatilität einer Aktie dadurch, dass man die 1-Tages-Volatität mit dem Faktor $260^{0,5} \approx 16$ multipliziert. Der Faktor 0,5 resultiert daraus, dass man eine Normalverteilung im DAX in den herkömmlichen Finanzmarktmodellen (Standardmodell) unterstellt. Sie entspricht einem Hurst-Exponenten von 0,5. Jedoch sollte man eher mit einem Hurst-Exponenten von $H = 0{,}71$ rechnen, also mit einem Faktor $260^{0,71} \approx 52$. Geht man von einer Volatilität σ von z. B. 1 % aus, so prognostiziert das Standardmodell mit einer Wahrscheinlichkeit von 32 % eine Preisänderung von mehr als 16 %, während unter Berücksichtigung des Hurst-Exponenten eine Preisänderung von mehr als 52 % vorhergesagt wird. Wegen der Unterschiede in den Hurst-Exponenten mit $H > 0{,}5$ werden die Wahrscheinlichkeiten für große Preisänderungen im Standardmodell erheblich unterschätzt.

Die nächste Frage ist: Warum zeigen die Aktienkurse überhaupt ein Trendverhalten? Hierfür verantwortlich macht Mandelbrot den Faktor Mensch. Er sagt:

> „...Ein Markt kombiniert drei Dinge miteinander: Erstens die Gegenwart, also die Vermögensgegenstände eines Unternehmens – das ist recht gut prognostizierbar. Dann beinhalten Preise eine leidlich gut prognostizierbare Zukunft, die umso besser prognostizierbar wird, je näher sie rückt. Drittens enthalten Preise Erwartungen, und diese stellen das Problem dar. Sie schwanken wild und ändern sich extrem rasch. Das ist die Komponente der Kurse, die wir weder hinsichtlich ihrer Richtung noch hinsichtlich ihres Ausmaßes oder auch ihrer Häufigkeit nach prognostizieren können. Das Ergebnis ist die wesentliche Erkenntnis, dass Kurse sich wegen dieser dritten Komponente unmittelbar und sprunghaft verändern können. Der Mensch als Schmetterlingsflügel, der in der passenden Situation in der Lage ist, einen Hurrikan zu verursachen...“[49]

Ebenfalls zu dem Schluss, dass sich in den Aktienkursen Trends befinden, kam Ralph Nelson Elliott nach dem Studium von jährlichen, monatlichen, wöchentlichen, täglichen, stündlichen und halbstündlichen Charts verschiedener Dow-Jones-Average-Indizes über einen Zeitraum von 75 Jahren. Elliott sah darin nichts weniger als die Entdeckung der Ursache für das Auf und Ab der Finanzmärkte. Für ihn ist es ein Naturgesetz, das alles in Trends verläuft, die sich wie Wellen verhalten. Er entdeckte davon gleich fünf. Er beobachtete, dass ein steigendes Marktumfeld in drei Wellen aufwärts geht und in zwei

---

[49] Naturgesetze oder Zufallserscheinung: Die Geschichte der Trends. FTC Futures Magazin für technisches Trading, Mai 2006, S. 6 - 8

abwärts, bei einem fallenden Trend verläuft es genau umgekehrt. Diese Beobachtung bezeichnete er als Elliott-Wave-Prinzip.

Dass der Faktor Mensch nicht unterschätzt werden darf, erkannte bereits John M. Keynes, der sagte: *„Die Börse ist wie ein Schönheitswettbewerb. Die Jury muss nicht urteilen, wer die Schönste ist, sondern abschätzen, wen die meisten Leute am schönsten finden."* Dieses Zitat verdeutlicht, dass der Mensch und sein Entscheidungsverhalten Einfluss auf die Richtung der Märkte haben. Keynes Ansicht nach ist die Börse ein Spiegelbild des menschlichen Handels. Da der Mensch kein rationales Wesen ist, ist die Börse auch kein rational funktionierendes System. In den 1970er und 1980er Jahren betraten die Marktpsychologen das Spielfeld. Die beiden berühmtesten sind die Nobelpreisträger Daniel Kahnemann und Amos Tversky. Sie rückten das Individuum mit allen seinen Unzulänglichkeiten in den Blickpunkt ihrer Forschung. Sie werfen dabei solche Fragen auf, wie:

- Was steckt hinter dem Unvermögen, mit finanziellen Risiken umzugehen?
- Warum entscheiden Menschen, wenn es um Geldangelegenheiten geht, häufig systematisch irrational?
- Weswegen schätzen Menschen einen Wert einer Sache, die sie schon besitzen, anders ein, als den Wert von etwas, das sie noch nicht besitzen?

All diese Fragen hängen nach Ansicht von Kahnemann und Tversky eng zusammen. Ihre Beantwortung führte schließlich zur Nobelpreis gekrönten *Prospect Theory*. Die wesentliche Erkenntnis dieser Theorie ist, dass das gesamte System von Preisbildungen auf den Märkten unmöglich effizient sein kann. Denn die kleinste Einheit des Marktes, der Mensch, handelt nicht effizient. Dabei gilt: Niemand ist alleine auf der Welt. Jede Handlung hat Folgen für andere. Überdies sind diese Ineffizienzen bei den meisten Menschen ähnlich ausgeprägt, so ergibt sich aus Erkenntnissen der *Behavioral Finance* ein vollständig neuartiges Erklärungsmodell für Markttrends: Die symptomatischen Fehlleistungen der menschlichen Psyche multiplizieren sich in der Gesamtheit aller Marktteilnehmer zu dem, was man als Trend bezeichnet.

Tabelle 6: Die wichtigsten Kapitalmarktanomalien

Anomalien hinsichtlich der Effizienztheorie	
Over- und Underreaction	Die Anleger haben die Neigung, aktuelle Informationen nicht adäquat bei der Aktienbewertung zu berücksichtigen und stattdessen historische Entwicklungen überzubewerten. Ein Beispiel ist der Winner-Loser-Effekt, wonach Aktien mit relativ geringen Renditen in den vergangenen Perioden regelmäßig im Vergleich zu den ehemaligen Gewinnern höhere Renditen erzielen.
Mean Reversion	Tendenz der Aktienkurse, sich langfristig in Mustern zu bewegen.
Ankündigungseffekt	Aktienkurs-Änderungen, die durch Ankündigungen bzw. Unternehmensmeldungen verursacht werden, bestehen häufig auch dann noch weiter, wenn das fundamental gerechtfertigte Maß erreicht ist. Häufig reagiert die Börse auch auf Unternehmensmeldungen mit einer gewissen Zeitverzögerung.
Index-Effekt	In der Regel steigen Aktienkurse an, wenn eine Aktie in einen großen Index aufgenommen wird. Der Anstieg beginnt jedoch nicht erst mit dem Zeitpunkt der Ankündigung, sondern wenige Tage vor der tatsächlichen Aufnahme.
Closed-End-Fund-Puzzle	Üblicherweise haben geschlossene Aktieninvestments zu Beginn einen im Vergleich zum Marktwert des Fondsvermögens höheren und später einen geringeren Wert.
Kennzahlen- und Kalenderanomalien	
Size Effekt	Oftmals weisen Aktiengesellschaften mit einer niedrigeren Kapitalisierung über längere Zeiträume höhere Aktienrenditen auf als solche Aktiengesellschaften mit hoher Kapitalisierung.
Buchwert/Marktwert-Verhältnis	Man hat beobachtet, dass ein positiver Zusammenhang zwischen dem Buchwert/Marktwert-Verhältnis und den Aktienrenditen desselben Unternehmens besteht.
Kalenderanomalien	Häufig erzielen Aktien innerhalb bestimmter Kalenderperioden mit größerer Wahrscheinlichkeit höhere Renditen als in anderen Monaten, wie z.B. Januar-Effekt, Montagseffekt usw.

Eine alte Börsenweisheit lautet: *„Fragt ein Taxifahrer einen Aktienexperten auf der Fahrt zur Wall Street nach Anlagetipps, kommt eine Hausse. Gibt der Taxifahrer aber selbst Aktientipps, dann steht ein Crash bevor.“* Diese Börsenweisheit bekommt ihren wahren Kern aus der simplen Tatsache, dass der Mensch ein Herdentier ist. Selbst wenn fundamentale Gründe für die Fortsetzung der Hausse fehlen, geht es weiter nach oben. Während einer solchen ‚Dienstmädchen-Hausse‘ geht es zunächst steil bergauf, bis der Markt überhitzt und das Risiko eines Crashes extrem ansteigt, bis er tatsächlich kommt.

Solche Blasen lassen sich mithilfe der Sentiment-Analysen erkennen. So befragt z. B. *sentix-behavioral indices* (www.sentix.de) Woche für Woche rund 1.100 Privatanleger und knapp 300 institutionelle Anleger nach ihrer Markteinschätzung für einen Monat und für sechs Monate. Aus diesen Einschätzungen werden dann die Indices entwickelt, die die Stimmung der Anleger widerspiegeln sollen. Solche Indices lassen dann Aussagen über Stimmungswechsel und Trendwenden an den Finanzmärkten erkennen. Beispielsweise signalisieren Wendepunkte im *Sentiment* frühzeitig ein bevorstehendes temporäres Kurshoch oder -tief. Die *Sentiments* wirken dabei als eine Art Contra-Indikator. So zeigt z.B. ein Tief bei den *Sentiments* an, dass es eine Kaufgelegenheit gibt. Dagegen sollten allzu optimistische *Sentiments* beim Anleger die Warnlampen aufleuchten lassen. Viele Profis raten dann zum Verkauf. Die Sentiment-Analyse eignet sich sowohl für kurzfristige Anleger als auch für Anleger, die mittelfristig anlegen möchten.

In den USA werden Sentiment-Analysen schon seit den 1960er Jahren genutzt. Zu den bekanntesten Stimmungsbarometern in den USA zählt der *Investors Intelligence*, der die von Börsenbriefen verbreitete Stimmung misst. In Deutschland berechnet u. a. das Analysehaus *Cognitrend* in Zusammenarbeit mit der *Deutschen Börse* Sentiment-Indizes für den DAX und TecDAX. Dagegen nehmen die Experten von *sentix-behavioral indices* zehn unterschiedliche Märkte unter die Lupe. Die Profis nutzen die Sentiment-Analysen als ein zusätzliches Hilfsmittel im Rahmen der Gesamtanalyse. Andere Anleger nutzen sie, um den richtigen Zeitpunkt zum Ein- bzw. Ausstieg zu finden.

Ebenfalls Auskunft über die Stimmung am Markt geben auch Indikatoren wie Put/Call-Ratio. Das Put/Call-Ratio misst das Verhältnis von Verkaufs- zu Kaufoptionen an der Terminbörse. Je kleiner der Wert wird, umso optimistischer werden die Anleger, und umso größer ist die Gefahr einer Trendumkehr. Denn wenn die Grundstimmung positiv ist, ist auch die Mehrzahl der Anleger schon eingestiegen, deswegen wird die Luft nach oben immer dünner. Ist dagegen der Wert des Put/Call-Ratio groß, deutet dies auf steigende Kurse hin. Leider gibt es hier keinen absoluten Wert, der als Verkaufs- oder Kaufsignal dienen könnte.

Einen weiteren Beweis, dass die Aktienkursentwicklung durch Trends bestimmt wird, liefert die technische Analyse. Lägen den Aktienkursen nämlich keine Trends zugrunde, könnte die technische Analyse nicht so hervorragende Ergebnisse erzielen.

In den bisherigen Kapiteln haben wir viele für Sie vielleicht erstaunliche und interessante neue Erkenntnisse über die Finanzmärkte gewonnen, z. B. konnten die seit langem von vielen Anlegern intuitiv festgestellten Phänomene wie Trend und Zyklen mathematisch fassbar gemacht werden.

All diese Erkenntnisse werden das Fundament der effizienten Märkte und die Portfoliotheorie ins Wanken bringen. Meiner Meinung nach wird früher oder später die nicht normalverteilte Struktur der Finanzmärkte zum Standardrepertoire jedes Ökonoms werden. So wurde auch von den Gelehrten über Jahrhunderte hinweg doziert, dass die Erde eine flache Scheibe sei – und heute wissen alle, dass die Erde eine Kugel ist.

4. Chaostheoretische Erklärungsansätze

„Der Schlüssel zum Erfolg ist die Beherrschung des Chaos." Der Begriff Chaos leitet sich vom griechischen Wort χάος ab. Es bedeutet aus philosophischer Sicht so viel wie die gestaltlose Urmasse. Nach Meinung der Philosophen Anaxagoras und Plato war diese Urmasse der Ursprung der geordneten Welt. Sie sahen daher das Chaos als etwas Positives an, aus dem etwas ‚Neues' entstehen kann. Heute steht das Wort Chaos eher für ungeordnet oder gar unbeherrschbar. Viele Leute haben das Gefühl der Machtlosigkeit, wenn Chaos herrscht. Deshalb ist der Begriff in unserem heutigen Verständnis eher negativ behaftet.

Die Mathematik geht heutzutage wesentlich unverkrampfter mit dem Begriff Chaos um. Sie hat sogar das Oxymoron ‚deterministisches Chaos' gebildet. Dabei bedeutet deterministisch so viel wie ‚vorhersagbar' oder ‚vorherbestimmt'. Mit der Zusammensetzung ‚deterministisches Chaos' soll ausgedrückt werden, dass deterministische Systeme – wie sie später sehen werden – welche durch einfache Regeln beschreibbar sind, auch chaotisches Verhalten zeigen können. Hierzu lieferte Poincaré mit seinen Studien zum Dreikörperproblem bahnbrechende Erkenntnisse.

Er verließ dabei das alte Dogma, die Natur in Form von linearen Systemen zu beschreiben. Denn dabei wird dem nicht Voraussagbarem oder gar Zufälligem keine Bedeutung beigemessen. Erst im 19. Jahrhundert wurde festgestellt, dass beim Versuch der Beschreibung verschiedenster natürlicher Phänomene (wie dem Wetter) die lineare Theorie nicht mehr ausreichend war. Man erkannte, dass die Welt nicht nur schwarz und weiß ist, sondern bunt. Wir leben in einer hochgradig nichtlinearen Welt, die man am besten mit einer nichtlinearen Theorie beschreibt. So entstand die neue wissenschaftliche Richtung – die Chaostheorie. Folglich ist die Chaosforschung ein Teilgebiet der nichtlinearen Dynamik und untersucht das Verhalten von deterministischen, nichtlinearen dynamischen Systemen.

Um Ihnen einen guten Einstieg in das Thema Chaostheorie zu geben, beginnen wir mit einem kleinen Rückblick in die Wissenschaftsgeschichte. Isaac Newton (1643-1727) und seine Himmelsmechanik spielten eine nicht zu unterschätzende Rolle bei der Entwicklung der Chaostheorie. Danach erläutere ich Ihnen die wichtigsten Grundlagen der Chaostheorie. Dabei gehen wir unter anderem folgenden Fragen nach: Was ist Chaos? Gibt es eine Ordnung im Chaos? Mit diesem Grundlagenwissen werden wir dann versuchen, die Frage zu erörtern: Zeigen die Finanzmärkte chaotisches Verhalten?

4.1. Entwicklung der Chaosforschung

Die meisten Forschungsrichtungen reagieren beunruhigt, wenn sie auf chaotische Erscheinungen stoßen. Häufig wird diese Beobachtung dann einfach als unbedeutende Störung abgetan. Auch im gesellschaftlichen Bereich fürchten wir das Chaos (wie Revolutionen, Börsenkräche usw.). Nicht umsonst werden Extremisten, die die bestehende politische Ordnung durch Gewalttaten zu ändern versuchen, als Chaoten bezeichnet.

Vielmehr ist es ein menschliches Bedürfnis, das Unbeschreibliche und Unheimliche der Welt in eine verlässliche Ordnung zu bringen. Isaac Newton entdeckte u. a. die Gravitationsgesetze, das Rückstoßprinzip und das Trägheitsgesetz. Zur selben Zeit wie der deutsche Philosoph und Mathematiker Gottfried Wilhelm Leibniz (1646 - 1716) entwickelte er die Differential- und Integralrechnung. (Sie wird uns später noch begegnen.)

Im Jahr 1687 erschien Newtons berühmtes Buch *Philosophiae Naturalis Principia Mathematica*, indem Newton u.a. sein Gravitationsgesetz und die theoretischen Grundlagen der Mechanik erläutert. Dabei geht er davon aus, dass Masse, Raum, Zeit und Bewegung absolute Größen sind, welche sich von den Wissenschaften mithilfe von Naturgesetzen eindeutig bestimmen und auch in Zukunft ursächlich vorhersagen lassen. Daraus folgt:

- Die Zustandsentwicklung eines Systems ist vollständig berechenbar und determiniert.
- Es gib keinen Unterschied zwischen Vergangenheit und Zukunft, d. h. newtonsche Systeme altern nicht, sie haben keine Geschichte.

Zudem führte Newton aus, dass sämtliche Probleme reduktionistisch[50] gelöst werden können, d. h. ein komplexes System wird soweit in seine Teilstrukturen zerlegt, bis diese berechenbar bzw. verstehbar sind und mit einer Theorie erfasst werden können. Demnach würden genauere Daten und verbesserte Formeln letztlich dazu führen, dass die ganze Welt berechenbar wird, es gibt keine Überraschungen mehr.

In die gleiche Richtung gingen die Arbeiten des französischen Astronomen und Mathematikers Pierre-Simon Laplace (1749 - 1827). Er prägte mit seinem Weltverständnis über viele Jahrzehnte die klassische Physik. Laplace stellte sich vor, dass ein ‚Dämon' (ein superintelligenter Geist) mit der Kenntnis der Naturgesetze genaue Aussagen über jeden beliebigen Zustand der Welt in der Vergangenheit oder Zukunft treffen könnte, wenn er für einen einzigen Augenblick in der Lage wäre, den genauen Aufenthaltsort von sämtlichen Körpern im Universum wie auch die Kräfte, die auf die Körper einwirken, zu bestimmen. Mit anderen Worten: Die Welt ist ein berechenbares Uhrwerk, dessen Vorgänge sich einzeln erforschen lassen und auf bestimmte Gesetzmäßigkeiten reduzieren und nachfolgend verallgemeinern lassen (Reduktionismus), deren Lauf vorherbestimmt ist und durch die geltenden Naturgesetze sowie deren Anfangsbedingungen festgelegt werden. Daraus folgt, dass alles in dieser Welt eindeutig und für alle Zeiten festgelegt ist und der Verlauf aller Dinge voraussagbar ist, solange alle Anfangsbedingungen bekannt sind. Natürlich kannte Laplace die Bedeutung des Zufalls und die Nichtberechenbarkeit vieler alltäglicher Dinge, wie z. B. dem Würfeln. Er führte dies jedoch darauf zurück, dass das Ergebnis beim Würfeln von einer so großen Anzahl von Ursachen abhängt, über die man nur unvollständige Kenntnisse hat. Die Unvollkommenheit des menschlichen Geistes führt also zu der Nichtberechenbarkeit. Diese Annahme wird auch als deterministisches[51] Weltbild (oder laplacesches Weltbild) bezeichnet. In diesem Weltbild glaubt man an die Linearität und die damit verbundene Vorhersagbarkeit der Dinge. Hieraus leitet sich ein Grundprinzip dieses Weltbildes ab: **Gleiche Ursachen haben glei-**

---

[50] Reduktionistisch bedeutet, dass ein komplizierter Sachverhalt oder Begriff auf einen einfachen reduziert werden kann.

[51] Der Begriff deterministisch bedeutet, dass das beschriebene System durch lösbare Gleichungen beschreibbar ist.

che Wirkungen. Dies wird als schwache Kausalität bezeichnet und bedeutet, dass ein Experiment, was immer mit denselben Anfangsbedingungen gestartet wird, immer dasselbe Ergebnis zeigen muss. Somit lassen sich physikalische Zustände vollständig messen und eindeutig vorausberechnen.

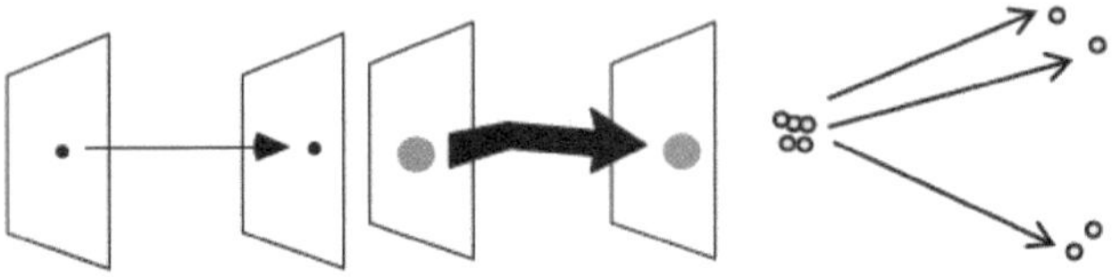

Bild 1: **Schwache Kausalität**	Bild 2: **Starke Kausalität**	Bild 3: **Sensitivität**
Gleiche Ursachen haben gleiche Wirkungen	Ähnliche Ursachen haben ähnliche Wirkungen	Ähnliche Ursachen haben **nicht** ähnliche Wirkungen

Abbildung 23: Verschiedene Kausalitäten

Die Annahme der schwachen Kausalität ist in den meistens Fällen richtig, sogar das starke Kausalitätsprinzip trifft auf die meisten Versuche zu: **Ähnliche Ursachen haben ähnliche Wirkungen**. Deswegen gilt: Ist der Zustand eines abgeschlossenen Systems zu einem Zeitpunkt vollständig bekannt, so ist es möglich, den Zustand zu jedem früheren oder späteren Zeitpunkt prinzipiell zu berechnen.

Anfangsbedingungen (A) + physikalische Gesetze → determiniertes Ereignis (B)

Erst Ende des 19. Jahrhunderts entdeckte der französische Mathematiker Jules Henri Poincaré (1854 - 1912) ein physikalisches Problem, das den Newtonschen Determinismus und den laplaceschen Reduktionismus wieder in Frage stellte. Das von Poincaré entdeckte Problem ging auf eine Fragestellung des schwedischen Königs von 1885 zurück. Dieser fragte, wie stabil unser Planetensystem ist. Die Erde zieht zusammen mit 8 weiteren Planeten seit Urzeiten auf ihrer Bahn um die Sonne; wird dies auch zukünftig immer so sein, oder könnte diese kosmische Harmonie aus dem Gleichgewicht geraten? Zur Beantwortung dieser Frage setzte der König ein Preisgeld aus, was viele Mathematiker und Naturwissenschaftler anlockte. Henri Ponicaré startete seine Berechnungen zunächst mit zwei Himmelskörpern. Bei diesen Vorgaben lieferten die Gleichungen der klassischen Physik klare Aussagen.

Poincaré rechnete sodann mit einem dritten Körper. Doch jetzt traten unerwartete Schwierigkeiten auf. Bei der geringsten Veränderung (Abstände, Masse, Stellung der Himmelskörper zueinander) wichen die Ergebnisse der Berechnungen stark voneinander ab. Die Umlaufbahnen konnten zwar näherungsweise vorausberechnet werden, aber nach kurzer Zeit traten Abweichungen ein, sodass langfristige Vorsagen nicht möglich waren. Darum lässt sich nicht vorhersagen, ob unser Sonnensystem tatsächlich stabil ist. Poincaré formulierte es so:

> „... Eine sehr kleine Ursache, die wir nicht bemerken, bewirkt einen beachtlichen Effekt, den wir nicht übersehen können, und dann sagen wir, der Effekt sei zufällig. Wenn die Naturgesetze und der Zustand des Universums zum Anfangszeitpunkt exakt bekannt wären, könnten wir den Zustand dieses Universums zu einem späteren Moment exakt bestimmen. Aber selbst wenn es kein Geheimnis in den Naturgesetzen mehr gäbe, so könnten wir die Anfangsbedingungen doch nur annähernd bestimmen. Wenn uns dies ermöglichen würde, die spätere Situation in der gleichen Näherung vorherzusagen – dies ist alles, was wir verlangen -, so würden wir sagen, dass das Phänomen vorhergesagt worden ist und dass es Gesetzmäßigkeiten folgt. Aber es ist nicht immer so; es kann vorkommen, dass kleine Abweichungen in den Anfangsbedingungen schließlich große Unterschiede in den Phänomenen erzeugen. **Ein kleiner Fehler zu Anfang wird später einen großen Fehler zur Folge haben.** Vorhersagen werden unmöglich, und wir haben ein zufälliges Ereignis...“ (Henri Poincare; Ende des 19. Jahrhunderts)

Diese Abkehr vom newtonschen Determinismus und laplaceschen Reduktionismus wurde in Fachkreisen zunächst als Kuriosität abgetan und nicht weiter beachtet.

Wiederum einige Jahrzehnte später entwickelte der deutsche Physiker Max Planck (1858 - 1947) die Quantentheorie. Er entdeckte u. a., dass die Ausstrahlung eines Körpers von dessen Temperatur und der Wellenlänge der Strahlung abhängt (Plancksches Strahlungsgesetz). Daraus folgerte Planck, dass die Strahlungsenergie in Quanten abgegeben wird, also nicht gleichförmig und regelmäßig, sondern paketförmig und stoßweise.

Wenig später erweiterte der Physiker Albert Einstein die Quantentheorie um die Hypothese der Lichtquanten, nach der man sich das Licht gleichzeitig als Welle und Teilchen vorstellen kann (Dualität des Lichts). Zudem begründete Einstein im Jahr 1905 die spezielle und zwischen 1914 bis 1915 die allgemeine Relativitätstheorie. Der Kern dieser Theorie ist, dass das Gleichgewicht von Masse und Energie nach der Formel $E = m \cdot c^2$ (wobei E = Energiemenge, m = Masse und c = Lichtgeschwindigkeit) zu berechnen ist.

Die Relativitätstheorie bringt die seit Newton geltende deterministische Auffassung weiter zu Fall, wonach Masse, Raum, Zeit und Bewegung absolute Größen sind. Denn nach Ansicht der Relativitätstheorie hängen diese von der Situation des Beobachters ab und sind folglich relativ.

Der Physiker Niels Bohr (1885 - 1967) entwickelte auf Grundlage der Erkenntnisse von Planck und Einstein bis zum Jahr 1913 sein berühmtes bohrsches Atommodell. Der deutsche Physiker Werner Heisenberg (1901 - 1976) baute die Quantentheorie aus und begründete eine Theorie über den Aufbau der Atomkerne. Die wesentliche Erkenntnis dieser Theorie ist, dass sich unter anderem Ort und Impuls bestimmter Atomteilchen (wie Elektronen) nur annäherungsweise ermitteln lassen (Heisenbergsches Unschärfeprinzip aus dem Jahr 1927). Weiterhin stellte Heisenberg fest, dass diese Unschärfe keineswegs durch Messfehler entsteht, sondern vielmehr eine grundsätzliche Eigenschaft der Atomteilchen ist.

Somit ist im ersten Drittel des 20. Jahrhunderts die seit Newton herrschende deterministische Auffassung der Welt widerlegt wurden. Dennoch reichte die newtonsche Weltsicht aus, um sogar technische Vorhaben, wie den Mondflug, zu verwirklichen. Aber chaotische Zustände und Vorgänge in der Technik (z.B. Turbulenzen und Vibrationen) konnten nicht erklärt werden. So hoben in den 1960er Jahren Wissenschaftler eine neue Forschungsrichtung aus, die Chaos nicht nur als rätselhaften Sonderfall abtut, sondern sich für seine Eigenschaften interessiert. Die Chaostheorie wurde geboren. Dabei entdeckten die Wissenschaftler, dass chaotische Systeme sich im Rahmen einer dynamischen Ordnungsbildung selbst organisieren. Dabei entstehen verblüffende Ordnungsmuster.

So sagte der Physiker und Chaosforscher Joseph Ford[52]: „... *Die Relativitätstheorie beendete die Newtonsche Illusion von Zeit und Raum als absolute Kategorien; die Quantentheorie setzte dem Newtonschen Traum von einem*

[52] Gleick, J.: Chaos – die Ordnung des Universums. Vorstoß in Grenzbereiche der modernen Physik, München, 1988, S. 15

exakt kontrollierbaren Messprozess ein Ende; und nun erledigt die Chaostheorie Laplaces Utopie der deterministischen Voraussagbarkeit."

Das Chaos besitzt keine Linearität gemäß Ursache und Wirkung (Kausalbeziehung, s. Abbildung 23, S. 116). Im Gegensatz zu einem linearen System, welches sich aus der Summen seiner Einzelteile zusammensetzt, umfasst ein chaotisches System immer mehr als die Summe seiner Einzelteile. Demzufolge verhalten sich chaotische Systeme unvorhersagbar und unberechenbar, aber sie folgen selbstverständlich den Naturgesetzen und sind deswegen nicht zufällig. Deshalb spricht die Chaosforschung auch von einem gesetzmäßigen (deterministischen) Chaos. Den Unterschied zwischen Ordnung, Chaos und Unordnung zeigt folgende Abbildung.

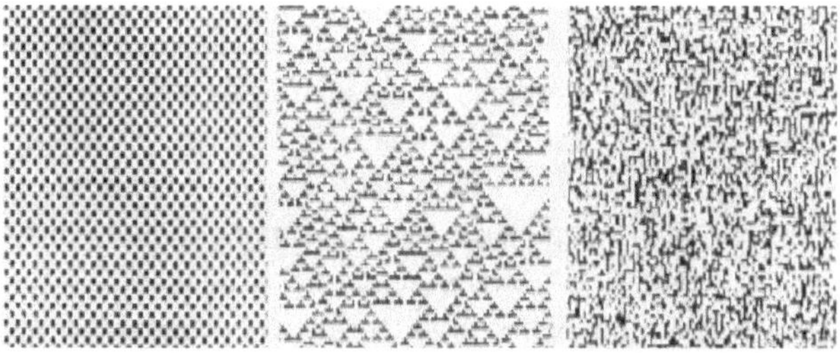

	Ordnung	Chaos	Unordnung
	Determinismus	Determinismus	Indeterminismus
Beispiele	Uhr	Wetter	Radioaktiver Zerfall
Vorhersagbarkeit	Ja	Ja	Nein
Auswirkung kleiner Abweichungen	Gering	Explosiv	Nichts als Fehler
Dimension (s. S. 179ff.)	Endlich	Niedrig	Unendlich
Kontrolle	Einfach	Möglich	Gering
Attraktor (s. S. 160ff.)	Ja: Punkt, Grenzzyklus, Torus	Ja: seltsamer Attraktor	Nein
Komplexität	Gering	Hoch	Gering

Abbildung 24: Unterschied zwischen Ordnung, Chaos und Unordnung[53]

Abbildung 24 zeigt: Im wissenschaftlichen Verständnis ist das Chaos keine beliebige Anordnung, sondern ein durch ständige Rückkopplungen und Wie-

[53] Vgl. Redlhammer, E.: Chaos & Ordnung. Ein sommerlicher Ausflug in die Komplexitätstheorie, Ramsauer & Stürmer Consulting, Linz, 2008, S. 16

derholungen geregeltes Durcheinander, dem eine charakteristische Ordnung zugrunde liegt.

Aus meiner kleinen wissenschaftlichen Zeitreise sollten Sie unbedingt mitnehmen, dass neue Ideen bzw. Konzepte eine lange Zeit brauchen, bis sie anerkannt sind. Dabei stoßen sie auf viele Vorurteile und Hindernisse, weil die alten Konzepte eine außerordentliche Beharrungstendenz haben. Sie sollten also die Chaostheorie nicht als modischen Aberglauben abtun. Vielmehr wird sie unser Handeln und Denken in den nächsten Jahren fundamental verändern, auch an den Finanzmärkten. Somit kann sich die Beschäftigung mit der Chaostheorie als sehr lohnenswert erweisen. Daher sollten wir uns die Frage stellen: Wie können chaotische Systeme experimentell überprüft bzw. nachgewiesen werden?

Die herkömmliche Methode besteht darin, lange Beobachtungsreihen anzufertigen und die Ergebnisse mit den theoretischen Vorhersagen zu vergleichen. Dazu werden im nächsten Abschnitt die theoretischen Grundlagen vermittelt. An dieser Stelle möchte ich keine Abhandlung verschiedener, voneinander abhängiger Differentialgleichungen vornehmen. Vielmehr möchte ich die Theorie des Chaos einfach und anschaulich erklären. Dazu verwenden wir folgende ‚einfache' quadratische Gleichung $x_{n+1} = a \cdot x_n \cdot (1 - x_n)$, die sogenannte logistische Gleichung. Es hat sich nämlich herausgestellt, dass diese Gleichung alle qualitativen Phänomene eines dynamischen Systems zeigt. Darüber hinaus bietet diese Gleichung die Möglichkeit, chaotisches Verhalten mit einfachen Mitteln ohne allzu viel Mathematik zu beobachten.

4.2. Die Wege ins Chaos mit der logistischen Gleichung

„Fürchtet nicht das Chaos, denn im Chaos wird das Neue geboren." (C. G. Jung)

Wie schon im vorherigen Abschnitt erwähnt, wurde der Grundstein für die Chaostheorie[54] im 19. Jahrhundert durch den französischen Mathematiker

[54] Die Chaostheorie ist nichts anderes als eine mathematische Theorie. Sie beschäftigt sich mit dynamischen Systemen. Dynamische Systeme ändern ihren Zustand mit der Zeit und es treten nichtlineare Zusammenhänge auf. Deswegen bezeichnet man die Chaostheorie auch als die „Theorie der nichtlineareren dynamischen Systeme".

Henri Poincaré gelegt. Er hat durch seine grundlegenden Ideen und Begriffe wichtige Impulse dafür geliefert, dass sich die Chaostheorie entwickeln konnte. Gerade in der letzten Zeit konnte die Chaostheorie viele faszinierende Ergebnisse hervorbringen. Mit einem der schönsten werden wir uns in diesem Abschnitt beschäftigen. Es ist der Weg von der Ordnung ins Chaos, der als sogenannte Feigenbaumsche Universalität bekannt wurde. Diesen Weg möchte ich mit Ihnen mit einer einfachen, nichtlinearen Gleichung, der logistischen Gleichung, nachvollziehen. Bei nichtlinearen Gleichungen kann die winzigste Änderung einer Variablen eine völlig unverhältnismäßige, fast schon katastrophale Wirkung auf andere Variablen haben. So können die Beziehungen zwischen den Variablen zunächst konstant sein, aber schon im nächsten Augenblick ein völlig anderes Verhalten zeigen.

4.2.1. Logistische Gleichung[55]

Bereits im Jahr 1845 benutzte der Biologe Pierre-François Verhulst die logistische Gleichung zur Entwicklung seines Populationsmodells. Verhulst beschäftigte sich mit Tierpopulationen auf begrenztem Lebensraum. Dabei interessierte ihn folgende Frage besonders: Warum hat eine Tierart trotz hoher Vermehrungsrate über eine längere Zeit eine ziemlich konstante Anzahl von Tieren? Um dies zu untersuchen entwickelte er folgendes einfaches mathematisches Modell. Der Anfangswert der Tiere sei x_0, die Werte der folgenden Generationen x_1, x_2 usw. Könnte sich nun die Tierart ungestört vermehren, so wäre ihr Zuwachs $\Delta x = a \cdot x$ (a=Vermehrungsrate). Ist a größer 0, bedeutet dies, dass mehr Tiere geboren werden als sterben. Dies führt zu einem exponentiellen Wachstum nach der Formel $x_n = a^n \cdot x_0$ (z.B. $x_1 = a \cdot x_0$, $x_2 = a \cdot x_1 = a^2 \cdot x_0$). Beispielsweise bedeutet a = 2, dass sich die Tierart im betrachteten Zeitraum verdoppelt. Nach der Gleichung $x_n = a^n \cdot x_0$, würde die Anzahl der Tiere also uneingeschränkt wachsen. In der Natur triff dies allerdings

[55] Vgl. Elsner, J.: Chaos und Zufall am deutschen Aktienmarkt – Eine Studie über nichtlineare Dynamiken, Volatilität und Effizienz, Physica-Verlag, Heidelberg, 1996, S. 35-75 und Schmidt, A.: Die logistische Gleichung – ein Weg ins Chaos, Facharbeit aus dem Leistungskursfach Mathematik, Katharinen-Gymnasium Ingolstadt, 2007/2009, S. 2ff. sowie Pleitgen, H. O et al.: Chaos. Bausteine der Ordnung, Klett-Cotta Springer Verlag, Stuttgart, 1994, S. 132-209

in der Regel nicht zu. Der Korrekturfaktor (1-x_n) begrenzt daher das Wachstum, denn Nahrung und Raum sind nicht unbegrenzt verfügbar.

$x_{n+1} = a \cdot x_n \cdot (1 - x_n) = a \cdot x_n - a \cdot x_n^2$ Verhulst-Gleichung

wobei x_n eine Zahl zwischen 0 und 1 ist. Sie repräsentiert die Größe der Population im Jahr *n*. a ist immer eine positive Zahl, sie gibt die kombinierte Auswirkung von Vermehrung und Verhungern wieder. Sie liegt in der Regel zwischen 0 und 4.

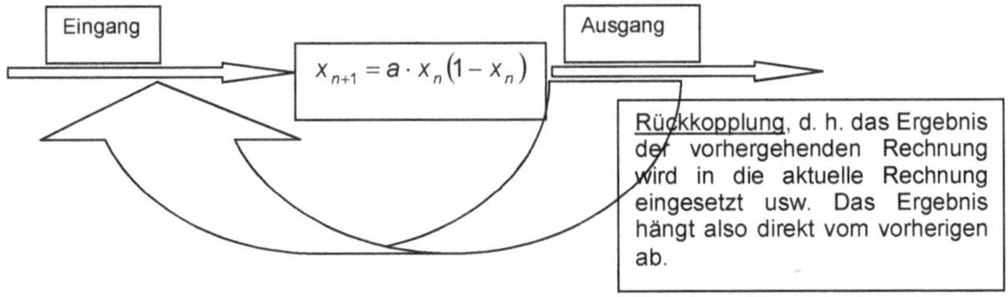

Abbildung 25: Verhulst-Gleichung als Rückkopplungs-System

Beim Ansehen der ausgeklammerten Verhulst-Gleichung (oder logistische Gleichung) fällt auf, dass die Werte von x_n nicht linear anwachsen oder fallen, sondern dass die Werte jeweils nichtlinear von ihren Vorgängern abhängen.

Einschub: Was bedeutet Nichtlinearität?
Zunächst einmal sollte man wissen, dass in der klassischen Mathematik und Physik vor allem lineare Gleichungen und Systeme behandelt werden. Sie haben den Vorteil, dass sie auf reduktionistische Art zerlegt werden können, d. h. sie können einzeln berechnet und anschließend wieder zusammengefügt werden.
Ein Beispiel für ein lineares System ist die Dehnung eines Gummibandes. Ein Gummiband dehnt sich um eine bestimmte Länge, wenn an ihm mit einer bestimmten Kraft gezogen wird. Bei doppelter Zugkraft dehnt sich das Gummiband entsprechend doppelt aus, bei dreifacher Zugkraft dreifach usw. Die auf das Gummiband wirkenden Kräfte verhalten sich linear, weil ein proportionaler Zusammenhang zwischen Ursache und Wirkung besteht. In linearen Systemen ist die Summe seiner Bestandteile das Ganze.
Seit Newton und Leibniz gibt es auch für nichtlineare Probleme durch die Differential- und Integralrechnung lineare Berechnungsverfahren. Sie liefern aber nur annähernde Lösungen und häufig versagen sie ganz. Dies liegt daran, dass nichtlineare Systeme im Grunde nicht lösbar sind und sich nicht in ihre Bestandteile zerlegen bzw. wieder zusammenführen lassen, d. h. in nichtlinearen Systemen ist das Ganze weit mehr als die Summe seiner Bestandteile, die sich daher nicht aus dem Zusam-

menhang lösen und einzeln berechnen lassen. Dies führt dazu, dass auf den ersten Blick einfache Systeme physikalisch unvorhersehbar und mathematisch unberechenbar sind. Diese Unschärfe von nichtlinearen Systemen wird am Beispiel des Gummibandes deutlich. Bekanntermaßen dehnt sich das Gummiband nicht zu einer unendlichen Länge aus, wenn an ihm immer kräftiger gezogen wird. Irgendwann wird das Gummiband starr und reißt bei einer vorher nicht berechenbaren Zugkraft und zu einem vorher nicht berechenbaren Zeitpunkt. Sie sehen also, aus dem zunächst linearen System wird plötzlich ein nichtlineares.

Ein anderes Beispiel für Nichtlinearität ist das Losbrechen eines Erdbebens. Hier können sich vorher jahrzehntelang zwei Platten der Erdkruste gegeneinander schieben und es kann sich entlang der Spanungslinie ein unregelmäßiger Druck aufbauen. Der Druck zwischen den einzelnen Bereichen der beiden Erdplatten kann über Jahrzehnte hinweg gleichbleibend zunehmen, dies ändert sich an einem kritischen Punkt. Dieser Punkt ist nicht vorhersagbar und berechenbar. An diesem Punkt genügt jetzt schon eine winzige Veränderung, und plötzlich kommt es zu einer Katastrophe. Dann wechselt das System sein Verhalten und es kommt zu einem Erdbeben, bei dem sich die Spannungen entladen.

Der wesentliche Unterschied zwischen linearen und nichtlinearen Gleichungen ist die Rückkopplung, d. h. in nichtlinearen Gleichungen gibt es Terme, die wiederholt mit sich selbst multipliziert werden. Im Prinzip weist die Nichtlinearität einer Funktion zwei gravierende Unterschiede zu einer linearen Funktion auf.

1. Eine geringfügige Änderung der variablen Parameter (bei der logistischen Gleichung der Parameter a) hat unerwartete, man kann sogar sagen katastrophale Sprünge in den Werten einer anderen Variablen (bei der logistischen Gleichung der Parameter x) zur Folge.
2. Geringfügigste Unterschiede des Startwertes (bei der logistischen Gleichung der Parameter x_0), mit denen zwei verschiedene Berechnungen angefangen werden, machen durch die Iteration die Abweichung in den Zeitreihen bzw. Iterationsfolgen schon nach wenigen Wiederholungen unüberschaubar verschieden. Deswegen hängt die Prognose eines Wertes zu einem bestimmten Zeitwert trotz bekannter Funktion extrem von den Anfangsbedingungen ab.

Was heißt das für den praktischen Umgang?

Beim reduktionistischen Ansatz werden wegen der Annahme einer linearisierbaren Funktion der Mittelwert aller Messwerte und ihre Standardabweichung berechnet, um so das System zu charakterisieren und mit anderen vergleichbar zu machen. Nichts anderes macht z. B. die Portfoliotheorie. Bei nichtlinearen Zeitreihen ist diese lineare Statistik unzureichend, um die hinter der Zeitreihe stehende Dynamik zu erfassen. Häufig bekommt man unterschiedliche Mittelwerte und Standardabweichungen schon bei den kleinsten Änderungen in den Anfangsbedingungen. Es reicht dabei sogar schon aus, mit unterschiedlichen Programmen zu rechnen, weil diese anders runden. So erhält man beispielsweise folgende Ergebnisse für die logistische Gleichung:

Programm	Parameter		Mittelwert	Standardabweichung
	x_0	a		
Excel	0,49999	3,80	0,46077	0,03921
Calc	0,49999	3,80	0,64185	0,25129
Excel	0,50000	3,80	0,66221	0,16221
Calc	0,50000	3,80	0,65234	0,24691
Excel	0,50001	3,80	0,35198	0,14802
Calc	0,50001	3,80	0,49001	0,13244

*Berechnet wurde mit Microsoft Excel 2010 und OpenOffice.org Calc 3.0.0.

Sie sehen schon, dass die Mittelwerte und Standardabweichungen zwischen den beiden Programmen für ein und denselben Parameter schwanken.
Ebenso beobachtet man bei der logistischen Gleichung, dass eine geringfügige Änderung der variablen Parameter unerwartete Sprünge bei anderen Variablen zur Folge hat.

Parameter		x_n*	Mittelwert *	Standardabweichung*
x_0	a			
0,5	0,25	0,00000	0,00000	0,00025
0,5	0,75	0,00000	0,00000	0,00029
0,5	1,25	0,20000	0,35000	0,15000
0,5	1,75	0,42857	0,46628	0,03571
0,5	2,25	0,55556	0,52777	0,02777
0,5	2,75	0,63636	0,56818	0,06681
0,5	3,25	0,81245	0,65621	0,15621
0,5	3,75	0,22080	0,36040	0,13959

*nach 1.000 Iterationsschritten

Wegen der starken Abhängigkeit des Verhaltens der logistischen Gleichung vom Parameter a verwenden die Mathematiker zu ihrer Kennzeichnung eine Funktionsbezeichnung $f_a(x)$ oder nur f(x) (sprich „f von x“). Weiterhin sagen die Mathematiker, dass die Funktion f(x) einen Definitionsbereich D zwischen 0 und 1 hat. Somit gilt: $x \in [0,1]$. Ebenfalls hat der Parameter a einen Definitionsbereich zwischen 0 und 4, d. h. $a \in [0,4]$. Die mathematische Formulierung lautet also:

$$f(x_n) = x_{n+1} = a \cdot x_n \cdot (1 - x_n) \text{ mit } a \in [0;4]; x \in [0,1]; n = 0,1,2,3,4 \ldots$$

Leider lässt sich der konkrete Zustand eines chaotischen Systems nicht durch das Füttern einer Formel mit ein paar Zahlen berechnen. Will man wissen, wie sich ein chaotisches System verhält, bleibt einem nichts anderes übrig, als sich Schritt für Schritt vorzutasten. Dazu wird ein Systemzustand nach dem anderen berechnet, bis man den gewünschten Punkt erreicht hat. Mathematiker bezeichnen dies als iterieren. Bei diesem Verfahren wird das Ergebnis der vorherigen Rechnung in die aktuelle Rechnung eingesetzt usw. Um beispielsweise die Population für ein bestimmtes Jahr (n) zu berechnen, wird zunächst der Startwert x_0 in die Formel eingesetzt. Als Ergebnis bekommt man x_1. Das Ergebnis x_1 setzt man wiederum in die Formel ein und erhält x_2 usw. Das heißt, das Ergebnis der ersten Berechnung fließt als Wert in eine zweite Berechnung ein und dieses wiederum in die dritte usw. Im Prinzip handelt es sich hierbei um ein Rückkopplungssystem[56] [57], bei dem die Ausgangsgröße auf den Systemeingang zurückgeführt wird. Auf diese Weise beeinflusst dieser wiederum die folgenden Ausgangsgrößen, wie Abbildung 26 zeigt. Ferner bezeichnet man einen Verarbeitungsschritt in der Rückkopplungsmaschine als Iteration.

---

[56] Die Rückkopplung bzw. die Iteration ist die stetige Wiederaufnahme und Wiedereinbeziehung von allem, was vorher war. Die Vergangenheit beeinflusst also den zukünftigen Wert. Dies ist charakteristisch für nichtlineare Systeme.

[57] Man unterscheidet negative und positive Rückkopplungen. Die automatische Thermostat-Steuerung einer Heizung ist ein Beispiel für eine negative Rückkopplung. Das Thermostat schaltet bei sinkender Temperatur die Heizung an und bei steigender Temperatur aus. Dagegen ist folgendes ein Beispiel für eine positive Rückkopplung. Wenn ein Mikrophon zu dicht an einen Lautsprecher kommt, entsteht ein schrilles Pfeifen, da das Mikrophon die Geräusche aus den Lautsprechern auffängt und in ständigen Schleifen über den Verstärker der Anlage zum Lautsprecher zurückleitet. Eine negative und positive Rückkopplung kann also dazu führen, dass sich die Bestandteile des Systems gegenseitig hemmen oder verstärken.

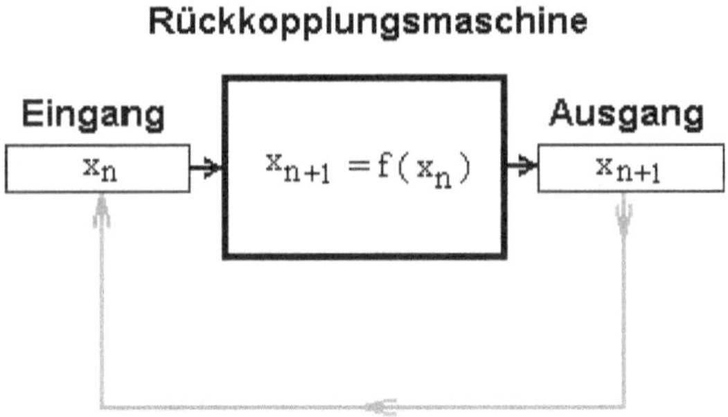

Abbildung 26: Rückkopplungsmaschine

Mathematisch wird dies wie folgt ausgedrückt.

$$
\begin{aligned}
&x_0 = x_0\\
&x_1 = f(x_0)\\
&x_2 = f(x_1) = f(f(x_0)) = f^2(x_0)\\
&\vdots\\
&x_n = f^n(x_0)
\end{aligned}
$$

Die Mathematiker bezeichnen x_n auch als die n-te Iterierte von x_0. Dabei bezeichnet man x_0 als Anfangswert (oder Startwert), mit dem die Iteration beginnt. Zudem zeigt dieses Gleichungssystem auch, dass jedes Ergebnis immer direkt von seinem Vorgänger abhängt.

Jules Verne sagte einmal: „*Du wollest doch Algebra, jetzt hast du den Salat.*" Jetzt haben wir wirklich im wahrsten Sinne des Wortes den Salat. Denn die Mathematik lässt uns nicht mehr los. Wir müssen uns fragen: Was ist ein dynamisches System?

Im Allgemeinen versteht man unter einem dynamischen System ein mathematisches Modell eines zeitabhängigen Prozesses. Dabei können die Zustandsänderungen entweder für infinitesimal kleine (kontinuierliche Zeitentwicklung) oder andererseits für endliche Zeitschritte (diskrete Zeitentwicklung) festgelegt werden. Somit ist die logistische Gleichung ein nichtlineares, dynamisches System, mit einer diskreten Iterationsvorschrift $\{f^n\}$ mit (n=0, 1, 2, 3 ...). Würde man beispielsweise eine Populationsbeschreibung mit der logistischen Gleichung durchführen, so wäre die Zeitspanne, in der die Zustandsänderung gemessen wird, ein Monat oder ein Jahr – je nach Tierart. Die allgemeine Definition eines dynamischen Systems ist: Ein dynamisches System besteht aus verschiedenen Elementen, die untereinander durch bestimmte Gesetzmäßigkeiten in Beziehung stehen. Zudem kann aus dem System kein Element entfernt werden, ohne dass die ursprüngliche Funktion verloren geht. Wie kompliziert ein System ist, hängt letztlich von der Anzahl der Elemente und ihrer Beziehungen zueinander ab.

Darum lässt sich oft nur eine kurzzeitige Vorhersage über ein nicht-lineares dynamisches System machen, doch das Langzeitverhalten ist unvorhersehbar und hängt sensitiv von den Anfangsbedingungen des Systems ab. Das bedeutet: Dynamische Systeme können abhängig von ihrem Startwert unterschiedliche Zustände einnehmen. Wohin man geht bzw. wo man ankommt, hängt, bildlich gesprochen, davon ab, was auf dem Weg passiert.

Ferner zeigen nicht-lineare dynamische Systeme eine Selbstähnlichkeit. Man findet in ihnen immer wiederkehrende ähnliche Muster. Diese werden mit einer eigenen Geometrie beschrieben – der fraktalen Geometrie, wie sie in Abschnitt 5 (S. 243 ff.) sehen werden, in der eine gebrochene fraktale Dimension auftritt. Zu den wichtigsten Eigenschaften eines Fraktal gehört, dass sich seine Strukturen in verschiedenen Maßstäben wiederholen, manchmal allerdings auch verzerrt. Der Begriff ‚Dimension' beschreibt hier die Überdeckung einer Fläche durch eine Linie oder einen Punkt, aus der bzw. aus dem das Fraktal besteht.

Eine weitere wichtige Eigenschaft ist die Selbstorganisation. Ein Beispiel hierfür entdeckte der französische Physiker Henri Bénard. In einem Versuch füllte er in eine flache Glasschale Silikonöl. Danach erwärmte er die Glasschale von unten gleichmäßig. Ab einer gewissen Temperatur bildeten sich geordnete Muster. Bei einer weiteren Erhitzung, lösen sich die Strukturen wieder auf. Selbstorganisation ist also nichts anderes als ein spontanes Entstehen von Ordnung. Dies bedeutet auch, dass sich in jedem dynamischen System trotz chaotischer Eigenschaften eine gewisse Ordnung finden lässt, die Attraktoren (s. S. 160 ff.). Zudem kann sich das System deterministisch verhalten und plötzlich ins Chaos umschlagen. Nach diesem kurzen Ausflug in die Welt der dynamischen Systeme kommen wir zurück zur logistischen Gleichung.

Mathematiker bezeichnen die Folge der Werte $\{x_0, f(x_0), f^2(x_0), \ldots, f^n(x_0), \ldots\}$ als Orbit (oder Bahn) der Funktion f mit den Anfangswert x_0. Bei einer Populationsberechnung interessiert eigentlich nur das qualitative Langzeitverhalten der Funktion f, also die Stabilität der logistischen Gleichung. Häufig wird dabei das Langzeitverhalten mithilfe der grafischen Iteration untersucht.

Einschub: Grafische Iteration der logistischen Gleichung

Um die Funktion $x_{n+1} = a \cdot x_n \cdot (1 - x_n)$ grafisch darzustellen, überführen wir sie in folgende Form: $f(x) = a \cdot x \cdot (1 - x)$. Um die Grenzwerte dieser Funktion auszurechnen, betrachtet man zunächst die ganz normale Funktion. So ergibt eine (sehr) kleine Kurvendiskussion Folgendes:

$$f(x) = a \cdot x \cdot (1 - x) \Rightarrow \text{Nullstellen: } \begin{matrix} x_1 = 0 \\ x_2 = 1 \end{matrix}$$

$$\text{Die erste Ableitung ist: } f'(x) = a - 2ax \rightarrow x = \frac{1}{2}$$

Die grafische Darstellung dieser Funktion ergibt daher eine einfache nach unten geöffnete Parabel. In der folgenden Abbildung ist die gestrichelte Linie die Winkelhalbierende, die Linie in Parabelform ist die Funktion f(x) und die treppenförmige Linie kennzeichnet die Iterationsfolge mit dem Anfangswert x_0 (im Diagramm als graphische Iteration bezeichnet).

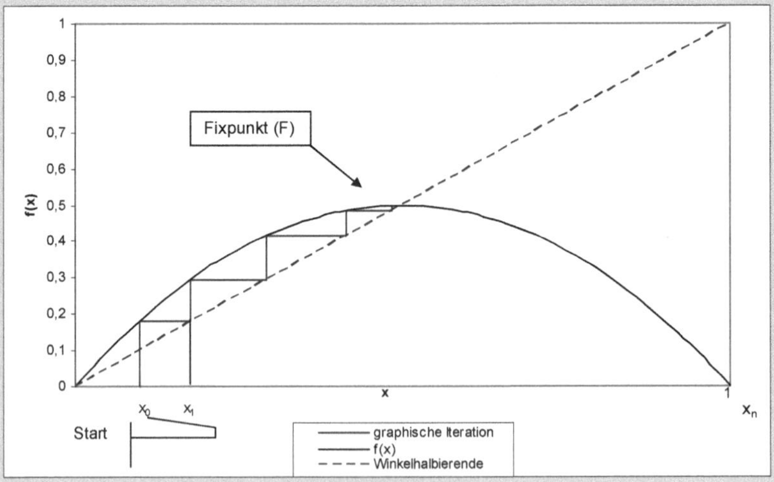

Jetzt gibt es eine einfache und schnelle Methode, die Folge x_0, x_1, ... mithilfe der Parabelkurve und einem Lineal zu ermitteln.
Zunächst zeichnet man im Diagramm den Startwert von x_0 auf der x-Achse ein. Nun zeichnet man eine Vertikale von x_0 bis zur Kurve f(x). Von diesem Schnittpunkt aus zeichnet man dann eine Horizontale bis zur Winkelhalbierenden und man erhält x_1. Von dort aus zeichnet man wieder eine Vertikale bis zur Kurve usw. Dieses Verfahren wiederholt man sehr oft. Man erkennt, dass die Funktion bei $x_{n\to\infty}$ auf einen Fixpunkt zusteuert. Ein Fixpunkt liegt in der groben Annäherung am Schnittpunkt zwischen der Winkelhalbierenden und dem Graphen f(x), in unserem Diagramm beim Punkt F.
Mathematisch kann man diesen Fixpunkt auch ausrechnen. Bei den Fixpunkten gilt $f(x) = x$. Deswegen ergibt sich Folgendes:

$x = \frac{ax \cdot (1-x)}{x}$ für $x \neq 0 \rightarrow x = 0$ ist die erste Lösung

$x = a(1\text{-}x) \rightarrow x\frac{a\text{-}1}{a}$ ist die zweite Lösung

Somit ergeben sich die Fixpunkte $F_1 = 0$ und $F_2 = \frac{a-1}{a}$. Die Ableitungen der Fixpunkte betragen:

$f'(F_1) = a$ und $f'(F_2) = a - 2a\frac{a-1}{a} = a - 2a + 2 = 2 - a$

Es gibt nun drei Arten von Fixpunkten:
$f'(F_n) > 1$: Dieser Fixpunkt ist abstoßend. Er wird auch als Repellor bezeichnet. Dies liegt daran, dass die Steigung der Funktion f(x) an der Stelle F_n größer ist als die Winkelhalbierende. Daher bewegt sich die graphische Iteration vom Fixpunkt weg.
$f'(F_n) = 1$: Der Fixpunkt ist indifferent, d. h. er hängt vom Startwert x_0 ab.
$f'(F_n) < 1$: Der Fixpunkt ist anziehend, es handelt sich also um einen Attraktor. Bei der iterativen Berechnung muss, wenn es sich um einen Attraktor handelt und dieser wieder in die Formel eingesetzt wird, derselbe Wert wieder herauskommen. Folglich ist der Betrag der Steigung der Funktion f(x) an der Stelle F_n kleiner als die der Winkelhalbierenden. Daher bewegt sich die graphische Iteration zum Fixpunkt hin.

Die Analyse der unterschiedlichen Stabilitätszustände der logistischen Gleichung basiert auf den Steigungen der Ableitungen an der Schnittstelle mit der

Winkelhalbierenden (s. Abbildung 27, S.131). Die erste Ableitung[58] der logistischen Gleichung lautet wie folgt.

$$f'(x) = a \cdot (1 - 2x)$$

Deswegen führt die Berechnung der Schnittpunkte zwischen Kurve und Winkelhalbierender zu dem Term $x = a \cdot x \cdot (1 - x)$, dessen Lösung ist: $p_0 = 0$ und $p_a = \frac{a-1}{a}$. Da p_0 den Wert null annimmt, ist p_0 unabhängig von a und spielt daher für die Analyse der logistischen Gleichung nur eine untergeordnete Rolle. Dagegen führt die Abhängigkeit des zweiten Schnittpunktes p_a von der Konzentration a dazu, dass auf ihn das Hauptaugenmerk der Analyse gelegt wird. Zur Berechnung der Stabilität der logistischen Gleichung berechnet man an den Schnittpunkten p_0 und p_a mit der Winkelhalbierenden die erste Ableitung.

$$f'(p_0) = a \quad \text{und} \quad f'(p_a) = 2 - a$$

Somit ist für $0 \le a < 1$ $f'(p_0) < 1$ und $f'(p_a) > 1$ p_0 ein anziehender Fixpunkt, d. h. er zieht die benachbarten Orbits an und heißt Attraktor (s. S. 160 ff.).

Demgegenüber ist p_a ein Repellor (oder Repeller), weil p_a ein instabiler Fixpunkt ist, der die benachbarten Orbits abstößt. Deswegen existiert für den Wertebereich $0 \le a < 1$ für die logistische Gleichung nur ein stabiler Fixpunkt (nämlich p_0), auf den alle Anfangsbedingungen im Zeitverlauf zulaufen. Übertragen auf die Tierpopulation bedeutet das in der Konsequenz früher oder später (gilt $x_n \to 0, n \to \infty$) ein Aussterben.

58 In der der Sprache der Mathematik wird die Ableitung der Funktion f(x) so geschrieben: f'(x).

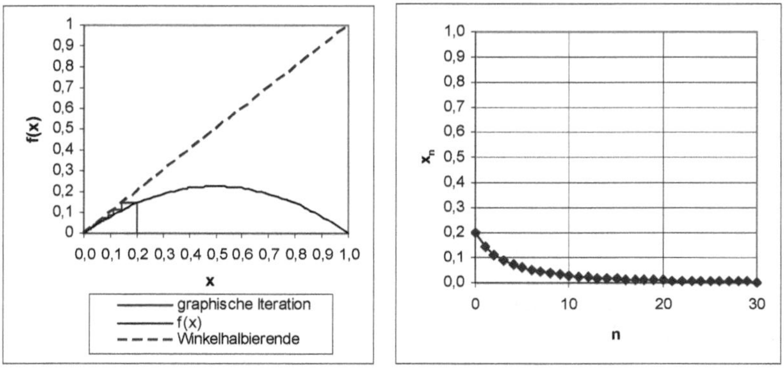

Abbildung 27: Logistische Gleichung für a = 0,9 und x_0 = 0,2

Eine Wendung zum Besseren erfährt die Tierpopulation erst, wenn der Parameter a größer 1 wird. Dies führt dazu, dass für $p_0 = 0$ $f'(p_0) > 1$ wird, so dass p_0 zu einem abstoßenden Fixpunkt wird. Diese Eigenschaft bleibt für alle a > 1 erhalten, so dass im weiteren Verlauf der Fixpunkt p_0 unabhängig von der Konzentration von a wird und seinen abstoßenden Charakter behält. Dagegen ist jetzt p_a ein anziehender bzw. stabiler Fixpunkt geworden. Dies gilt für den gesamten Wertebereich von 1 < a < 3.

Für diesen Wertebereich verhält sich der Kurvenverlauf so wie man es erwarten würde. Die Anzahl der Tiere pendelt nach einer gewissen Zeit um einen festen Wert herum. In diesem Zustand können bestimmte Regeln abgeleitet werden, so führen geringe Veränderungen der Anfangsbedingungen lediglich zu kleinen Reaktionen in den Resultaten. Dies bedeutet, man kann die Reaktionen auf geringe Änderungen in den Anfangswerten ermitteln. Hier gilt also das eingangs beschriebene Kausalitätsprinzip (s. S. 116): Ähnliche Ursachen haben ähnliche Wirkungen.

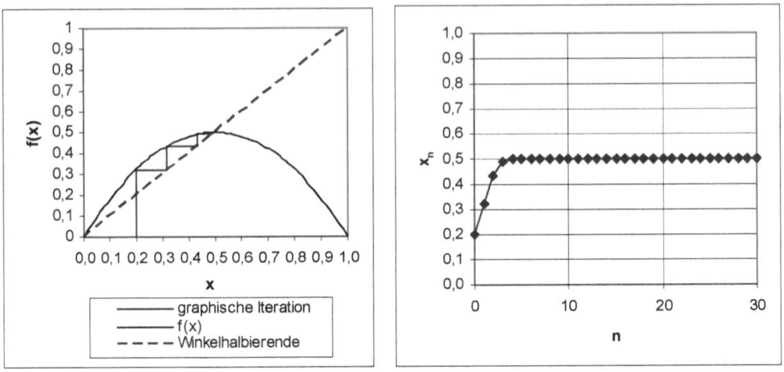

Abbildung 28: Logistische Gleichung für a = 2 und x_0 = 0,2

Abbildung 28 zeigt, dass nach einer Übergangsphase die Bahn von einigen Iterationsschritten auf einen Fixpunkt bei 0,5 zuläuft, den man auch Endzustand nennt. Zudem erkennt man, dass die Kurve zunächst steil ansteigt, dann aber rasch eine abflachende Kurve entsteht. Diese Kurve erreicht nach wenigen Iterationen bereits einen stationären Zustand.

Weiterhin zeigt sich, dass die grafische Iteration eine Treppe bildet, welche auf den Schnittpunkt zwischen Kurve und der Winkelhalbierenden zuläuft. Wiederholt man den Versuch für andere Anfangswerte x_0 im Intervall zwischen 0 und 1, stellt man fest, dass man immer wieder denselben Endzustand erreicht. Allerdings darf man den Parameter a nicht verändern. Verändert man diesen Parameter, z.B. auf 2,75, so erhält man folgendes Ergebnis: Auch hier zeigt sich, dass die Kurve nach wenigen Über- und Unterschwingungen in einen stationären Zustand einmündet. In diesem stationären Zustand können bestimmte Regeln ausgemacht werden. So gilt hier die Kausalität (s. S. 116ff.), bei der geringe Veränderungen der Anfangsbedingungen lediglich zu kleinen Reaktionen in den Resultaten führen.

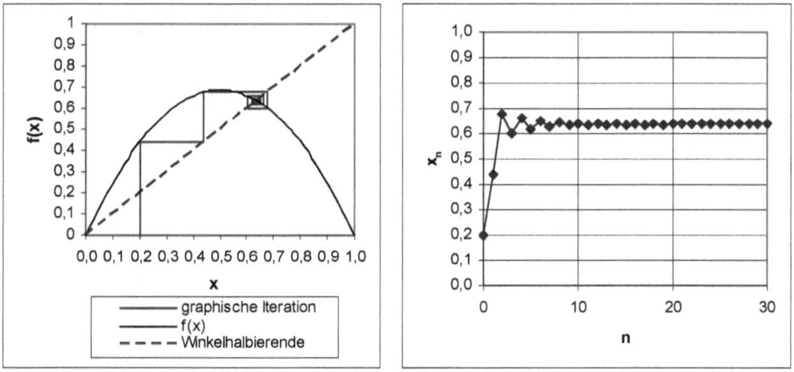

Abbildung 29: Logistische Gleichung für a = 2,75 und x_0 = 0,2

Abbildung 29 zeigt, dass die Winkelhalbierende die Parabel erst hinter ihrem Scheitelpunkt schneidet. Dies hat Auswirkungen auf die grafische Iteration. Daher windet sich die Polyline um den Schnittpunkt herum. Das heißt, die grafische Iteration nähert sich spiralförmig dem Schnittpunkt an. Diese Spirale ist nach innen gerichtet und bewegt sich wieder auf den Punkt $p_a = \frac{a-1}{a}$ zu. Somit ist der Fixpunkt p_a immer noch stabil, obwohl sich das lokale Verhalten, d. h. die Art, wie sich ein Orbit dem Fixpunkt nähert, geändert hat. Gleichzeitig erklärt die spiralförmige Annäherung an den Fixpunkt auch die anfangs aufgetretenen Oszillationen im x_n-n-Diagramm (s. Abbildung 29). Dieses Verhalten der logistischen Gleichung beobachtet man zwischen a-Werten von 2 bis 3. Überschreitet man den Wert a=3, stellt man Erstaunliches fest. Zwar beobachtet man (s. Abbildung 30) eine ähnliche Oszillation, wie sie bei a=2,75 auftritt, aber die Oszillation strebt nicht zu einem einzigen Punkt, sondern stabilisiert sich stattdessen an zwei verschiedenen Stellen. Somit gerät das System in einen Zustand regelmäßiger Schwingungen und oszilliert mit einer Periode zwischen zwei x-Werten. Dieser Punkt läutet sozusagen das Ende des stabilen und zugleich den Beginn des periodischen Verhaltens der logistischen Gleichung ein, d. h. x_n pendelt zwischen mehreren Werten hin und her.

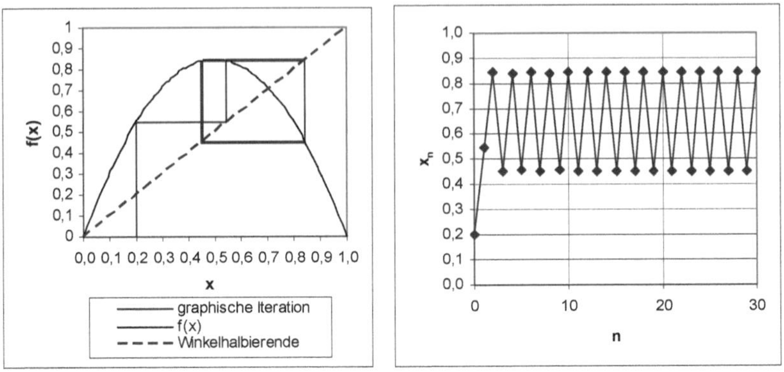

Abbildung 30: Logistische Gleichung für a = 3,4 und x_0 = 0,2

Abbildung 30 zeigt ein neues Phänomen. Im linken Bild erkennt man, dass sich bei der grafischen Iteration zunächst eine Treppe ausbildet, die sich dann jedoch in eine nach innen gerichtete Spirale wandelt. Diese Spirale bewegt sich dann langsam auf die periodische Schleife zu, die unendlich oft wiederholt wird.

Denn für $a \geq 3$ wird $f'(p_a) = 2 - a \leq -1$, so dass $p_a = \frac{a-1}{a}$ seinen anziehenden Charakter verliert und sich zu einem Repellor wandelt. Genauso wie für p_0 a > 1 behält auch p_a für a > 3 seinen abstoßenden Charakter bei. Gibt es jetzt einen anderen Attraktor, der die Stelle von p_a einnimmt?

Jetzt hilft uns die grafische Darstellung der ersten Ableitung der logistischen Gleichung nicht mehr weiter. Deswegen ist jetzt eine Analyse der zweiten Ableitung der logistischen Gleichung notwendig.

$$f(f(x)) = f^2(x) = -a^3x^4 + 2a^3x^3 - (a^2 + a^3)x^2 + a^2x$$

„*Wir kommen nun zu dem entscheidenden Schritt mathematischer Abstraktion: wir vergessen, wofür die Symbole stehen … Der Mathematiker braucht die Hände nicht in den Schoß zu legen; es gibt viele Operationen, die er mit diesen Symbolen ausführen kann, ohne jemals die Dinge betrachten zu müssen, für die sie stehen.*“ (Hermann Weyl) Deswegen betrachten wir nun zunächst den Graphen der zweiten Ableitung der logistischen Gleichung. Er sagt viel mehr aus, als die Gleichung der zweiten Ableitung der logistischen Gleichung.

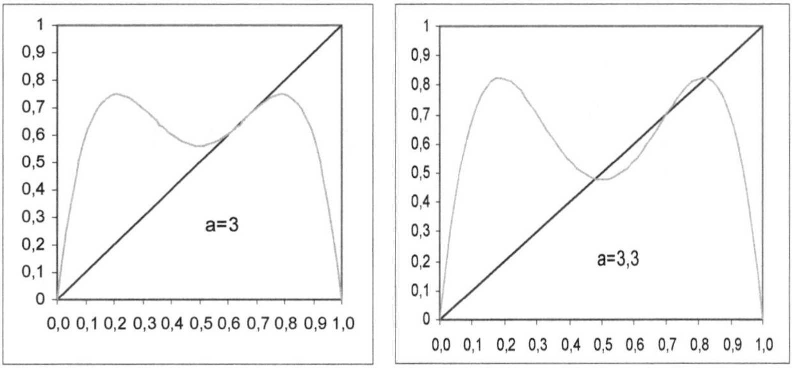

Abbildung 31: Graph der zweiten Ableitung der logistischen Gleichung

Aus Abbildung 31 erkennt man, dass bei a = 3 die Funktion $f^2(x)$ die Winkelhalbierende tangiert und für a > 3 neue Schnittpunkte erzeugt. Die Berechnung der Schnittpunkte erfolgt durch Lösen der Gleichung $f^2(x) = x$. Hieraus ergibt sich ein Polynom vierter Ordnung. Durch die Kenntnis von $p_0 = 0$ und $p_a = \frac{a-1}{a}$ vereinfacht sich das Polynom wie folgt:

$$x^2 - \frac{a+1}{a} + \frac{a+1}{a^2} = 0$$

Die zusätzlichen Schnittpunkte ergeben sich aus den nachfolgenden Gleichungen.

$$p_3 = \frac{a+1+\sqrt{a^2-2a-3}}{2a} \quad \text{und} \quad p_4 = \frac{a+1-\sqrt{a^2-2a-3}}{2a}$$

Die zusätzlichen Schnittpunkte existieren nur für Werte von a größer 3. Für a = 3 gilt, dass p_3 und p_4 mit p_a zusammenfallen. Erst ein Überschreiten des Wertes a = 3 führt zu einem Entfernen der beiden neuen Fixpunkte von p_a. Dies führt dazu, dass die Menge der Fixpunkte sich verdoppelt, wobei p_0 und p_a Repelloren und p_3 und p_4 anziehende Fixpunkte (Attraktoren) sind. Dies bedeutet, dass aus dem Fixpunkt p_a zwei neue Fixpunkte hervorgegangen sind. Folgerichtig haben sich die Elemente des Attraktors (A) der logistischen Gleichung von $A(a) = \{p_a\}$ auf $A(a) = \{p_3, p_4\}$ verdoppelt. Man nennt das Paar $\{p_3, p_4\}$ einen 2er-Zyklus oder eine Bahn der Periode 2, weil von nun an immer neue Fixpunkte zur Periode 2 entstehen. Diese Verhaltensänderung bezeichnet man auch als Periodenverdopplungs-Bifurkation[59], und der a-Wert, der dies auslöst, wird als Bifurkationspunkt (lat. furka = Heugabel oder Gabelung) bezeichnet.

Steigert man nun weiter den Wert a und kommt über den Wert von a = 3,449 hinaus, so kommt es wieder zu einer Periodenverdopplung, d. h. x_n pendelt jetzt zwischen vier Werten. Die Periodenverdopplung erfolgt in Analogie zur schon beschriebenen Aufspaltung von p_a. Sie bewirkt also eine Verdopplung der bestehenden anziehenden Fixpunkte. Somit produziert dieser Prozess mit einem zunehmenden Wert von a eine Folge von Periodizitäten der Form $\{2^i\} \text{mit } i = 0, 1, 2, 3 \ldots$ Wenn man die Konzentration von a schrittweise weiter erhöht, bemerkt man noch weitere Periodenverdopplungen, z. B. sind es bei a = 3,544 acht Attraktorenwerte. Dabei werden die Abstände zwischen den Periodenverdopplungen immer kleiner. Um dies überhaupt noch grafisch darstellen zu können, wechselt man das Koordinatensystem. Nun trägt man auf der x-Achse den Parameter a auf, und auf der y-Achse werden alle Werte eingetragen, die sich beim jeweiligen a-Wert aus den Iterationen ergeben. Eine solche Grafik wird nach ihrem Erfinder Mitchell J. Feigenbaum auch Feigenbaum-Diagramm genannt. Um ein Feigenbaum-Diagramm zu berechnen, benötigt man einen Computer. Dabei lässt man den Computer eine bestimmte Anzahl von Iterationen durchführen (je mehr, desto genauer wird das Bild), bei denen er noch nichts zeichnet. Im nächsten Schritt lässt man den Computer wiederum eine bestimmte Anzahl von Iterationen durchführen, bei denen der jeweils erhaltene x-Wert in das Diagramm eingezeichnet wird. Für das folgende Feigenbaum-Diagramm wurden 2.500 unsichtbare und 700 sichtbare Iterationen berechnet.

---

[59] Ebenso konnte der Chaosforscher Otto E. Rössler nachweisen, dass die Tropfen eines Wasserhahns nicht beliebig, sondern geordnet fallen, entsprechend der Periodenverdopplung: Zunächst zwei Tropfen, dann vier, acht, sechzehn usw., bis sie in den Chaosbereich übergehen.

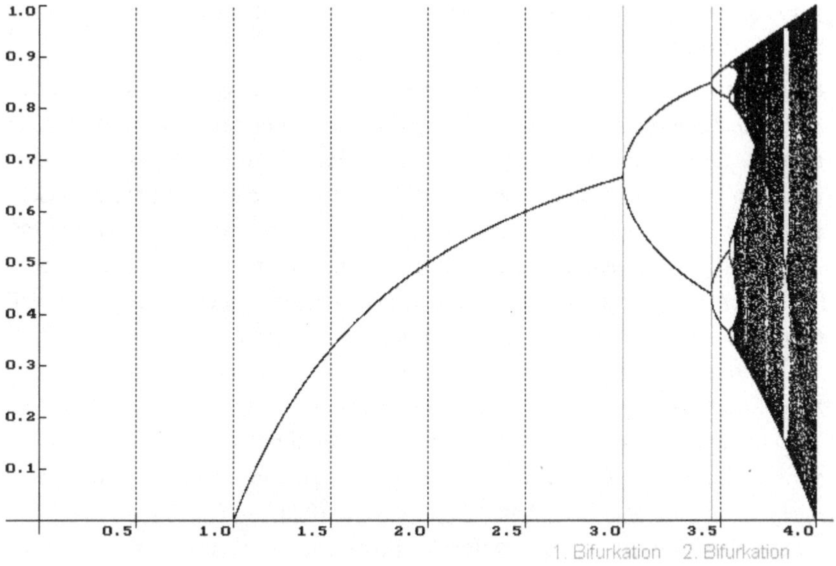

Abbildung 32: Feigenbaum-Diagramm im Bereich a=0 bis a=4 mit Kennzeichnung der ersten beiden Bifurkationen bei a=3 und a=3,449

Aus dem Feigenbaum-Diagramm lässt sich die Struktur eines verzweigten Baums erkennen, der die qualitativen Veränderungen im dynamischen Verhalten der logistischen Gleichung beschreibt. So verzweigt sich der Hauptstamm am 1. Bifurkationspunkt (Gabelung) in zwei neue Äste. Sieht man sich diese zwei Äste an, so erkennt man, dass die Werte von x_n zwischen zwei Endzuständen hin und her pendeln. Da wir es hier mit zwei Endzuständen zu tun haben, sagt man auch, dass hier eine Periode 2 vorliegt.

Die beiden neuen Äste verzweigen sich nochmals am 2. Bifurkationspunkt, und dieser Prozess setzt sich immer weiter fort. Das bedeutet, dass es bei jeder Gabelung zu einer Periodenverdopplung kommt. Für noch größere Konzentrationen von a werden die Perioden immer länger (8, 16, 32, ...). Dies ist der Bereich der Periodenverdopplung (periodisches Verhalten) im Feigenbaum-Diagramm. Weiterhin fällt auf, dass die Äste, wenn man das Diagramm von links nach rechts betrachtet, im Bereich der Periodenverdopplung immer kürzer werden. Dies führt zu dem verlockenden Gedanken, dass die Länge der Äste so abnehmen könnte, dass das Längenverhältnis zweier aufeinanderfolgender Äste einem geometrischen Gesetz gehorchen könnte. Dies hätte fantastische Konsequenzen.

So müsste es einen Punkt geben, d. h. einen Wert von a, auf dessen rechter Seite die Äste des Baumes nicht weiter wachsen können. Dieser Wert stellt also das Ende des Bereiches der Periodenverdopplung dar. Tatsächlich existiert ein solcher Punkt. Man bezeichnet ihn als Feigenbaum-Punkt a=3,5699... Dieser Feigenbaum-Punkt unterteilt das Feigenbaum-Diagramm in zwei Teile. So befindet sich auf der linken Seite der Periodenverdopplungsbaum und auf der rechten Seite das Chaos. Aber auch im Chaosbereich herrscht kein vollständiges Chaos, sondern es ist durch eine Vielzahl schöner Strukturen durchzogen. Gehen wir davon aus, dass das Längenverhältnis zweier aufeinanderfolgender Äste einem geometrischen Gesetz gehorcht, so müsste das Verhältnis der Abstände aufeinanderfolgender Verzweigungspunkte gegen eine feste Zahl streben, wie Abbildung 33 zeigt. Feigenbaum stellte auch fest, dass die Abstände aufeinanderfolgender Bifurkationen näherungsweise eine fallende geometrische Folge bilden, die gegen einen Grenzwert konvergiert.

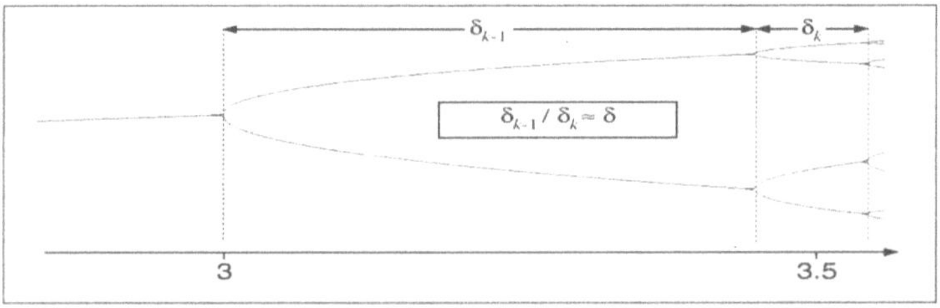

Abbildung 33: Feigenbaum-Konstante

Tatsächlich konnte Feigenbaum zeigen, dass das Verhältnis zweier aufeinanderfolgender Äste zueinander eine feste Zahl ist, wenn man die Länge in Richtung der a-Achse misst – die Feigenbaum-Konstante. Die Feigenbaum-Konstante δ berechnet sich folgendermaßen, wobei man die i-te Bifurkation als b_i bezeichnet:

$$\delta = \lim_{n \to \infty} \frac{b_n - b_{n-1}}{b_{n+1} - b_n} = 4{,}6692...$$

Eine Konsequenz der Feigenbaum-Konstante ist, dass die Bifurkationen in immer kürzeren Abständen aufeinanderfolgen müssen, damit sie in einem bestimmten Verhältnis zueinander stehen. Mithilfe der Feigenbaumkonstante können also einzelne Systemübergänge bei der Entstehung von chaotischem Verhalten vorhergesagt werden. Zusätzlich können die Bifurkationen und die sich verzweigenden Attraktoren berechnet werden. Somit können entgegen der bisherigen Annahmen nichtlineare Systeme trotz aller Unschärfe teilweise vorhergesagt und berechnet werden. Obendrein konnte Feigenbaum zeigen, dass diese Zahl universell ist und auch bei anderen Funktionen auftaucht, z. B. beim tropfenden Wasserhahn. Deswegen hat die Feigenbaumkonstante für die Chaosforschung eine ebenso fundamentale Bedeutung wie die Kreiszahl π in der Geometrie. Überdies kann auch der Abstand zwischen den einzelnen Bifurkationen (wobei d_i für die i-te Bifurkation steht) berechnet werden:

$$\lim_{n\to\infty} \frac{d_n}{d_{n+1}} = 2{,}5029...$$

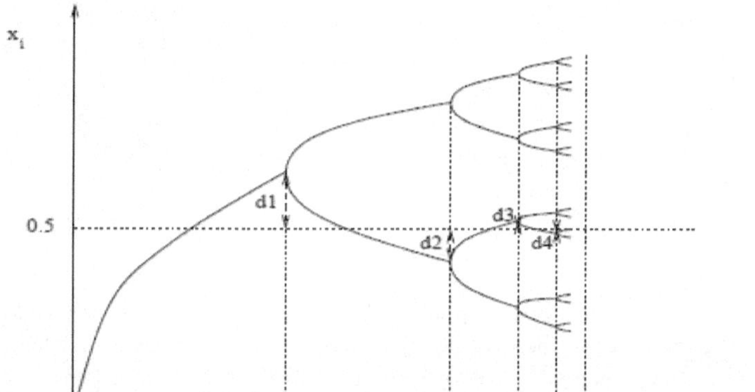

Abbildung 34: Schematische Darstellung der Periodenverdopplung

Eine radikale Veränderung des Verhaltens erfährt die logistische Gleichung (wie schon erwähnt) ab einem Wert von a = 3,5699... Die logistische Gleichung driftet ins Chaos ab, d. h. die Periode wird unendlich (man sagt auch, die Periodenverdopplung-Bifurkation strebt gegen 2^{∞}, wobei gilt $a \to \infty$), das

System wird aperiodisch und chaotisch. Den Weg dorthin bezeichnet man auch als Feigenbaumroute (unendliche Periodenverdopplung).

Am Punkt a = 3,5699456 ... existiert allerdings noch eine stabile Periode von unendlicher Länge. Das bedeutet, dass der Attraktor dieser Funktion an der Stelle a_∞ eine Art ‚unendliche Punktwolke' ist. Man bezeichnet ihn auch als Feigenbaum-Attraktor. Wir befinden uns demnach am Eingangstor zum Chaos.

Einschub: Feigenbaum-Attraktor und Cantor-Menge

Der Feigenbaum-Attraktor ähnelt stark einer Cantor-Menge. Auch sie erhält man iterativ.

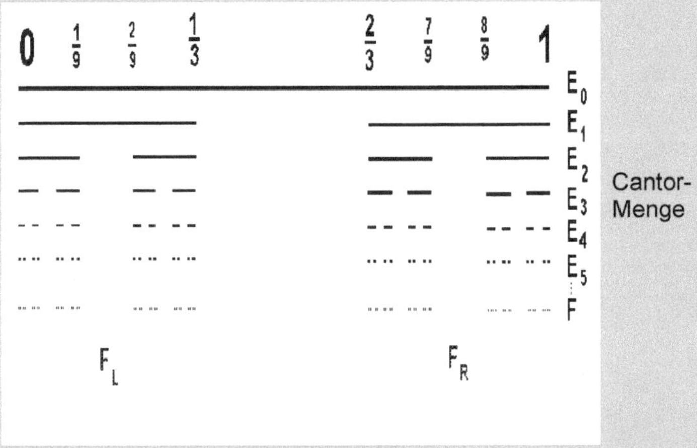

Betrachten wir zunächst die Strecke E_0. Sie hat das Intervall [0,1]. Zu der Menge E_1 gelangt man durch Entfernen des mittleren Drittels von E_0. Dadurch entsteht die Menge E_1 mit den zwei Intervallen [0, 1/3] und [2/3, 1]. Durch erneutes Entfernen des mittleren Drittels von E_1 gelangt man zu E_2. Dabei entstehen vier Intervalle [0, 1/9], [2/9, 1/3], [2/3, 7/9] und [8/9, 1]. Auf diese Art und Weise kann man nun immer weiter fortfahren. So entsteht E_3 aus E_2, E_4 aus E_3, E_5 aus E_4 usw. Allgemein ausgedrückt entsteht E_k aus E_{k-1} durch Entfernen der mittleren Drittel. Sieht man sich dieses Bauprinzip näher an, so stellt man fest, dass auch hier eine Periodenverdopplung (E_K enthält 2^k Intervalle) vorliegt, ähnlich wie bei der logistischen Gleichung.

Die durch die Bauanleitung entstehende Cantor-Menge ist mit F in der Abbildung gekennzeichnet. Sie entsteht, wenn k sehr groß bzw. gegen unendlich strebt. Natürlich kann die Cantor-Menge wegen ihrer infinitesimalen bzw. unendlich kleinen Struktur niemals gezeichnet werden. Darum sind Bilder von der Cantor-Menge immer nur eine

Annäherung. Man könnte nun annehmen, dass durch die Konstruktion der Cantor-Menge so viel von dem ursprünglichen Intervall [0,1] entfernt werde, dass nichts mehr übrig ist. Tatsächlich enthält die Cantor-Menge unendlich viele Punkte (Cantor-Staub). Darum liegt die Dimension (s. S. 178ff.) des Attraktors zwischen der einer Linie (Dimension 1) und der einer gewöhnlichen Punktwolke (Dimension 0). Sie hat also die gebrochene Dimension von 0,631... Ebenfalls ist der Feigenbaum-Attraktor ein Gebilde zwischen einem Punkt und einer Linie und hat daher eine Dimension von ca. 0,538...

Cantor-Menge und Feigenbaum-Attraktor haben einige interessante mathematische Eigenschaften:

- Die Cantor-Menge ist selbstähnlich. Dies ist sofort einzusehen, da sich die vier Teile der Menge E_2 geometrisch ähnlich sind, nur im Maßstab 1/9. Das heißt, die Cantor-Menge enthält Kopien von sich selbst in immer kleineren Maßstäben.
- Überdies enthält die Cantor-Menge eine Feinstruktur, d. h. sie enthält Details in beliebig kleinen Maßstäben. Je stärker man die Cantor-Menge vergrößert, desto mehr Löcher werden sichtbar.
- Die Cantor-Menge entsteht durch eine rekursive Vorgehensweise, weil die Konstruktion auf der wiederholten Entfernung des mittleren Drittels der Intervalle beruht. So geben die aufeinanderfolgenden Schritte ein immer besseres bzw. feineres Bild der Cantor-Menge.
- Es ist eigentlich unmöglich, die lokale Geometrie der Cantor-Menge zu beschreiben, weil in der Umgebung jeden Punktes eine sehr große Zahl anderer Punkte liegt, welche durch verschieden große Löcher voneinander getrennt sind.

„*Man darf nicht das, was uns unwahrscheinlich und unnatürlich erscheint, mit dem verwechseln, was absolut unmöglich ist.*“ (Carl Friedrich Gauß). So driftet die logistische Gleichung erst beim Überschreiten von a = 3,5699456... ins Chaos ab. Im Feigenbaum-Diagramm (s. S. 137) liegt der chaotische Bereich in der schwarzen Fläche.

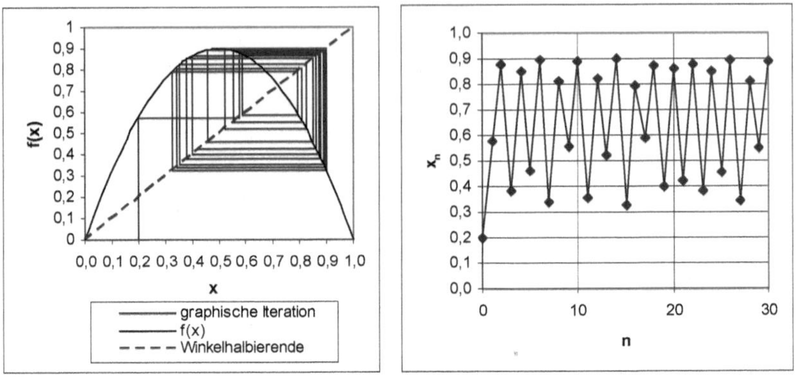

Abbildung 35: Logistische Gleichung für a = 3,6 und x_0 = 0,2

Betrachtet man nun die logistische Gleichung bei unterschiedlichen Iterationsschritten, so beobachtet man Folgendes.

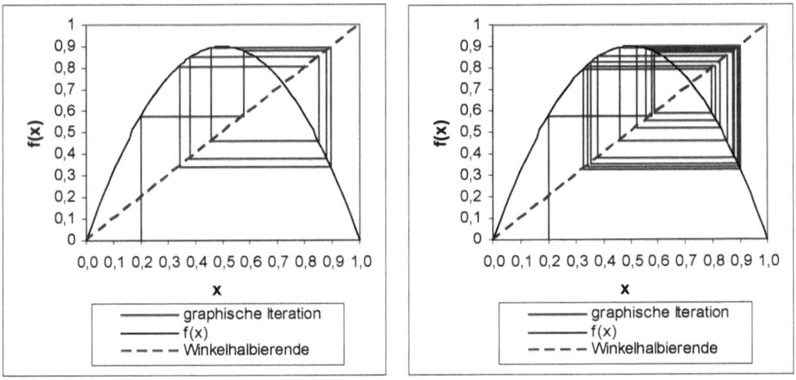

Anmerkung: Linkes Bild: 20 Iterationsschritte; Rechtes Bild: 80 Iterationsschritte

Abbildung 36: Instabiles Verhalten der logistischen Gleichung für a = 3,6 bei unterschiedlicher Anzahl von Iterationsschritten

Abbildung 36 zeigt, dass das System offensichtlich nicht zur Ruhe kommt. Vielmehr beansprucht es den gesamten verfügbaren Raum. Dies wird als Mischen bezeichnet und ist ein Anzeichen für ein instabiles System.

Genauer gesagt versteht man darunter, dass das Einheitsintervall [0,1] der logistischen Gleichung so in Teilintervalle unterteilt werden kann, dass jedes Teilintervall durch Iteration in ein beliebiges anderes Intervall gelangen kann. Um dies zu verdeutlichen, unterteilen wir das Einheitsintervall [0,1] in zehn Teilintervalle der Länge 1/10.

$$I_K = \left[\frac{k-1}{10}, \frac{k}{10}\right] \quad \text{mit } k = 1,\ 2, \ldots, 10$$

Beginnt man jetzt mit dem Anfangsintervall I_2 = [0,1,0,2], so erreicht man durch Iteration der logistischen Gleichung folgende andere Teilintervalle.

Tabelle 7: Iteration des Teilintervalls I_2

n-te Iteration	Intervall	Erreichte Intervalle
0	[0,1, 0,2]	I_2
1	[0,36, 0,64]	I_4, I_5, I_6, I_7,
2	[0,922, 1,00]	I_{10}
3	[0, 0,289]	I_1, I_2, I_3

Tabelle 7 zeigt, dass es nach der ersten Iteration zu den Teilintervallen I_4 bis I_7 kommt. Bei der zweiten Iteration entstehen nur Punkte des Teilintervalls I_{10}. Bei den weiteren Iterationsschritten gelangt man zu allen anderen verbleibenden Teilintervallen. Dieses Ergebnis ist unabhängig vom Startintervall, d. h. wir hätten ein ähnliches Ergebnis bekommen, wären wir mit dem Teilintervall I_3 gestartet. Das Mischen führt also dazu, dass man von jedem beliebigen Punkt überall hin kommt. Mathematisch ausgedrückt:

- Für je zwei offene Intervalle A und B (die beliebig klein sein dürfen, aber noch eine positive Länge vorweisen müssen) kann man Anfangswerte in A finden, die durch Iteration ins Intervall B führen.

Betrachten wir nochmals Abbildung 35, so scheint es, als würden die Werte für x_n wild durcheinander springen und als würde das Verhalten absolut unvorhersehbar werden. Obwohl alle Zahlen theoretisch bestimmt werden können, erhält jeder, der nachrechnet, unterschiedliche Werte, die vom verwendeten Computerprogramm abhängig sind. Betrachten wir hierzu ein Beispiel mit zwei Orbits von x_1=0,2000 und x_2=0,20001.

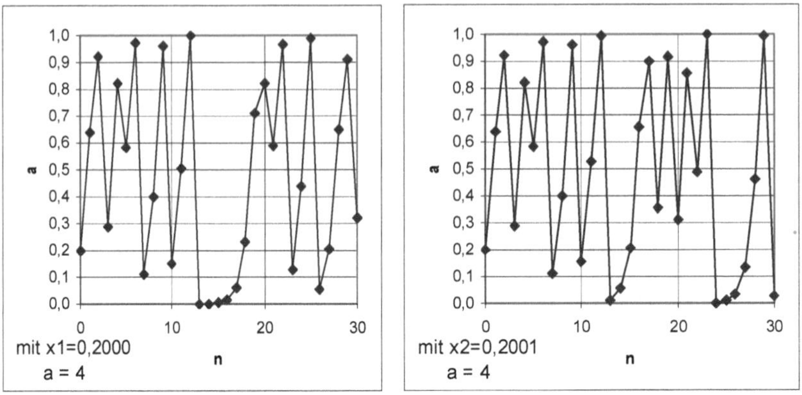

Abbildung 37: Unterschiedliche Entwicklung zweier Orbits für a = 4

Aus Abbildung 37 erkennt man, dass sich die beiden Orbits zunächst nahezu identisch entwickeln. Aber schon ab den 12. Iterationsschritt entwickeln sie sich unterschiedlich. Dies bezeichnet man als sensitive Abhängigkeit von den Anfangsbedingungen. Mit anderen Worten: **geringe Ursachen zeigen große Wirkungen.** Hier schlägt also der Schmetterlingseffekt zu. Demnach können geringste Unterschiede zwischen den Startwerten einer Iterationsfolge große Folgen für den weiteren Verlauf der Iterationsfolge haben.

Die logistische Gleichung zeigt also nur unter bestimmten Bedingungen (Überschreiten von a = 3,5699456) eine Empfindlichkeit gegenüber den Anfangsbedingungen. Im chaotischen Bereich der logistischen Gleichung haben daher kleinste Ursachen höchst unterschiedliche Wirkungen, wie Abbildung 37 zeigt. Vorsicht: In chaotischen Systemen können (müssen aber nicht) kleinste Ursachen größte Wirkungen haben.

Dieses Verhalten rührt von den Streck- und Falteneigenschaft der logistischen Gleichung im chaotischen Bereich her. Betrachtet man beispielsweise die Punkte $x_1 = 0,5$ und $x_2 = 1$ bei a = 4, so stellt man Folgendes fest. Diese Punkte werden durch die Funktion auf $f(x_1) = 1$ und $f(x_2) = 0$ abgebildet. Bildlich gesprochen wird das Intervall [0,1] zunächst auf die doppelte Länge gestreckt und anschließend wieder soweit zurückgefaltet, dass die ursprüngliche Länge des Intervalls wieder erreicht wird.

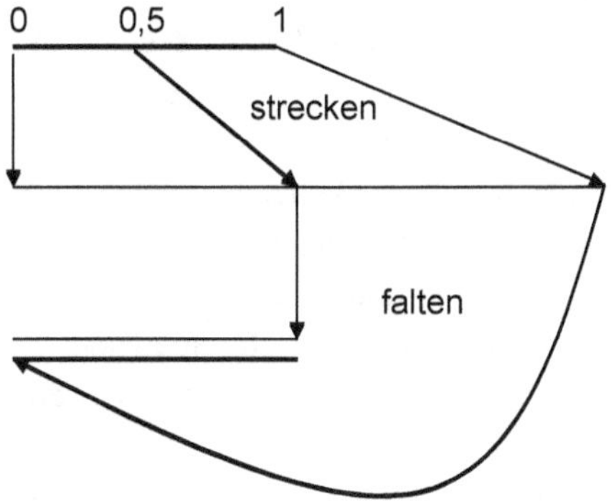

Abbildung 38: Streck- und Falteigenschaft der logistischen Gleichung

Diese Streck- und Falteigenschaft der logistischen Gleichung führt dazu, dass Unterschiede z. B. in den Anfangsbedingungen exponentiell anwachsen.

$$\varepsilon_n = \varepsilon_0 \cdot e^{\lambda \cdot n}$$

wobei ε_0 = Abweichung bei der ersten Iteration, e = Eulersche Zahl, n = Iterationsschritt, ε_n = Abweichung nach n-Iterationen, wobei $n \to \infty$, λ = Lyapunov-Exponent

Die obige Gleichung zeigt, dass sich der Wert von ε_n in Abhängigkeit von λ, dem Lyapunov-Exponenten[60] (s. S. 172ff.), mit zunehmender Anzahl der Iterationen ändern kann. Somit ist der Lyapunov-Exponent ein Maß für das Auseinander- oder Zusammenlaufen der Lösungen von iterativen Reihen bei unterschiedlichen Anfangsbedingungen. Während stabile Systeme negative λs aufweisen, haben marginale (oszillierende Systeme) ein $\lambda = 0$. Dagegen weisen chaotische Systeme ein positives λ auf[61]. Damit ist der Lyapunov-Exponent ein direktes Maß für die Sensitivität eines Systems.

Der Übergang des konvergenten Verhaltens über Periodenverdopplung zum chaotischen Verhalten in Abhängigkeit von der Größe des Parameters a ist

60 Auch als Ljapunov- oder Liapunov-Exponent bezeichnet. Er wurde benannt nach dem russischen Mathematiker Alexander Michailowitsch Lyapunov (1857-1918).

61 Ist $\lambda < 0$, so nähern sich benachbarte Orbits an, wobei sie auf einen Attraktor zu streben. Bei $\lambda = 0$ herrscht Neutralität vor. Sollte dagegen $\lambda > 0$ sein, so divergieren benachbarte Orbits. Es liegt eine Sensitivität der Anfangsbedingungen vor.

typisch für nichtlineare Systeme[62]. Solche chaotischen Systeme bezeichnet man auch als ‚deterministisch chaotisch'. Denn diese Systeme gehorchen den klassischen Gesetzen, weil ihr Verhalten durch klassische Bewegungsgleichungen bestimmt werden kann. Im Gegensatz zu den klassischen Systemen mit gut vorhersagbarem, meist periodischem Verhalten zeichnen sich solche chaotischen Systeme dadurch aus, das ihr Verhalten äußerst empfindlich gegenüber den Anfangsbedingungen und kleinsten äußeren Störungen ist, d. h. minimale Abweichungen in den Anfangs- oder Randbedingungen führen zu völlig unterschiedlichem Verhalten. Das hat die Konsequenz, dass das starke Kausalitätsprinzip, das besagt, dass aus annähernd gleichen Ursachen ähnliche Wirkungen resultieren, in chaotischen Systemen nicht mehr gilt. Ein weiteres erstaunliches Charakteristikum chaotischer Systeme ist die Tendenz, mitten im unüberschaubaren Chaos Ordnungsstrukturen hervorzubringen. Sehen wir uns dazu das Feigenbaum-Diagramm (s. S. 137) nochmals näher an.

Im chaotischen Bereich (schwarze Fläche) sind helle Streifen zu erkennen. Sie werden als ‚Fenster der Ordnung' bezeichnet. Sie sind sozusagen Einsprengsel von Berechenbarkeit und Vorhersehbarkeit mitten im chaotischen Bereich.

Beispielsweise fällt ein weißer Bereich um a = 3,84... auf. In diesem Bereich scheint es eine Ordnung zu geben, so als würden die Punkte gegen einen Attraktor konvergieren, nur um danach wieder unregelmäßig zu werden. Diese schmalen Bänder der Intermittenz[63] scheinen ebenfalls eine universelle Eigenschaft von chaotischen Systemen zu sein. Wie es zu diesem verrückten Verhalten kommt, zeigt sich, wenn man den Graphen der Funktion betrachtet.

---

[62] Am besten kann man sich ein lineares System mit einer alltäglichen Situation vorstellen, nämlich einer Autofahrt von einem Ort zum nächsten. Dabei fährt das Auto durchschnittlich 100 km/h und die Strecke beträgt 200 km. So würde das Auto sein Ziel nach 2 Stunden erreichen. Würde dagegen die Durchschnittsgeschwindigkeit „nur" 90 km/h betragen, so wurde es zwei Stunden und 13 Minuten dauern, bis der Autofahrer sein Ziel erreicht. Das heißt, die Zeit ändert sich proportional zur Geschwindigkeit. Ein System, in dem eine Größe sich proportional zu einer anderen verhält, nennt man linear.

[63] Sie entstehen, weil sich nichtlineare Systeme durch die Iteration ihrer Systemvorgänge im Rahmen einer dynamischen Ordnungsbildung selbst organisieren können. Damit ist gemeint, dass ein System plötzlich vom chaotischen zu einem periodischen Verhalten wechseln kann.

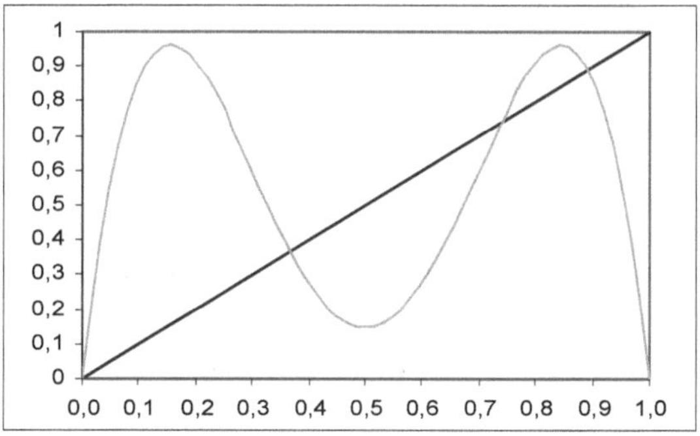

Abbildung 39: Die logistische Funktion bei a=3,84

Abbildung 39 zeigt, dass der Graph die Winkelhalbierende in drei Punkten berührt. Aus diesen drei Punkten erwächst das ‚Fenster der Ordnung'. Aus den Berührungspunkten entstehen jeweils zwei Schnittpunkte, von denen einer stabil und der andere instabil ist. Folglich bildet sich also sowohl ein stabiler als auch ein instabiler 3er-Zyklus heraus. Das wird als Tangentenbifurkation bezeichnet. Sie ist zugleich die einzige Möglichkeit, in der logistischen Gleichung eine ungerade Anzahl an Fixpunkten zu erzeugen.

Untersucht man das Feigenbaum-Diagramm genauer auf die Anzahl der ‚Fenster der Ordnung' hin, so stellt man fest, dass diese variieren. So existiert nur ein Fenster der Periode 3, aber drei der Periode 5 (bei z. B. 3,73892... oder 3,90571...). Diese Fenster werden mit zunehmenden a schmäler. So kann man beispielsweise das Fenster der Periode 9 kaum noch erkennen. Wie ergibt sich die Anzahl der Fenster?

Geht man davon aus, dass genau 2^p Fixpunkte von f^p existieren, so ergeben sich für die Periode 5 genau 2^5 Fixpunkte, von denen zwei zur Periode 1 gehören. Die Anzahl der Orbits ergibt sich wie folgt:

$$\frac{2^5 - 2}{5} = 6$$

Jetzt muss man noch bedenken, dass ungerade periodische Zyklen nur durch Tangentenbifurkation entstehen, wobei jeweils zwei Zyklen gleichzeitig gebildet werden. Deswegen existieren 6:2= 3 ‚Fenster der Ordnung' der Periode 5. Für die 11. Periode würde man 93 Fenster bekommen, für die 23. schon

182.361 und für die 50. Periode die unglaubliche Anzahl von $1{,}12 \cdot 10^{13}$. Es existiert also eine unendliche Anzahl von ‚Fenstern der Ordnung'. Das weist darauf hin, dass für $a_\infty < a < 4$ chaotische (Lyapunov-Exponent >0) und nicht-chaotische Zustände (Lyapunov-Exponent <0) eng miteinander verwoben sind, d. h. es zeigt sich eine sensitive Abhängigkeit von a. Dies hat die unangenehme Konsequenz, dass die statistischen Mittelwerte vollständig unterschiedlich sind, je nachdem, ob sich das System periodisch verhält oder im Chaos befindet. Erhöht man die Größe a nur ein wenig, kommt man wieder in die Fänge des Chaos. Der Übergang ins Chaos erfolgt wieder durch Periodenverdopplung.

Zoomt man jetzt den Ausschnitt des Feigenbaum-Diagramms in y-Richtung, so erhält man (fast) dasselbe Bild wie vor der Vergrößerung. Somit zeigt die logistische Gleichung das für chaotische Systeme typische Phänomen der Selbstähnlichkeit (oder auch Skaleninvarianz).

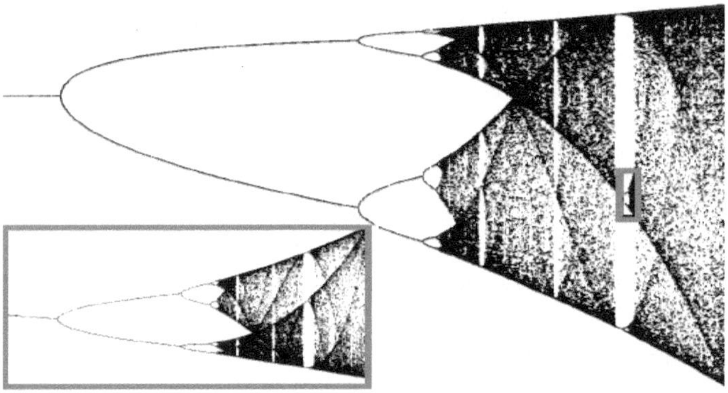

Abbildung 40: Zoom eines Feigenbaum-Diagramms, Kasten enthält das Bild des Zooms

Dabei zeigen diese ‚Feigenbäumchen' eine ähnliche Dynamik wie der große Feigenbaum. Zunächst existiert ein stabiler, p-periodischer Orbit, welcher sich durch Bifurkation in Orbits der Länge $p \cdot 2^n$ aufspaltet. Diese Orbits streben ebenfalls einem bestimmten a-Wert ($a \to \infty$) entgegen und gehen so auch ins Chaos. Dadurch entsteht ein noch kleineres Feigenbäumchen, das wiederum kleine Abbilder seiner selbst beinhaltet. Dieser Prozess geht immer so weiter. Insofern treten auf verschiedenen Skalen immer wieder die gleichen Eigenschaften auf.

Ob sich die logistische Gleichung zahm oder wild verhält, hängt vom Wert des Parameters (a) ab. Ähnliche Systeme findet man auch in der Natur, wie z. B. beim Wetter. Dort gibt es auch Zustände, in denen Vorhersagen äußerst zuverlässig sind, wie z. B. die Hochdruckgebiete über der Wüste des US-Bundesstaates Utah. Gleichzeitig existieren Situationen, welche trotz der hochentwickelten Ausrüstung, auf die die Meteorologen mittlerweile zurückgreifen können, nicht vorhersagbar sind. Ähnlich wie bei der logistischen Gleichung gibt es also auch im ‚wirklichen' Leben Systeme, in denen sowohl Chaos als auch Ordnung auftreten, und es gibt Übergänge vom einen in das andere.

4.2.2. Hinterm Horizont?

„*Chaos ist die Partitur, auf der die Wirklichkeit geschrieben steht.*" (Henry Miller)

Was aber ist die Wirklichkeit? Endet mit dem Chaos alles, oder gibt es etwas hinter dem Chaos? Um diese Frage zu beantworten, sollten wir uns die logistische Gleichung noch einmal vornehmen und uns fragen, was passiert, wenn der Parameter (a) größer 4 wird. Wir haben ja die logistische Gleichung folgendermaßen definiert.

$$x_{n+1} = a \cdot x_n \cdot (1 - x_n) = a \cdot x_n - a \cdot x_n^2$$

Weiterhin haben wir festgelegt, dass der Parameter a zwischen 0 und 4 liegen darf. Zudem darf x_0 (Startwert) zwischen 0 und 1 liegen. Unter diesen Annahmen ergeben sich in Abhängigkeit des Parameters (a) für die Berechnung der Tierpopulation folgende Phänomene:

- $0 \leq a \leq 1$: Die Population ist zum Aussterben verdammt. Dabei spielt es keine Rolle, mit welcher Anfangspopulation gestartet wird. Die Population strebt stets nach einigen Jahren gegen 0. Darum sagt man auch, dass null die Folgeglieder der Iteration anzieht, sie ist somit ein Attraktor. Bei der grafischen Iteration bekommt man eine Treppe, die hinab zum Attraktor 0 führt. Sobald x_n den exakten Wert 0 annimmt, sind natürlich auch die folgenden Werte wie x_{n+1} (=a · 0 (1-0)=0) Null. Somit bleibt die Iteration beim Wert null sozusagen festgenagelt. Daher ist null ein Fixpunkt.

- $1 < a \leq 3$: Für die Tierpopulation ist die Gefahr des Aussterbens gebannt. Folglich hat null als Fixpunkt an Attraktivität verloren. Ihre magische Wirkung wurde ‚umgepolt', von jetzt an wenden sich alle Werte der Iteration sofort von null ab. Deswegen sagt man, null ist von nun an ein abstoßender, repulsiver Fixpunkt, ein sogenannter Repeller. Die Rolle des attraktiven Fixpunktes übernimmt nun der Punkt $p_a = \frac{a-1}{a}$, dem die Folgeglieder der Iteration zu streben. Überdies stellt man fest, dass sehr nahe bei a = 3 die Werte von x_n schon merklich nervös hin und her springen, bevor sie dennoch vom Attraktor p_a eingefangen werden können.
- $3 < a \leq 4$: Jetzt gelangt das System über die Periodenverdopplung ins Chaos.

Was passiert aber, wenn die a-Werte größer 4 werden? Was liegt also hinter dem Horizont bzw. hinter dem Chaos? *„Man braucht nichts im Leben zu fürchten, man muss nur alles verstehen."* (Marie Curie) Am besten lässt sich ein Problem verstehen, wenn man es sich grafisch ansieht.

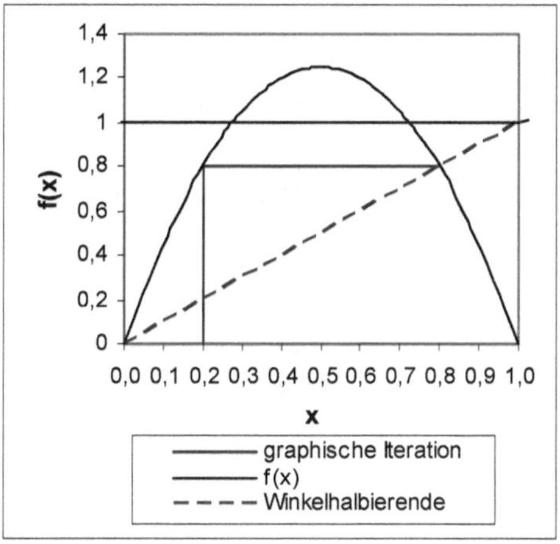

Abbildung 41: Logistische Gleichung für a = 5,0 und x_0 = 0,2

Aus Abbildung 41 erkennt man, dass die logistische Gleichung an einigen Stellen nach unendlich strebt (für a >4), und an anderen Stellen in einem beschränkten Gebiet (a < 4), d. h. im Intervall von 0 bis 1, gefangen zu sein scheint. Letztere bilden die sogenannte Gefangenenmenge. Die Gefangenenmenge der logistischen Gleichung ‚zerfällt' von einem Intervall [0,1] in eine unzusammenhängende Punktewolke, wenn der Parameter die Barriere a = 4 von unten überschreitet.

Im mathematischen Sinne stellt die logistische Gleichung nichts anderes als eine quadratische Funktion dar. Darum können wir die logistische Gleichung bei unserer folgenden Betrachtung durch eine einfachere quadratische Funktion der Form $y = x^2 + c$ ersetzen. Es gibt nämlich eine eindeutige, strukturerhaltende Abbildung zwischen der logistischen und der neuen quadratischen Funktion, die Parabel. Um diese genauer zu beschreiben, gehen wir von der logistischen Gleichung aus. Wie Abbildung 28 zeigt, wird diese zu einer Parabel, wenn sie um 180 Grad gedreht, um eine halbe Einheit nach rechts und um eine halbe Einheit nach oben verschoben wird. Danach streckt man die Parabel um den Faktor a. Das Ergebnis ist eine nach oben geöffnete, symmetrisch zur y-Achse verlaufende Parabel, das Abbild der Funktion $y = x^2 + c$.

Aus diesem Grund können wir alles, was wir über die eine Klasse der quadratischen Funktion bereits wissen, auf die andere übertragen – und umgekehrt.

Demnach ist unsere Basisoperation wieder die quadratische Iteration. Nun benötigen wir noch eine Vorschrift, um von einem Punkt zum nächsten zu gelangen. Diese Vorschrift ist die Gleichung $y = x^2 + c$. So springen wir z.B. von $y_1 = x_0^{\ 2} + c$ nach $y_2 = x_1^{\ 2} + c = (y_0^2 + c)^2 + c$ usw.

Wenn man nun annimmt, dass die Konstante c den Wert null hat, so erhält man $y = x^2$ bzw. $x_{n+1} \rightarrow x_n^{\ 2}$. Je nach dem, welchen Wert man für x_0 wählt, erhält man verschiedene Resultate. Am besten macht man sich dies anhand eines Einheitskreises[64] deutlich.

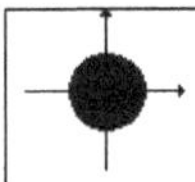	**x_0 < 1**: Zunächst werden die Zahlen der Folge immer kleiner, d. h. sie nähern sich immer mehr dem Ursprung bzw. null an. Darum ist null ein Attraktor des Systems. Am besten stellt man sich den Attraktor als einen Magneten vor, der in seinem eingeschränkten Gebiet (Attraktorengebiet) alle Zahlen anzieht. Diese bleiben auf ewig Gefangene in diesem beschränkten Gebiet.
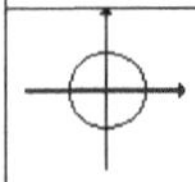	**x_0 = 1**: Jetzt liegt x_0 genau auf dem Einheitskreis um den Mittelpunkt 0. Auch jetzt verlässt die Folge den Einheitskreis nicht. Vielmehr tanzen jetzt die Folgemitglieder mehr oder weniger chaotisch auf dem Einheitskreis umher.
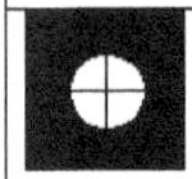	**x_0 > 1**: Bei einer Iteration eines Startwertes außerhalb des Einheitskreises werden die Zahlen der Folge von Iterationsschritt zu Iterationsschritt immer größer, d.h. die Punkte fliehen in die Unendlichkeit.

Somit bildet der Einheitskreis die Grenze zwischen zwei Attraktorengebieten: Demjenigen, das von null, und demjenigen das von der Unendlichkeit dominiert wird. Das Attraktorenfeld, dessen Attraktor null ist, nennt man Gefangenenmenge, das andere, dessen Punktemenge vom Attraktor ‚unendlich' beherrscht wird, wird als Fluchtmenge bezeichnet. Der Rand des Einheitskreises (zwischen der Gefangenen- und Fluchtmenge) wird als Julia-Menge bezeichnet. Hierbei handelt es sich um ein fraktales Gebilde. Dabei erzeugt je-

64 Als Einheitskreis bezeichnet man die Menge der Punkte in einer komplexen Ebene, die den Abstand 1 vom Ursprung haben.

des c eine eigene Julia-Menge. Jedes Teilstück der Julia-Menge weist die Eigenschaft einer unendlich wiederholten Selbstähnlichkeit auf.

Zugegeben, hier entstehen noch keine besonders faszinierenden Julia-Mengen. Diese treten auf, wenn wir die komplexen bzw. imaginären Zahlen zulassen. Am besten erklärt man diese mit den Worten von Leonard Euler: *„So ist klar, dass die Quadratwurzel von Negativ-Zahlen nicht einmal unter die möglichen Zahlen gerechnet werden können; folglich müssen wir sagen, dass dieselben unmögliche Zahlen sind. Und dieser Umstand leitet uns auf den Begriff von solchen Zahlen, welche ihrer Natur nach unmöglich sind, und gemeiniglich imaginäre Zahlen oder eingebildete Zahlen genannt werden, weil sie bloß allein in der Einbildung stattfinden.“*

Einschub: Was sind komplexe bzw. imaginäre Zahlen?
Im Bereich der reellen Zahlen gibt es keine Lösung für eine Wurzel -1. Um diese Gleichung dennoch lösen zu können, erfand man die imaginären Zahlen i. Dabei gilt $i^2 = 1$. Somit konnten nun Gleichungen wie $x^2 + 2x + 2 = 0$, für die es keine Lösung im Bereich der reellen Zahlen gibt, gelöst werden. Dazu benötigt man folgende Lösungsformel $x_{1,2} = - p/2 \pm \sqrt{(p^2/4 - q)}$. Daraus folgt für unsere Beispielgleichung $x^2 + 2x + 2 = 0$:

$x_{1,2} = -1 \pm \sqrt{(4/4 - 2)}$
$x_{1,2} = -1 \pm \sqrt{-1}$

Mithilfe der imaginären Zahl i bekommen wir Lösung: $x_1 = -1 + i$ und $x_2 = -1 - i$. Die Lösung scheint verblüffend zu sein, weil das komplexe Zahlensystem sich aus einem Realteil (a) und einem Imaginärteil (b) zusammensetzt. Davon leitet sich die allgemeine Formel der komplexen Zahlen wie folgt ab: $z = a + bi$. Ich möchte an dieser Stelle keine allgemeine Abhandlung über die komplexen Zahlen geben, sondern nur am Beispiel der vier bekannten Grundrechenarten zeigen, wie man mit komplexen Zahlen rechnet. Zunächst betrachten wir die Addition von komplexen Zahlen.
Sie ist eigentlich relativ einfach, weil man nur eine Addition der jeweiligen Teile vornehmen muss. Folglich addiert man die beiden Realteile und die beiden Imaginärteile getrennt voneinander. $z_1 + z_2 = (a + bi) + (2a + 2bi) = 3a + 3bi$. mit $a = 2$ und $b = 3$ ergibt als Lösung <u>6 + 9i.</u>
Ähnlich verläuft die Subtraktion. Das heißt, man subtrahiert jeweils die beiden Realteile und die beiden Imaginärteile voneinander. $z_2 - z_1 = (2a + 2bi) - (a + bi) = a + bi$. mit $a = 2$ und $b = 3$ ergibt als Lösung <u>2 + 3i.</u>
Ähnlich wie bei den reellen Zahlen gestaltet sich die Multiplikation merklich schwieriger. Jetzt muss man nämlich jeden Teil mit allen weiteren multiplizieren. Daher mul-

tipliziert man nun auch die Realteile mit den Imaginärteilen. $z_1 \cdot z_2 = (a + bi) \cdot (2a + 2bi) = a^2 + 2abi + 2abi + 2b^2i^2$. mit a = 2 und b = 3 ergibt als Lösung 2 + 24i.

Noch schwieriger verläuft die Division. Hier braucht man jetzt konjugiert komplexe Zahlen. Komplexe Zahlen sind konjugiert, wenn sie sich nur durch das Vorzeichen ihrer Imaginärteile unterscheiden. Das Produkt konjugierter imaginärer Zahlen ist stets reell. Um eine komplexe Zahl durch eine andere zu dividieren, teilt man zunächst die komplexe Zahl durch die konjugiert komplexe Zahl. Danach wird das Ergebnis mit der eigentlichen Rechnung multipliziert. Dazu gehen wir von folgendem Beispiel aus: $z_1 = 3 + 2i$ und $z_2 = 5 - 3i$. So ergibt sich die Division wie folgt:

$$\frac{z_1}{z_2} = \frac{3+2i}{5-3i} = \left(\frac{3+2i}{5-3i}\right) \cdot \left(\frac{5+3i}{5+3i}\right) = \frac{15+19i+6i^2}{(5-3i)\cdot(5+3i)} = \frac{9+19i}{34}$$

Trotz der Möglichkeit, mit imaginären Zahlen zu rechnen, scheiterte die Anerkennung dieser Zahlen zunächst, weil sie einfach nicht vorstellbar waren. Eigentlich konnte niemand (außer Mathematiker) mit ihnen etwas anfangen. Den Durchbruch für die komplexen Zahlen schaffte der Mathematiker Carl Friedrich Gauß im Jahre 1831 durch seine geometrische Interpretation der komplexen Zahlen. So wurden sie vorstellbar. Dazu ordnete Gaus jeder komplexen Zahl z = a + bi einen Punkt (a, b) in der Ebene zu. Das wird auch als Polarform bezeichnet.

Die jeder komplexen Zahl zugeordnete Vektorlänge heißt Betrag $|z|$ von z. Der Betrag von z lässt sich mithilfe des pythagoraschen Lehrsatzes berechnen. Der Lehrsatz lautet: $a^2 + b^2 = c^2$. Daraus folgt $|z| = |a + bi| = \sqrt{a^2 + b^2}$, wobei a und b Elemente der reellen Zahlen sein müssen. Dies ist der erste Teil der Polardarstellung, der die komplexe Zahl festlegt. Der zweite Wert wird φ genannt. Dieser Winkel gibt an, wie viel Grad der Vektor (der komplexen Zahl) von der x-Achse entfernt liegt. Daher gilt: $z = r(\cos \varphi + i \cdot \sin \varphi)$ bzw. $z = (r, \varphi)$.

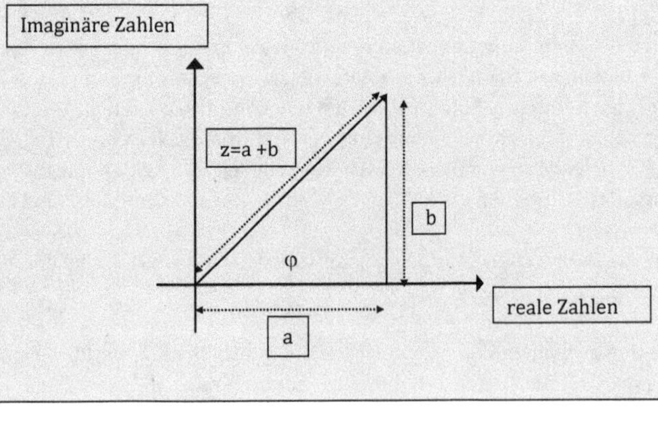

Gauß stellte dazu fest: *„So wie man sich das ganze Reich aller reeller Größen durch die unendliche gerade Linie denken kann, so kann man sich das ganze Reich aller Größen, reeller und imaginärer, durch eine unendliche Ebene sinnbildlich machen, worin jeder Punkt durch die Abszisse = a, die Ordinate = b bestimmt wird, die Größe a + bi gleichsam repräsentiert."*
Leider verlaufen die Rechenschritte bei der Polardarstellung etwas anders ab. Zwei in der Polardarstellung angegebene Zahlen werden multipliziert, indem man ihre Radien multipliziert und ihre Winkel addiert. Für die Multiplikation der Zahlen $z_1 = (r_1, \varphi_1)$ und $z_2 = (r_2, \varphi_2)$ ergibt sich Folgendes: $z_1 \cdot z_2 = (r_1 \cdot r_2, \varphi_1 + \varphi_2)$.
Dagegen werden bei einer Division die Radien dividiert und ihre Winkel subtrahiert. $z_1 = (r_1, \varphi_1)$ soll durch $z_2 = (r_2, \varphi_2)$ dividiert werden. Dies geschieht so: $z_1 : z_2 = (r_1 : r_2, \varphi_1 - \varphi_2)$.
Die Potenzierung von Zahlen in der Polardarstellung ist sehr einfach, weil nur eine fortgesetzte Multiplikation mit sich selbst stattfindet: $(r, \varphi)^n = (r^n, n\varphi)$. Das würde für z^3 bedeuten: $z^3 = (r^3, 3\varphi)$.
Mithilfe der Polardarstellung werden in den weiteren Abschnitt die Julia- und Mandelbrot-Mengen zum Leben erweckt und spektakuläre Bilder erzeugt.

Die Julia-Mengen entstehen durch Iteration der Formel $x_{n+1} \rightarrow x_n^2 + c$, wobei c eine komplexe Zahl sein muss. Der c-Wert wird auch als *Seed Value* bezeichnet, weil er für die Form des fraktalen Gebildes verantwortlich ist.

Wiederum gibt es zwei Sorten von Startwerten x_0, die einen sind der Ausgangspunkt für eine Bahn ins Unendliche (sie bilden die Fluchtmenge), die andere sind auf ein bestimmtes Gebiet beschränkt (sie bilden die Gefangenenmenge).

Mathematisch lässt sich errechnen: Sobald ein Punkt x_n weiter als 2 Einheiten (oder weiter als $|c|$ falls $|c| < 2$) vom Ursprung entfernt ist, driftet seine Bahn unweigerlich ins Unendliche ab, weil der Betrag aller folgenden Bahnpunkte mit jedem weiteren Iterationsschritt anwächst. Darum führen alle Startwerte x_0, die mit einem Radius (2; $|c|$) um den Ursprung liegen, zur Fluchtmenge. Alle anderen Startwerte x_0 führen zur Gefangenenmenge. Das Aussehen der Gefangenenmenge wird durch den Wert c bestimmt. Wenn die Iteration nicht ins Unendliche führt, ist die Julia-Menge zusammenhängend, anderenfalls besteht sie aus einer Staubwolke. Hier einige Beispiele für Julia-Mengen:

Für c = 0

Für c = 0,25 + 0,25 i

Für c = -0,75

Für c = -0,734 - 0,147 i

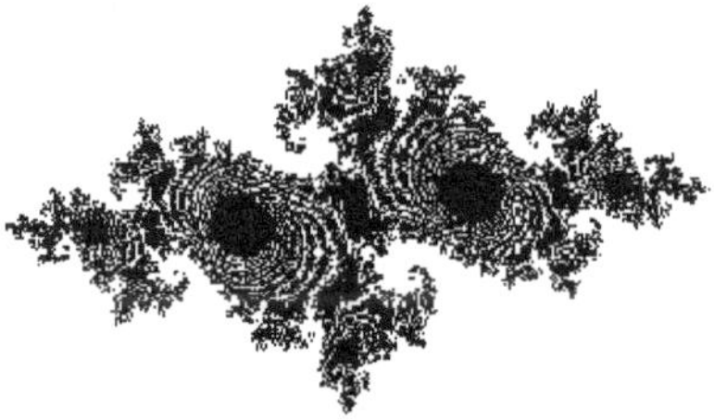

Mithilfe der Iterationsvorschrift $x_{n+1} \rightarrow x_n^2 + c$ haben wir uns die Welt der Julia-Mengen erschlossen. Die obigen Abbildungen zeigen auch, dass Julia-Mengen selbstähnlich sind. Diese Selbstähnlichkeit setzt sich bis in beliebig kleine Skalen fort, wobei die charakteristische Form der Ränder erhalten bleibt.

Ein Bonmot sagt aus: „*Die Idee wird immer ein Wandschirm sein, hinter dem andere wichtigere Dinge vorgehen.*" So ist es auch hier, hinter dieser ‚einfachen' Formel schlummert ein weiteres Objekt von unglaublicher Komplexität, das erst 1979 von Benoît Mandelbrot sichtbar gemacht werden konnte – die Mandelbrot-Menge (oder Apfelmännchen). Ein hervorstechendes Merkmal des Apfelmännchens sind seine kleinen Knospen, die sich vom großen, herzförmigen Hauptteil abheben.

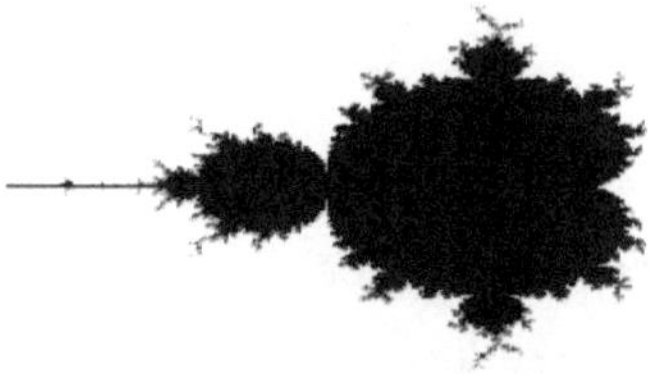

Abbildung 42: Mandelbrot-Menge

Abbildung 42 zeigt das Besondere der Mandelbrot-Menge: Ihr Rand ist nicht völlig glatt, sondern fraktal. Bei Vergrößerung erkennt man einen unerschöpflichen Reichtum von selbstähnlichen Mustern und Strukturen. Je tiefer man in die Mandelbrot-Menge hineinschaut, desto einzigartiger werden die Figuren. So findet man kleine Arten von Apfelmännchen, die dem Original sehr ähnlich sehen, aber dennoch nie eine exakte Kopie des Originals darstellen. Deswegen ist die Mandelbrot-Menge auch nicht selbstähnlich, sie besitzt vielmehr eine annähernd selbstähnliche Unterstruktur, wie. z. B. die Herzformen. Die Mandelbrot-Menge oder die logistische Gleichung offenbaren auch, dass die Komplexität, die in vielen Naturphänomenen steckt, aus relativ einfachen Gesetzen hervorgeht. Komplexes Verhalten hängt also nicht von komplexen Gesetzen ab.

Das Apfelmännchen wird mit demselben Iterationsprozess wie die Julia-Menge erzeugt, jedoch einem Startwert x_0 = null[65]. Eine komplexe Zahl c gehört dann zur Mandelbrot-Menge, wenn die Folge

$x_{n+1} \rightarrow x_n^2 + c \text{ mit } x_0 = 0$

nicht gegen unendlich strebt, man sagt $M = \{c \in C | c \rightarrow c^2 + c \rightarrow \ldots \text{ist beschränkt}\}$[66].

Eine Folge strebt bei gegebenem c nicht gegen unendlich, solange nach ei-

[65] Im Gegensatz dazu versteht man unter einer Julia-Menge alle Startwerte, die bei der Iteration nicht nach unendlich laufen.

ner willkürlichen Anzahl von Iterationen für den Betrag der komplexen Zahl gilt:

$$2 > |x_n| = \sqrt{\text{realer Teil}(x_n)^2 + \text{imaginärer Teil}\,(x_n)^2}$$

Überdies verdeutlicht Abbildung 42 folgende Abhängigkeit von Parameter c:

- Bei c = -2: Die Iteration bleibt auf der 2 wie festgenagelt stehen, d. h. 2 ist ein Fixpunkt. Wir befinden uns am äußeren linken Rand des Apfelmännchens, in der sogenannten Antenne.
- Bei c = -1,99: Die Bahnpunkte variieren chaotisch.
- Bei c = -1,75: Ähnlich wie bei der logistischen Gleichung begegnet uns ein Fenster der Ordnung. Die Bahnpunkte pendeln in einem 3er-Zyklus.
- Bei c = -1,3: Wir kommen in die kleine ‚Knospe' des Apfelmännchens. Dort haben die Bahnpunkte die Periode 4. Außerdem gibt es einen Zusammenhang zwischen der Größe der Knospe und der Länge der Periode des Attraktors. Vereinfacht gilt: je kleiner die Knospe, desto länger ist die Periode.
- Bei c = -1,1: Wir gelangen in die große ‚Knospe', die dort beheimateten Bahnen haben die Periode 2.
- Bei c = - 0,75 < 0,25: Jetzt befindet man sich im herzförmigen Hauptteil des Apfelmännchens.
- Bei c = 0,25: Am rechten Rand des Apfelmännchens strebt die Iteration am reellen Ende einem Grenzwert zu.

---

[66] Vorsicht, dies hat nichts mit der Gefangenenmenge zu tun. Die Gefangenenmenge bezieht sich immer auf die Folgemitglieder x_n ($G = \{x_0 \in C | x_0 \rightarrow x_0^2 + c \rightarrow \ldots \text{ist beschränkt}\}$) und nicht auf den Parameter c.

Abbildung 43 zeigt, dass die Mandelbrot-Menge eine Art Landkarte für die Julia-Mengen darstellt. So kann man quasi mit dem Finger über die Mandelbrot-Menge streifen und bekommt in Abhängigkeit von der Lage des Parameters c in der Mandelbrot-Menge unterschiedliche Julia-Mengen.

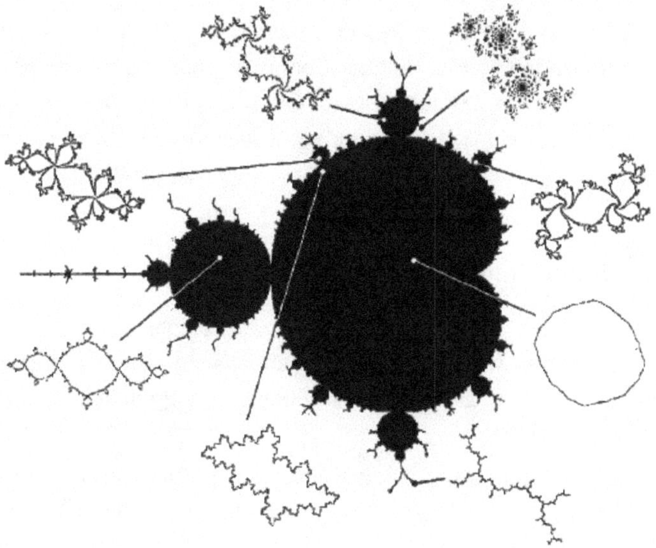

Abbildung 43: Zusammenhang zwischen Julia-Menge und Mandelbrot-Menge[67]

Wählt man beispielsweise den Parameter c außerhalb der Mandelbrot-Menge aus (in Abbildung 43 rechts neben der oberen Knospe), so ist die Julia-Menge nicht zusammenhängend, sondern es entstehen unendlich viele Teilmengen. Solche Julia-Mengen werden auch als Cantor-Menge (s. S. 140 ff.) bezeichnet. Wählt man dagegen für c einen Wert aus dem herzförmigen Hauptkörper des Apfelmännchens, so entspricht die daraus resultierende Julia-Menge einem deformierten Kreis, d. h. sie ist jetzt zusammenhängend.

Befindet sich der Wert von c am Rand des Hauptkörpers, so entsteht eine Julia-Menge des Namens *Siegel Disk*. Liegt dagegen c auf der Randkurve der Mandelbrot-Menge, entsteht ein dendritenartiges Julia-Fraktal usw.

---

[67] http://www.uni-forst.gwdg.de/~wkurth/cg08_v14.doc, S. 26

„...*Bisher steht das Chaos lediglich für die Spitze eines gewaltigen Eisbergs, unter dem sich eine wesentlich feinere Struktur von unermesslicher Komplexität verbirgt, ein geometrisches Labyrinth endloser Verschlingungen und eine surrealistische Landschaft außerordentlicher Schönheit...*" (Leon O. Chua[68])

Was sind dies für Objekte? Für die Beantwortung dieser Frage müssen wir tief ins Chaos hinabsteigen, in die Welt der Computergrafik, die mit einfachsten Bildungsvorschriften, wie der logistischen Gleichung, hochkomplexe Gebilde entwirft. Deren eigentümliche Struktur sorgt für eine gewisse Ordnung im Chaos. Lassen Sie uns also im nächsten Abschnitt das geometrische Labyrinth betreten.

4.2.3. Was sind Attraktoren?

Der amerikanische Meteorologe Edward Lorenz beschäftigte sich zu Beginn der 1960er Jahre mit dem wohl komplexesten chaotischen System unseres Planeten, dem Wetter. Sein Ziel war es, Wettervorhersagen über längere Zeiträume zu ermöglichen.

Dazu setzte er auf Iterationen nichtlinearer Gleichungen und Rückkopplungen, um Systemvorgänge des Wetters zu simulieren. Er entwickelte zwölf nichtlineare Gleichungen, mit denen er die wichtigsten Wettervorgänge, wie z.B. Temperaturen, Luftdrucke, Windgeschwindigkeiten usw., nachahmte. Die Ergebnisse seiner Berechnungen ließ er in Form von Verlaufskurven ausdrücken. Dabei entdeckte er, dass die Wetterkurven in verschiedenen Zyklen ablaufen (wie Tag und Nacht oder Sommer und Winter), sich aber nie genau wiederholten. Es liegt also eine Quasiperiodizität vor. Überdies erkannte er, dass schon kleinste Veränderungen der Rahmenbedingungen langfristig zu unterschiedlichen Verlaufskurven führen (Sensitivität).

Im Dezember 1979 hielt Lorenz auf der Jahreskonferenz der *American Association for the Advancement of Science* den Vortrag *Predictability: „Does the Flap of a Butterfly's Wings in Brazil Set Off a Tornado in Texas?*" – zu Deutsch: „Vorhersagbarkeit: Löst der Schlag eines Schmetterlingsflügels in

[68] Chua. O. L.: International Journal of Bifurcation and Chaos, Vol. 1, No. 1, 1991, 1-2

Brasilien einen Wirbelsturm in Texas aus?". Nach Lorenz gibt es drei Gründe, warum eine langfristige Wettervorhersage prinzipiell nicht möglich ist:

- Selbst die heutigen Supercomputer rechnen nur mit einer begrenzten Datenmenge, so dass ein Teil der weltweiten Wettervorgänge stets unberücksichtigt bleibt. So werden bspw. auf lokaler Ebene Gewitter oder Stürme nicht erfasst, die aber einen Einfluss auf das globale Wetter haben.
- Zum anderen werden die Daten selbst von den Supercomputern immer nur mit einer begrenzten Zahl von Stellen hinter dem Komma erfasst. Der sich daraus ergebende Rundungsfehler führt bei einer iterativen Berechnung zu immer größeren Abweichungen.
- Der Supercomputer müsste für die unendlich große Datenmenge auch unendlich viele Wetterverläufe im Voraus berechnen. Dies hätte zur Folge, dass sich die notwendigen Berechnungen mit jedem Rechenschritt potenzieren, während das Wetter immer nur einem der möglichen Verläufe folgt. Das heißt, der eigentliche Rechenvorgang müsste unendlich komplexer sein als das gesamte globale Wettersystem selbst.

Demnach gelang es Lorenz nicht, Wettervorhersagen über längere Zeiträume zu ermöglichen. Mittlerweile sind die Modelle zur Wettervorhersage zwar ausgereifter und zuverlässiger geworden, trotzdem werden heute immer noch Meteorologen auf dem falschen Fuß erwischt. So ist es beispielsweise trotz der im Vergleich zu Lorenz' Zeiten gewaltig gesteigerten Leistung von heutigen Computern noch nicht möglich, alle Vorgänge in der Atmosphäre vollständig durch mathematische Gleichungen zu erfassen. Darum können Vorhersagen immer nur Wahrscheinlichkeiten angeben. Nur die sogenannten Großwetterlagen bringen etwas Ordnung ins Chaos, weil sie die Atmosphäre in der Regel ein bis zwei Wochen stabil halten. Nach Ansicht der Meteorologen sind Großwetterlagen somit wie ‚Inseln der Stabilität' im chaotischen Wettersystem.

Vorhersagen, die über diesen Zeitpunkt hinausgehen, sind nur mit Vorsicht zu genießen. Je kleiner der Vorhersagezeitraum wird, desto zuverlässiger wird die Wetterprognose. Heute gelten Vorhersagen von bis zu fünf Tagen als relativ zuverlässig. Aber es kommt immer vor, dass die Wetterlage innerhalb weniger Stunden kippt. Beispielsweise verwandelte sich in der Nacht vom 25. zum 26. Dezember 1999 ein zunächst harmloses Tief binnen weniger Stunden in einen monströsen Orkan.

Lorenz' Arbeit war dennoch nicht vergebens. Er entdeckte, dass sogar das chaotische Wetter Ordnungsmuster aufweist, die Attraktoren. Seiner Ansicht nach treten Attraktoren vornehmlich in dissipativen Systemen auf. Das sind Systeme mit einer besonderen Art der Reibung, wobei ihr wesentliches Merkmal der Verlust von Energie ist. Im Gegensatz dazu werden Systeme als konservativ dynamisch bezeichnet, wenn die Energie erhalten bleibt.

Im Allgemeinen versteht man unter einem Attraktor eine geometrische Struktur, die das Langzeitverhalten eines nichtlinearen Systems graphisch beschreibt. Daher beinhaltet er die Information über alle möglichen Zustände, die ein System auf lange Sicht gesehen einnehmen kann. Somit sind Attraktoren Anziehungspunkte oder -bahnen, denen ein chaotisches System langfristig entgegen strebt.

Beispielsweise neigt ein Pendel langfristig dazu, senkrecht über dem Ruhepunkt zum Stillstand zu kommen. Egal von welcher Seite man das Pendel auch anstößt, seine Bahnen laufen immer auf den Ruhepunkt zu. Dieser Ruhepunkt des Pendels ist somit ein Punkt-Attraktor oder Fixpunkt-Attraktor.

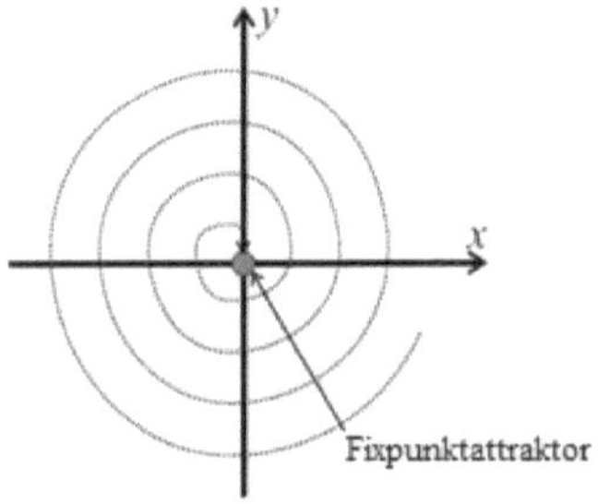

Abbildung 44: Fixpunkt-Attraktor[69]

---

[69] Vgl. Panyaworayan, W.: Prädiktion von chaotischen Zeitreihen mit rekursiver genetischer Programmierung und Konstantenoptimierung, Universität der Bundeswehr, München, 2002, S. 81-83

Ein wie in Abbildung 44 dargestellter Fixpunkt-Attraktor hat mindestens die Dimension von 1.

Etwas komplexere Systeme werden durch einen Grenzzyklus-Attraktor beschreibbar. Um sie anschaulich zu machen, hat der französische Wissenschaftler Poincaré Phasenräume entwickelt. Mittels dieser Räume kann man alle möglichen Zustände darstellen, welche in einem System herrschen, auch jene, die in der Praxis selten oder gar nicht vorkommen.

Einschub: Was haben Phasenraum und Attraktor gemeinsam?

Ein Phasenraum ist ein mathematischer Raum, der nichts mit dem ‚normalen' dreidimensionalen Raum (Höhe, Breite, Länge) zu tun hat. Denn der Phasenraum hat keine Ortskoordinaten, sondern beschreibt andere Zustandsfunktionen (eine Ordinate ist z.B. ein Ort, eine andere eine Geschwindigkeit).

Der Phasenraum wird nämlich durch die Anzahl der Freiheitsgrade bzw. Dimensionen des dynamischen Systems bestimmt. Mit Freiheitsgraden bzw. Dimension sind die Parameter gemeint, die notwendig sind, um das System vollständig zu beschreiben. So besitzt ein dreidimensionales System eine räumliche Ausdehnung. In einem solchen System benötigt man die Angabe zur Länge, Breite und Höhe, um jeden Punkt des Systems eindeutig beschreiben zu können. Um die Sache noch komplizierter zu machen, gibt es auch höherdimensionale Systeme, z.B. vier, fünf und mehr. Jede höhere Dimension erfordert somit eine zusätzliche Angabe, um den Zustand des Systems eindeutig beschreiben zu können.

Um dies näher zu erläutern, greifen wir auf das Beispiel Pendel zurück. Dabei gehen wir davon aus, dass das Pendel nur in einer Ebene schwingt. Sieht man sich das Pendel genauer an, so stellt man fest, dass es an seinem tiefsten Punkt am schnellsten ist. Je weiter es nach oben schwingt, desto langsamer wird es. Am höchsten Punkt bleibt es einen kurzen Moment stehen und schwingt dann zurück. Daher brauchen wir genau 2 Zahlen, um den Zustand des Pendels zu einem bestimmten Zeitpunkt beschreiben zu können: Den Winkel der Auslenkung aus der Ruheposition und die Geschwindigkeit, die das Pendel in diesem Moment hat. Somit hat das Pendel zwei Freiheitsgrade und der Phasenraum ist zweidimensional.

Man kann nun für jeden beliebigen Zeitpunkt die Parameter bestimmen und einen entsprechenden Punkt im Phasenraum eintragen. Somit entsteht eine Trajektorie[70] (auch als Fluss, Orbit oder Phasenbahn bezeichnet). Dabei stellt die Trajektorie eine Kurve dar, die im Phasenraum liegt und alle möglichen Zustände des Systems beschreibt. Diese Trajektorien streben oft für sie typische Gebiete an. Diese Anziehungs-

[70] Trajektorie (lateinisch: der Durchdringer) ist eine durchlaufende Kurve im Phasenraum. Ähnlich der Höhenlinien in einer Landkarte ermöglichen Trajektorien die räumliche Vorstellung. Eine Trajektorie stellt sich stabil auf einen Attraktor ein.

gebiete bezeichnet man als Attraktoren.
Betrachten wir dazu wieder unser Beispiel des Pendels, dessen Phasenraum zweidimensional ist. Um den Phasenraum darzustellen, trägt man auf die horizontale Achse den Auslenkungswinkel auf und auf der vertikalen Achse die Geschwindigkeit (in diesem Fall ist das die Änderungsrate des Auslenkungswinkels). Wie sieht nun so ein Phasenraumorbit aus?

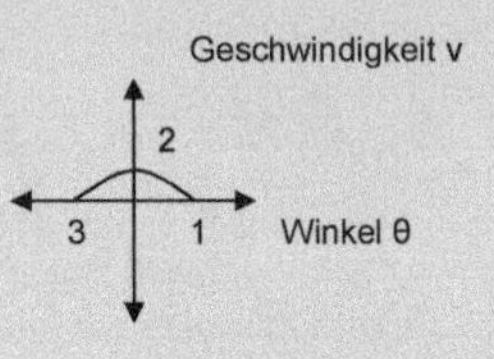

Im Punkt 1 ist der Pendel maximal ausgelenkt, d. h. der Winkel ist groß und die Geschwindigkeit null. Es handelt sich also um den Punkt, an dem das Pendel anhält und wieder zurückschwingt. Dagegen schwingt das Pendel bei Punkt 2 gerade durch die Ruhelage. Somit ist der Auslenkungswinkel gleich null, aber die Geschwindigkeit maximal. Punkt 3 zeigt den Umkehrpunkt des Pendels. Wird die Kurve nach unten erweitert, erhält man den fertigen Phasenraum des Pendels.

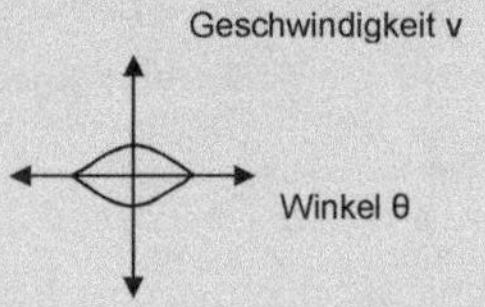

Der Phasenraum sieht für andere Funktionen natürlich anders aus. Folgende Abbildung zeigt rechts das Phasendiagramm und links die Lagekoordinate über die Zeit (ähnlich einem x_n-n Diagramm der logistischen Gleichung, siehe Abbildung 28, S. 132) für die gedämpfte Schwingung:

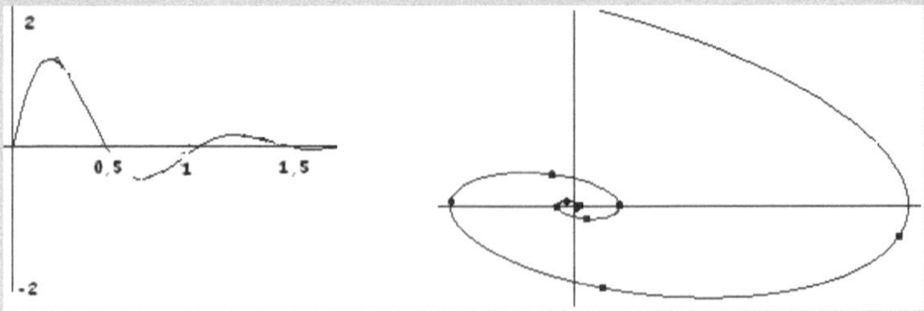

Die gedämpfte Schwingung läuft auf einen stabilen Zustand zu, deswegen läuft die Kurve im Phasenraum auf einen Punkt zu. Wie Sie erkennen, sind die traditionelle Kurvendarstellung und der Phasenraum nur zwei verschiedene Darstellungen derselben Daten.

Der Grenzzyklus-Attraktor charakterisiert geometrisch die dynamischen Abläufe in einem Phasenraum als eine geschlossene Kurve, entweder als Kreis, als Ellipse oder als eine zu einem Ring gebogene Schraubenlinie. Sehen wir uns dies am Beispiel des Raubtier-Beute-Zyklus an, wie man ihn bei Füchsen und Hasen vorfindet.

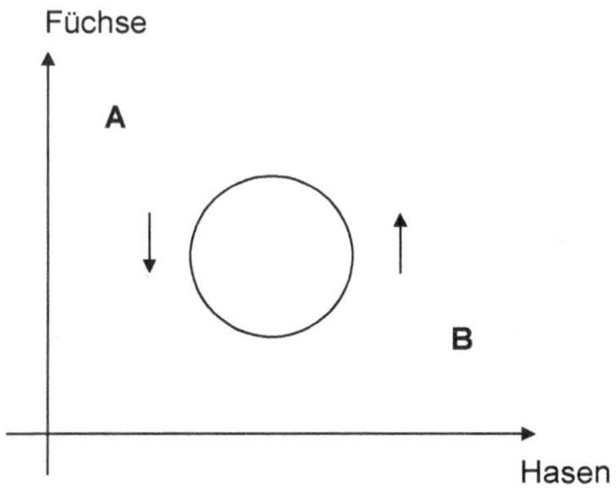

Abbildung 45: Raubtier-Beute-Zyklus am Beispiel von Füchsen und Hasen

Nimmt jetzt z. B. die Anzahl der Hasen ab, so sinkt auch die Anzahl der Füchse, weil die Nahrung knapp wird. Somit bewegt sich das System in Richtung B. Gibt es dagegen einen Überschuss an Beute (Hasen), könnte die Anzahl der Füchse wieder ansteigen. Das System würde sich wieder in Richtung A entwickeln. In der Praxis stellt sich ein dynamisches Gleichgewicht ein. Deswegen wird der Phasenraum als eine geschlossene Kurve (Attraktor des Systems) dargestellt, zum Beispiel durch einen Kreis. Die geschlossene Kurve symbolisiert ein stetiges leichtes Pendeln zwischen einer Mehrheit von Füchsen oder einer Mehrheit von Hasen. Der eigentliche Clou des Attraktors ist, dass, wenn das System an irgendeinem Punkt startet, es sich irgendwann wieder im Attraktor einpendelt hat, wie Abbildung 46 zeigt.

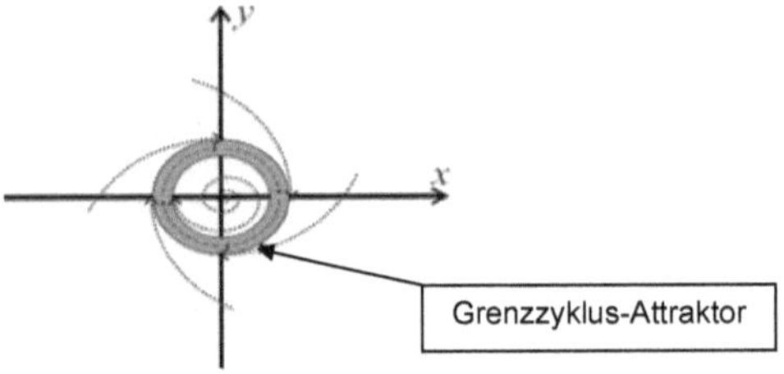

Abbildung 46: Allgemeine Form des Grenzzyklus-Attraktors

Ein Grenzzyklus-Attraktor tritt häufig bei Systemen mit Rückkopplung auf und hat mindestens eine Dimension von 2.

Eine noch komplexere Form eines Attraktors, den Torus-Attraktor, zeigt Abbildung 47. Dieser Attraktor kommt z.B. bei der Planentenbewegung vor. Er tritt häufig bei Systemen mit einer gekoppelten Bewegung von zwei Oszillatoren auf und hat mindestens die Dimension von 3.

Der Torus-Attraktor wird geometrisch beschrieben als eine Fläche, die über ein Gebilde gelegt ist, was eine ähnliche Form wie ein Rettungsring hat. Dieser Attraktor entsteht, wenn in einem System neben der einfachen periodischen Bewegung auch ineinander verschachtelte periodische Bewegungen existieren.

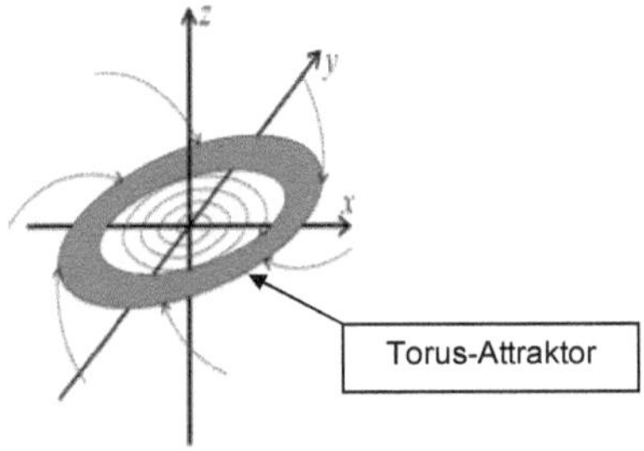

Abbildung 47: Torus-Attraktor

Bei der logistischen Gleichung stellten wir bei einem Wert von a = 3,5699 … fest, dass das System ins Chaotische abdriftet. Doch wir stellten auch fest, dass das System nicht völlig im Chaos versinkt. Es gibt Fenster der Ordnung im chaotischen Gebiet, in denen sich das Verhalten auf einige wenige diskrete Frequenzen reduziert. Zudem konnte mit graphischen Verfahren, die speziell zur Analyse chaotischer Systeme entwickelt wurden, aufgezeigt werden, dass es Strukturen der Ordnung im auf den ersten Blick unüberschaubaren Chaos gibt, die sogenannten seltsamen Attraktoren. Hierbei handelt es sich um Attraktoren, die zwar eine erkennbare Gestalt haben, sich aber nicht klar von ihrer Umgebung abgrenzen.

Der Meteorologe Lorenz war der erste, der mithilfe einer mathematischen Simulation einer Turbulenz einen seltsamen (oder chaotischen) Attraktor fand. Er trug die aus der Simulation erhaltenen Daten in einen Phasenraum ein und erhielt eine dreidimensionale Doppelspirale mit unendlicher Anzahl an Anziehungsbahnen, den Lorenz-Attraktor. Somit kann sich das Verhalten eines chaotischen Systems im Allgemeinen nur in einem abgegrenzten Bereich abspielen, den Anziehungsbahnen des seltsamen Attraktors, hier dem Lorenz-Attraktor.

Abbildung 48 (S. 168) zeigt zwei sich im Raum ausbreitende Spiralen, ähnlich der Form eines Schmetterlings. Außerdem erkennt man, dass sich diese Spiralen aneinander schmiegen und durch überlaufende Bahnen verbunden sind. Deshalb winden sich die Trajektorien spiralförmig von innen nach außen. Überschreitet nun eine Lösung des Attraktors einen bestimmten kritischen Schwellenwert, so wird die Bahn aus der Spirale herausgeschleudert und anschließend von der anderen Spirale angezogen. In dieser neuen Spirale wiederholt sich dieses Schauspiel. In diesem Bereich ist der Lorenz-Attraktor chaotisch, da der Verlauf der Trajektorien nicht vorhersehbar ist und die Bahnen sensitiv von den Anfangsbedingungen abhängen.

Somit veranschaulicht auch der Lorenz-Attraktor, dass schon mittelfristige Vorhersagen nicht möglich sind, da der Verlauf des Wetters in dieser sprichwörtlichen ‚Wolke der Ungewissheit' des Lorenz-Attraktors verloren geht, das Wetter liegt dann buchstäblich irgendwo auf dem Attraktor. Allerdings entwickelt sich das Wetter somit niemals rein zufällig, sondern folgt wie andere chaotische Systeme dem Prinzip ‚lokal unvorhersagbar (Schmetterlingseffekt), aber global stabil (Attraktor)'. Dies liegt am Wesen des seltsamen Attraktors. Denn beim Wetter können kleinste Veränderungen durchaus größere Turbulenzen nach sich ziehen, die Frage ist lediglich, wann das passiert.

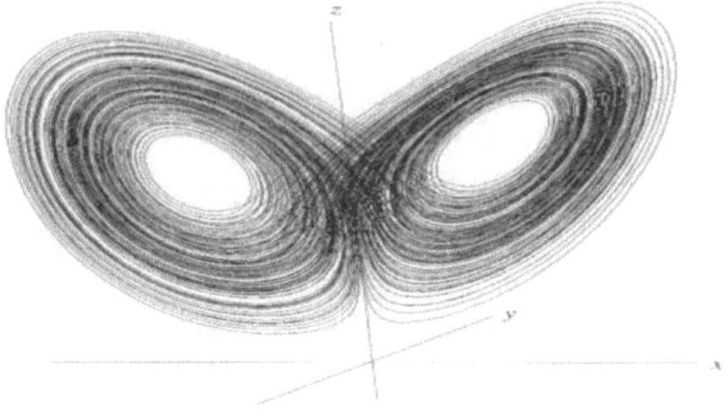

Abbildung 48: Lorenz-Attraktor[71]

Um das Wesen eines seltsamen Attraktors zu verstehen, muss man wissen, dass es im Phasenraum zu einem ungewöhnlichen Verhalten kommt. Was sich dort im Phasenraum abspielt, wird häufig mit dem Kneten eines Teiges verglichen. Dabei besteht der Knetvorgang aus einer Kombinationen von zwei Arbeitsgängen:

- dem Ausrollen des Teiges (der Teig dehnt sich aus) und
- dem Zusammenfalten des Teiges (der Teig verkleinert sich)

Am Beispiel eines Tropfens roter Lebensmittelfarbe im Teig kann man verdeutlichen, was mit den benachbarten Trajektorien (s. S. 163) passiert. Zu Anfang des Knetvorganges wird der Farbfleck einfach immer nur länger, bis er schließlich gefaltet wird. Nach einiger Zeit ist der Farbfleck mehrmals gestreckt und gefaltet worden. Chaos entsteht auf analogem Weg, nur das anstatt des Teiges der Zustandsraum durchmischt wird.

Einschub: Henon-Attraktor

Bei einem mehrdimensionalen seltsamen Attraktor, wie dem Lorenz-Attraktor, findet die Streck- und Faltwirkung in mehreren Dimensionen statt. Um dies möglichst einfach zu erläutern, greifen wir auf den zweidimensionalen Henon-Attraktor zurück.
Dabei findet die Streck- und Faltwirkung in zwei Dimensionen statt, wobei die Koordinaten mit x und y bezeichnet werden. Die Formel hierzu lautet: $H(x,y)=\left(y+1-a\times x^2,bx\right)$. Die Dynamik des Systems hängt von den beiden Parametern a

[71] Pleitgen, H. O. et al.: Chaos. Bausteine der Ordnung, Klett-Cotta Springer Verlag, Stuttgart, 1994, S. 132-209

und b ab. Sie streben für einige Parameterwerte einen periodischen Zyklus an, während bei anderen Parameterwerten Chaos entsteht. Henon verwendet die beiden Parameter a = 1,4 und b = 0,3, um den Henon-Attraktor zu erhalten. Dabei entsteht der Attraktor in drei Schritten.

Der erste Schritt besteht aus einem Umbiegen in Richtung der y-Koordinate. Dies wird durch die Gleichung $H_1(x,y)=(x,y+1-a\times x^2)$ beschrieben. Wird beispielsweise eine horizontale Linie umgebogen, so erhält man eine nach unten geöffnete Parabel mit dem Scheitelpunkt bei (0, y+1). In der Sprache des Knetens bedeutet dies, dass der Teig gestreckt wird. Hierzu hält Person A den Teig in der Mitte fest, während Person B die beiden Enden des Teigs auseinander zieht.

Im zweiten Schritt erfolgt eine Kontraktion in der x-Richtung nach folgender Gleichung $H_2(x,y)=(b\cdot x,y)$. Dabei ist der Kontraktionsfaktor der Parameter b, also 0,3. Übersetzt in die Sprache des Knetens würde nun der ausgestreckte Teig durch Person B zusammengefaltet werden, wobei die beiden Enden übereinander gelegt werden.

Im letzten Schritt erfolgt eine Spiegelung entlang der Diagonalen nach folgender Formel $H_3(x,y)=(y,x)$. Wiederum übersetzt in die Sprache des Knetens würde der Teig durch Person A auf den Küchentisch gelegt und umgeschlagen werden. Durch Verkettung dieser drei Schritte kommt man zum Henon-Attraktor: $H(x,y)=H_3(H_2(H_1(x,y)))$.

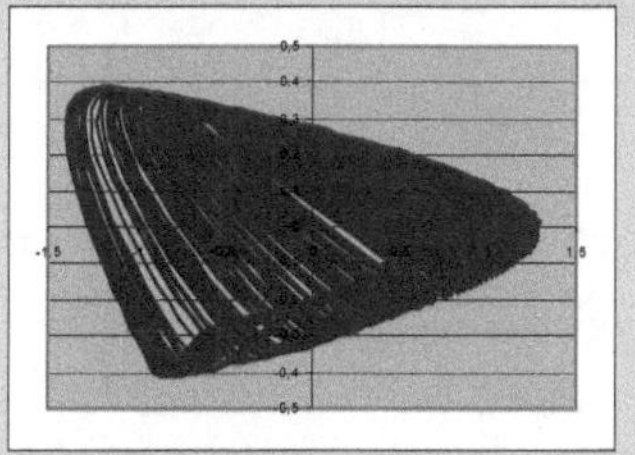

Man erkennt, dass der Henon-Attraktor alle naheliegenden Trajektorie-Bahnen in sich herein zieht. Je mehr wir einen Teil des Attraktors vergrößern, desto mehr „Parabeln“ werden sichtbar, d. h. der Henon-Attraktor besteht aus unendlich vielen parabelähnlichen Schichten. Diese entstehen durch die oben beschriebene Knetwirkung. Nehmen wir an, dass im Inneren des Attraktors mindestens eine Parabel vorliegt, so entsteht durch das Strecken und Falten dieser Parabel eine neue Parabel, die dann aus zwei Schichten besteht. Die nächste Iteration erzeugt eine Struktur mit vier Schichten, danach eine mit acht Schichten usw. Somit erhält man unendlich viele Parabeln, die zum Attraktor gehören.

So laufen die benachbarten Trajektorien exponentiell auseinander, d. h. sie werden gestreckt. Da nun aber chaotische Attraktoren eine endliche Größe haben, können zwei Trajektorien nicht für immer und ewig exponentiell auseinander laufen. Der chaotische Attraktor ist also gezwungen, sich auf sich selbst zurück zu falten. Auf diese Weise gelingt es benachbarten Trajektorien weiter zu divergieren und doch zugleich nahe aneinander vorbeizulaufen. So mischt der chaotische Attraktor die Trajektorien im Phasenraum, ähnlich wie ein Bäcker seinen Teig knetet (Bäcker-Transformation).

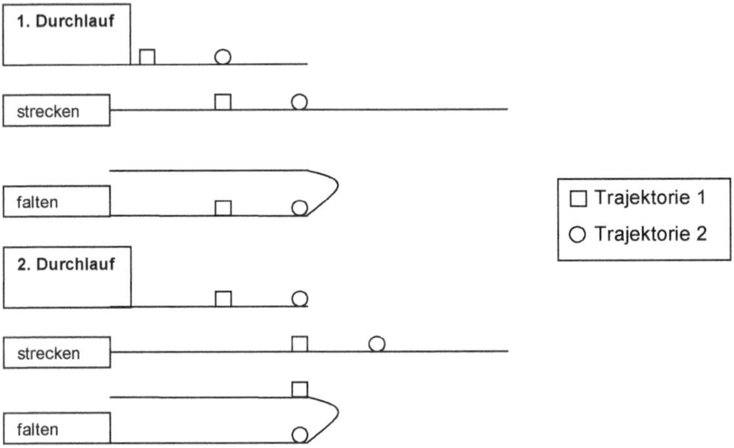

Abbildung 49: Zwei Trajektorien, dargestellt als ein Kreis und Quadrat, die im Prozess des Streckens und Falten ihre Positionen im Phasenraum ändern

Durch diese sich ständig wiederholenden gegenpoligen Schritte der exponentiellen Streckung und der Rückfaltung entstehen im Zustandsraum Falten in Falten. Dies hat zur Folge, dass anfangs nahe beieinander liegende Trajektorien enorm divergieren. Zu irgendeinem Zeitpunkt werden sie vielleicht, ähnlich der Ausgangssituation (vor dem Strecken und Falten), wieder nahe beieinander laufen, doch der genaue Ort und die genaue Zeit dieses Geschehens ist nicht vorhersagbar.

Durch das systemimmanente Strecken und Falten eines chaotischen Attraktors werden kleine Unterschiede groß (Schmetterlingsphänomen) und da das Falten weit entfernte Trajektorien wieder näher bringen kann, ist eine exakte Vorhersage der Zukunft unmöglich. Durch das ständige Falten und Strecken entstehen in einem seltsamen Attraktor immer feiner liegende Strukturen. Dies führt dazu, dass man immer einen Bereich aus diesem vielschichtigen

Attraktor vergrößern kann und jeweils wieder ähnliche Strukturen erhält. Deswegen weisen seltsame Attraktoren eine selbstähnliche Struktur auf. Diese selbstähnlichen geometrischen Objekte haben noch eine weitere seltsame Eigenschaft[72]. Ihre Dimension (s. S. 179ff.) ist nicht ganzzahlig, sie ist gebrochen. Das lässt sich mit folgendem Gedankenexperiment für einen dreidimensionalen Phasenraum erklären:

- Wie oben angesprochen, bewirkt das Falten bzw. Zusammenziehen des Phasenraumes, dass (verallgemeinert) das Volumen des Attraktors null ist. Daher gilt, dass seine Dimension kleiner 3 ist. Durch die Streckbewegung entfernen sich zwei Trajektorien exponentiell voneinander. Da die Bewegung in einem begrenzten Bereich im Phasenraum verläuft und die Trajektorien sich nicht schneiden dürfen, folgt daraus, dass die Dimension größer 2 sein muss. Also ist $2 < \text{Dimension} < 3$.

Diese selbstähnliche Struktur kann mit dem im nächsten Kapitel erläuterten Instrumentarium der fraktalen Geometrie untersucht werden. Somit stellen die seltsamen Attraktoren den Punkt dar, an dem sich Chaos und Fraktale treffen. Denn als geometrische Objekte sind die seltsamen Attraktoren streng genommen Fraktale und als dynamische Objekte sind sie als chaotisch anzusehen.

Fassen wir die Merkmale des Chaos zusammen. Ein Mathematiklehrer rät seinen Schülern: „*Verwechsle nie das Modell mit der Realität. Merksatz: Iss nicht die Speisekarte auf!*" Woher weiß man, dass das, was chaotisch aussieht, auch tatsächlich chaotisch ist und nicht nur sehr kompliziert bzw. schwer zu erfassen ist? Die Mathematiker haben sich auf drei Charakteristika des Chaos geeinigt. Das sind: Mischen, Periodizität[73] sowie die sensitive Abhängigkeit von den Anfangsbedingungen. Diese drei Charakteristika werden auch als Zeichen des Chaos gedeutet.

---

[72] Wird ein Objekt im Maßstab 1:n verkleinert und passen x Kopien der kleinen Gebilde in das ursprüngliche Objekt, so ergibt sich die Selbstähnlichkeitsdimension d des Objektes nach folgender Formel: $n^d = k$.

[73] Beispielsweise führt der Weg ins Chaos bei der logistischen Gleichung über eine Periode 2, d. h. es entstehen immer neue Fixpunkte zur 2. Periode (s. S. 136ff.).

Kann man diese Zeichen messen? Ja, und zwar mit dem in den folgenden Abschnitten erläuterten Lyapunov-Exponenten und der Korrelationsdimension.

4.2.4. Der Lyapunov-Exponent

Aus den vorherigen Abschnitten wissen wir, dass in einem seltsamen Attraktor permanent ein Strecken und Falten vor sich geht. Allerdings ist der Phasenraum, den ein seltsamer Attraktor einnimmt, beschränkt. Zudem dürfen sich Trajektorien nicht auf dem Attraktor schneiden. So laufen zwei gegensätzliche Effekte ab: Das exponentielle Auseinanderlaufen der Trajektorien und das Zurückfalten. Dies führt zu einer typischen Eigenschaft der seltsamen Attraktoren, und zwar der Empfindlichkeit gegenüber äußerst kleinen Veränderungen in den Anfangsbedingungen (Sensitivität). So führen bereits minimale Änderungen der Anfangsbedingungen zu einer nicht prognostizierbaren Änderung der Folgezustände. Dennoch gibt es eine Möglichkeit, ‚Ordnung in das Chaos' zu bringen.

Der Lyapunov-Exponent ist eine Charakterisierung der Stabilitätseigenschaften der Attraktoren. Im Prinzip beschreibt der Lyapunov-Exponent die Geschwindigkeit, mit der sich zwei (nahe beieinanderliegende) Punkte im Phasenraum voneinander entfernen oder annähern (je nach Vorzeichen des Lyapunov-Exponenten). Somit stellt der Lyapunov-Exponent ein Maß zur Bestimmung des Grades der sensitiven Abhängigkeit von den Anfangsbedingungen des Systems dar.

Schon Alfred North Whitehead stellte fest: "*Math is like Ophelia in Hamlet – charming and a bit mad.*" Dennoch müssen wir uns jetzt mit der Mathematik des Lyapunov-Exponenten beschäftigen. Dazu müssen wir uns zunächst klar werden, was die Sensitivität eines Systems überhaupt beschreibt. Im Prinzip beschreibt die Sensitivität nämlich, wie sich ein Fehler im System fortpflanzt.

Leider ist bei chaotischen Systemen die Fehlerentwicklung nichtlinear, sondern erfolgt aufgrund des Dehnungs- und Faltungsprozesses unregelmäßig.

Gehen wir von einem beliebig kleinen Anfangsfehler E_0 aus[74] und schreiben den Faktor $\frac{E_n}{E_0}$ für die gesamte Fehlerverstärkung auf.

$$\left|\frac{E_n}{E_0}\right| = \left|\frac{E_n}{E_{n-1}}\right| \cdot \left|\frac{E_{n-1}}{E_{n-2}}\right| \cdots \left|\frac{E_1}{E_0}\right|$$

Versucht man nun, jeden einzelnen Faktor abzuschätzen, stößt man schnell an Grenzen. Zur Berechnung der gesamten Fehlerverstärkung müsste man alle Faktoren miteinander multiplizieren. So würde eine Zahl entstehen, die so groß wäre, dass sie nicht mehr durch eine Computerzahl dargestellt werden könnte. Glücklicherweise gibt es eine Möglichkeit, dieses Problem zu umgehen. Sehen wir uns die Fehlerfortpflanzung in einem linearen System an. In einem linearen System der Form $x_{t+1} = c \cdot x_t$ würde der Fehler mit dem Faktor c anwachsen, d. h. die Geschwindigkeit der Fehlerentwicklung ist abhängig vom Faktor c. Damit ergibt sich ein Fehler nach n Iterationen nach folgender Formel:

$$\left|\frac{E_n}{E_0}\right| = c^n \Rightarrow \ln c = \frac{1}{n} \ln\left|\frac{E_n}{E_0}\right| =: \lambda_{(x_0)} \Rightarrow c = e^{\lambda(x_0)}$$

Mithilfe der obigen Gleichung kann man anhand des Lyapunov-Exponenten $\lambda(x_0)$ den Faktor c bestimmen, um den bei jeder Iteration, ausgehend von x_0, ein Fehler verstärkt wird.

Aus dieser Gleichung erkennt man ferner, dass uns eigentlich nur das geometrische Mittel der Fehlerfortpflanzung bzw. der Logarithmus des geometrischen Mittels interessiert.

$$\lambda_{(x_0)} = \frac{1}{n} \ln\left|\frac{E_n}{E_0}\right| = \ln \sqrt[n]{\left|\frac{E_n}{E_0}\right|} \ln \sqrt[n]{\left|\frac{E_n}{E_{n-1}} \cdot \frac{E_{n-1}}{E_{n-2}} \cdots \frac{E_1}{E_0}\right|}$$

Der Lyapunov-Exponent ist also der natürliche Logarithmus des geometrischen Mittels, um die der Fehler bei jeder Iteration jeweils verstärkt wird. Das ist allerdings nur eine Schätzung, die umso genauer wird, je größer die An-

[74] Vgl. Pleitgen, H. O. et al.: Chaos. Bausteine der Ordnung, Klett-Cotta Springer Verlag, Stuttgart, 1994, S. 40 - 50

zahl (n) der durchgeführten Iterationen wird. Ist der Anfangsfehler E_0 besonders klein, kann man den Lyapunov-Exponenten so definieren:

$$\lambda_{(x_0)} = \lim_{n\to\infty} \lim_{E_0\to\infty} \frac{1}{n} \ln\left|\frac{E_n}{E_0}\right|$$

Ist jetzt die Funktion (f), die iteriert wird, differenzierbar, so kann man den Lyapunov-Exponenten auch mithilfe der Ableitung von (f) berechnen. Der Übersichtlichkeit halber betrachten wir dazu nur das Argument des Limes, also:

$$\lambda_{(x_0)} = \frac{1}{n} \ln\left|\frac{E_n}{E_0}\right| = \frac{1}{n} \ln\left|\frac{E_n}{E_{n-1}} \cdot \frac{E_{n-1}}{E_{n-2}} \cdots \frac{E_1}{E_0}\right| = \frac{1}{n} \sum_{k=1}^{n} \left|\frac{E_k}{E_{k-1}}\right| = \frac{1}{n} \sum_{k=1}^{n} \ln\left|\frac{f(x_{k-1} + E_{k-1}) - f(x_{k-1})}{E_{k-1}}\right|$$

Geht man wiederum davon aus, dass der Fehler sehr klein ist, so gilt:

$$\lim_{E_i\to 0} \frac{1}{n} \ln\left|\frac{E_n}{E_0}\right| = \frac{1}{n} \sum_{k=1}^{n} \ln\left|f'(x_{k-1})\right|$$

So ergibt sich der Lyapunov-Exponent für eine differenzierbare Funktion bzw. Transformation nach folgender Gleichung.

$$\lambda_{(x_0)} := \lim_{n\to\infty} \frac{1}{n} \sum_{k=1}^{n} \ln\left|f'(x_{k-1})\right|$$

Das Aufsummieren der Logarithmen aller Verstärkungsfaktoren führt zu keinerlei Problemen. Dennoch verbleibt ein Problem: Wie können wir überhaupt die einzelnen Fehlerverstärkungsfaktoren nach jeder Iteration abschätzen?

Durch den Term $\left|\frac{E_{k+1}}{E_k}\right|$ wird beschrieben, wie ein kleiner Fehler E_k von x_k, bei der k-ten Iteration in der darauffolgenden Iteration vergrößert oder verkleinert wird. Dabei ist dieser Fehlerverstärkungsfaktor unabhängig von der Größe des Fehlers E_k, solange dieser klein genug bleibt. Stellen wir uns jetzt einen Fehler in x_k vor, der nur halb so groß ist (d. h. $\frac{E_k}{2}$), so könnten wir erwarten, dass der Fehler in x_{k+1} auch etwa halb so groß ist (d. h. $\frac{E_{k+1}}{2}$). Das bedeutet, dass es keine Rolle spielt, ob wir den genauen Wert von E_k nutzen oder aber einen kleineren Fehler ε, wie z.B. $\varepsilon = 0{,}000001$. Deshalb können wir einfach einen kleineren Fehler ε annehmen und können die Fehlerverstärkungsfaktoren von $\left|\frac{E_{k+1}}{E_k}\right|$ auf $\left|\frac{\tilde{E}_{k+1}}{\varepsilon}\right|$ schätzen.

Folglich haben wir eine Methode gefunden, mit der man den Lyapunov-Exponenten berechnen bzw. abschätzen kann. Man bildet einfach den Mittelwert über viele Iterationen. Mathematisch sieht das so aus:

$$\lambda_{(x_0)} = \frac{1}{n}\ln\left|\frac{E_n}{E_0}\right| \approx \frac{1}{n}\sum_{k=1}^{n}\ln\left|\frac{\tilde{E}_k}{\varepsilon}\right|$$

Zur Verdeutlichung dieses Zusammenhanges sollten wir den Lyapunov-Exponenten für die logistische Gleichung berechnen. Dazu nehmen wir folgenden Zusammenhang an:

$\tilde{E}_{k+1} = f(x_k + \varepsilon) - f(x)$ mit $f(x) = a \cdot x(1-x)$ und einen a-Wert von 4

Jetzt berechnen wir den Lyapunov-Exponenten für eine verschiedene Anzahl von Iterationen. Außerdem betrachten wir unterschiedliche Startwerte. Bei jedem Iterationsprozess wird ein Fehler von ε = 0,001 verwendet.

Tabelle 8: Berechnung des Lyapunov-Exponenten für verschiedene Startwerte der logistischen Gleichung

Iterationen	x_0 = 0,20	x_0 = 0,87
1.000	0,69366	0,69001
10.000	0,69311	0,69344
1.000.000	0,69301	0,69311

Tabelle 8 zeigt, dass der Lyapunov-Exponent $\lambda(x_0)$ gegen den Wert 0,693 konvergiert. Die Sensitivität in den Anfangsbedingungen ist dann gegeben, wenn der Lyapunov-Exponent positiv ist. Somit haben wir für die logistische Gleichung die sensitive Abhängigkeit von den Anfangsbedingungen nachgewiesen. Der Lyapunov-Exponent ist ein Schüssel zum Aufspüren und Quantifizieren eines chaotischen Verhaltens.

Übertragen wir nun das Modell der Fehlerfortpflanzung auf die Welt der Trajektorien und Attraktoren. Gemäß ihrer Lyapunov-Exponenten lassen sich die folgenden Attraktorentypen identifizieren.

Tabelle 9: Zusammenhang zwischen Attraktor und Lyapunov-Exponent

Art des Attraktors	Lyapunov-Exponent
Stabiler Fixpunkt	Hier liegt ein zeitunabhängiger, stationärer Zustand vor, deswegen sind alle Lyapunov-Exponenten negativ.
Grenzzyklus	Hier liegt meist eine periodische Bewegung vor. Deshalb verschwindet ein Lyapunov-Exponent, alle übrigen sind negativ.
n-Torus	Hier liegt eine fastperiodische Bewegung vor. Darum verschwinden n-Lyapunov-Exponenten und alle anderen sind negativ.
Seltsamer Attraktor	Hier liegt eine geometrische Struktur mit einer fraktalen Struktur vor. Folglich ist mindestens ein Lyapunov-Exponent positiv, ein Lyapunov-Exponent verschwindet und alle übrigen sind negativ.

Ein positiver Lyapunov-Exponent deutet darauf hin, dass dicht beieinanderliegende Trajektorien im Zeitverlauf divergieren. Das heißt, dass das System sensitiv abhängig von den Anfangsbedingungen ist und daher chaotisches Verhalten aufweist. Dagegen steht ein negativer Lyapunov-Exponent für ein kontaktierendes und somit nicht chaotisches Verhalten. Die Menge aller Lyapunov-Exponenten nennt man Lyapunov-Spektrum. Für das Beispiel der logistischen Gleichung ergibt sich folgendes Bild.

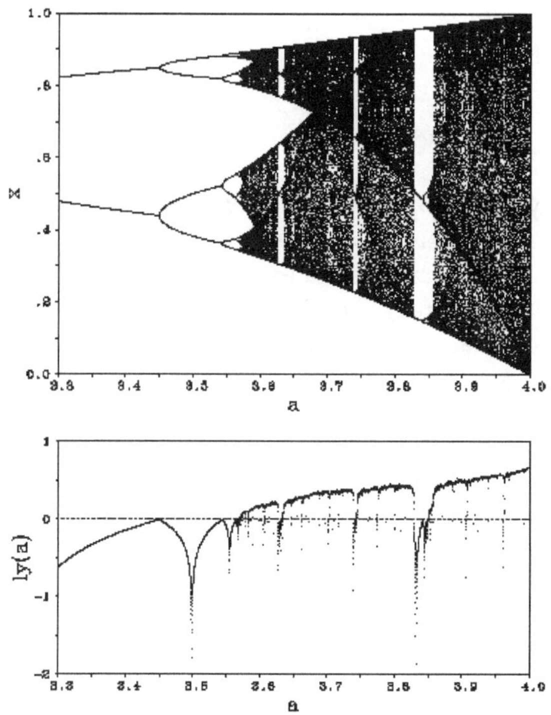

Abbildung 50: Lyapunov-Exponent der logistischen Gleichung. Die obere Abbildung zeigt das Feigenbaum-Diagramm und die untere den Lyapunov-Exponenten

Abbildung 50 zeigt, dass bei einem stabilen Zustand (Fixpunkt oder periodischer Zyklus) der Lyapunov-Exponent negativ ist, das heißt, dass zwei benachbarte Startwerte mit der Zeit konvergieren. An einem Bifurkationspunkt ist der Lyapunov-Exponent null. Demzufolge sollte sich bei einem Lyapunov-Exponenten von null eine gewisse Neutralität zeigen. Ähnliche Startwerte werden zwar nicht divergieren, sich aber erst im Unendlichen angleichen.

Nur im chaotischen Bereich ist der Lyapunov-Exponent positiv, d. h., dass zwei benachbarte Startpunkte mit der Zeit divergieren. Darum besitzen seltsame Attraktoren definitionsgemäß mindestens einen positiven Lyapunov-Exponenten.

Streng genommen gilt die Herleitung des Lyapunov-Exponenten nur für eindimensionale Systeme. Bei mehrdimensionalen Systemen müssen die Systemdynamiken bezüglich jeder Richtung des Systems analysiert werden. In solchen Systemen richtet sich die Anzahl der Lyapunov-Exponenten nach der Dimension des Phasenraumes, d. h. der Dimension des zugrunde liegenden Systems. Ein n-dimensionales System besitzt folglich n Lyapunov-Exponenten.

Hat ein System mehrere Lyapunov-Exponenten, werden diese mit λ_1, λ_2 ... bezeichnet. Bei Systemen mit mehreren Dimensionen hängt die Fehlerverstärkung von der Richtung des Fehlers ab, somit ist λ_1 so definiert, dass $e^{\lambda 1}$ dem maximalen durchschnittlichen Fehler entspricht. Dabei gilt $\lambda_1 \geq \lambda_2 \geq ... \lambda_n$. Wegen dieser Definition wird der erste Lyapunov-Exponent auch als der maximale Lyapunov-Exponent eines Systems bezeichnet. Wenn ein positiver maximaler Lyapunov-Exponent vorliegt, ist dies ein Zeichen für Sensitivität und damit für Chaos, da die Fehler exponentiell verstärkt werden. Nach Rössler kann z. B. ein vierdimensionales System zwei positive Lyapunov-Exponenten enthalten. Rössler führte für solche Systeme den Begriff Hyperchaos ein.

Allerdings ist Vorsicht bei der Verwendung des Lyapunov-Exponenten geboten. Denn er liefert nur einen Nachweis über die Sensitivitätseigenschaft eines Systems. Er zeigt aber nicht, ob bei der untersuchten Zeitreihe auch tatsächlich ein dynamisches deterministisches System vorliegt, welches als chaotisch charakterisiert werden kann. Die Möglichkeit des Nachweises der Existenz eines chaotischen Systems ist abhängig von der Dimensionalität und der verfügbaren Datenmenge. In der finanzwirtschaftlichen Forschung sagt man, dass per Definition die Existenz eines niedrigdimensionalen deterministischen Systems mit einer Dimensionalität von maximal 7 als Chaos angenommen werden kann.

Darum ist zum Nachweis eines chaotischen Systems zwingend notwendig, auch die Existenz eines niedrigdimensionalen deterministischen Systems zu beweisen. Hier bietet sich das Konzept der Korrelationsdimension an.

4.2.5. Die Korrelationsdimension

Der Begriff Dimension ist nicht eindeutig, wie etwa eine DIN-Norm, definiert. Vielmehr existiert eine Vielzahl unterschiedlicher Dimensionsbegriffe (wie z.

B. Hausdorff-Dimension, Box-Dimension, Selbstähnlichkeits-Dimension, Kapazitäts-Dimension, topologische Dimension, euklidische Dimension, fraktale Dimension usw.) die teilweise im Zusammenhang stehen, jedoch unterschiedliche Aspekte in den Mittelpunkt rücken. Ich werde mein Augenmerk in diesem Abschnitt auf die Korrelationsdimension legen, weil sie in der Chaostheorie von besonderer Bedeutung ist.

Nach Albert Einstein „*findet der Wissenschaftler seine Belohnung in dem, was Poincaré die Freude am Verstehen nennt ...*" Was versteht man allgemein unter Dimension?

In der elementaren Geometrie versteht man unter Dimension die Anzahl der Informationen, die notwendig sind, um die Lage eines Punktes eindeutig zu bestimmen. Infolgedessen hat ein Punkt die Dimension 0, eine Linie die Dimension 1, eine Fläche die Dimension 2 und ein Körper die Dimension 3. Verlässt man die elementare Geometrie, so rücken ganz andere Strukturen in den Vordergrund, die mit diesem simplen Dimensionsmaß nicht mehr bestimmt werden können. So fragte beispielsweise Mandelbrot nach der Länge der britischen Küste. Bei der Beantwortung dieser Frage fand man heraus, dass die Länge der Küste zunimmt, je geringer der gewählte Maßstab wird, weil mit jedem Verkleinerungsschritt des Maßstabes zusätzliche Details der Küstenlinie gemessen werden können. Dies führte zu der Erkenntnis, dass die Länge einer jeden glatten Grenze gegen unendlich streben muss, wenn der zugrunde gelegte Maßstab gegen null strebt.

Ein ähnliches Problem tritt auf, wenn man eine gekrümmte Linie betrachtet. Stellt man die gekrümmte Linie in der glatten Dimensionsnotation der Topologie dar, so verändert sich die Dimension der Linie nicht. Doch bei einer genaueren Betrachtung der Dimension muss die Krümmung der Linie berücksichtigt werden. Dazu nimmt man an, dass die Linie so auf eine begrenzte Fläche (z.B. ein DIN-4-Blatt) platziert ist, dass jeder Punkt dieser Fläche von der Linie bedeckt wird, ohne dass die Linie sich schneidet oder überlappt. Demnach müsste die Linie unendlich lang sein, was zur Folge hätte, dass die Dimension einer solchen Linie zwei wäre, obwohl ihre topologische Dimension eins ist. Somit hätte eine endlich lange, gekrümmte Linie eine gebrochene fraktale Dimension zwischen eins und zwei.

Um die Komplexität einer Struktur zu erfassen, muss man ein Gesetz der Form $y \propto x^d$ formulieren. Dabei stellt y die gemessene Größe dar, x den Maßstab und d ist ein Maß für die Komplexität der Struktur.

Dieses Gesetz hilft allerdings noch nicht viel weiter, man braucht zusätzlich eine Art Messvorschrift, um die Komplexität einer Struktur erfassen zu können. Diese Messvorschrift muss die Komplexität der durch den Preisbildungsprozess an der Börse im Zeitablauf generierten Struktur erfassen und ihr eine entsprechende fraktale Dimensionalität zuordnen. Hierfür eignet sich die von Grassberger und Procaccia entwickelte Korrelationsdimension.

Die Korrelationsdimension setzt auf die räumliche Korrelation der Attraktorenpunkte, die aufgrund der ausgeprägten geometrischen Struktur eines Attraktors zwischen einem Punktepaar $(\vec{x}_j, \vec{x}_i)$ besteht. Die räumliche Korrelation zwischen zwei beliebigen Punkten des Attraktors $(\vec{x}_j, \vec{x}_i)$ bei einem maximalen Abstand (r) wird durch die Wahrscheinlichkeit C(r) beschrieben. Somit ergibt sich das Korrelationsintegral wie folgt:

$$C(r) = \frac{2}{N(N-1)} \sum_{i=1}^{N} \sum_{j=i+1}^{N} \Theta\left(r - \left\|\vec{x}_j - \vec{x}_i\right\|\right)$$

$\Theta(x)$ wird als Heaviside-Funktion bezeichnet.

$$\Theta(x) = \begin{cases} 0 \text{ für } x \leq 0 \\ 1 \text{ für } x > 0 \end{cases}$$

Aufgrund der obigen Definition der Heaviside-Funktion wird bei großen Punktezahlen und kleinen R-Werten folgender Sachverhalt angenommen.

$$C(r) \propto r^{Dc}$$

Damit kann die Korrelationsdimension wie folgt definiert werden.

$$Dc = \lim_{r \to 0} \frac{\ln C(r)}{\ln r}$$

Trägt man in ein Diagramm bei einer doppeltlogarithmischen Darstellung C(r) gegen r auf, so sollte sich für einen bestimmten Bereich von r eine Gerade mit der Steigung Dc ergeben. Natürlich ist vor Beginn einer Analyse die Dimensionalität nicht bekannt. Darum behilft man sich, indem man sukzessive eine Erhöhung der Einbettungsdimension[75] vornimmt, bis sich existierende Strukturen herausbilden. In der folgenden Abbildung ist dies für den Lorenz-Attraktor dargestellt.

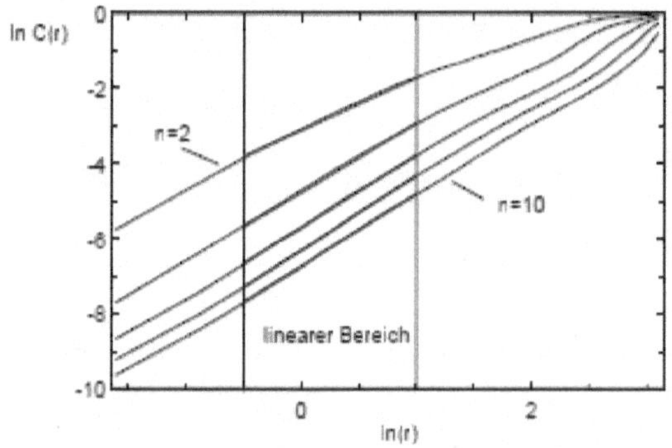

Abbildung 51: Korrelationsintegrale für verschiedene Einbettungen (n=2 bis n = 10) des Lorenz-Attraktors[76]

Es gilt nun: Konvergiert die Korrelationsdimension bei steigender Einbettungsdimension, so liegt ein chaotisches Verhalten vor. Falls dagegen die Korrelationsdimension nicht konvergiert, so liegt ein Zufallsprozess vor.

In der Praxis bestimmt man die Dimension einer Zeitreihe, indem man für zunehmende Dimensionen entsprechende Zustandsräume rekonstruiert und dann jeweils die Korrelationsintegrale und die Korrelationsdimensionen ermittelt. Erreicht bei der Erhöhung der Einbettungsdimension die Korrelationsdimension einen Grenzwert bzw. eine Sättigung, so hat man die Dimension des Attraktors gefunden. In Abbildung 52 zeigt sich, dass der Lorenz-Attraktor einen Sättigungswert von ca. 2,06 hat. Diese Zahl ist typisch für einen seltsamen Attraktor. Man hat nämlich beobachtet, dass der Wert der Korrelations-

---

[75] Unter der Einbettungsdimension versteht man die kleinste Anzahl von unabhängigen geometrischen Koordinaten im Phasenraum, welche für die Bestimmung des Verhaltens eines Attraktors benötigt werden.

[76] Nordmeier, V. und Schlichting, H.: Auf der Suche nach Strukturen komplexer Phänomene, Universität Essen, S. 10

matrix bei jedem seltsamen Attraktor größer eins und gebrochen (fraktal) ist, d. h. nicht ganzzahlig.

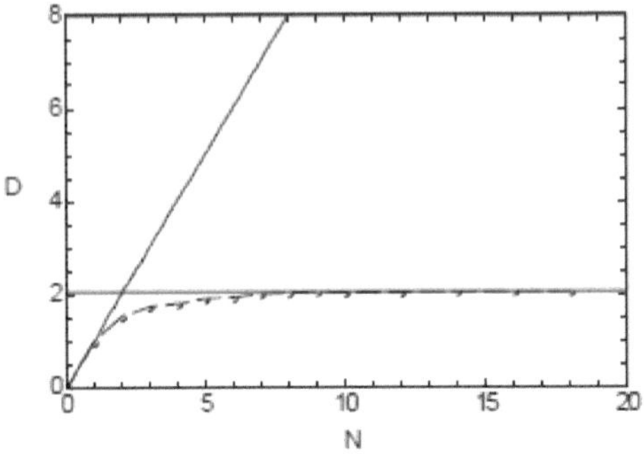

Abbildung 52: Lorenz-Attraktor für verschiedene dimensionale Einbettungen (n=2 bis n=10)[77]

Falls dagegen die Dimensionen mit der Einbettungsdimension linear anwachsen, so lässt sich kein endlich dimensionaler Zustandsraum bzw. Attraktor rekonstruieren. Dies ist ein Signal dafür, dass das untersuchte System stochastisch ist, also nicht chaotisch. Solche stochastischen Zeitreihen können in keinen endlich-dimensionalen Raum überschneidungsfrei eingebettet werden, d.h. die Trajektorien (falls man hier überhaupt davon sprechen darf) laufen im Phasenraum nicht auf einen Attraktor zu, sondern sie verhalten sich flächenfüllend. Außerdem wächst ihre Dimension linear mit der Einbettungsdimension, und zwar ganzzahlig.

Einschub: Der Zusammenhang zwischen Einbettungs- und Korrelationsdimension

Zunächst werfen wir einen Blick auf die Besonderheiten von finanzwirtschaftlichen Zeitreihen. Die Ursache einer Beobachtung, wie z.B. die Rendite y_t einer Aktie zum Zeitpunkt (t), ist die Veränderung des Zustands der wirtschaftlichen Entwicklung. In Vektorform sieht dieser Zusammenhang so aus: $\vec{x} \in \mathbb{R}^n$, wobei n die Dimensionalität ist. Weiterhin nehmen wir an, dass eine Änderung des Zustandes durch eine stetige

77 Nordmeier, V. und Schlichting, H.: Auf der Suche nach Strukturen komplexer Phänomene, Universität Essen, S. 10

mindestens zweimal differenzierbare Funktion $f: \mathbb{R}^n \rightarrow \mathbb{R}^n$ erfolgt. Daraus folgt, dass $\vec{x}_{t+1} = f(\vec{x}_t)$, wobei bei $t \rightarrow \infty$ der generierte Orbit begrenzt ist. Um einen Zusammenhang zwischen der Beobachtung y_t und dem tatsächlichen Systemzustand $\vec{x}_t$ herzustellen, greifen wir auf die stetige, mindestens zweimal differenzierte Beobachtungsfunktion (h) zurück.

$$y_t = h(\vec{x}_t) = h(f(\vec{x}_{t-1})) \text{ mit } f: \mathbb{R}^n \rightarrow \mathbb{R}^n \text{ und } h: \mathbb{R}^n \rightarrow \mathbb{R}^1$$

Die Aussagekraft der Beobachtungen y_t hinsichtlich des Zustandsraumes $\vec{x}_t$ basiert auf dem Theorem von Takens. Dieses besagt, dass für eine bestimmte Periodenlänge N $\Phi_N(\vec{x}) = \{h(\vec{x}), h[f(\vec{x})], \ldots, h[f^{N-1}(\vec{x})]\}$ gilt, dass für $\vec{x} = \vec{x}_0$ der Beobachtungsvektor der ersten N Perioden des Systems den Vektor $\Phi(\vec{x}_0) = (y_0, y_1, \ldots, y_{N-1})$ ergibt. Folgerichtig bildet der Beobachtungsvektor $\Phi_N(\vec{x})$ die Entwicklung des n-dimensionalen Systems auf einen N-periodigen Zustandsvektor der beobachteten Ausprägungen y_t dieses Systems ab. Ein solcher Vektor wird auch als N-History bezeichnet, weil er N Beobachtungen einer Zeitreihe umfasst. Überdies wird die Anzahl N der notwendigen Beobachtungen als *Embedding Dimension* oder Einbettungsdimension bezeichnet.

Um letztlich zu klären, welche Struktur in einer Datenreihe vorliegt, werden die N-Histories dahingehend untersucht, wie eng die Ausprägung der beobachteten Größe y_t zu verschiedenen Zeitpunkten ist. Natürlich sind vor Beginn einer Analyse die Dimensionalität und somit die notwendige Einbettungsdimension N nicht bekannt. Darum behilft man sich, indem man sukzessive eine Erhöhung der Einbettungsdimension vornimmt, bis sich Strukturen herausbilden. Hierzu ermittelt man die Korrelationsdimension der Beobachtungen. Im ersten Schritt wird dazu der Bruchteil der Beobachtungsvektorenpaare der Länge N ermittelt, welche von den gesamtuntersuchten Paaren innerhalb einer definiteren Distanz ε zueinander liegen. Dazu verwendet man das Korrelationsintegral.

$$C_{N,T} = \frac{2}{T_N(T_N - 1)} \sum_{1 \leq t \leq s \leq T_N} \prod_{k=0}^{N-1} I_\varepsilon(y_{t+k}, y_{s+k})$$

wobei: $T_N = T - (N-1)$ mit T als Endperiode des Beobachtungszeitraumes

$$I_\varepsilon(y_{t+k}, y_{s+k}) = \begin{cases} 1 & \text{für } |y_{t+k} - y_{s+k}| < \varepsilon \\ 2 & \text{für } |y_{t+k} - y_{s+k}| \geq \varepsilon \end{cases}$$

Nach Grassberger und Procaccia gilt $C_N(\varepsilon) \approx \varepsilon^{Dc}$. Daraus leitet sich die Korrelationsmatrix Dc ab:

$$Dc_N = \lim_{\varepsilon \to \infty} \lim_{T \to \infty} \frac{\lg C_{N,T}(\varepsilon)}{\lg(\varepsilon)} \Rightarrow Dc = \lim_{N \to \infty} Dc_N$$

Die Korrelationsmatrix stellt einen Zusammenhang zwischen dem der Messung zugrunde liegenden Maßstab (hier ε) und einem Messergebnis, dem Korrelationsintegral, dar.

4.2.6. Sind die ökonomischen Zeitreihen chaotisch?

„An der Börse ist 2x2 niemals 4, sondern 5 minus 1. Man muss nur die Nerven haben, minus 1 auszuhalten." (Andre Kostolany) Deutet diese alte Börsenweisheit vielleicht schon auf chaotisches Verhalten hin? Auf den Aktienmärkten sind lediglich die Zeitreihen der notierten Kurse bekannt. Um chaotisches Verhalten zu entdecken, sind chaotische nichtlineare Zeitreihenanalysen notwendig. Diese sind aus den Naturwissenschaften bekannt. Mit ihnen konnten z. B. Scheinkman und LeBaron[78] auf den Aktienmärkten nichtlineare Strukturen nachweisen.

Wenn man davon ausgeht, dass die Entwicklung ökonomischer Zeitreihen, wie Aktienkursen, grundsätzlich mit chaotischen Systemen beschrieben werden kann, so wird die Dimension eines solchen Systems vermutlich hoch sein. Außerdem dürfte der Einfluss von exogenen Zufallsvariablen, wie z.B. die Ende 2008 beginnende Finanzkrise, ausgelöst durch die Subprime-Krise in den USA, nicht unerheblich sein.

Somit kann eine statistische Überprüfung der vorliegenden Daten lediglich Auskunft darüber geben, ob es für Anleger überhaupt sinnvoll ist, sich mit dem Chaosphänomen zu beschäftigen. Dazu wird die von Grassberger und Procaccia entwickelte Korrelationsdimension verwendet. Diese gibt darüber Auskunft, ob eine Zeitreihe überwiegend von dem deterministischen Kern eines Systems oder von Zufallsprozessen erzeugt wurde. Mit der Bestimmung des größten Lyapunov-Exponenten wird dagegen überprüft, ob eine sensitive Abhängigkeit von den Startwerten vorliegt. Außerdem muss überprüft werden, ob bei Aktienkursen überhaupt eine Selbstähnlichkeit vorliegt.

---

[78] Scheinkman, J. A., LeBaron, B.: Nonlinear dynamics and stock returns, Journal of Business, Vol. 62, S. 311-337 oder Hinrich, M. J., Patterson, D. M.: Evidence of nonlinearity in daily stock returns, Journal of Business and Economic Statistics, Vol. 3, S. 69-77

4.2.7. Sind die Aktienkurse selbstähnlich?[79]

„Die Welt gehört denen, die zu ihrer Eroberung ausziehen, bewaffnet mit Sicherheit und guter Laune.“ (Charles Dickens) Bewahren Sie sich Ihre gute Laune, jetzt wird viel Mathematik auf Sie zukommen.

Eine der Grundvoraussetzungen für ein deterministisches Chaos ist die Selbstähnlichkeit. Das bedeutet, dass die beobachtete Zeitreihe auf allen Skalen der Beobachtung annähernd gleich sein oder eine statistische Form der Selbstähnlichkeit aufweisen muss. Das bedeutet, dass die verschiedenen Größen eines Objektes einander nicht exakt gleichen, aber dieselben statistischen Verteilungseigenschaften haben. Man spricht hier von Selbstaffinität (s. S. 256ff.). Für eine Selbstähnlichkeit von Aktienkursen spricht folgende Überlegung. Wäre zum Beispiel die Renditeverteilung auf den Skalen unter einem Monat anders als auf den Skalen über einem Monat, so würde sich dies unter den Anlegern herumsprechen, und die Anleger würden ihre Anlagedauer entsprechend ausrichten – je nach dem, welche Anlagedauer mehr Rendite verspricht. Welche Skalen haben Börsenkurse?

Börsenkurse haben zwei Skalen: die Preisskala und die Zeitskala. So bezeichnet $\{X^A(t)\}_{t=1}^{T}$ eine Zeitreihe der täglichen Preise (X) von Aktien (A) über den Zeitraum (T). Unter einer Beobachtung der Aktie auf der Zeitskala (k) versteht man die Zeitreihe $\{X^A(k \cdot t)\}_{t=1}^{\frac{T}{k}}$. Dies gilt, solange man Skalen innerhalb eines Tages (d. h. intra-Skalen $0 < k < 1$) nicht einbezieht.

Die Zeitskaleninvarianz bedeutet, dass es für einen Betrachter eines Aktiencharts keinen erkennbaren Unterschied zwischen z. B. täglichen, wöchentlichen und monatlichen Preiszeitreihen gibt, wenn die Koordinatenachsen des Charts nicht beschriftet sind (s. Abbildung 53). Abbildung 53 zeigt außerdem, dass die Anleger, die auf die tägliche Skala setzen, abgesehen von einem Skalenfaktor, eine ähnliche Preisfluktuation empfinden, wie Anleger, die auf die monatliche Skala spekulieren.

---

[79] Vgl. Evertzsy, C..J.G. et al.: Fraktale Geometrie von Börsenzeitreihen: Neue Perspektiven ökonomischer Zeitreihenanalysen, Universität Bremen, S. 402-408

Im Weiteren bezeichnet man mit X(t) die Aktienprozesse und ferner $Y_k(t) = \ln X(t + k) - \ln X(t) \approx [X (t + k) - X (t)] / X (t)$ die k-Tagesrenditen, d. h. die Renditen, die auf einer Beobachtungsskala von k Tagen erzielt werden.

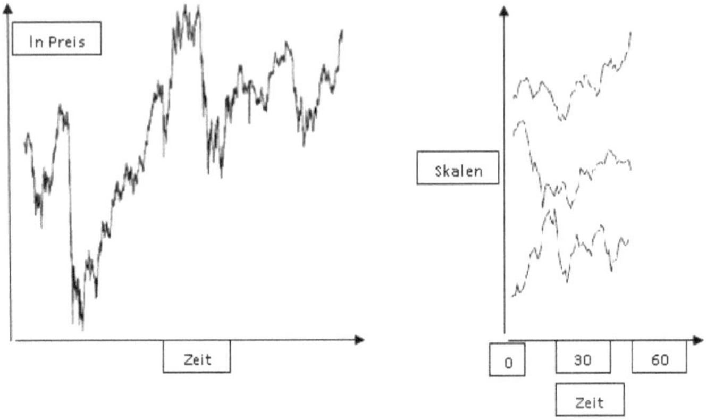

Anmerkung: Die untere Kurve spiegelt die monatliche, die mittlere die wöchentliche und die obere die tägliche DAX-Preiszeitreihe wider.

Abbildung 53: Links: Natürlicher Logarithmus der täglichen Schlusskurse des DAX; Rechts: unterschiedliche Skalen

Das bedeutet zunächst, dass die k-Tagesrenditen $Y_k(t)$ die gleiche Verteilung haben müssen, wie die normierten k'-Tages-Renditen $c(k,k')Y_{k'}$. Dabei wird als Skalierungsfaktor c (k,k') angenommen. Des Weiteren müssen aber auch die formalen Beziehungen zwischen den messbaren Größen, wie z. B. dem Momentum, auf den verschiedenen Skalen ähnlich sein. Sieht man sich den Quotienten der messbaren mittleren Beträge der k- und k'-Tagesrenditen an, so soll auch für alle Skalierungen mit $\lambda \in |R, \lambda > 0$ und alle Skalen k,k' >0 gelten.

$$\frac{\langle |Y_k| \rangle}{\langle |Y_{k'}| \rangle} = \frac{\langle |Y_{\lambda k}| \rangle}{\langle |Y_{\lambda k'}| \rangle}$$

Hieraus folgt natürlich auch die Gleichheit der Skalierungsfaktoren c (k,k') =c (λk,λk'). Betrachtet man jetzt die Mittelwerte $\langle |Y_k| \rangle$ als Funktion von k, differenziert beide Seiten der obigen Gleichung nach k und setzt danach k' = k, so erhält man folgende Beziehung.

$$\frac{\partial \ln\langle|Y_K|\rangle}{\partial \ln k} = \frac{\partial \ln\langle|Y_{\lambda k}|\rangle}{\partial \ln(\lambda k)}$$

Diese soll für alle Skalierungen mit $\lambda \in \mathbb{R}, \lambda > 0$ gelten. Somit erhalten wir für alle k eine konstante Größe.

$$H = \frac{\partial \ln\langle|Y_K|\rangle}{\partial \ln k}$$

Hier begegnet uns der Hurst-Exponent (s. S. 84ff.) wieder, woraus eine lineare Differentialgleichung erster Ordnung resultiert.

$$\frac{\partial\langle|Y_K|\rangle}{\partial k} - \frac{H}{k}\langle|Y_K|\rangle = 0$$

Die Lösung der Differentialgleichung ist $\langle|Y_K|\rangle = C \cdot k^H$ mit $C = \langle|Y_1|\rangle$. Somit gilt für die mittleren Beträge der k-Tagesrenditen ein Potenzgesetz.

$$\langle|Y_K|\rangle \approx k^H$$

Mithilfe dieses Potenzgesetzes lassen sich die Skalierungsfaktoren c(k,k') für die Skaleninvarianz bestimmen.

$$Y_K = \left(\frac{k}{k'}\right)^H Y_{k'} \text{ (Skalierungsgesetz)}$$

Der Hurst-Exponent kann Werte zwischen 0 und 1 annehmen. Deswegen können wir ihn als Grundlage für die Überprüfung der Skalierbarkeit der Verteilungen der k-Tagesrenditen nehmen.

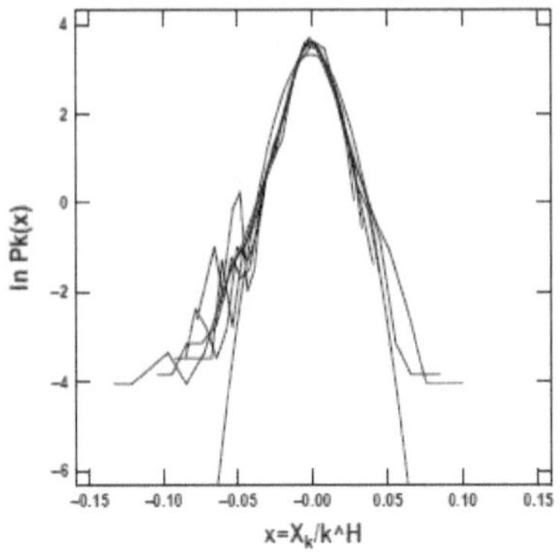

Anmerkung: Die reskalierten k-Tagesrenditen $k^{-H}Y_k$ mit k $=2^i$, i=1,2, 3. ..6 für den DAX. Dabei ist die ‚erzeugende Verteilung', auf welche die normierten Verteilungen zusammenfallen, eine 1-Tagesrendite-Verteilung. Ferner ist die unterbrochene Kurve die Gaußsche Dichte der Varianz der 1-Tagesrenditen.

Abbildung 54: Reskalierte Verteilung des DAX

Abbildung 54 zeigt, dass beispielsweise die 64-Tagesrenditen (also die 3-Monatsrenditen) bei einem Skalierungsfaktor von $(2/64)^H$ eine ähnliche Verteilung haben wie die 2 Tagesrenditen. Das heißt, der DAX zeigt eindeutig eine Zeitskaleninvarianz. Dies beobachtet man im Übrigen auch für viele Aktien und Indizes. Im Prinzip sagt die Skaleninvarianz aus: Ist der Preis X zum Zeitpunkt (t) gegeben, so besitzt der Logarithmus von X(t) die Eigenschaft, dass die Verteilung der Preisdifferenzen gegenüber diesem Preis innerhalb dieses Zeitraumes (d) nur von einem konstanten Faktor d abhängt.

$$\text{Log } X(t + d) - \log X(t)$$

Die obige Gleichung sagt also aus, dass der Logarithmus der Preisdifferenzen zum Logarithmus der Zeitdifferenzen dieser Preise proportional ist, wobei dieser Faktor für verschiedene Wertpapiere unterschiedlich sein kann. Wir haben es hier also mit Potenzgesetzen zu tun.

Obendrein erkennt man aus Abbildung 54, dass alle reskalierten k-Tagesrenditen auf die Verteilung der 1-Tagesrenditen zusammenfallen. Deswegen wird diese auch ‚die erzeugende Verteilung' genannt, weil man aus ihr mit dem Hurst-Exponenten und dem Skalierungsgesetz sämtliche Renditeverteilungen auf höheren Skalen bestimmen kann.

Ferner zeigt Abbildung 54, dass man neben der Schätzung des Hurst-Exponenten H=0,5 ebenfalls die Gaußverteilung erkennen müsste, wären die Modellannahmen des Gaußschen Random-Walk-Modells richtig. Allerdings erkennt man aus der auf Basis der empirischen Standardabweichung der 1-Tagesrenditen des DAX erzeugten Gaußverteilung ohne große Mühe, dass diese nicht mit der empirischen Verteilung übereinstimmt. Der wohl auffälligste Unterschied sind die *fat tails*, denn die empirischen Dichten fallen zu den Enden hin langsamer ab als die Dichte der Gaußverteilung, die ein exponentielles Abklingverhalten zeigt. Somit hat das Gaußsche Modell zwei wesentliche Schwachstellen: Weder der Hurst-Exponent noch die Verteilung spiegeln die empirischen Ergebnisse wider. Da die ‚Schwänze der Dichteverteilung' der empirischen Dichten viel fetter sind als bei der Gaußverteilung, wird die Unterbewertung des Risikos, die schon durch den höheren Hurst-Exponenten gegeben ist, noch einmal verstärkt. Daher ist eine Risikobewertung mit dem Skalierungsgesetz auf der Grundlage von empirisch ermittelten Hurst-Exponenten und der empirisch erzeugten Verteilung eine viel realistischere Abschätzung für das Risiko.

Zusätzlich berichten Evertzsy, Hendrych, Peitgen und Singer, dass die täglichen Renditen erster Ordnung unabhängig von der Preisskala sind. Allerdings dürften bei ‚jungen' Märkten und bei wenig liquiden Wertpapieren Abweichungen von dieser Preisskaleninvarianz erwartet werden. Somit zeigt auch der DAX eine Preisskaleninvarianz.

Ebenfalls konnte Mandelbrot für die New Yorker Baumwollbörse eine Selbstähnlichkeit feststellen. Dazu wertete er die täglichen Schlussnotierungen der Jahre 1900 bis 1905 des Baumwollpreises aus. Er betrachtete bei seiner Untersuchung das Verhältnis von Tagespreis und Preis am Vortag. Dieses Verhältnis hat für verschiedene Tage verschiedene Werte. Anschließend ermittelte er die Häufigkeit von Kursänderungen größer 1 %, größer 2 % usw. und trug sie in ein doppeltlogarithmisches Diagramm ein. Abbildung 55 zeigt, dass die Daten in einer Annäherung eine Gerade ergeben.

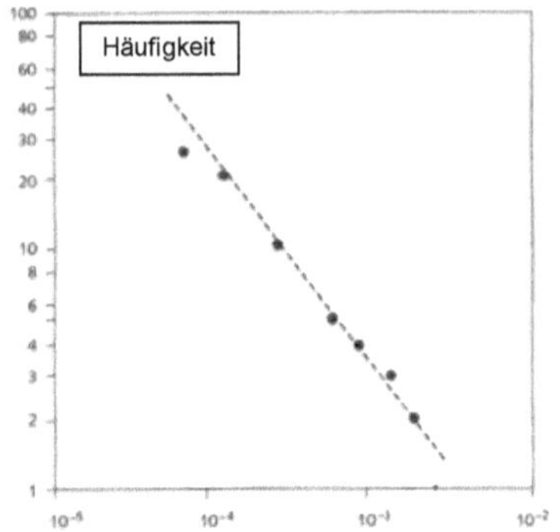

Abbildung 55: Doppeltlogarithmisches Diagramm, in welchem die Häufigkeit als Funktion der Größe der Schwankungen angegeben ist.

Bei diesen Untersuchungen stellte sich heraus, dass die Preisänderungen und ihre Häufigkeit auch einem Potenzgesetz, ähnlich dem Skalierungsgesetz, folgen. Denn Mandelbrot stellte fest, dass an 20 % aller Tage der Kursanstieg größer als 1 % war, und ein Kursanstieg von größer 2 % eine Häufigkeit von 6 % aufwies. Ein nochmals verdoppelter Kursanstieg (4 % anstatt 2 %) kommt wieder nur 1/3 so häufig (Häufigkeit 2% zu Häufigkeit 6 %) vor, wie ein Kursanstieg von 2 %. Die Selbstähnlichkeit bedeutet hier nach Mandelbrot, dass sich die Häufigkeit bei jeder Verdopplung des Kursanstiegs auf jeweils denselben Bruchteil von 1/3 des vorherigen Wertes verringert.

Außerdem verglich Mandelbrot die Schlussnotierungen am 15. jeden Monats in den Jahren 1880 bis 1940 und nahm so eine monatliche Auswertung statt einer täglichen vor. Wiederum zeigt sich im doppeltlogarithmischen Diagramm eine Gerade, die erwartungsgemäß über der der Tagesschwankungen liegt, weil von Monat zu Monat ein bestimmter Kursanstieg häufiger ist als von Tag zu Tag. So kommt beispielsweise ein Kursanstieg von 6 % nur an 1 % aller Tage vor, aber in etwa 15 % aller Monate.

Das bemerkenswerte ist nun, dass beide Geraden zueinander parallel verlaufen, d. h. ihre Neigung (Exponent des Potenzgesetzes) muss identisch sein. Deswegen verhalten sich die monatlichen Schwankungen ähnlich wie die täglichen Schwankungen. So beobachtet man auch bei den monatlichen Schwankungen, dass sich die Häufigkeit bei jeder Verdopplung des Kursanstiegs um etwa 1/3 verringert. Daraus schloss Mandelbrot, dass es keinen

Zeitmaßstab gibt. Weiterhin kam er zu dem Schluss, dass die Baumwollpreise ein fraktales Muster zeigen. Allerdings wirkt hier das fraktale Vergrößern und Verkleinern nicht auf die Form – wie z.B. bei einem Röschen des Blumenkohls (s. S. 244ff.) –, sondern auf die Art, wie sich die Preise ändern. Daher ist sozusagen der innere Kern des Finanzwesens fraktal organisiert. Wie könnte ein Modell für die statistische Selbstähnlichkeit aussehen?

Ein selbstaffines Skalierungsgesetz für endlich dimensionale Verteilungen mit einem Skalierungsfaktor c (k, k') könnte so aussehen.

$$Y_K = c(k, k')Y_{k'} \quad \text{mit } k, k' \in \{1,2,3,\ldots\}$$

Beispielsweise sind α-Levy-stabile Prozesse mit unabhängigen und stationären Inkrementen selbstaffin.

$$c(k, k') = c_0 \left(\frac{k}{k'}\right)^H \quad \text{wobei } H = 1/\alpha \text{ ist mit } 0 < \alpha < 2. \ \alpha \text{ ist der Index der Levy-stabilen Verteilung}$$

Die α-Levy-stabilen Prozesse sind gekennzeichnet durch sehr ‚fette Schwänze' und eine unendliche Varianz. Ferner folgt aus der Wahrscheinlichkeitstheorie, dass Grenzverteilungen von Summen unabhängiger Zufallsvariablen entweder α-Levy-stabile Verteilungen oder Gaußverteilungen sind. Dies spiegelt sich in der obigen Gleichung wider. Allerdings zeigt sich für die DAX-Aktien, dass die ‚fetten Schwänze' nicht so extrem ausgeprägt sind, wie die α-Levy-stabile Verteilung annimmt. So stellen die α-Levy-stabilen Verteilungen die Finanzmarktdaten nur etwas besser dar als die Gaußverteilung.

Wegen der Skalierung der Zeit bekommt die sehr populäre Behauptung „*eine langfristige Anlage ist allein auf Grundlage des längeren Zeithorizonts weniger riskant als eine kurzfristige*" eine ganze andere Bedeutung. Schließlich hängt das Risiko von der Zeit nichtlinear ab. So wird aus jeder langfristigen Anlage irgendwann eine kurzfristige, bevor sie aufgelöst wird. Hat der Anleger nun nicht die Freiheit, den Zeitpunkt des Verkaufs flexibel zu wählen, sondern ist er an einen festen Stichtag gebunden, so kann er unter Umständen zu einem sehr ungünstigen Zeitpunkt verkaufen müssen. Es stellt sich jetzt natürlich die Frage: Was ist die Ursache der Skaleninvarianz?

Eine mögliche Ursache könnten die sozialen hierarchisch organisierten Netzwerke von Aktienhändlern und Investoren sein. Ein solches Netzwerk funktioniert so: Jemand sammelt zwei oder drei sehr nahe Personen um sich sowie neun bis zehn Sympathieträger. Auf einer höheren Ebene sind dies etwa 30 Personen, auf einer noch höheren etwa 100. Wissenschaftler haben festgestellt, dass es hier einen diskreten Vergrößerungsfaktor von drei gibt. Tatsächlich ist dieses Verhalten nicht nur bei Menschen, sondern auch bei Säugetieren aufgezeigt worden. Diese hierarchische Organisation der sozialen Interaktion führt zu den typischen Mustern in den Aktiencharts. Bei den meisten Anlageentscheidungen spielt zudem die Vergangenheit eine wichtige Rolle, sodass die Vergangenheit Auswirkungen auf den Kurs von morgen haben kann.

So lässt sich in den Aktien-Zeitreihen ein Wachstum beobachten, dass nicht um einen festen Betrag ansteigt, sondern exponentiell oder sogar stärker wächst. Bei einer solchen Beobachtung liegt der Schluss nahe, dass eine Blase aus den sich gegenseitig hochschaukelnden Erwartungen (Herdenverhalten) der Anleger entsteht. Dabei hat der immer steilere Kurvenverlauf zum Höhepunkt der Blase die Form eines Phasenumschwungs, wie man es z.B. beim plötzlichen Gefrieren von Wasser beobachtet. Neben dem mehr als exponentiellen Anstieg weist der Kurvenverlauf im Falle einer Blase noch eine weitere Eigenschaft auf: er oszilliert. Das heißt, er schwingt in immer kürzeren Abständen zwischen Maximum und Minimum, weil die Anleger immer gleichförmiger agieren und somit jede kleine Kurskorrektur sofort auf die ganze Gruppe durchschlägt.

Warum haben wir Probleme bei der Skalierung? Von klein auf lernen wir additives Denken. Die Werke der Menschen sind geordnet, quadratisch, rund, glatt usw. Dagegen ist die Natur multiplikativ. Ihre Werke sind ebenfalls geordnet, aber auf eine andere Weise. Sie sind gebrochen, krumm, rau, selbstähnlich usw. Wie steht es um den Finanzmarkt? Er wird von Menschen organisiert. Da der Finanzmarkt somit letztlich auch ein Teil der Natur ist und nicht in einem künstlichen Raum existiert, ist anzunehmen, dass auch er über multiplikative Eigenschaften verfügt. Diese multiplikativen Eigenschaften können am besten durch Skalierungsgesetze beschrieben werden. Dabei nimmt die Skalierung nicht selten ihre einfachste Form ein, die eines Fraktals.

4.2.8. Schätzung der Korrelationsdimension[80]

Zur Erinnerung: Zufällige Datenreihen generieren mit zunehmender Einbettungsdimension eine ebenfalls zunehmende Dimensionalität. Deterministisch generierte Datenreihen hingegen konvergieren mit zunehmender Einbettungsdimension gegen die Dimensionalität ihres zugrunde liegenden Systems. So stellt sich die Frage, wie viele Einbettungsdimensionen benötigt werden. Schon Carl Friedrich Gauß stellte fest: „*Man darf nicht das, was uns unwahrscheinlich und unnatürlich erscheint, mit dem verwechseln, was absolut unmöglich ist.*"

Da a priori nicht bekannt ist, welche Einbettungsdimension zur Aufdeckung von Strukturen notwendig ist, erhöhen wir schrittweise die Einbettungsdimension. Aufgrund einer Definition im finanzwirtschaftlichen Bereich spricht man bis zu einer Attraktorendimension von 7 von Chaos und darüber hinaus von Zufall. Dies führt nach dem Takens Theorem (s. S. 183) zu einer Einbettungsdimension von 15 ($=2 \cdot 7+1$). Als Maximum für unsere Einbettungsdimension wählen wir also 20. Daher sollte sich auch eine bereits als Zufall definierte Dimension offenbaren.

Um die Findung der Korrelationsdimension möglichst einfach zu gestalten, führen wir ein graphisches Verfahren durch. Dazu wird in einem Graphen lg $C_{N,T}$ (ε) gegen lg (ε) abgetragen. Bei einem zufallsbestimmten Prozess sollte bei einer Erhöhung der Einbettungsdimension auch eine Zunahme der Korrelationsdimension beobachtet werden. Dagegen sollte bei Vorliegen einer Struktur bzw. eines Chaos die Korrelationsdimension unabhängig von der Anzahl der Einbettungsdimension sein. Das heißt, ab einer bestimmten Einbettungsdimension bleibt die Korrelationsdimension konstant.

---

80 Vgl. Elsner, J.: Chaos und Zufall am deutschen Aktienmarkt – Eine Studie über nichtlineare Dynamiken, Volatilität und Effizienz, Physica-Verlag, Heidelberg, 1996, S. 157ff.

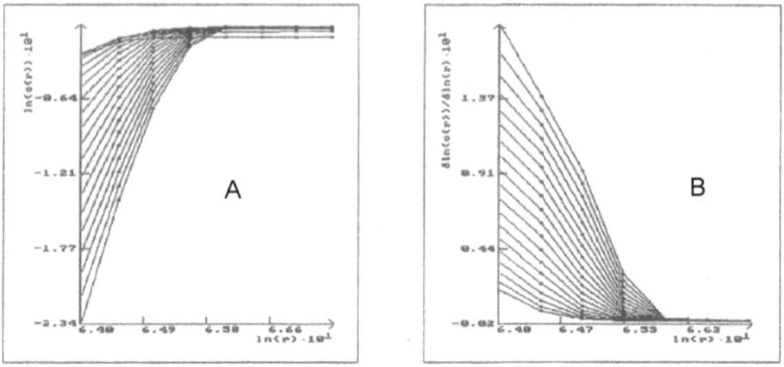

Anmerkung: Diagramm A zeigt Graph lg $C_{N,T}$ (ε) gegen lg (ε) und Diagramm B Steigung des Graphen A in Abhängigkeit von ε

Abbildung 56: Graphische Ermittlung der Korrelationsdimension des DAX

Abbildung 56 zeigt, dass sich für alle analysierten 20 Einbettungsdimensionen die Steigung des Graphen „lg $C_{N,T}$ (ε) gegen lg (ε)" erhöht, d. h. mit zunehmender Einbettungsdimension nimmt auch die Korrelationsdimension zu. Somit ist eine endliche Dimension innerhalb des hier gewählten Bereiches von bis 20 Einbettungsdimensionen nicht feststellbar. Dies bedeutet, dass es innerhalb des von uns gewählten Bereiches nicht zu einer Attraktorenbildung kommt. Allerdings bedeutet das noch lange nicht, dass keine Attraktorenbildung vorliegt. So führen Loistl und Betz aus, dass ökonomische Prozesse prinzipiell von dissipativer Natur sind und dass das Auftreten von seltsamen Attraktoren im chaotischen Systemzustand wahrscheinlich ist.

Ein dem DAX-Kurs zugrunde liegendes nichtlineares deterministisches System könnte auch höherdimensional sein. Hier stößt man aber schnell an Grenzen. So führte Smith[81] aus, dass für eine Attraktorendimension von 10 immerhin schon 42^{10} Beobachtungen notwendig sind. Dies entspricht bei einem täglichen Beobachtungszeitraum ca. 13. Mrd. Jahren. Weiterhin führte Smith aus, dass zu einer Schätzung der Korrelationsdimension (Dc) auf Basis eines 5%igen Signifikanzlevels eine Datenmenge von ungefähr 42^{Dc} Be-

81 Smith, L.: Intrinsic limits on dimension calculations, Physics Letters 133 A, 1988, S. 283-288

obachtungen notwendig wäre, d.h. zur Schätzung einer Korrelationsdimension von 3 wären ca. 74.088 (d. h. immerhin noch in etwa 296 Jahre) Beobachtungen notwendig. Angesichts solch enormer Datenmengen kann auf absehbare Zeit die Frage nach der Existenz einer Korrelationsdimension für den DAX nicht beantwortet werden. Festhalten kann man eigentlich nur, dass höchstwahrscheinlich kein niedrigdimensionales (d. h. Korrelationsdimension kleiner 2) chaotisches Systems vorliegt. Ein weiteres Problem bei der Bestimmung der Dimension, das sogar schon für niedrige Dimensionen auftritt, ist die Genauigkeit der Ergebnisse. So liest man in Veröffentlichungen häufig folgenden Satz: „Die Dimension des Attraktors beträgt D = 1,554 $\pm$0,006." Was bedeutet diese Aussage?

Wir haben ja versucht, die Korrelationsdimension durch Eintragen der Kursdaten in ein doppeltlogarithmisches Diagramm (siehe Abbildung 56) zu ermitteln. Dazu haben wir versucht, eine Gerade an die resultierenden Kurven zu legen. Die Steigung der Geraden ergibt dann die Dimension. Diesem Vorgehen liegt die Annahme zugrunde, dass die Kursdaten in der doppeltlogarithmischen Darstellung entlang einer Geraden verteilt sind (wenn eine Dimension vorliegt), wobei die Fehler, welche aufgrund der Schwankungen in den Kursen zustandekommen, normalverteilt sind. Somit zeigt die Fehlergrenze wie $\pm$0,006 lediglich die Standardabweichung von der geschätzten Geraden an. Daher sagen auch Judd und Mess[82], dass man allen Messungen von Dimensionen mit einem gesunden Maß an Skepsis gegenübertreten sollte[83].

Einschub: Alternatives Verfahren zur Bestimmung der Dimension – die Box-Dimension

Zur Bestimmung der Box-Dimension werden regelmäßige Gitter mit einer Maschenweite s über die Struktur gelegt. Anschließend werden die Gittermaschen (Boxen) gezählt, die von der Struktur getroffen werden. Man überdeckt beispielsweise folgendermaßen die Koch-Kurve (s. Abbildung 12, S. 71) mit verschiedenen Gittern.

---

[82] Judd, K. und Mees, A. I.: Estimate dimensions with confidence, International Journal of Bifurcation and Chaos 1,2, 1991, S. 467-470

[83] Auch bei der Bestimmung der Dimensionen über andere Wege, wie z.B. durch die Box-Dimension, treten ähnliche Probleme auf.

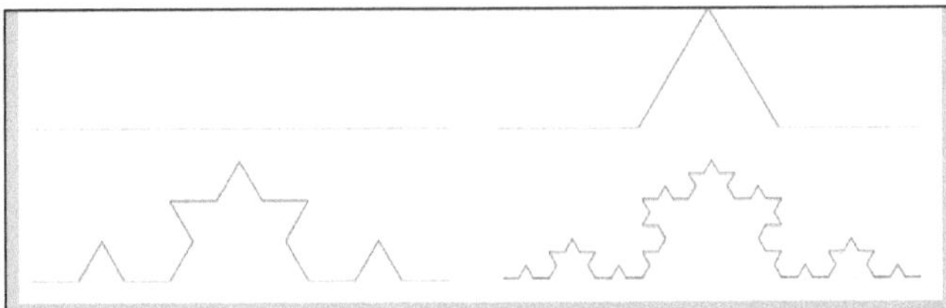

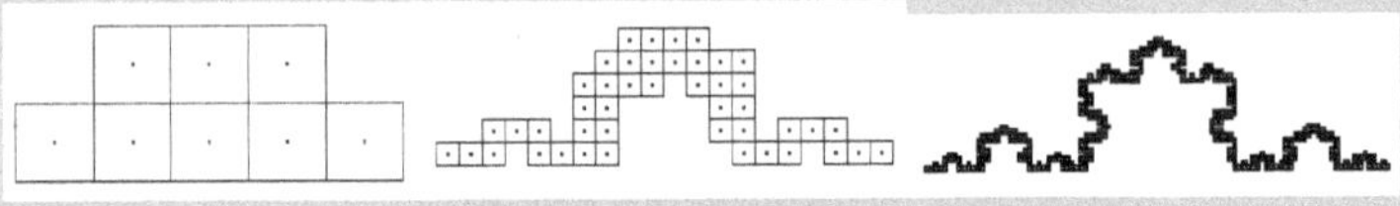

Die Anzahl der Boxen wird als N bezeichnet. Selbstverständlich hängt die Zahl N von der Wahl der Maschenbreite s ab, darum schreibt man N(s). Danach verwendet man ein Gitter mit immer kleiner werdenden Maschenweiten s und bestimmt die entsprechen N(s)-Zahlen. Dann sollte die Anzahl N(s) wie eine Potenz von s anwachsen.

$N(s) \propto s^{D_b}$ mit D_b = Box-Dimension

Als nächstes trägt man die Werte lg (N(s)) gegen lg (1/s) in ein Diagramm ein. Danach versucht man an die aufgetragenen Punkte innerhalb des Diagramms eine Gerade zu legen, deren Steigung die Box-Dimension (D_b) ist.

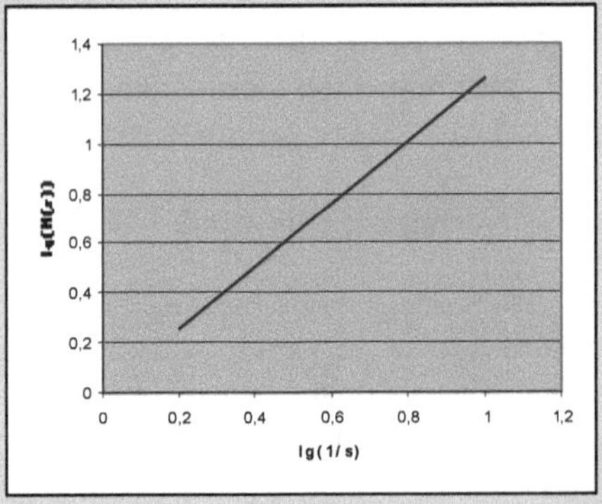

Für die Koch-Kurve beträgt die Box-Dimension ca. 1,26. Mathematisch berechnet wird die Box-Dimension nach folgender Formel:

$$D_b = \lim_{s \to 0} \frac{\log N(s)}{\log \frac{1}{s}}$$

Ähnlich wie bei der Korrelationsdimension stößt man schnell an seine Grenzen. Nehmen wir beispielsweise an, wir möchten eine Bahn mit M Punkten berechnen. Zu deren Abdeckung verwenden wir Gitter mit der Kantenlänge s und s/2. Daraus resultieren die Zahlen N(s) und N(s/2), aus denen wir die Dimension berechnen können. Um dem Ergebnis einigermaßen vertrauen zu können, sollte N(s) nicht zu klein werden, z.B. sollte sie etwa die Größenordnung von 2^{10} (1000) haben. Somit gilt:

$$N\left(\frac{s}{2}\right) \approx 2^{D_b} \cdot N(s) \approx 2^{D_b+10}$$

Hat nun ein Attraktor eine hohe Dimension von 10, so kommt man schon in die Größenordnung von einer Million Boxen, was langsam die Rechnerkapazitäten sprengt. Zudem werden die Ergebnisse auch schon bei kleinen Dimensionen schnell ungenau. So wird häufig die Dimension des Koch-Attraktors mit $D = 1{,}26 \pm 0{,}005$ angegeben. Die Box-Dimension hat also ähnliche Probleme, wie die Korrelationsdimension.

Allerdings haben Scheinkman, LeBaron[84], Brook[85] sowie Liu, Granger und Heller[86] für verschiedene amerikanische Indizes auf täglicher, wöchentlicher und monatlicher Basis eine Korrelationsdimension um die 6 gefunden. Dieses Ergebnis wird wegen der geringen Datenmenge der Untersuchungen stark angezweifelt. Dagegen zeigen andere Untersuchungen, dass verschiedene Währungen in Relation zum Dollarkurs, wie z.B. Schweizer Franken zu US-Dollar oder Yen zu US-Dollar, eine endliche Dimension von 2 bis 3 zeigen.

„Chaos und Ordnung in neuer Sichtweise. Dies führt zu Umbrüchen“ – Ist dies vielleicht hier auch der Fall? Sollten wir unsere Blickweise einmal in eine ganz andere Richtung lenken? Betrachten wir doch einmal das Wetter und die Börse. Schnell lassen sich Ähnlichkeiten feststellen.

So stellen die Kursmeldungen an der Börse nichts anderes dar, als das, was einzelne Wetterstationen an Meldungen aufzeichnen. Der wesentliche Unterschied ist, dass die Meldungen der Wetterstationen das Wetter nicht beein-

---

[84] Scheinkman, J. A. und LeBaron, B.: Nonlinear Dynamics and GNP Data, in: Barnet, W. A. et al. (Hrsg.): Economic Complexity: Chaos, Sunspots, Bubbles, and Nonlinearity – Proceedings of the Fourth International Symposium in Economic Theory and Econometrics, Cambridge University Press, Cambridge, 1989, S. 213-227

[85] Brock, W. A.: Distinguishing Random and Deterministic Systems: Abridged Version, Journal of Economic Theory 40, 1986, S. 168-195

[86] Liu, T. et al.: Using the correlation exponent to decide whether a time series is chaotic, Journal of Applied Econometrics 7, 1992, S. 25-39

flussen, dagegen sind die Börsenmeldungen von vornherein Börsenbeeinflussungsberichte. So werden die winzigen Energien, die das Wetter in die eine oder andere Richtung (Schmetterlingseffekt) treibt, nicht von den Meteorologen erzeugt, d. h. das Thermometer wirkt nicht auf das Wetter zurück. Dies sieht bei der Börse ganz anders aus. Jede Meldung beeinflusst die Börse in irgendeiner Form. Ähnlich wie bei Lorenz' Untersuchungen Aufrundungen oder Abrundungen vorgenommen wurden, werden an der Börse Einschätzungen zu den Meldungen abgegeben, die sofort durch Transaktionen (Kauf oder Verkauf) bestätigt werden. Das heißt, die Anleger passen ihre Einschätzungen und damit ihr Verhalten fortwährend an das Marktverhalten an, welches sich umgekehrt aus der Summe der individuellen Anlegerentscheidungen ergibt. Dabei sieht jeder Börsianer aber immer nur eine Projektion des Gesamtgeschehens. Er befindet sich in Frankfurt oder London, verfolgt dort seine Anzeigetafeln, handelt nach seiner Projektion und verschiebt das Geschehen im Zentrum. Daher setzt sich das Börsengeschehen aus einer Vielzahl von seltsamen Attraktoren zusammen, die sich gegenseitig beeinflussen und teilweise überlagern.

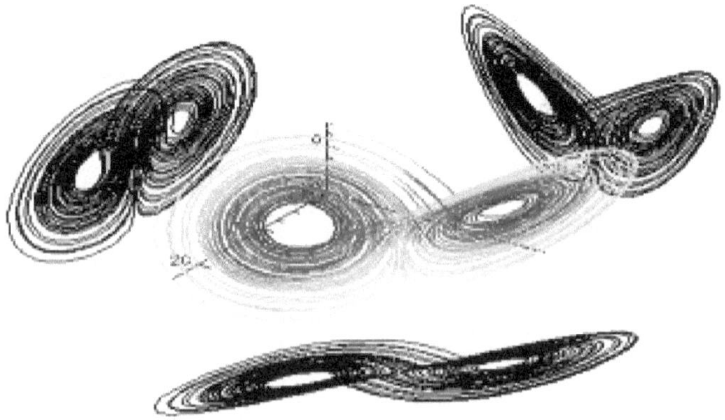

Abbildung 57: Börsengeschehen dargestellt als verschachtelte Lorenz-Attraktoren[87]

Aus diesem Grund, können wir keinen Attraktor bzw. keine Dimension nachweisen, weil wir es an der Börse mit einer Vielzahl von verschachtelten At-

[87] Vgl. Kernig, C. D.: Chaos und Ordnung in neuer Sicht, S. 68

traktoren zu tun haben, die wahrscheinlich nicht isoliert werden können und deswegen nicht nachgewiesen werden können.

Allerdings zeigt Uhlig auf, dass es möglich ist, eine Attraktorenkonstruktion durchzuführen. Er zeigt dies für den japanischen Aktienmarkt, indem er versucht, eine Rekonstruktion des mutmaßlichen Nikkei-Attraktors zu erstellen. Der Weg dazu ist relativ kompliziert, deshalb sehen wir uns direkt das Ergebnis an. Ich persönlich führe die Berechnungen nach der Methode von Papoff und Mitarbeiter[88] für den deutschen Aktienmarkt durch. Dazu verwendet man neben den Originaldaten und den ersten Differenzen auch einen exponentiell abklingenden gleitenden Durchschnitt. Als Grundlage der Darstellung wurden die halbjährigen Änderungen von Anfang 1990 bis Ende 2007 verwendet. In Abbildung 58 ist auf der Ordinate die nach Papoff nichtlineare Glättung (20 Wochen exponentiell) und auf der Abszisse die Halbjahresdifferenzen der Logarithmen des DAX eingetragen.

Abbildung 58: Möglicher Attraktor für den DAX[89]

---

[88] Papoff, F. et al.: Structure of Chaos in the Laser with Saturable Absorber. Physical Review Letters Vol. 68, Nr. 8, 1992, S. 1126-1131. Für Leser, die sich für unterschiedliche Ansätze zur Attraktorenberechnung interessieren, empfehle ich das Buch: Uhlig, H.: Finanzmarktanalyse – Neue Ansätze aus der Chaosforschung, Franz Vahlen, München, 1999, S.119ff.

[89] Vgl. Uhlig, H.: Finanzmarktanalyse – Neue Ansätze aus der Chaosforschung, Franz Vahlen, München, 1999, S. 160 und eigene Berechnungen

Abbildung 58 zeigt die nichtlineare Einbettung in zwei Dimensionen nach der Methode von Papoff. Der DAX-Attraktor zeigt deutliche Ähnlichkeiten mit einem Attraktor für ein extern angetriebenes Pendel mit Dämpfung. Außerdem erkennt man deutlich die Selbstähnlichkeit der Attraktorenbahnen. Man muss abwarten, ob die neue Forschung diesen DAX-Attraktor bestätigen kann. Dies ist nur eine Überschlagsrechnung, die andeuten soll, dass hinter dem DAX tatsächlich ein seltsamer Attraktor stecken könnte.

Um ein weiteres Indiz zu finden, ob eventuell doch ein chaotisches System vorliegt, verbleibt nur noch der Test, ob der DAX eine Sensitivität in den Anfangsbedingungen aufweist.

4.2.9. Die Schätzung des Lyapunov-Exponenten[90]

Georg Cantor stellte schon fest: „*In der Mathematik ist die Kunst des Fragens oft von größerer Bedeutung als die Kunst der Problemlösung.*"

Die Berechnung des Lyapunov-Exponenten basiert auf den Sensitivitätseigenschaften chaotischer Systeme. Darum muss das Verhalten verschiedener Trajektorien (s. S. 163ff.) hinsichtlich ihres Divergenz- und Kontraktionsverhaltens untersucht werden. Um dies zu bewerkstelligen, benötigt man einen Algorithmus. Die Vorgehensweise dieses Algorithmus ist in folgender Abbildung dargestellt.

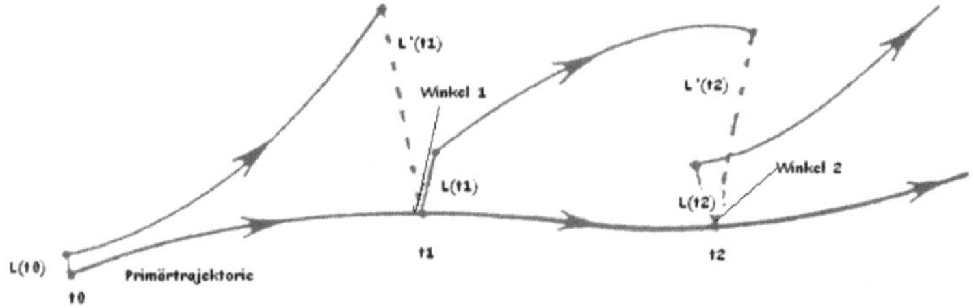

Abbildung 59: Algorithmus zur Berechnung des Lyapunov-Exponenten[91]

---

[90] Vgl. Elsner, J.: Chaos und Zufall am deutschen Aktienmarkt – Eine Studie über nichtlineare Dynamiken, Volatilität und Effizienz, Physica-Verlag, Heidelberg, 1996, S. 103ff.

[91] Vgl. Elsner, J.: Chaos und Zufall am deutschen Aktienmarkt – Eine Studie über nichtlineare Dynamiken, Volatilität und Effizienz, Physica-Verlag, Heidelberg, 1996, S. 105

Um die Anfangsbedingung (t_0) der in Abbildung 59 dargestellten Primärtrajektorie zu erzeugen, wird innerhalb einer vorgegebenen Distanz ε ein Wert aus der Kursreihe des DAX bestimmt. Dieser Wert wird dann als Anfangsbedingung der zweiten Trajektorie definiert. Diese Trajektorie wird auch als Vergleichstrajektorie bezeichnet. Hierdurch sind jetzt zwei eng beieinanderliegende Anfangsbedingungen desselben Systems erzeugt. Zudem wird die Distanz ε als Intervall vorgegeben. Bei der Wahl der Distanz ist zu beachten, dass die Distanz nicht zu groß gewählt wird, weil dadurch der Algorithmus ad absurdum geführt werden würde, da hier ja die lokalen Divergenz- und Kontraktionseigenschaften untersucht werden sollen. Natürlich darf die Distanz nicht zu klein werden, weil dies die Gefahr birgt, dass die unterschiedlichen Werte nicht systembedingt sind, sondern eher das Ergebnis von dem in den Daten innewohnenden Rauschen.

Obendrein wird die Systementwicklung über eine feste Anzahl von n Iterationsschritten (wird auch als t_k bezeichnet, also als der Zeitpunkt, zu dem der Iterationsprozess abgebrochen wird) beobachtet. Bei der Bestimmung der Anzahl der Iterationsschritte muss man bedenken, dass chaotische Systeme einem Dehn- und Faltungsprozess unterliegen. Daher muss die Iterationszahl n so gewählt werden, dass nach n Iterationen der Dehnungsprozess über den Faltungsprozess dominiert. Ansonsten käme es zu einer Unterschätzung des Lyapunov-Exponenten.

Der verwendete Logarithmus setzt nun die Distanz $L'(t_k)$ zwischen Primär- und Vergleichstrajektorie nach n Iterationen ins Verhältnis zu der Distanz $L(t_{k-1})$ beider Trajektorien vor dem Iterationsprozess. Anschließend wird der Wert der Vergleichstrajektorie durch einen neuen Wert aus der Kursreihe des DAX ersetzt. Dieser Wert muss innerhalb einer vorgegebenen Distanz ε zu dem iterierten Punkt auf der Primärtrajektorie liegen und zusätzlich muss die Winkelabweichung (in Abbildung 59 als Winkel bezeichnet) bezüglich des zu ersetzenden Punktes der vorherigen Trajektorie möglichst klein sein. Er wird als Anfangsbedingung der neuen Vergleichstrajektorie festgelegt. Als neue Anfangsbedingung für die Primärtrajektorie verwendet man deren aktuellen Wert. Danach wird die Distanz zwischen den beiden Werten ermittelt und das Prozedere beginnt von neuem.

Der Algorithmus endet, wenn die gesamte Primärtrajektorie abgearbeitet wurde. Dann berechnet sich der größte Lyapunov-Exponent wie folgt:

$\lambda_1 = \frac{1}{t_M - t_0} \sum \log_2 \frac{L'(t_k)}{L(t_{k-1})}$ wobei M die gesamte Anzahl der Ersatzzeitpunkte darstellt.

Aus dem vorherigen Abschnitt wissen wir, dass mittels der Korrelationsdimension kein Konvergenzverhalten für die Kursreihe des DAX festgestellt werden konnte, da die Dimensionsschätzung bis zu einer Einbettungsdimension von 20 reichte, was einer Attraktorendimension von 9 entspricht. Unsere Annahme ist immer noch, dass der DAX-Kursreihe deterministische Bildungsgesetze zugrunde liegen. Daher müssen diese entsprechend hoch dimensionalisiert sein. Auf Grundlage dieser Überlegung verwenden wir für die Schätzung des Lyapunov-Exponenten eine Attraktorendimension von 12. Ferner werden als Schrittweite 5 Beobachtungen zugrunde gelegt, so dass das Distanzminimum 0,5·σ und das Distanzmaximum 2·σ (mit σ als Standardabweichung der Beobachtungen) beträgt.

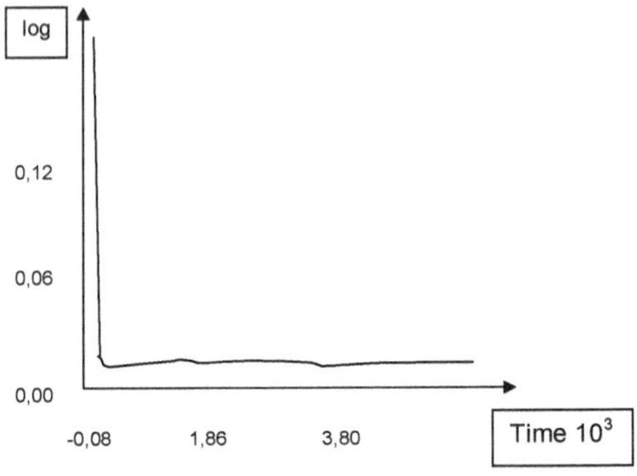

Abbildung 60: Lyapunov-Exponent für den DAX

Es zeigt sich, dass der DAX einen positiven Lyapunov-Exponenten hat und somit eine generelle Eigenschaft für chaotische Systeme aufweist, die Sensitivitätseigenschaft. Diese Aussage ist unabhängig von der geschätzten Attraktorendimension. Der Lyapunov-Exponent variiert zwar in Abhängigkeit von der geschätzten Attraktorendimension, aber der Lyapunov-Exponent bleibt im positiven Bereich. Für unseren Datensatz ergibt sich ein positiver Lyapunov-Exponent von 0,05.

Auch viele andere Untersuchungen kommen zu dem Ergebnis, dass ein positiver Lyapunov-Exponent für den DAX existiert. Beispielsweise gelangten Dockner und Wöhrmann[92] zu demselben Schluss. Zudem konnten Eckmann, Kophorst, Ruelle, Scheinkam[93] oder Peters[94] für verschiedene amerikanische Aktien und Indices zeigen, dass der größte Lyapunov-Exponent im positiven Bereich liegt, und zwar um die 0,03. Ich möchte aber auch nicht verschweigen, dass es andere Ergebnisse gibt. So kommt Thiemann zu dem Ergebnis, dass der Lyapunov-Exponent für den DAX bei nahe null liegt.

4.2.10. Resümee

„*Jedes Mal, wenn eine große Stichprobe von chaotischen Elementen in Angriff genommen und der Größe nach geordnet wird, zeigt sich, dass eine unerwartete und schöne Form der Regelmäßigkeit die ganze Zeit latent vorhanden war.*“ (Francis Galton) Ist dies auch bei den Aktienmärkten so?

Ob die Aktienmärkte nun tatsächlich chaotisch sind, lässt sich nicht eindeutig feststellen. Aber vieles spricht dafür. So ist der Lyapunov-Exponent eindeutig positiv, was darauf hindeutet, dass die ökonomischen Zeitreihen mindestens eine für chaotische Zeitreihen typische Eigenschaft aufweisen, nämlich die Anfangssensitivität.

Außerdem führt Uhlig aus, dass am deutschen Aktienmarkt Wechselwirkungen zwischen einander folgenden wöchentlichen Änderungen nachweisbar sind, bis zur siebten Woche. Allerdings werden diese Wechselwirkungen mit zunehmender Länge geringer, sodass sie nach der dritten Woche nur noch schwach ausgeprägt sind. Auch andere Märkte zeigen dieses Verhalten, wie

---

[92] Docker, E.J. und Wöhrmann, P.: Die Instabilität des deutschen Aktienmarktes: Eine Schätzung des größten Ljapunov-Exponenten mittels neuronaler Netze, Working Paper, Betriebswirtschaftliches Zentrum der Universität Wien, 1995

[93] Eckmann, J. P. et al.: Lyapunov Exponents für Stock Returns, 1988, in: Andersen, P. W. et al. (Hrsg.): The Economy as an Evolving Complex System, Santa Fe Institute, Addison-Wesley Publishing 1988, S. 301-304

[94] Peters, E. E: Chaos and Order in the Capital Markets, John Wiley and Sons, New York, 1991

der französische Markt, der amerikanische S&P-500-Index usw. Sie unterscheiden sich nur über die zeitliche Länge der Wechselwirkungen. Somit können wir feststellen, dass die Aktienmärkte weitere wichtige Bausteine für Chaos in sich tragen, nämlich nichtlineare Abhängigkeiten und Rückkopplungen.

Dass keine fraktale Dimension bzw. überhaupt keine Dimension ermittelt werden konnte, liegt meines Erachtens einfach daran, dass die verfügbare Datenmenge einfach noch zu gering ist.

Ein System, das die Anlage zum Chaos in sich trägt, muss sich aber nicht immer chaotisch verhalten. Oft hängt dieses von anderen Faktoren ab, wie z.B. der Verstärkung. Wer schon einmal einem Vortrag gelauscht hat, hat sicherlich Folgendes schon beobachtet. Kommt der Redner mit seinem Mikrofon den Lautsprechern zu nahe, entsteht häufig ein unangenehmes Pfeifen. Dies verschwindet sofort, wenn beispielsweise die Tonregie den Regler am Mischpult herunterzieht, also die Verstärkung des Systems verringert. Dieses Beispiel zeigt, dass ein sich verstärkendes System durch Rückkopplung leicht zu einem schwingenden System werden kann. Solche Systeme können sich bei weiterer Verstärkung und Rückkopplung sogar chaotisch verhalten.

Das offenbart das Beispiel der Videorückkopplung. Hierzu wird das Signal einer Videokamera direkt auf den Monitor gegeben, den die Kamera abfilmt. Die Kamera filmt also ihr eigenes Bild. Wird jetzt das Signal verstärkt, so entstehen wie aus dem Nichts bizarre, chaotische Muster.

Aus diesen beiden Beispielen lässt sich erkennen, wann ein System zum deterministischen Chaos neigt. Anfänglich gehört dazu die Rückkopplung. Tritt sie auf, sind chaotische Systeme in der Regel dynamisch, also in Bewegung. Schlussendlich muss noch eine Nichtlinearität vorliegen, wie z. B. dass die Optik einer Videokamera bestimmte Verzerrungen hat[95]. Ähnliches beobach-

---

[95] Ein ähnliches Prinzip macht man sich bei der Chaoskontrolle zu Nutze. Dazu füttert man ein chaotisches System mit einem gewissen Zeitverzug mit seinen eigenen Signalen. Dann kann sich das System stabilisieren. Es verhält sich nicht mehr chaotisch, sondern regulär. Das System spürt sozusagen seine Vergangenheit. Es wird also um ein bestimmtes Stück zurückversetzt. Wird die Verzögerungszeit so gewählt, dass sie ungefähr der Periode entspricht, mit der das ungestörte chaotische System oszilliert, kommt es zu einer Feinabstimmung. Bei dieser Feinabstimmung werden kleine Schwankungen ausgeglichen, und man erhält reguläres Verhalten.

ten wir an den Finanzmärkten. So haben wir in Kapitel 3 (S. 79ff.) mithilfe des Hurst-Exponenten nachgewiesen, dass es Trends in den Börsenkursentwicklungen gibt. So beeinflusst ein vorheriger Kurs den aktuellen Kurs. Das ist nichts anderes als eine Rückkopplung. Auch die Verstärkung von Trends kennt man an der Börse, also die Verstärkung der Rückkopplung. Sie tritt häufig bei Haussen und Baissen auf, in denen die Anleger immer gleichförmiger reagieren. Allerdings gibt es immer einige Anleger, die anderes reagieren als die Masse. Dies hat eine ähnliche Wirkung, wie wenn die Optik einer Videokamera Verzerrungen hat. Es treten also Nichtlinearitäten auf. Wie chaotisch die Börse sein kann, zeigt folgendes Beispiel aus der jüngeren Börsengeschichte.

Am 10. März 2000 träumten noch Millionen von Anlegern von einem Millionärsleben. Es herrschte eine regelrechte Jackpot-Stimmung in Deutschland. So glaubten in Umfragen mehr als 50 % der Kleinanleger, an der Börse reich zu werden. Zeitzeugen erinnerten sich an teilweise bizarre Szenen. So wurden die Finanzjournalisten und deren Angehörige von Nachbarn um Aktientipps angebettelt, Patienten in den Wartezimmern der Ärzte fachsimpelten über ‚Bookbuilding-Spannen'. Im Fernsehen erreichten Börsensendungen rekordverdächtige Einschaltquoten. Die Moderatoren wurden über Nacht quasi zu Stars. Es war die Zeit, in der alle Dämme brachen. Der Börsenirrsinn erreichte seinen Höhepunkt. Die herkömmlichen Bewertungsmaßstäbe galten nicht mehr. Man beobachtete, dass virtuelle Unternehmen mit zwei-, dreihundert Angestellten eine größere Marktkapitalisierung hatten, als solch große Unternehmen wie *Beiersdorf*, *BMW* oder *Daimler*. Was war geschehen?

Am 10. März 1997 fiel der Startschuss für den Neuen Markt. Dieses Technologiesegment sollte nach dem Vorbild der US-amerikanischen *Nasdaq* junge, wachstumsträchtige Unternehmen unkompliziert und schnell über die Börse mit frischem Geld versorgen. Im Gegenzug dazu konnten spekulative Anleger an den überproportionalen Wachstumschancen der Unternehmen partizipieren. Die Auswahl der einzelnen Titel ließ am Anfang etwas zu wünschen übrig. Mit dem Telekommunikationskonzern *Mobilcom* und dem Automobilzulieferer *Bertrandt* notierten zum Start gerade zwei Technologieunternehmen am Neuen Markt. Am Ende des ersten Jahres waren es schon 20 Unternehmen. Dann ging es Schlag auf Schlag. So feierte im Mai 1999 der Onlinekunsthändler *Artnet* als 100. Unternehmen sein Börsendebüt. Fortan gaben selbst ernannte Börsengurus wie z.B. Bernd Förtsch oder Fondsmanager wie Kurt Ochner den Ton an. Ihren Tipps in wöchentlichen Anlegerzeitschriften oder Fernsehsendungen wie der ntv-Telebörse oder dem 3sat-Börsenspiel folgten die Privatanleger scharenweise. Die Folge war, dass die Nachfrage nach heißen Aktienhighflyern und spannenden Unternehmensstorys riesig war. Darum ergoss sich eine wahre Flut von Neuemissionen am Neuen Markt. So kamen 1998 46 Firmen an den Neuen Markt und in den beiden folgenden Jahren jeweils mehr als 280. Zu der damaligen Zeit zitierte die *Bild-Zeitung* beinahe täglich Lobeshymnen von Analysten und avancierte so zum Zentralorgan der deutschen Kleinaktionäre. Zu dieser Zeit wurde das Zeichnen von Neuemissionen für viele Kleinanleger ein lukrativer Nebenverdienst. Wer von seiner Bank bei der Zeichnung mit Aktien bedacht wurde, konnte sich in der Regel über zweistellige Kursgewinne freuen. Den Rekord erzielte das nordhessische Softwareunternehmen *Biodata* mit einem Kursgewinn von 433 % am ersten Handelstag. Wer die Aktie über einige Monate hielt, konnte sogar schnell seinen Einsatz verzehnfachen, sodass das Unternehmen *Biodata* mit 50 Angestellten den Börsenwert des Automobilriesen *Volkswagen* übertraf. So erreichte der Aktienwert des Auswahlindizes *Nemax 50* (Auswahlindex für die 50 wichtigsten Unternehmen am Neuen Markt. Er enthielt z.B. *EM.TV, Brokat, Intershop, Gigabell* oder *United Internet*) im Tagesverlauf des 10. Märzes 2000 mit fast 9.700 Punkten einen Höchststand, d. h. die Aktien am Neuen Markt hatten eine Marktkapitalisierung von mehr als 230 Milliarden € oder doppelt so viel wie der gesamte MDAX erreicht.

Ebenso schnell, wie die Gier nach schnellen Gewinnen die Aktien des Neuen Marktes in die Höhe trieb, schlug die Anlegerstimmung jäh in Panik um. So notierte der *Nemax 50* Ende März 2000 nur noch bei 7.500 Punkten. Was jetzt folgte, war ein Zusammenbruch auf Raten, der durch die weltweite Börsenhysterie und die Terroranschläge vom 11. September 2001 in den USA noch verstärkt wurde. So erreichte der *Nemax 50* am 7. Oktober 2002 sein Rekordtief bei nur noch 306 Punkten. Rund ein halbes Jahr später wurde der Neue Markt faktisch ‚zu Grabe getragen'. Am Ende wurden also Milliarden verbrannt, da die Aktien des *Nemax 50* nur noch knapp eine Milliarde wert waren. Der Börsenguru Andre Kostolany stellte dazu fest: *„Spielhölle mit ge-*

zinkten Karten.“ Endgültig in Verruf kam der Neue Markt durch eine Vielzahl von Skandalen. So schaffte es z.B. das Unternehmen *Comroad*, fast seine gesamten Umsätze zu erfinden.

Diese Krise hat gezeigt, dass die vorherrschende Ansicht in der Ökonomie, dass die Märkte immer effizient und die Marktteilnehmer immer rational sind, nicht richtig ist. Meiner Ansicht nach verhalten sich die Märkte ähnlich wie die logistische Gleichung. Es gibt große Zeiträume, in denen sich die Märkte tatsächlich effizient und rational verhalten. In diesen Zeiträumen kann der Anleger tatsächlich mit Hilfsmitteln wie fundamentaler und technischer Aktienanalyse ansehnliche Erfolge feiern. Ebenso wie die logistische Gleichung trägt die Börse die Anlage zum Chaos in sich. Ähnlich wie bei der logistischen Gleichung verlässt die Börse irgendwann den ruhigen, berechenbaren Bereich und geht über ins Chaotische. Dies tritt vor allem bei einer Hausse oder einem Crash auf, wo eine Verstärkung der Rückkopplung erfolgt. Mit anderen Worten: Ein Aktienkurs kann chaotisch sein, muss es aber nicht.

Ein anderer Grund, aus dem die Chaostheorie keine eindeutigen Ergebnisse liefert, ist, dass bei den Börsen ein zu komplexes Wechselspiel vorliegt. So hatte man z.B. in den 1980er Jahren gehofft, den Luftwirbel, der sich hinter einem Flugzeug bildet, mithilfe der Chaostheorie berechnen zu können. In der Technik spielen Turbulenzen eine große Rolle, beispielsweise bei der Aerodynamik von Autos oder beim Wirkungsgrad von Windrädern. Leider ist die Chaostheorie nicht in der Lage, die Komplexität eines turbulenten Feldes zu beschreiben. Zurzeit geht man davon aus, dass selbst die leistungsstärksten Rechner dies nicht berechnen können. Das Problem ist, dass ein großer Wirbel kleine erzeugt, diese kleinen Wirbel erzeugen noch kleinere usw. Ähnliches kann man auch an den Finanzmärkten feststellen. So erzeugen die Unternehmensnachrichten von den großen Titanen der Weltwirtschaft große Wellen. Die Unternehmensnachricht „Volkswagen macht Gewinnsprung. Der Betriebsgewinn im ersten Quartal kräftig gesteigert und damit die Markterwartungen klar übertroffen. Der operative Gewinn verdreifachte sich zwischen Januar und März im Vergleich zum Vorjahreszeitraum auf fast 848 (Vorjahr: 312) Millionen Euro“ führte am 21. April 2010 dazu, dass der gesamte Autosektor Kurzzuwächse erfuhr, weil die Anleger von anziehender Autokonjunktur ausgingen. Doch am gleichen Tag trieb die Angst einer Pleite Griechenlands die Aktien anderer Unternehmen in den Keller. Schon das Vorgehen eines einzelnen Spekulanten kann zu einer weltweiten Veränderung der Kurse führen. So sagt der Börsenhändler Dirk Müller, dass die Börse sich im Umbruch befindet, wie der ‚Angriff' auf den Euro im Mai 2010 gezeigt habe.

Nach Ansicht von Dirk Müller wird der Euro gezielt attackiert. Dies funktioniert nicht mit den ‚Waffen' der Börse, sondern vornehmlich mit Worten. Beispielsweise erschien an der *Wall Street* tagelang der französische Franc auf der Anzeigetafel anstatt des Euros, so als sei der Euro schon Geschichte. Zufall? Wohl eher nicht, sondern ein Mittel der psychologischen ‚Kriegsführung'. Ende Mai hatte die Propaganda-Maschine sogar klassische Investoren, die gar nicht zu den Zockern zählen, so stark verunsichert, dass sie ihre Anlagen abzogen und z. B. in Gold investierten. Trotz allem wirkt die Börse von außen betrachtet ruhig, weil auf dem Börsenparkett nicht mehr viel Handelsgeschäft abgewickelt wird. Der Handel läuft fast vollständig am Computer, und das sogar ‚fast' automatisch. Computerprogramme kalkulieren in Millisekunden (schneller als jeder Mensch), wann der beste Kauf- oder Verkaufszeitpunkt ist. Dies bringt die Gefahr von Dominoeffekten mit sich. Denn viele Computerprogramme handeln nach ähnlichen Regeln, so dass beispielsweise eine Flut von Verkaufsaufträgen – wie z. B. der dramatische Kurssturz vom 6. Mai 2010 an der *Wall Street* (s. S. 221) – über die Börse gehen und die Märkte tatsächlich destabilisieren können. Experten sagen, dass sich der Computerhandel immer mehr zu einer Art Monster entwickele, das man nicht mehr kontrollieren könne. Der Handel entfernt sich immer weiter von der realen Welt. So ist ein klassischer Aktienkauf schon fast aus der Mode gekommen. So kommen zurzeit auf einen Investor zehn Spekulanten. Dies führt dazu, dass die Kursentwicklung nicht mehr durch die Realwirtschaft bestimmt wird, sondern durch die Spekulation. Denn die Spekulanten setzen immer mehr auf riskante, gehebelte Finanzprodukte.

Sie sehen, auch an der Börse kommt es zu unberechenbaren Turbulenzen, die sich sogar verstärken, überlagern oder auslöschen können. Wieso sollte das Gebilde Börse also nicht ähnlich kompliziert sein, wie die Turbulenz. Schließlich gibt es an den globalen Finanzmärkten Abermillionen von Stellschrauben, die die Märkte in die eine oder andere Richtung treiben können. Einen weiteren Hinweis auf eine fraktale Struktur der Aktienkurse liefert Seifritz[96], in dem er die Organisationsstruktur eines Unternehmens als Fraktalbildung interpretiert. Er geht davon aus, dass ein moderner Industriebetrieb als lernfähiger Organismus aufgefasst werden muss, der sich im Marktwettbewerb selbst optimal organisieren muss. Die Organisation erfolgt dabei von der Gruppe aus, d. h. von unten nach oben. Dabei wird ein Fraktal (selbständige Unternehmenseinheit) z. B. von einer teilautonomen Arbeitsgruppe repräsentiert. Diese lässt durch Zusammenfassung höhere Ordnungszustände (wie Abteilungen, Bereiche usw.) entstehen. Hierbei ist das wichtigste Prinzip die Selbstähnlichkeit, d. h. die gebildeten Abteilungen haben dieselbe Struktur wie die ihr zugeordneten Gruppen. Es entsteht im Prinzip eine Fabrik in der Fabrik.

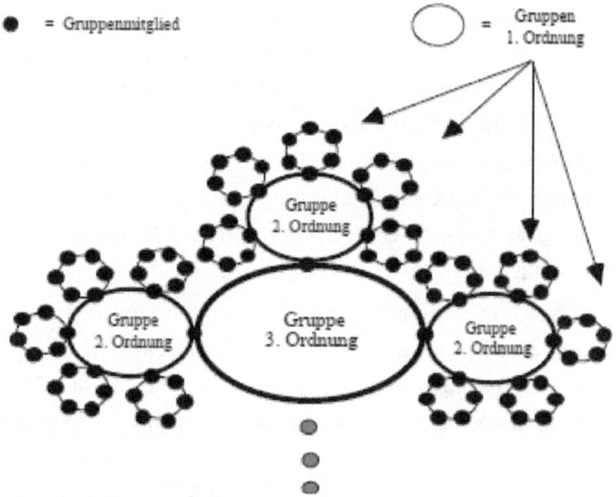

Abbildung 61: Fraktaler Gruppenaufbau[97]

Abbildung 61 zeigt einen fraktalen Gruppenaufbau, indem jede Gruppe aus sechs Mitgliedern besteht, wobei jeweils ein Gruppenmitglied einer Gruppe n-ter Ordnung und gleichzeitig einer Gruppe (n+1)-ter Ordnung angehört. Die-

[96] Seifritz, W.: Die fraktale Fabrik, in: NZZ, 21./22. Mai 1994, S. 41
[97] Seifritz, W.: Die fraktale Fabrik, in: NZZ, 21./22. Mai 1994, S. 47

ses Beispiel eines fraktalen Gruppenaufbaus basiert u. a. auf den Eigenschaften des Sierpinski-Dreiecks (s. S. 267 ff.). Wenn die Unternehmen schon fraktal aufgebaut sind, warum sollte die daraus abgeleitete Größe Aktienkurs nicht auch fraktal sein? So erkannte bereits vor mehr als 40 Jahren Benoît Mandelbrot, der Entdecker des ‚Apfelmännchen', dass Aktienkurse eine fraktale (selbstähnliche) Struktur aufweisen. Uhlig konnte mithilfe der Korrelationsdimension zeigen, dass der Nikkei einen Attraktor besitzt, dessen Dimension kleiner 3 ist. Dies begründet er damit, dass die Steigung der Geraden für das Korrelationsintegral (s. S. 180) ab einer Einbettungsdimension (s. S. 181) von 3 nicht mehr zunimmt.

Ebenso konnte z. B. Peters[98] zeigen, dass der S&P 500 einen Hurst-Exponenten von 0,61 bei monatlichen Renditen zwischen 1950 und 1988 hat. Somit weisen die Kurse auf einen Trend hin. In diesem Zusammenhang spricht Peters auch von einem *Biased Random Walk*. Außerdem konnte Peters zeigen, dass der Einfluss der vergangenen auf die künftigen Kurse unabhängig von der zugrunde gelegten Beobachtungsdauer ist, d. h. eine vergangene 3-Monats-Periode beeinflusste die künftige 3-Monats-Periode, eine vergangene 6-Monats-Periode beeinflusste die künftige 6-Monats-Periode usw. Peters führte diesen Effekt auf ein sogenanntes *Market Sentiment* zurück. Diese Beobachtung ist zugleich auch die theoretische Grundlage für die vielen Sentimentanalysemethoden (s. S. 111 ff.) an der Börse.

In einer weiteren Untersuchung konnte Peters[99] zeigen, wiederum auf Basis der S&P-500-Werte zwischen 1950 und 1989, dass bei dieser Zeitreihe ein unterliegender chaotischer Attraktor existieren muss, dessen fraktale Dimension ca. 2,33 ist. Zusätzlich beobachtete er einen positiven Lyapunov-Exponenten.

Allgemein lässt sich sagen, dass mit der Chaostheorie die grundsätzliche Debatte, ob die Finanzmärkte einem *Random Walk* folgen, neue Nahrung erhalten hat. Wir befinden uns also an einer Zeitenwende, in der beide Lager

---

98 Peters, E.: Fractal Structure in the Capital Markets, in: Financial Analysts Journal, Vol. 45, No. 4, July – Aug. 1989, S. 32- 37

99 Peters, E.: Chaotic Attractor for the S&P 500, in: Financial Analysts Journal, Vol. 47, No. 2, March-April 1991, S. 55 - 62

unversöhnlich gegenüber stehen und ihre Theorien verteidigen. Welche gewinnt, lässt sich heute noch nicht sagen.

Meiner Meinung nach könnte der Weg in der goldenen Mitte liegen. Damit meine ich, dass kursbestimmend sowohl das deterministische Chaos als auch zufällige, technische als auch fundamentale Faktoren in unterschiedlicher Zusammensetzung und zu unterschiedlichen Zeitpunkten sein können. So wie z. B. bei der logistischen Gleichung. Sie ist durch drei Zustände charakterisiert: stationär, übergehend und chaotisch. Im stationären Zustand können bestimmte Regeln aufgestellt werden. Demgegenüber beobachtet man im chaotischen Zustand, dass geringe Veränderungen der Anfangsbedingungen zu großen Resultatänderungen führen können. Als Übergangszustand bezeichnet man den Zustand zwischen dem stationären und chaotischen.

Beispielsweise beobachtet man in hektischen Börsenzeiten, dass sich durch positive selbstverstärkende Rückkopplungsmechanismen die Preisbildungsmechanismen aufschaukeln und die Volatilitäten sprunghaft erhöhen können. So sprang z. B. der Volatilitätsindex der deutschen Börse VDAX-New im Rahmen der Finanzkrise innerhalb einer Woche von 38,41 Punkten (Stand 02.10.2008) auf 61,92 Punkte (Stand 08.10.2008), als die Hektik besonders groß wurde. Dies ist ein Zeichen für den chaotischen Zustand an der Börse, ähnlich dramatisch sprangen die Aktienkurse umher.

Ebenso zeichnet sich die Börse durch ein ruhiges Fahrwasser aus. So pendelte der VDAX-New beispielsweise zwischen dem 06.10.2006 (15,15 Punkte) und dem 23.02.2007 (14,01 Punkte) lustlos um die 15 Punkte. Dies ähnelt sehr dem stationären Zustand bei der logistischen Gleichung.

Darum werden wir im nächsten Abschnitt versuchen, die Aktienmärkte mit iterierenden Funktionssystemen wie der logistischen Gleichung zu berechnen. Doch vorher sollten wir noch einen kleinen Augenblick verweilen und uns der Frage zuwenden: Welche Auswirkungen hat die Sensitivität in den Ausgangsbedingungen im DAX (positiver Lyapunov-Exponent)? Zu Zeiten des Neuen Marktes – siehe oben – zeigte jeder Fernseher zur besten Sendezeit einen Analysten im besten Zwirn, der seine Prognosen verkündete. Was ist von solchen Prognosen in Hinblick auf die Sensitivität der Aktienkurse zu halten?

4.2.10.1. Prognosen – Ein Ding der Unmöglichkeit?

„Jede von der Bewegung geschaffene Gestalt erhält sich mit der Bewegung.“ (Leonardo da Vinci)

Dieser Ausspruch von Leonardo da Vinci impliziert, dass vom deterministischen Grundsatz einer strengen Vorhersagbarkeit der Entwicklung eines Systems Abstand genommen werden muss. Dies auch vor dem Hintergrund, dass wenn das globale Verhalten, z. B. die Gestalt, vorhersagbar ist, so bleibt doch das lokale Verhalten der Vorhersagbarkeit entzogen. Steckt man beispielsweise eine Eichel in den Erdboden, so kann vorhergesagt werden, dass daraus eine Eiche und keine Buche entsteht. Allerdings kann man keine individuellen Aussagen über das Aussehen bzw. über die Gestalt der Eiche machen, z. B. wie viele Äste sie haben wird (lokales Verhalten). Demnach scheint eine Vorhersage des Systemverhaltens im klassischen Sinne ausgeschlossen zu sein.

Allerdings hört ein nichtlineares System beim Übergang ins Chaos nicht auf zu existieren, indem es ein beliebiges Verhalten zeigt. Vielmehr gelangt es in einen Zustand, in dem es besonders sensibel auf die geringsten Einflüsse aus der Umwelt zu reagieren vermag, ohne dabei seine eigene Individualität zu verlieren, eben das deterministische Chaos. Die nichtlineare Dynamik kann folglich sowohl Ordnung als auch Chaos hervorrufen. Georg Christoph Lichtenberg verglich ein nichtlineares System mit starken Regen, durch das *„alle Schweine rein und alle Menschen dreckig“* werden können, aber nicht müssen. Dabei führt die für den chaotischen Bereich typische Sensitivität der Anfangsbedingungen anders als im Bereich des regulären Verhaltens dazu, dass sich die Einflüsse zufälliger Schwankungen nicht im Sinne eines Abbaus dieser Störungen auf die Anfangsbedingungen auswirken, sondern als eine Verstärkung, die das Systemverhalten dominiert und somit die globale Entwicklung bestimmt. Man kann also sagen, die Umgebung füttert das System permanent mit neuen, vom Zufall bestimmten Anfangsbedingungen, sodass von einem regelmäßigen reproduzierbaren Verhalten keine Rede mehr sein kann. Wie sich das System verhält, hängt also von den Umständen ab. So kann ein und dasselbe Ereignis entweder vernachlässigbar sein oder wesentlich das Verhalten des Systems beeinflussen. Sind chaotische Systeme durch ein irreguläres und wirres Verhalten gekennzeichnet?

Betrachtet man das Verhalten der chaotischen Systeme aus Sicht des Zustandsraumes bzw. Phasenraumes, so offenbaren sich Strukturen, die in der Verfolgung einzelner Trajektorien nicht zu erkennen sind. Hier offenbart sich dem Betrachter eine tiefe Ordnung, die u. a. darin besteht, dass das System mal abgesehen von einer Übergangsphase (Einschwingverhalten) bei weitem nicht alle Möglichkeiten ausschöpft, die es rein theoretisch wahrnehmen könnte. Es strebt nämlich auf die seltsamen Attraktoren zu, wie den Lorenz-Attraktor (s. Abbildung 48, S. 168). Er beschreibt also die globale Struktur des Systems, weil er sämtliche relevanten Informationen des Systems enthält, ähnlich einem Buch, in dem sämtliche Informationen verzeichnet sind. Deswegen kann sich das System nur innerhalb dieses Attraktors bewegen. Trotz dieser Beschränkung gibt es immer noch unendlich viele Verhaltensmöglichkeiten, wegen der erstaunlichen Feinstruktur des Attraktors. Frei nach Goethe: Er ist im Ganzen vernünftig, im Einzelnen ein bisschen unvernünftig. Eröffnet uns diese Erkenntnis vielleicht eine Möglichkeit, Prognosen für ein chaotisches System zu erstellen?

Um diese Frage zu beantworten, müssen wir wieder tief in die Materie der Trajektorien (s. S. 163) eintauchen. Dazu müssen wir die Trajektorien aus einer anderen Perspektive betrachten. Die grundlegende Eigenschaft eines chaotischen Systems ist, dass seine Trajektorien nicht stabil sind, gleichzeitig aber eine Teilmenge des Phasenraumes (s. S.163) nicht verlassen (dieser Bereich wird durch die seltsamen Attraktoren beschrieben), und dass verschiedene Trajektorien sich nicht schneiden. Abbildung 62 zeigt zwei benachbarte Trajektorien $x(t, x_0)$ und $x\Delta(t, x_0 + \Delta x_0)$. Außerdem erkennt man aus Abbildung 62, dass der Abstand zwischen diesen beiden Trajektorien folgender ist:

$$\Delta x(t, \Delta x_0) = x\Delta(t, x_0 + \Delta x_0) - x(t, x_0)$$

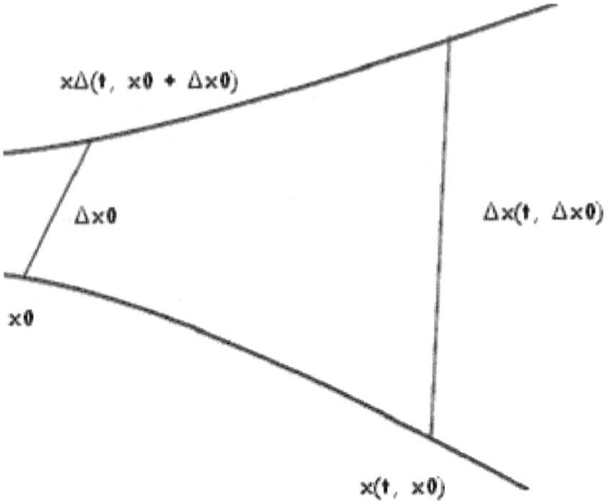

Abbildung 62: Das Verhalten benachbarter Trajektorien in Abhängigkeit von der Zeit

Daraus folgt, dass sich der Lyapunov-Exponent λ der Trajektorie durch folgende Gleichung ergibt. (Anmerkung: Die genaue Herleitung soll an dieser Stelle nicht interessieren, sie würde den Umfang des Buches sprengen.)

$$\lambda = \lim_{t \to \infty} \frac{1}{t} \ln \frac{\|\Delta x(t)\|}{\|\Delta x_0\|}$$ (Gleichung Trajektorien)

Aus dieser Formel erkennt man, dass der Lyapunov-Exponent Auskunft über die Auswirkung kleiner Abweichungen von den Anfangszuständen auf den Trajektorienverlauf und folgerichtig über die Stabilität der Trajektorie gibt. Es gelten folgende Zusammenhänge:

1. $\lambda > 0$: Die Trajektorie ist im Sinne Lyapunovs nicht stabil. Die Trajektorie zeigt eine sensitive Abhängigkeit von den Anfangsbedingungen.
2. $\lambda = 0$: Die Trajektorie verhält sich im Sinne Lyapunovs neutral.
3. $\lambda < 0$: Die Trajektorie ist im Sinne Lyapunovs stabil.

Fassen wir zusammen: Chaotische Systeme besitzen Trajektorien, die eine beschränkte Teilmenge (seltsamer Attraktor) des Phasenraumes nicht verlassen. Zusätzlich sind die Trajektorien im Sinne Lyapunovs nicht stabil, d. h. $\lambda > 0$. Daher divergieren zwei benachbarte Trajektorien gemäß ‚Gleichung Trajektorien' im Mittel mit:

$\|\Delta x(t, \Delta x_0)\| \propto \|\Delta x_0\| e^{\lambda \cdot t}$ wobei λ der positive Lyapunov-Exponent ist und e die Eulersche Zahl.

Insofern kann man sagen, dass die Größe des Exponenten die Divergenzrate der benachbarten Trajektorien angibt und somit ein Maß für den Grad des Chaos bildet. Daher führen kleinste Abweichungen zwischen System- und Beobachtertrajektorien zu einem exponentiellen Wachstum des Beobachtungsfehlers. Im Allgemeinen kann keine beliebige Messgenauigkeit erreicht werden, sodass im wirklichen Leben stets von der Möglichkeit einer solchen Abweichung ausgegangen werden muss. Unter der Annahme, dass δ die kleinste bei einer Messung erreichbare Auflösung ist, so ergibt sich eine Partitionierung des Phasenraumes in den Zellen mit der Kantenlänge δ. Daraus folgt:

$$t(\lambda, \delta) \propto \frac{1}{\lambda} \ln\left|\frac{1}{\delta}\right|$$

Dies wird als Lyapunov-Zeit bezeichnet. Sie setzt den Beobachtungshorizont und den maximalen (eindimensionalen) Lyapunov-Exponenten in Beziehung. Demzufolge beschreibt sie die Genauigkeit, mit der der Anfangszustand einer Zeitreihe $0 \leq t \leq t(\lambda, \delta)$ rekonstruiert werden kann. Eigentlich haben wir ja einen Weg gesucht, um den Vorhersagezeitraum eines chaotischen Systems zu finden.

Wenn man wissen möchte, wie es um die Vorhersagbarkeit eines Systems bestellt ist, bietet sich ebenfalls der Lyapunov-Exponent λ an. Denn je größer der Lyapunov-Exponent λ (wegen $\|\Delta x_0\| e^{\lambda \cdot t}$) ist, desto kleiner ist die Zahl der Schritte bzw. die Zeit, für die man mit einer gewünschten Genauigkeit Vorhersagen machen kann. Mit anderen Worten, je größer der Lyapunov-Exponent λ wird, umso größer ist die Empfindlichkeit des Systems gegenüber den Anfangsbedingungen und desto kürzer kann man in die Zukunft blicken. In einer groben Näherung ergibt sich für die Vorhersagezeit ($t_{Vorhersage}$) in einem chaotischen System folgender Zusammenhang[100]:

---

[100] Prinzipiell ergibt sich die Größe der Vorhersagezeit näherungsweise als Produkt aus zwei Faktoren. Zum ersten systembedingt, $t_{Layp} = 1 / \lambda$ und zum anderen durch unsere

$$t_{\text{vorhersage}} = \frac{1}{\lambda}$$

In Abschnitt 4.2.9. (s. S. 200 ff.) haben wir einen Lyapunov-Exponenten von 0,05 für den DAX ermittelt.

$$t_{\text{vorhersage}_{\text{DAX}}} = \frac{1}{\lambda} = \frac{1}{0{,}05} = 20$$

Daher beträgt die Vorhersagezeit für den DAX ca. 20 Handelstage, d. h. einen Monat. Deswegen sind also nur kurzfristige Prognosen für die DAX-Entwicklung wirklich sinnvoll. Dies wird auch durch die Praxis bestätigt, wo die technische Analyse hervorragende Ergebnisse liefert, weil sie hauptsächlich auf kurzfristige Prognosen setzt. Allerdings muss der Anleger immer damit rechnen, dass die Börse ihm wegen der Anfangssensitivität jeder Zeit einen Strich durch die Rechnung machen kann. Diese 20 Tage sagen nur aus, dass Prognosen für diese Zeitspanne eine hohe Vorhersagekraft haben, nicht mehr. Es ist wie bei der Wettervorhersage. Nur weil in der Tagesschau schönes Wetter für den nächsten Tag vorhergesagt wurde, heißt das nicht, dass es am nächsten Tag nicht regnen kann. Nur die Wahrscheinlichkeit dafür ist gering, aber es ist immer noch möglich. Ein Meteorologe stellte dazu fest: *„Die Ursache ist winzig, der Effekt kann gewaltig sein. Sie ist unendlich klein, er unendlich groß."*

Einschub: Kolmogorow-Sinai-Entropie
An dieser Stelle möchte ich noch die Kolmogorow-Sinai-Entropie kurz vorstellen. Sie ist ein Maß für die Vorhersagezeit von dynamischen Abläufen. Wie wir schon wissen,

---

begrenzte Messmöglichkeit bzw. Genauigkeitsansprüche an die Vorhersage. Dabei wird die gewünschte Genauigkeit als tolerierbarer Fehler ε_{tol} bezeichnet. Es gilt, je größer ε_{tol} ist, umso länger kann man vorhersagen. Je genauer der Ist-Zustand (Anfangsbedingungen) bekannt ist, desto kleiner ist der anfängliche Messfehler ε_{mess}, umso länger kann man ebenfalls vorhersagen. Dummerweise kann man die reale Ursache und die tatsächliche Wirkung niemals miteinander verknüpfen, weil man beide nicht genau genug kennt – der unvermeidlichen Messfehler wegen. Darum gilt folgender Zusammenhang log (ε_{tol} / ε_{mess}). Dies bedeutet, dass eine Verdopplung der Genauigkeit, was eine enorme Anstrengung erfordert (wie z. B. Erhöhung der Messstationen usw.), nur relativ schwach wirksam wird, indem sich je nach ursprünglicher Genauigkeit eine um vielleicht 10 bis 20 % längere Vorhersagezeit ergibt.

wird die zeitliche Entwicklung eines dynamischen Systems üblicherweise in einem mehrdimensionalen Raum dargestellt, dem Phasenraum. Dabei sind die Achsen des Phasenraumes die Variablen des Systems, so dass seine Dimension mit der Anzahl der Variablen identisch ist. Wie wirken sich Störungen im Phasenraum aus?
Man verwendet den Lyapunov-Exponenten, der zeigt, wie schnell zwei Lösungen, die sich nur um einen geringen Betrag unterscheiden, konvergieren oder divergieren. Während ein positiver Lyapunov-Exponent darauf hindeutet, dass sich die Störung vergrößert, ist ein negativer Lyapunov-Exponent ein Indiz dafür, dass die Störung gedämpft wird. Somit ergibt sich die Kolmogorow-Sinai-Entropie aus der Summe aller positiven Lyapunov-Exponenten. Mithilfe der Kolmogorow-Sinai-Entropie (Abk. K) lassen sich dynamische Systeme charakterisieren:

System	Kolmogorow-Sinai-Entropie	Korrelationszeit (t)
Deterministisches System	$K = 0$	$t \rightarrow$ unendlich
Chaotisches System	$K > 0$	$t > 0$
Zufälliges System	$K \rightarrow$ unendlich	$t = 0$

Aus der Klassifizierung der dynamischen Systeme erkennt man, dass eine positive und endliche Kolmogorow-Sinai-Entropie ein eindeutiges Indiz für ein deterministisches Chaos ist. Beispielsweise hat der Lorenz-Attraktor (s. S. 168) ein K von 0,13. Der DAX hat für unseren Untersuchungszeitraum ein K von 0,05. Damit haben wir zugleich ein starkes Indiz dafür gefunden, dass die Kursreihe für den DAX ein deterministisches Chaos zeigt.
Ferner charakterisiert der Kehrwert der Kolmogorow-Sinai-Entropie (1/K) ein Maß für das Zeitintervall dt. Dieses Zeitintervall gibt den Zeitpunkt an, nach dem eine Vorhersage über den Zustand des Systems aus einer endlich genau bekannten Anfangsbedingung nicht mehr sinnvoll ist. Mit anderen Worten: Nach der Zeit 1/K verringert sich die Information des Systems soweit, dass die Kenntnis über den Zustand des Systems sehr ungenau wird. Somit kann man sagen, dass die Zeit 1/K in etwa den Prognosezeitraum des Systems angibt. Sie wird auch als Korrelationszeit bezeichnet.
Ist die Kolmogorow-Sinai-Entropie gleich null, ist die Vorhersagezeit (1/K) des Systems prinzipiell unendlich lang. Dieses System zeigt die uns schon bekannte Kausalität (s. S. 116): Ähnliche Ursachen haben ähnliche Wirkungen.
Ist dagegen die Kolmogorow-Sinai-Entropie größer null ($K > 0$), wird der Vorhersagezeitraum endlich. Für den DAX bedeutet dies, dass der Vorhersagezeitraum ca. 20 Tage (=1/0,05) beträgt. Für den Lorenz-Attraktor beträgt der Vorhersagezeitraum ca. 7 (=1/0,13) Tage. Allerdings sind dies immer Maximalwerte, d. h. die Vorhersage wird mit jedem Tag etwas unsicherer. Das beobachtet man ebenso beim Wetter (Lorenz-Attraktor). So ist die Prognose für den nächsten Tag meistens relativ genau. Dagegen ist die Drei-Tages-Prognose schon wesentlich unsicherer. Die Wahrscheinlichkeit

steigt deutlich an, dass es regnen kann, obwohl für die nächsten 3 Tage Sonnenschein vorhergesagt wurde.

Sind vor diesem Hintergrund die bei so vielen Anlegern beliebten Aktienprognosen der Analysten unnütz?

Schließlich galten Finanzanalysten lange Zeit als die unbestrittenen Experten auf den Kapitalmärkten. Analysten wie Jack Grubman von *Salomon Smith Barney* oder Henry Blodget von *Merrill Lynch* waren die Stars des irrationalen Börsenbooms der 1990er Jahre. Sie versorgten die privaten und institutionellen Anleger täglich mit neuen Kauf- und Verkaufsempfehlungen. Ihre Prognosen waren unumstritten bei den Anlegern. Die Anleger folgten den Aussagen der Analysten blind, ohne sich selbst eine Meinung über das Unternehmen zu bilden. So sagte ein Anleger: *„Analysten sind die Götter der Hausse und die Teufel der Baisse."* Nach den Kursrückgängen im März 2000 bröckelte erstmals die Fassade der vermeintlichen Heilsbringer. Eine der wohl größten Klagewellen breitete sich über die einst gefeierten Stars aus, und es kam zu einem Reputationsverlust. Der Vorwurf war, dass die Analysten wider besseren Wissens Empfehlungen herausgeben hätten, nur um die Gewinne der Investmentbanken auf Kosten der Anleger zu steigern. Beispielsweise empfahl Henry Blodget von *Merrill Lynch* Aktien zum Kauf, die er intern als „Piece of Shit" titulierte. In der Folge wurden neue Regeln zum Aktienresearch erlassen. Doch die Kritik an den Finanzanalysten reißt nicht ab. So zeigt eine Untersuchung im vierten Quartal 2007, dass die Prognosen der Finanzanalysten an der *Wall Street* um mehr als 30 Prozentpunkte zu hoch gegriffen waren, bei immerhin 1.800 Analysten. Sie sagten eine Gewinnsteigerung von 7,9 % voraus, eingetreten ist jedoch ein Verlust von 22,6 %. Bei einer solchen Fehlerquote könnte man auch einen Affen mit Dartpfeilen auf ein Kursblatt werfen lassen. Doch wie kommt es zu diesen verzerrten bzw. falschen Prognosen?

Im Prinzip treten die Analysten als Informationsintermediäre auf den Kapitalmärkten auf. Dazu stellen sie potenziellen Anlegern Gewinn- und Aktienberichte in Form von Research-Reports zur Verfügung. Diese Reports sollen kritisch sein und möglichen Anlegern bei der Auswahl ihrer Aktien helfen. Allerdings stehen die Analysten in einer weiteren Beziehung zu ihren Arbeitgebern und dem Management der untersuchten Aktiengesellschaften. Hierdurch entstehen Konflikte, weil alle Parteien unterschiedliche Zielfunktionen verfolgen. Um an exklusive Informationen der Unternehmen zu gelangen, müssen die Analysten einen ‚guten Draht' zum Management haben und ihn pflegen. Dies ist auch im Interesse der Arbeitgeber der Analysten, weil sie häufig Aktien des untersuchten Unternehmens im Eigenbestand halten. Ebenfalls haben die Arbeitgeber der Analysten ein Interesse an den Research-Reports, weil diese die Anleger zu einer Aktion führen sollen und sie so Kauf- oder Verkaufsgebühren einnehmen können. Dabei beobachtet man, dass Kaufempfehlungen mehr Aktivität bei den Anlegern auslösen als Verkaufsempfehlungen. Deswegen sind die Analysten bestrebt, eher Kaufempfehlungen abzugeben.

Angesichts der vielen Desaster stellt sich natürlich die Frage nach einer generellen Möglichkeit, Aktienkurse zu prognostizieren. Die meisten Modelle gehen davon aus, dass Aktienkurse die Güte des Unternehmens und dessen Gewinnpotenzial widerspiegeln. Deswegen müssen wir einen Schritt zurückgehen und uns zunächst die Qualität der Prognosen für Unternehmensgewinne ansehen. Nur auf Grundlage der Unternehmensgewinne kann man das Gewinnpotenzial abschätzen. Daher ist verständlich, dass die Prognosen von Unternehmensgewinnen bedeutsame Investitionskriterien für Anleger darstellen.

Rein theoretisch sollten angesichts der Komplexität der Bewertung von Unternehmensdaten und den daraus resultierenden Prognosen die Ungenauigkeiten der Vorhersagen keinem systematischen Muster folgen. Doch die empirischen Befunde zeigen ein anderes Bild. Es gibt eine Vielzahl von Faktoren, die die Genauigkeit der Vorhersage beeinflussen, wie Abbildung 63 zeigt.

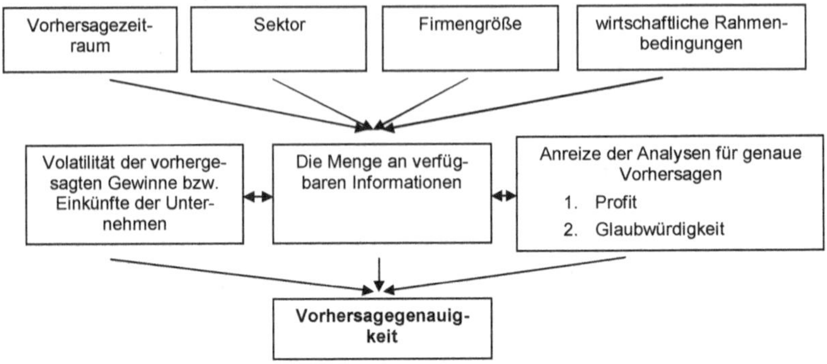

Abbildung 63: Faktoren, die die Vorhersagegenauigkeit der Prognosen beeinflussen

So beeinflussen natürlich die wirtschaftlichen Variablen, wie Sektor, Firmengrößen sowie wirtschaftliche Rahmenbedingungen, die Genauigkeit der Vorhersage. Beispielsweise neigen die Analysten zu extremen Prognosen. Dies bedeutet, die Prognosen sind zu positiv, falls positive Unternehmensmeldungen anstehen, oder zu negativ, sofern negative Meldungen erwartet werden. Diese Überreaktionen haben zur Folge, dass die Finanzmärkte ebenfalls zu Überreaktionen neigen. So konnten De Bondt und Forbes zeigen, dass die Prognosen des Gewinns je Aktie (EPS) durchgängig zu positiv (um über 10 % zu hoch) ausfielen. Selbst die pessimistischen Vorhersagen waren durchschnittlich immer noch um 4 % zu hoch. Zudem sind die Vorhersagen nicht nur zu extrem, sondern zum größten Teil auch zu positiv.

So stellen Kladroba und von der Lippe fest, dass im Zeitraum Januar bis Juni 2001 von insgesamt 5.985 Empfehlungen aus Zeitschriften, wie *Börse-Online, Focus Money* usw., 66,9 % Kaufs-, 22,2 % Halten- und nur 10,9 % Verkaufsempfehlungen waren.

Oftmals legen die Analysten auch ein Kursziel fest, das eine bestimmte Aktie in einem explizit festgelegten Zeitraum erreichen sollte. Kladroba und von der Lippe berichten, dass mehr als 2/3 Drittel dieser Kursziele knapp oder sogar deutlich verfehlt wurden. Dies kann für den Anleger gravierende Konsequenzen haben, wenn er sich auf die Kurszielprognose verlässt und z.B. den Verkauf der Aktie erst mit Erreichen des Kursziels in Betracht zieht. So kann es passieren, dass ein Anleger auf einen möglichen Gewinn verzichtet, weil er auf das Erreichen des Kursziels vertraut und dann in die Verlustzone gerät, weil die Aktie fällt.

Meistens sind die Analysen zu Aktien auch mit einem Stoppkurs versehen. Dieser Stoppkurs soll helfen, den Verlust zu verringern, falls eine zum Kauf empfohlene Aktie im Kurs fällt. Das heißt, ab diesem Punkt rechnet der Analyst nicht mehr damit, dass sich die Aktie noch erholt und den Kaufkurs überschreitet. Die Gefahr ist hier, dass die Stoppkurse unterschritten werden, bevor die Aktie wieder in eine Aufschwungphase einmündet. Ein Anleger, der konsequent beim Erreichen des Stoppkurses reagiert und die Aktie verkauft, würde in der Wiederaufschwungphase nicht mehr in den Genuss der Kursgewinne kommen, d. h. er realisiert einen Verlust. Dies ist in knapp 50 % der Fälle passiert.

Darüber hinaus berichten Capstaff et al. von einer schon angedeuteten Abnahme der Vorhersagewahrscheinlichkeit mit dem Zeitraum. So sind Prognosen über einen Zwei- oder Dreijahreszeitraum ungenauer als Prognosen über einen Einjahres- oder Halbjahreszeitraum. Beispielsweise konnten De Bondt und Forbes zeigen, dass die prozentuale Überschätzung für englische Unternehmen im 1-Jahres-Zeitraum bei 10,67 % und bei einem 2-Jahres-Zeitraum bei 25,12 % liegt. Capstaff et al. erklären dies mit einer Zunahme an verlässlichen Informationen bei einer Abnahme der zeitlichen Distanz. Meiner Ansicht nach ist dies der Anfangssensitivität der Aktienkursreihen geschuldet. Schließlich werden die Aktienkurse permanent mit neuen, vom Zufall bestimmten Informationen beeinflusst, sodass die Umgebung das System Finanzmarkt immer mit neuen, vom Zufall bestimmten Anfangsbedingungen füttert.

Beispielsweise ereignete sich am 6. Mai 2010 möglicherweise wegen eines Tippfehlers einer der turbulentesten Tage in der Geschichte der *Wall Street*. Der *Dow Jones Index* verlor zwischenzeitlich in weniger als einer halben Stunde fast 1.000 Punkte und damit ein Zehntel seines Werts durch computerisierte Verkäufe. Dies war der tiefste Fall, den es je an einem einzigen Handelstag gegeben hat. So wurden über 800 Milliarden $ an Unternehmenswerten ausradiert, z. B. verlor der *Blue Chip Procter & Gamble* 35 % in ca. zwei Minuten. Was war passiert: Ein Händler verkaufte Aktien im Wert von 16 Milliarden Dollar, statt der angestrebten 16 Millionen Dollar. Denn im Englischen macht nur ein Buchstabe den Unterschied zwischen *billion* (Milliarden) und *million* (Millionen). Diese große Verkaufsorder löste dann eine Welle von automatischen Verkäufen aus, die zum Kurssturz führten. Ein Händler sagte: *„Die Computer haben die Regie übernommen."* Dies ist allerdings nur ein Gerücht. Tatsache bleibt der extreme Einbruch des *Dow Jones Index*. Andere vermuten, dass dies geschah, weil die Märkte angesichts der Finanzkrise in Griechenland ohnehin schon nervös waren. Ein Händler stellte dazu fest: *„Es hat sich wieder einmal gezeigt, Prognosen sind nur Vermutungen, dass es so ähnlich wie bisher weiter geht. Allerdings zeigt uns die Börse immer wieder, dass das nicht so ist. Es passiert immer wieder etwas Verrücktes, dass keine Prognose vorhergesehen hat."*

Ebenfalls wird beobachtet, dass die Fehler der Vorhersage umso größer werden, je kapitalstärker der Industriezweig ist, über den eine Prognose abgegeben wird. Nach Capstaff et al. liegt hier die Vermutung nahe, dass eine bewusste Manipulation stattfindet.

Obendrein haben Analysten Hemmungen, den Prognosen der eigenen *Peer Group*, z. B. den Kollegen der eigenen Firma, zu widersprechen. Bei einem Mangel an skeptischen Stimmen kann es in einem Team schnell zu einer gefährlichen Gruppendynamik kommen. Besonders junge Analysten neigen dazu, sich der Mehrheitsmeinung anzuschließen. Schließlich ist es für die Kariere besser, eine konforme, aber falsche Meinung zu vertreten, anstatt mit einer anderen Meinung Recht zu haben. Außerdem variiert der Informationsfluss, sodass gute Nachrichten sehr schnell, schlechte hingegen langsamer Verbreitung finden. Dies liegt daran, dass niemand der Verkünder schlechter Nachrichten sein möchte – wenn sie aber erst einmal verbreitet sind, springen alle auf diesen fahrenden Zug auf. Überdies herrscht eine hohe Homogenität der verfügbaren Informationen in der *Investment Community* vor. Zudem werden die Informationen nach ähnlichen Konzepten interpretiert. Wegen Komplexität und Zeitdruck orientieren sich die Analysten am Verhalten der anderen Analysten. Sie gleichen ihre Ergebnisse sozusagen ab. Die Folge ist, dass informationelle Kaskaden entstehen, d. h. es kommt zu einer Art ‚Herdentrieb' beim Erstellen der Prognosen. Diese Kaskaden begünstigen ein gehäuftes Auftreten einseitiger Prognosen.

Obendrein findet eine Konzentration der Empfehlungen der Analysten auf einige Industriezweige statt. So konzentrieren sich über die Hälfte der Vorhersagen auf 9 von insgesamt 78 Industriezweigen in England.

Darüber hinaus beeinflussen motivationale Konflikte die Analysten. Dies bedeutet, dass die Arbeitgeber (Banken, Broker-Firmen usw.) der Analysten eigene wirtschaftliche Interessen verfolgen und deswegen keine objektiven Vorhersagen möchten. Häufig existiert eine geschäftliche Verbindung zwischen den Banken und den Unternehmen, über die eine Prognose abgegeben wird. Diese Beziehung könnte durch eine unbequeme Prognose gefährdet werden. So kam z.B. Christopher Chandirmani (Analyst von *Credit Suisse*) in einer Analyse für *SAIR Group* zu einem negativen Ausblick für die Aktien. Dies gefiel dem Vorstandsvorsitzenden der *SAIR Group* überhaupt nicht. Dies hatte zur Folge, dass die indirekte Verkaufsempfehlung von der Homepage der *Credit Suisse* und das Arbeitsverhältnis von Christopher Chandirmani vier Tage nach der Veröffentlichung beendet[101] wurde. Ein anderes Beispiel ist ein Analyst von *Merrill Lynch.* Er stufte im Sommer 1998 die Aktien von *Enron* herab. Daraufhin intervenierte *Enron* bei *Merrill Lynch*, verbunden mit der Androhung der Beendigung der Geschäftsbeziehungen. Nach Beendigung des Arbeitsverhältnisses mit dem Analysten gab, wie durch ein Wunder' sein Nachfolger eine Kaufempfehlung für *Enron* ab.

Auf der anderen Seite sind die Banken daran interessiert, dass die Anleger Handel treiben, um so Gebühren einzunehmen. Daher sind die Analysten geneigt, zu optimistische Prognosen abzugeben, um den Handel anzukurbeln. Als dämpfender Einfluss kommt zum Tragen, dass ein Analyst nicht solch unglaubwürdige Prognosen äußern darf, dass seine eigene Glaubwürdigkeit in Frage gestellt wird. Darum stellen die Analysten umso genauere Prognosen, je kürzer der Vorhersagezeitraum ist, weil die meisten Anleger ein kurzes Gedächtnis haben. Darum sind Irrtümer ungefährlicher, je weiter sich der Prognose-Zeitraum in die Zukunft erstreckt. Eines sollte der Anleger niemals vergessen, Analysten sind keine Insider. Im allerbesten Fall lesen sie die Geschäftsberichte besonders genau oder führen Gespräche mit dem Management und ziehen daraus ihre Schlüsse.

---

101 Hetzer, Palan, Seeger, in: Manager Magazin vom 11.04.2002

Ist nun die Prognose von Aktienkursen ein Ding der Unmöglichkeit? Zunächst sollte man festhalten, dass die Gewinnprognosen der Unternehmen mehr oder weniger fehlerbehaftet sind. Da nun die Aktienkurse die Güte und das Gewinnpotenzial eines Unternehmens widerspiegeln, so müsste sich der Fehler in den Gewinnprognosen auf die Vorhersage der Aktienkurse auswirken. Je besser also die Prognose der Unternehmensgewinne, desto besser die Aktienprognose. Sehen wir uns dazu die bei Anlegern zum Jahreswechsel beliebte Prognose über den Verlauf des DAX im kommenden Jahr an.

Tabelle 10: DAX-Prognosen zum 31.12.2007

				6800				
				6800				
				6800	7000	7200		
				6800	7000	7200		
				6800	7000	7200		
				6800	7000	7200	7400	
				6800	7000	7300	7400	
		6400		6850	7000	7300	7500	
6000	6350	6450	6700	6900	7078	7300	7500	8000
Durchschnitt der Prognose 7.030 Punkte								

Jahreseröffnungskurs 2007	02.01.2007	6614,73
Jahresschlusskurs 2007	28.12.2007	8067,32
Jahreshöchstkurs 2007	13.07.2007	8151,57
Jahrestiefstkurs 2007	05.03.2007	6437,25

Der DAX erzielte, wie Tabelle 10 zeigt, im Jahr 2007 ein sattes Plus von 22 %. Hätte man dies vorher gewusst, hätte man ein schönes Sümmchen verdienen können. Ein Blick auf Tabelle 10 zeigt, wie die Schätzungen für das Jahr 2007 am Jahresende von 2006 aussahen. Dabei symbolisiert jeder abgetragene DAX-Punktestand eine Vorhersage einer Bank, eines Brokers usw. Nachdem das Jahr 2006 auch schon relativ gut gelaufen war, war die absolute Mehrheit der Prognosen auch für das Jahr 2007 optimistisch gestimmt. Lediglich drei Prognosen sahen einen Kursrückgang voraus. Hätte ein Anleger allerdings die Möglichkeit gehabt, nur auf eine Prognose zu setzen, wäre seine Chance, nah an der Wahrheit zu liegen, äußerst gering gewesen, weil nur eine von mehr als 30 Prognose vorgesehen hat, dass der DAX am Jahresende bei 8.000 Punkten steht. Der Durchschnitt der Prognose lag mit ca. 7.000 Punkten knapp 1.000 Punkte daneben. Ebenfalls fällt eine Häufung des vorhergesagten DAX-Standes zwischen 6.800 und 7.200 Punkten mit knapp 20 Nennungen auf. Dies ist dem ausgeprägten ‚Herdenverhalten‘ der Prognostiker geschuldet. Zusätzlich wird deutlich, dass gravierende Fehlprognosen abgegeben wurden. Betrachtet man die Einzelprognosen in den jeweiligen Jahren, so zeigen sich sogar noch wesentlich größere Prognoseirrtümer. Noch desaströser sieht es aus, wenn man sich die Prognosen zum 31.12.2008 ansieht.

Tabelle 11: DAX-Prognosen zum 31.12.2008

				8400			
				8400			
				8400			
				8480	8600	9000	
			8200	8500	8600	9000	
			8200	8500	8700	9000	
			8250	8500	8700	9000	
			8300	8500	8700	9000	9200
7700			8300	8500	8700	9100	9200
7700	7900	8000	8300	8500	8800	9100	9250
Durchschnitt der Analysen ca. 8.500 Punkte							

Jahreseröffnungskurs 2008	02.01.2008	8045,97
Jahresschlusskurs 2008	30.12.2008	4810,20
Jahreshöchstkurs 2008	02.01.2008	8100,64
Jahrestiefstkurs 2008	24.10.2008	4014,60

Tabelle 11 zeigt, dass nur vier Prognosen von fallenden Kursen ausgingen. Der Durchschnitt der Prognosen lag bei 8.500 Punkten, also mehr als 3.700 Punkte zu hoch. Im Jahr 2008 schlug die letzte große Finanzkrise voll durch. Der Aktienmarkt wurde nicht nur turbulent, sondern auch teilweise chaotisch, mit Kursstürzen von bis zu -10 % – wohlgemerkt an einem Tag.

Im Prinzip wird bei Prognosen das Ausmaß der Kursbewegungen eigentlich immer unterschätzt. Offenbar fehlt es den Prognostikern an Mut oder Vorstellungsvermögen, starke Kursbewegungen vorauszusagen. Denn die Prognosen orientieren sich an der langfristigen durchschnittlichen Wertentwicklung. So ging der DAX 2006 bei einem Stand von 6.596 Punkten ins neue Jahr. Die durchschnittliche Prognose für 2007 lag 6,6 % über dem Vorjahresschlusskurs. Dagegen trauten die Analysten dem DAX im Jahr 2008 ‚nur' einen Wertzuwachs von 6,5 % zu, für das Jahr 2009 sogar satte 10,5 %. All diese Werte weichen nicht stark von der langfristigen durchschnittlichen Wertentwicklung des DAX von 5,2 bis 8,2 % p. a. auf 10 Jahresfrist ab. Dies veranlasste den britischen Zukunftsforscher John C. Edwards zu dem Ausspruch: „*Wenn es im Jahre 1879 schon Computer gegeben hätte, würden diese vorausgesagt haben, dass man infolge der Zunahme von Pferdewagen im Jahre 1979 im Pferdemist ersticken würde…*" Edwards kritisierte damit das einfache lineare Fortschreiben eines Trends. Bisher dominiert in der Finanzanalyse der Einsatz solch linearer Analysemethoden, die mehr oder minder modern verkleidet daher kommen. Allerdings werden wir im nächsten Abschnitt aufzeigen, dass die Aktienmärkte besser durch nichtlineare Modelle beschrieben werden können.

Für Anleger, die am Jahresanfang eine Anlageentscheidung treffen, ist es hilfreich, wenn zumindest der Trend (Steigen oder Fallen die Aktien?) richtig vorausgesagt wird. Immerhin waren laut einer Untersuchung von Benke die Trendprognosen in 275 (66%) von 416 untersuchten Fällen richtig. Daraus sollte der Anleger aber nicht voreilig auf die Qualität der Prognosen schließen. Denn seit Kriegsende war der Trend an den Aktienmärkten langfristig aufwärts gerichtet. So hatten von den vergangenen 65 Jahren 45 eine positive und 20 eine negative Performance. Daher hat ein Analyst, der auf steigende Kurse setzt, gute Chancen, richtig zu liegen. So berichtet Benke, dass im Durchschnitt die Prognosen in 13 von 14 Jahren optimistisch waren, tatsächlich stiegen die DAX-Kurse aber ‚nur' in 9 Jahren. Ebenso berichtet Benke, dass Zinsprognosen für den Untersuchungszeitraum von 1991 bis 2005 weit neben der Realität lagen. Sie waren offenbar schwieriger als die DAX-Prognosen für denselben Zeitraum. Von den untersuchten 425 Trendprognosen (steigen oder fallen die Zinsen?) zur Zinsentwicklung waren 243 (57 %) falsch.

Um es nochmals klar zu sagen, das Ausmaß der Kursschwankungen und die Höhe der Performance für die einzelnen Jahre wurde von den Analysten in der Regel unterschätzt. Ebenfalls wurde das Risiko in Relation zur prognostizierten Jahresperformance überschätzt. Man könnte jetzt natürlich anführen, dass die Prognosen, die sich im Laufe eines Jahres als falsch erwiesen haben, vor dem Hintergrund neuer Erkenntnisse revidiert werden und dann erfolgreicher sind. Leider trifft dies nicht zu, weil revidierte Prognosen keine höhere Trefferwahrscheinlichkeit haben als die ursprünglichen, da jede neue Jahresprognose eine revidierte Version der vorherigen ist.

Reicht es vielleicht nicht nur aus, den Trend eines Marktes richtig einzuschätzen? Nein. Beispielsweise prognostizierten Ende 2006 viele Banken einen Jahresschlusskurs von 6.800 Punkten, d. h. eine geringe Kurssteigerung von 6.614 auf 6.800 Punkte, also ca. 2,8 %. Tatsächlich stieg der DAX bis zum Jahresende 2007 auf 8.067 Punkte. Man könnte jetzt sagen, dass die Prognosen der Banken richtig waren, weil sie ja zumindestens den Anleger in die richtige Richtung geführt hätten. Würde ein Anleger aber tatsächlich entsprechend handeln? Ein rational handelnder Anleger würde doch sicherlich die am Aktienmarkt zu erwartende Performance von rund 2,81 % mit einer risikolosen Anlage vergleichen, beispielsweise einer 1-jährigen Bundesanleihe mit einer Rendite von knapp 2 %. Bei einem ähnlichen Ertrag würde sich ein rational handelnder Anleger für die Anlagealternative mit dem geringeren Risiko entscheiden. Ferner würde er eine Anlage, die höhere Erträge als die risikolose Alternative abwirft, nur dann wählen, wenn der Mehrertrag das zusätzliche Risiko in ein angemessenes Verhältnis setzt. Dieses wird üblicherweise mit der Sharpe-Ratio (s. S. 55ff.) gemessen. Beispielsweise sagt eine Sharpe-Ratio von 0,2 aus, dass der Mehrertrag im Vergleich zur risikolosen Anlage 0,2 % je einen Prozentpunkt zusätzlichem Risiko ist. Als Risiko einer Anlage wird die historische Schwankung der Performance um ihren Durchschnittswert verstanden (mathematisch ausgedrückt: die Standardabweichung).

Bei prognostizierten steigenden Aktienkursen und wenn das Ausmaß des vorausgesagten Kursgewinns nach Abzug der Rendite einer risikolosen 1-jährigen Bundesanleihe mindestens 40 % (das langfristige Sharpe-Ratio konservativer Anleger am deutschen Markt liegt bei 0,35-0,45 %) des vorausgesagten Kursrisikos der Aktien ist, würde ein Anleger zu Jahresbeginn Aktien kaufen, ansonsten Anleihen erwerben. Daher wird der Anleger – kommen wir zurück zu unserem Beispiel – vermutlich sein Vermögen Anfang 2007 in Renten umschichten, weil er bei weniger Risiko einen ähnlichen Ertrag erzielen könnte. Dies wäre ex post betrachtet natürlich eine falsche Entscheidung gewesen, weil die Aktienmärkte tatsächlich um ca. 22 % zugelegt haben.

Vergleicht man jetzt die getroffene Anlageentscheidung und die daraus resultierende Performance mit der tatsächlichen Performance des DAX, so stellt man fest, dass nur 207 (49,8 %) von insgesamt 416 Einzelprognosen den Anleger auf den richtigen Weg geführt haben. Das ist eine Wahrscheinlichkeit, die ähnlich der eines Münzwurfes ist. Dies führt dazu, dass rational handelnde Anleger, die sich ausschließlich auf die prognostizierten Daten stützen, oftmals bei steigenden Kursen nicht investiert gewesen sind, und Produkte, bei denen die erwartete Volatilität (Risiko) preisbestimmend ist, wie z.B. Optionen, falsch kalkuliert werden (meist zum Schaden des Anlegers).

Da diese fehlerhaften Prognosen auch zur Berechnung des optimalen Portfolios nach Markowitz dienen, führt dies unweigerlich dazu, dass die aus der Berechnung resultierenden optimalen Portfolios fehlerhaft sind. Schließlich sind in der Markowitz-Welt die zentralen Ausgangsgrößen die erwartete Rendite und Varianz bzw. Standardabweichung. Gerade diese Werte und insbesondere die erwartete Rendite werden von den Analysten allerdings in der Regel fehlerhaft vorhergesagt. Bedenkt man weiter, dass ein Fehler in den Renditeschätzungen in etwa elfmal so schwerwiegend ist wie ein Fehler in den Varianzen, kann man sich leicht vorstellen, dass die Berechnungen oftmals ins Leere laufen und fehlerhafte Portfolios liefern.

Schließlich führt die Sensitivität der Aktienmärkte dazu, dass die langfristigen Prognosen ähnlich wie bei der Wettervorhersage zu einem Ratespiel verkommen. Eine solche Erfahrung mussten auch viele Wissenschaftler machen, die sich mit dem Phänomen ‚des Staus aus dem Nichts' beschäftigten. Jeder Autofahrer weiß aus eigener Erfahrung, dass ein Stau entsteht, wenn die Straße überlastet oder ein Unfall passiert ist. Der ‚Stau aus dem Nichts' dagegen entsteht nicht nach solch einem logischen Prinzip, sondern verhält sich in seinem Entstehungsmoment chaotisch. Stellen Sie sich z.B. auf eine Autobahnbrücke und beobachten Sie den Verkehr. Es fahren ca. 5.000 Autos pro Stunde unterhalb dieser Brücke durch. Man sollte doch annehmen, die Gefahr eines Staus sei nicht akut, weil auf der Autobahn noch genug Platz ist, wie ihr Blick von der Brücke zeigt. Trotzdem reicht eine kleine Unregelmäßigkeit eines Autofahrers aus, und der Stau ist perfekt. Wie kann das sein?

Jedes Fahrverhalten eines Autofahrers beeinflusst einen anderen, so dass alle Fahrzeuge sich gegenseitig beeinflussen können. So reicht jetzt schon ein einziger Spurwechsel, der den Stau auslösen kann, wenn die kritische Dichte von Autos auf der Straße erreicht wird. Andere Auslöser können z.B. Engstellen auf der Straße sein, rasende oder trödelnde Autofahrer usw. All diese Störfaktoren führen zu einem Unterbrechen des Verkehrsflusses. Es wird eine Kettenreaktion ausgelöst, wobei sich die Reaktionszeiten der einzelnen Autofahrer addieren. So kann aus einer ‚kleinen' Störung ein kilometerlanger Stau werden. Bei nur leicht geänderten Anfangsbedingungen kann die Störung auch folgenlos bleiben. Verkehrsforscher versuchen durch die ‚pfiffigsten' Modelle Stauprognosen zu erstellen. Ihre Idee ist, den Verkehr im Voraus zu simulieren, so Staus vorherzusagen und durch geschickte Verkehrsleitplanung (d. h. Geschwindigkeitslimits) zu verhindern. Über Mess-Schleifen registrieren sie, wie schnell der Verkehr fließt und wie dicht er ist. Ist die kritische Dichte erreicht, beziehen die Forscher alle bekannten auslösenden Faktoren eines ‚Staus aus dem Nichts' (wie z.B. Raser) in ihre Simulation ein. Sie ordnen dabei jedem Auto ein bestimmtes Fahrverhalten (wie beschleunigen, abbremsen usw.) zu und berechnen, wie es die anderen beeinflusst. So kommt eine Prognose zustande, die dem realen Verkehrsgeschehen relativ nahe kommt. Dennoch beobachten die Wissenschaftler frustriert, dass sie nicht hundertprozentig genau sagen können, an welcher Stelle und zu welchem Zeitpunkt der ‚Stau aus dem Nichts' auftritt. Sie können nur Wahrscheinlichkeiten angeben. An welcher Stelle bzw. zu welcher Zeit der ‚Stau aus dem Nichts' auftritt, ist eine Sache des Chaos. Es wäre ehrlicher, wenn die Analysten an den Finanzmärkten angeben würden, dass der DAX mit einer 60%igen Wahrscheinlichkeit im nächsten Monat ihrer Prognose entsprechend notiert.

Einige nicht ganz ernst gemeinte Bemerkungen zum Schluss dieses Abschnittes. Vielleicht kennen Sie ja auch das Fantasy-Epos *Herr der Ringe*. Dort lautet die düstere Erklärung, warum das einstmals goldene Minenreich Moria von Tod und Verderben überzogen wurde und jetzt vom schrecklichen Fabelwesen Balrog bewohnt wird: Die Zwerge haben zu tief und zu gierig geschürft. Ähnlich scheint es mit dem Festhalten und dem Glauben an die Prognosefähigkeit der Analysten und der Suche nach der Formel zum Börsenerfolg zu sein. So reagieren die Finanzmärkte sehr sensibel auf alles, was mit der Vorhersage von Kursen zu tun hat. Darum würde ein erfolgreiches Prognosemodell mit Veröffentlichung der Daten selber zu einer Veränderung der Kaufstrategien der Anleger führen, was natürlich dazu führt, dass das Modell zunächst hervorragende Ergebnisse liefert, weil sich alle daran halten. Die Aussagen des Modells haben also den Charakter einer selbsterfüllenden Prophezeiung, d. h. es findet eine Kurssteigerung nur deswegen statt, weil sie das Modell vorhersagt.

Viele Anleger vergessen, dass der wirkliche Schüssel zum Erfolg an den Finanzmärkten nicht die Kursprognose ist, sondern die *Asset Allocation*, was ex post betrachtet wohl unbestreitbar ist. Der Mehrzahl der Asset-Manager ist klar, dass mehr als 80 % des Anlageerfolges auf die strategische *Asset Allocation*, d. h. die langfristige Gewichtung von Aktien, Renten, Immobilien und anderen Anlageformen zurückzuführen ist. Dennoch versuchen die meisten Anleger, durch zeitweiliges Abweichen von ihren strategischen Vorgaben kurz- und mittelfristige Marktchancen zu nutzen. Im Prinzip versuchen sie so, ihre eigene langfristige Strategie outzuperformen. Ob dies auf Dauer gelingen kann, wenn die Prognosequalitäten nur unwesentlich von den Ergebnissen regelmäßiger Münzwürfe abweichen, darf bezweifelt werden. Eines ist sicher, jede Umschichtung des Depots verursacht zusätzliche Transaktionskosten. Ein besserer Weg scheint zu sein, an seiner strategischen *Asset Allocation* festzuhalten.

4.4. Iterierte Funktionssysteme (IFS) – Eine kleine Formelsammlung

„Der Computer ist außerstande, eine Gefühlsregung zum Ausdruck zu bringen. Er kann zwar genaue mathematische Beziehungen darstellen, aber zu einem Stirnrunzeln ist er nicht fähig.“ (Frank Zappa).

In den vorangegangenen Kapiteln wurden Kursreihen von Aktien untersucht. Dabei wurde festgestellt, dass sich die Kursreihen nicht so verhalten, wie die Theorie der effizienten Märkte vorhersagt. So kommt es zu mehr oder minder deutlichen Abweichungen von einer reinen Zufallsbewegung. Bis jetzt haben wir ‚nur' festgestellt, dass sich diese Reihen so entwickeln. Darum wird es jetzt Zeit, sich zu fragen, welcher Mechanismus dahintersteckt und eine explizite Formel für die Aktienkursentwicklung zu finden. Eine solche Funktion könnte folgende Gestalt haben:

$$P_{t+1} = a \cdot (P_t)^2 - b \cdot (P_{t-1})^3$$

Diese Gleichung drückt aus, dass der Aktienkurs in der nächsten Periode quadratisch vom aktuellen Kurs und kubisch vom Aktienkurs der Vorperiode abhängig ist. Die beiden Parameter a und b werden geschätzt. Wie wir bei der logistischen Gleichung gelernt haben, sind nichtlineare Gleichungen janusköpfig. Je nach Wahl der Parameter a und b ergibt sich entweder ein System, in welchem die vergangenen Aktienkurse die zukünftigen Kurse so beeinflussen, dass sie vorhersagbar werden, oder aber es entsteht ein System, welches sich chaotisch verhält und somit keine vernünftigen Prognosen aufgrund der Vergangenheitswerte erlaubt.

Bei unserer Suche nach einer Formel setzen wir auf die logistische Gleichung. Die explizite Formel hat den Vorteil, dass man ihren Verlauf nicht nur statistisch, sondern auch analytisch (d. h. Maxima, Minima, Wendepunkte usw.) untersuchen kann. Hierzu nutzt man nicht-lineare dynamische Systeme. Dabei zeigt das Wort „dynamisch" an, dass in den auftretenden Formeln nicht einfach fortlaufende Werte auf der x-Achse eingegeben werden, sondern dass die Formel iteriert wird. Das bedeutet, dass der jeweils vorangehende Funktionswert den weiteren Verlauf der Zahlenfolge bestimmt. Außerdem ergibt sich je nach Startwert eine ganz unterschiedliche aus sich selbst heraus entstehende Dynamik der erzeugten Zahlenfolge. Dagegen zeigt das Wort „nicht-linear" an, dass in der Formel mindestens ein Quadrat oder noch höhere Potenzen vorkommen. Die Potenz im Eingabewert bewirkt, dass ein großer Eingabewert sehr stark vergrößert wird. Und: je größer der Wert, desto größer ist logischerweise auch die Zunahme. Darum führen kleine Abweichungen sehr schnell zu riesigen Abweichungen in der Zahlenfolge. Durch die Iteration wird dieser Fehler von Schritt zu Schritt weitergegeben. Dadurch entsteht das chaotische, unberechenbare Verhalten der Zahlenfolge (Sensitivität gegenüber den Anfangsbedingungen). Mit anderen Worten: Kleine Störungen bzw. Eingriffe in das System führen zu großen und unvorhersehbaren Folgen.

Außerdem fehlt bei solchen Formeln der direkte Zugriff auf das Ergebnis. Möchte man z.B. den Wert nach der hundertsten Iteration wissen, dann muss man die Iteration einhundertmal durchführen. Man kann den Wert nicht einfach aus der Gleichung berechnen. Hierbei tritt allerdings das Problem auf, dass es im Laufe des Iterationsprozesses zu Rundungsfehlern kommt. Dieser einmal aufgetretene Fehler wird dann so stark vergrößert, dass das berechnete Ergebnis nichts mehr mit dem tatsächlichen Wert zu tun hat. So stellt sich die Frage: Wie kann man iterierte Funktionssysteme überhaupt untersuchen?

Hier hilft das Beschattungslemma (engl. *Shadowing Lemma*). Es besagt, dass eine mit IFS erzeugte Zahlenfolge (in der Fachsprache auch als Bahn bezeichnet) zwar wegen Rundungsfehlern nach einer gewissen Anzahl von Iterationen nichts mehr mit der tatsächlichen Bahn zu tun hat, dennoch existiert stets eine tatsächliche Bahn, welche mit der vom Computer erzeugten Folge annähernd übereinstimmt, d.h. in deren Schatten liegt. Es existiert immer ein Startwert, der bei einer Iteration ohne Rundungsfehler genau auf jener Bahn liegt, welche auch durch eine Iteration am Computer mit Rundungsfehler, aber mit anderem Startwert, erzeugt wurde. Mit anderen Worten, die falsch berechneten Bahnen kommen trotzdem vor. Dabei ist es unerheblich, wie genau bzw. groß der Rundungsfehler ist. Somit hat man stets die Gewissheit, dass das berechnete Resultat einen Bezug zur Realität hat.

Man kennt die ‚wirkliche' Formel, welche hinter den Kulissen der Börse wirkt, nicht und wird sie wohl niemals finden. Allerdings gibt es mathematische Verfahren, welche eine Vielzahl der Eigenschaften (wie Trends, Zyklen), die in der Realität beobachtet werden, zumindestens annähernd beschreiben können. Das sind die nichtlinearen dynamischen Systeme (IFS).

4.1.1. Autoregressive Prozesse (AR-Prozesse)

Mit den autoregressiven Prozessen kann der Anleger das typische chaotische Verhalten, das Vorhandensein von Trends beschreiben. Die Formel lautet:

$C_n = aC_{n-1} + bC_{n-2}$

C_n ist die Kursveränderung von heute und C_{n-1} die Kursveränderung von gestern sowie C_{n-2} die von vorgestern. Obendrein sind a und b Konstanten. Mithilfe dieser Formel kann man eine Zeitreihe erstellen, wenn zwei Startwerte für C_{n-1} und C_{n-2} vorgegeben werden. Daraus folgt dann der Wert für C_n. Danach wird alles eins nach rechts verschoben, d. h. C_{n-2} fällt heraus, aus C_{n-1} wird jetzt C_{n-2} und C_n wird zu C_{n-1}. So ergibt sich ein Wert für den zweiten Tag usw. Einen solchen Prozess bezeichnet man als autoregressiv der 2. Ordnung oder kurz AR(2). Dabei beschreibt die 2. Ordnung, dass zwei Werte aus der Vergangenheit in die Formel einbezogen wurden. Prinzipiell könnte man auch einen oder mehrere Werte aus der Vergangenheit einbeziehen, also AR(1) oder AR(3) usw. Prinzipiell unterscheiden sich die verschiedenen AR-Prozesse nicht voneinander. Der Einfachheit halber möchte ich an dieser Stelle nur das AR(2) vorstellen.

Untersucht man eine Zeitreihe, welche mit einem AR(2)-Prozess erzeugt wurde, so stellt man fest, dass der Hurst-Exponent größer als 0,5 ist, d. h. die Bewegung in Trends verläuft. Dies ist nicht verwunderlich, schließlich ist der AR(2)-Prozess nicht unabhängig (bei der Berechnung werden zwei vorangehende Tage mit berücksichtigt), weil die Vergangenheit die Zukunft beeinflusst.

Ein Prozess, der in irgendeiner Weise von der Vergangenheit abhängig ist, hat auch ein ‚Gedächtnis'. Die Stärke des Gedächtnisses kann im AR-Prozess vergrößert oder verkleinert werden, je nachdem wie viele vergangene Werte man in die Formel einbezieht. Das Gedächtnis bei einem AR(2)-Prozess reicht aber nicht nur über zwei Tage, sondern wesentlich länger. Denn die Startinformation wird ja weitergegeben und beeinflusst so die weitere Entwicklung bis in alle Zukunft. Durch die Berechnung von immer neuen Werten wird sich der Einfluss von weiter zurückliegenden Startwerten langsam abbauen.

Somit weisen die AR(2)-Prozesse, wie die realen Börsendaten, Trends und ein Gedächtnis auf. Da der Übergang von gestern auf heute linear erfolgt, ist die bereits besprochene Sensitivität in den Anfangsbedingungen (s. S. 231) nicht gegeben. Es tritt also keine Fehlerverstärkung ein. Mit anderen Worten: Das reale Börsenleben ist komplizierter als ein AR(2)-Prozess.

Einschub: *Detrending*

Mithilfe des *Detrending* kann auf einfache Weise das Trendverhalten eliminiert werden. Dazu dient folgende Formel.

$R_n = C_n - (d + e\, C_{n-1})$

Zunächst berechnet man nach der ursprünglichen Formel die Zeitreihe. Danach führt man eine Regressionsanalyse durch. Hierzu werden in einem Diagramm die C_{n-1}-Werte auf der x-Achse und auf der y-Achse die C_n-Werte aufgetragen. Nun bestimmt man mittels Regression (mit der Methode der kleinsten Quadrate) eine Gerade, welche die Steigung e und den y-Achsenabschnitt d hat. Folglich spiegelt diese Gerade die lineare Abhängigkeit von einem Tag (C_{n-1}) zum nächsten (C_n) wider.
Bei linearen Prozessen tritt niemals Chaos (Fehlerverstärkung) auf, daher ist die Zukunft präzise berechenbar, indem man einfach die Gerade verlängert. Aus diesem Grund werden die Zeitreihen um den linearen Anteil bereinigt, und man beschränkt sich auf den nichtlinearen Anteil. Genau das wird durch die obige Gleichung erreicht, weil vom Wert eines Tages (C_n) ein Teil des Vortages ($e\, C_{n-1}$) subtrahiert wird. Dabei spiegelt der Term ($e\, C_{n-1}$) den linearen Anteil wider. Da man annimmt, dass C_n in irgendeiner Form von C_{n-1} abhängig ist, verbleibt nach der Subtraktion nur noch die nichtlineare Abhängigkeit. Mithilfe dieses Verfahrens werden also kurzfristige lineare Trends eliminiert.
Unterzieht man einen AR(2)-Prozess einem *Detrending*, so stellt man fest, dass der Hurst-Exponent H einen Wert von 0,5 aufweist und dass das geheimnisvolle Gedächtnis plötzlich ganz verschwunden ist. Daher ist das Trendverhalten bei AR(2)-Prozessen nur oberflächlich im Prozess eingebaut.
Bei den im übernächsten Abschnitt besprochenen MA-Prozessen führt ein *Detrending* zu H-Werten von kleiner 0,5 (bei Originaldaten größer 0,5). Man sieht, dass die Abhängigkeiten bei MA-Prozessen wesentlich komplizierter und undurchschaubarer sind als bei den AR(2)-Prozessen.
Dagegen ändert sich bei realen Börsendaten der Hurst-Exponent nur unwesentlich. Infolgedessen kann man sagen, dass sowohl die AR(2)-Prozesse als auch die MA-Prozesse die Realität zu einfach darstellen.

4.1.1.1. (G)ARCH-Modell

Ökonomen waren Alfred Nobel ein Greuel, so sagte er einmal: *„Es gibt nicht den geringsten Grund, warum ich, der ich keinerlei Ausbildung in Wirtschaftsdingen habe und sie ehrlicherweise auch hasse, mich mit all diesen Geschäf-*

ten plagen soll, von denen ich möglicherweise nur wenig mehr weiß als der Mann im Mond." Nichtsdestotrotz gibt es einen Wirtschafts-Nobelpreis. Er wird allerdings gestiftet von der schwedischen Reichsbank. Alfred Nobel hätte mit den Preisträgern des Jahres 2003 herzlich wenig anfangen können. Robert F. Engle und Clive W. J. Granger teilten sich den Preis für ihre Arbeiten zur statistischen Erforschung ökonomischer Zusammenhänge. Die beiden Nobelpreisträger führten neue statistische Methoden ein, um zwei zentrale Eigenschaften vieler Zeitreihen in den Griff zu bekommen: die zeitlich veränderliche Volatilität und die Nichtstationarität. Diese zufälligen Schwankungen haben auf den Finanzmärkten eine große Bedeutung, weil der Wert von Aktien, Optionen und anderen Wertpapieren von ihnen abhängt. Dabei können die Schwankungen im Laufe der Zeit stark variieren, ruhige Perioden lösen turbulentere Perioden mit größeren Schwankungen ab. Obwohl sich die Volatilität über die Zeit verändert, arbeiteten die Wirtschaftswissenschaftler wegen des Fehlens einer Alternative lange mit statistischen Methoden, die eine konstante Volatilität voraussetzt. Robert Engle entwickelte eine Methode, um zeitlich variierende Volatilitäten zu modellieren. Er bezeichnet das Verfahren als (ARCH). Zunächst entwickelte er ein ARCH-Modell, welches die Volatilität der Inflationsrate in Großbritannien beschreibt. Dies wurde 1986 von Tim Bollerslev weiterentwickelt, zum (G)ARCH-Modell[102] (Abk. für *Generalized Autoregressive Conditional Heteroskedasticity*). Dabei bedeutet das Wort „Generalized", dass das weiterentwickelte Modell neben den quadrierten Renditen der Vorperiode auch die Varianz der Vorperiode sowie die heutige Varianz erläutern kann. Das Wort „Autoregressive" beschreibt ein Zeitreihenmodell, bei dem die Variable von heute unter anderen durch Werte aus der Vorperiode erklärt werden kann. Das Wort „Conditional" bringt zum Ausdruck, dass man mit bedingten Wahrscheinlichkeiten[103] arbeitet. Die Folge ist, dass

---

[102] In seiner einfachsten Form geht das (G)ARCH-Modell davon aus, dass die morgige Volatilität unter Berücksichtigung des Durchschnitts der jüngsten Schwankungsbreite und der heutigen Tagesrendite vorhergesagt werden kann. Deswegen lässt ein überdurchschnittlicher Kurssprung heute auch für morgen eine überdurchschnittliche Schwankungsbreite (Volatilität) erwarten. Somit wird bei der Risikoprognose das aktuelle Marktgeschehen und ebenfalls die Clusterbildung der Volatilität mit berücksichtigt.

[103] Kommen wir nochmals zum Würfeln zurück. Bei mehrmaligem Würfeln hängt die Wahrscheinlichkeit, eine bestimmte Zahl zu werfen, nicht von dem vorherigen Ergebnis ab. Das heißt, jeder Wurf ist unabhängig von dem vorigen. Ein anderes Beispiel: Ein

dann die Renditen normalverteilt sind. Die eigentliche Innovation des Modells steckt in den Wort „Heteroskedasticity". Dies meint, dass sich Phasen mit hoher Volatilität und Phasen mit niedriger Volatilität abwechseln. Fasst man dies in der Sprache der Mathematiker zusammen, so sieht die Formel des (G)ARCH-Modells, wie folgt aus.

$$r_t | r_{t-1}, r_{t-2}, \ldots = N(\mu, h_t)$$
$$h_t = \omega + \alpha \cdot r_{t-1}^2 + \beta \cdot h_{t-1}$$

Nimmt man an, dass die Renditen der vergangenen Tage bekannt sind, so beschreibt die erste Gleichung, dass die Rendite von heute (t) normalverteilt ist, mit dem Mittelwert μ und der Varianz h_1. Dabei wird die Varianz h_1 durch die zweite Gleichung dargestellt. Sie setzt sich aus der Konstante ω, der quadrierten Rendite von gestern r_{t-1}^2 und der Varianz von gestern h_{t-1} zusammen.

Beim (G)ARCH-Modell geht man von bedingten Renditen aus. Zudem ist die Varianz der Normalverteilung für jeden Tag unterschiedlich, so dass daraus folgt, dass die unbedingte Verteilung der Renditen eine Leptokurtosis aufweist. Die Vorteile des (G)ARCH-Modells sind:

- Das Modell hat nur vier Parameter (hier: μ, ω, α und β), welche relativ einfach geschätzt werden können.
- Es können die wesentlichen stilisierten Fakten (wie z. B. Leptokurtosis) der Renditeverteilung erklärt werden.
- Die Güte der Volatilitätsprognosen entspricht ungefähr der Güte von Prognosen anderer komplexerer Modelle.

Eimer enthält mehrere Bälle mit zwei unterschiedlichen Farben. Jetzt werden nacheinander Bälle gezogen und nicht wieder zurückgelegt. Dann ist die Wahrscheinlichkeit für ein bestimmtes Ergebnis von dem vorigen Ergebnis abhängig. In diesem Fall spricht man von einer bedingten Wahrscheinlichkeit. Mathematisch wird dies so ausgedrückt: Die bedingte Wahrscheinlichkeit (oder auch konditionale Wahrscheinlichkeit) ist die Wahrscheinlichkeit des Eintretens eines Ereignisses A unter der Bedingung, dass ein Ereignis B eingetreten ist bzw. eintreten wird. Es wird geschrieben als $P(A \mid B)$, wobei der senkrechte Strich als „unter der Voraussetzung" zu lesen ist. Man sagt, wenn das Ereignis B eingetreten ist, ist die Wahrscheinlichkeit für das Ereignis A gegeben durch $P(A \mid B)$.

Der wesentliche Nachteil des (G)ARCH-Modells ist, dass die geschätzten Parameter sich mit der Zeit ändern, sie sind nicht konstant. Vielmehr beobachtet man, dass sie mit der Frequenz der Beobachtungen variieren. Folglich unterscheiden sich die Parameter, wenn man sich die annualisierten Volatilitäten von 1-Tages-Zeiträumen oder von 1-Wochen-Zeiträumen ansieht. Daher gibt es viele Abwandlungen des (G)ARCH-Modells, wie EGARCH, TGARCH usw., die versuchen, durch eine leichte Modifizierung des ursprünglichen (G)ARCH-Modells eine verbesserte Modellierung zu erzielen.

Im Prinzip helfen Engles Arbeiten dabei, zufällige Einflüsse in Datenreihen besser herauszufiltern und so Trendentwicklungen deutlicher erkennbar zu machen. Ich möchte an dieser Stelle auch die Leistung von Granger nicht unter den Tisch fallen lassen. Er entwickelte ein Verfahren, mit dem beurteilt werden kann, wann aus dem Vergleich von Datenreihen Schlussfolgerungen über Kausalzusammenhänge getroffen werden können, und wann man auf Scheinkorrelationen hereinfällt.

4.4.2. Moving-Average-Prozesse (MA-Prozesse)

Die Moving-Average-Prozesse (gleitender Durchschnitts-Prozess) werden durch folgende Gleichung beschrieben.

$C_n = a\,E_n + E_{n-1}$ wobei a eine Konstante und E_n eine gleichverteilte Zufallsvariable ist.

Bei dieser Gleichung wird die Zeitreihe erzeugt, indem man zunächst zweimal oder mehrmals würfelt, die Ergebnisse addiert und dadurch C_1 erhält. Danach wird wieder gewürfelt (und zwar genauso oft wie bei C_1), und diese Würfe werden zum vorherigen E_n addiert. So erhält man C_2 usw. Hierdurch läuft die Kurve von C_n flacher und ein wenig erratischer als die einer reinen Zufallsbewegung E_n, d. h. sie ist glatter.

Diese MA-Prozesse sind durch einen hohen Zufallsanteil gekennzeichnet. Doch tatsächlich beobachtet man einen Hurst-Exponenten von größer 0,5. Dies liegt daran, dass durch die Addition der beiden vorangegangenen Würfe eine gewisse Abhängigkeit der einzelnen Werte voneinander erzielt wird. Obendrein ist hier das Gedächtnis der Zeitreihe tatsächlich nur zwei Würfe lang, weil beim dritten Wurf die Information des ersten Wurfes nicht mehr in der Summe vorhanden ist.

Häufig betrachtet man auch Kombinationen aus AR(2)-Prozessen und MA-Prozessen, weil der eine Prozess Eigenschaften aufweist, die der andere nicht hat. Eine Kombination aus beiden Prozessen, der sogenannte ARMA-Prozess, sieht so aus.

$$C_n = a\, C_{n-1} + b\, E_{n-1} + E_n$$

Die Gleichung gewährleistet, dass die vorhandenen Informationen bis zu einem gewissen Grad über die C_n-Terme weitergegeben werden, sodass ein langes Gedächtnis die Folge ist. Eine Zeitreihe die mit einem ARMA-Prozess erzeugt wurde, hat einen Hurst-Exponent von größer 0,5, und dieser bleibt auch beim *Detrending* erhalten. Damit nähern wir uns der Realität weiter an. Allerdings bildet diese Zeitreihe trotz des langen Gedächtnisses keine Zyklen und die *fat tails* bei den Ertragsschwankungen fehlen ebenfalls, so fehlen nach wie vor grundlegende Eigenschaften von realen Kursreihen.

4.4.3. Logistische Gleichung, Differentialgleichungen und Mackey-Glass

Mit der logistischen Gleichung bzw. mit Differentialgleichungen[104] kann eine chaotische, unberechenbare Zeitreihe erzeugt werden.

$$X_N = a\, X_{N-1} \bullet (1 - X_{N-1})$$

Bei dieser Gleichung handelt es sich um eine quadratische. Durch Ausmultiplizieren der Klammer steht X_{N-1} im Quadrat auf der rechten Seite.

Eine solche Gleichung weist das Phänomen der *Intermittency* auf, also ein plötzliches Auftreten von Turbulenzen und eine ebenso schnelle Beruhigung. Allerdings zeigt sich, dass eine so erzeugte Zeitreihe nur einen Hurst-Exponenten von ca. 0,37 hat. In diesem Punkt weicht das Verhalten der Zeitreihe stark von derjenigen von tatsächlichen Aktien ab.

---

[104] Allgemeine Form einer Differentialgleichung $f(x)' = a\, f(x) - b\, (f)^2$. Dabei ist f (x) eine Funktion und f(x)' die erste Ableitung sowie a und b Konstanten.

Dennoch führte das angesprochene chaotische und sensitive Verhalten der Differentialgleichungen dazu, dass sie weiter untersucht wurden. Schließlich können viele Wachstumsprozesse in der Natur als Differentialgleichung erfasst werden.

Die wohl bekanntesten Differentialgleichungen sind die dem Lorenz-Attraktor (Wetterforschung) oder dem Rössler-Attraktor zugrunde liegenden. Eine ebenfalls sehr berühmte Differentialgleichung ist die von den Amerikanern Mackey und Glass zur Berechnung der Blutzellenproduktion entwickelte Gleichung.

Die Mackey-und-Glass-Differentialgleichung ist nichtlinear und somit chaotisch. Überdies verbindet sie vergangene Werte mit den aktuellen und ist zudem zyklisch. Deswegen wird sie auch häufig zur Modellierung von Aktienkursen eingesetzt. Die vereinfachte Form der Mackey-und-Glass-Gleichung sieht wie folgt aus:

$$X_n = 0{,}9\ X_{n-1} + 0{,}2\ X_{n-t}$$

Dabei ist t die zeitliche Verzögerung in Tagen. Beispielsweise kann man eine Mackey-und-Glass-Zeitreihe mit einer Zeitverzögerung von t = 50 erstellen. Dementsprechend bilden sich Zyklen mit einer Länge von 50 Tagen heraus, d. h. die Zykluslänge ist abhängig von der zeitlichen Verzögerung in der obigen Gleichung. Je nach Wert für t wird der Zyklus kleiner oder größer. Diese Zyklen sind zwar klar ersichtlich, aber nicht streng periodisch. Überdies haben so erzeugte Zahlenreihen einen Hurst-Exponenten von deutlich über 0,5 und passen damit auch sehr gut zur Realität an der Börse. Ein Problem der vereinfachten Gleichung von Mackey und Glass ist, dass sie linear ist und daher die Sensitivität bei Anfangswertstörungen nur bedingt wiedergibt. Allerdings ist die tatsächliche Lösung von Mackey und Glass nichtlinear. Die Differentialgleichung hat folgende Form:

$\frac{dx(t)}{dt} = \frac{b \cdot x_{t-\Delta}}{1+(x_{t-\Delta})^c} - a \cdot x_t$ oder eine Abbildung in der Form

$$x_{t+1} = x_t + \frac{b \cdot x_{t-\Delta}}{1+(x_{t-\Delta})^c} - a \cdot x_t$$

Die Konstanten haben häufig folgende Werte: a=0,1, b=0,2 und c=10. x(t) stellt den Kurs zum Zeitpunkt (t) dar. Dagegen stellt der Parameter $x_{t-\Delta}$ den Kurs zum gewünschten Zeitpunkt dar[105]. Deswegen bezeichnet man die Mackey-Glass-Gleichung auch als zeitverzögerte Differentialgleichung (time-delay-Gleichungen). In solchen Differentialgleichungen wird also der Zustand des Systems aus der Vergangenheit einbezogen. Dabei ist Δ (häufig auch als τ bezeichnet) die Verzögerungszeit bzw. der Verschiebungsparameter. Ferner bestimmt der Verschiebungsparameter Δ die charakteristische zeitliche Entwicklung der Formel, d. h. die Gleichung ist eine Funktion des Verschiebungsparameters Δ. Wenn Δ größer als 16,8 ist, verhält sich die Gleichung chaotisch. Das Problem ist hier nur, dass time-delay-Gleichungen in der Regel sehr kompliziert sind und eigentlich nur aufwendig am Computer gelöst werden können. Eine Analyse der Schwankungsgrößen bzw. deren Häufigkeiten zeigt die für Aktien so typischen *fat tails*, siehe folgende Abbildung.

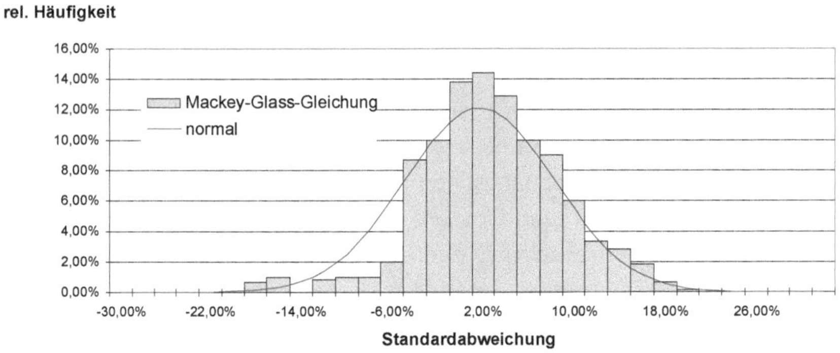

Abbildung 64: Mackey-Glass-Zeitreihe

Somit zeigt die Mackey-und-Glass-Differentialgleichung die bisher besten Eigenschaften (Zyklen, Trends, *fat tails*) zur Erklärung der Kapitalmärkte. Leider können die vorgestellten Formeln die Entwicklungen auf den Finanzmärkten nicht genau vorhersagen. Dies liegt an dem Phänomen des Interventionspa-

105 Wie bereits angesprochen dient die Mackey-Glass-Gleichung als Modell für die Produktion der weißen Blutzellen. Darum ist die ursprüngliche Bedeutung von x(t) die Konzentration der weißen Blutkörperchen in der Zeit t. $x_{t-\Delta}$ ist die Konzentration zum Zeitpunkt, zu dem der Wunsch nach mehr Blut auftritt.

radoxons. Es besagt, dass das vorausberechnete Ergebnis die Ausgangssituation derart beeinflusst, dass die Eintrittswahrscheinlichkeit des vorausberechneten Werts deutlich verkleinert wird.

4.5. Resümee

„*Nur der Dumme hält Ordnung, das Genie beherrscht das Chaos.*" (Albert Einstein)

Letztlich dreht sich doch alles um die Frage: Kann man mithilfe der Physik die künftige Entwicklung der Märkte voraussehen und deren Risiken ganz vermeiden?

Zunächst einmal muss man festhalten, dass nichtlineare Abhängigkeiten in ökonomischen Vorgängen als belegt gelten, aber die Ausprägung des chaotischen Verhaltens noch näher untersucht werden muss. Nach Ansicht des Wirtschaftswissenschaftlers Albert Christmann hat die Chaosforschung für die Wirtschaftsmodelle viele Vorteile:

> „Irreguläres Verhalten der Lösungen eines Differentialgleichungssystems zur Modellierung von Wirtschaftsabläufen ist aus den folgenden beiden Gründen von großem Interesse. Zum einen reagieren die Lösungen des Systems sensitiv auf veränderte Startwerte, so dass infinitesimal geringe Abweichungen bereits zu völlig anderen Verläufen führen. Zum anderen zeigt auch das Variieren von Parameterwerten die gleichen Auswirkungen..."[106]

Gleichzeitig zeigt Christmann aber auch die Grenzen der Chaostheorie auf.

> „...Verläuft die Dynamik einer Wirtschaft gemäß der chaotischen Lösungen eines Differentialgleichungssystems, so ist eine Prognose der wirtschaftlichen Entwicklung sehr problematisch. Weder der aktuelle Stand wirtschaftlicher Kenngrößen einer Volkswirtschaft (Startwerte des Modells), noch die zu bestimmenden Parameterwerte können exakt angegeben werden. Eine auf chaotischen Lösungen basierende Prognose der wirtschaftlichen Zukunft kann deswegen zu einer totalen Fehleinschätzung führen."[107]

Betrachten wir ein Samenkorn: Man weiß, welche Pflanze daraus entsteht, z.B. ein Apfelbaum. Ferner weiß man prinzipiell, wie ihr Wuchs (Blätter, Blüten oder Größe) aussehen wird. Allerdings kann man nicht voraussagen, wie

---

[106] Christmann, A.: Anwendung der Synergetik und Chaostheorie in der Ökonomie, Doktorarbeit Karlsruhe, 1990, S. 133ff.

[107] Christmann, A.: Anwendung der Synergetik und Chaostheorie in der Ökonomie, Doktorarbeit Karlsruhe, 1990, S. 223ff.

genau der Apfelbaum aussehen wird, also wie der Wuchs von Sonne, Wind und Witterung beeinflusst wird. Darum wird jedes Blatt des Apfelbaumes aufgrund der Witterungsbedingungen ein bisschen anders wachsen. Aber man kennt den Erwartungswert (Attraktor). Er legt die Grenzen fest, in denen sich das System Apfelbaum bewegen kann. So verhält es sich auch mit dem berühmten Flügelschlag eines Schmetterlings, der eine (kleine) Luftbewegung auslöst. Ob daraus dann ein Sturm wird, ist nicht vorauszusehen.

In dem komplexen System Börse mit seinen vielen zufälligen Variablen lassen sich zwar Vorhersagen aufstellen, diese treffen aber nur mit einer gewissen Wahrscheinlichkeit ein. Folglich sind Langzeitprognosen an den Finanzmärkten, so hart dies auch klingen mag, ins Reich der Märchen zu verbannen. Das liegt daran, dass die Wirtschaft keine exakte Wissenschaft ist, und ihre Akteure nicht immer völlig rational handeln. Deswegen ist es auch unmöglich, eine Zauberformel zu finden, mit der sich alle Risiken ausschalten lassen.

Nahe Verwandte der Chaostheorie sind die Fraktale. Auch deren zu erwartenden Grenzwert kennt man, aber wie bei der Chaostheorie ist eine genaue Berechnung nicht möglich. Während bei der Chaostheorie hauptsächlich Zeitphänomene behandelt werden, steht bei der fraktalen Geometrie die Komplexität und Selbstähnlichkeit räumlicher Strukturen im Mittelpunkt. Im Prinzip offenbaren Fraktale die strukturelle Komplexität des Chaos. Lassen Sie uns im nächsten Abschnitt die fraktale Geometrie näher ansehen. Vielleicht bringt sie uns noch neue Erkenntnisse.

5. Reise in die Welt der fraktalen Geometrie

„Im Kleinen, das ich recht tue, sehe ich ein Bild von allem Großen, das in der Welt recht getan wird." (Goethe)

In den 1970er Jahren stieß Mandelbrot bei der Beantwortung der banal klingenden Frage „Wie lang ist die Küste Großbritanniens?" auf unerwartete Schwierigkeiten. Bei der Verwendung von unterschiedlichen Atlanten und Karten stieß er auf völlig unterschiedliche Ergebnisse.

Auch Bilder halfen nicht wirklich weiter. Sieht man sich beispielsweise die britische Küstenlinie von einem Satelliten aus an und betrachtet sie anschließend auf Fotos, die aus Flugzeugen aufgenommen wurden, so erkennt man, dass die Fotos sich ähnlich sehen: Kommt man der Küste näher, entdeckt man immer kleinere Buchten, die wieder den großen Buchten ähnlich sind.

Dennoch offenbaren die scheinbar völlig unbefriedigenden Ergebnisse ein Muster. Mandelbrot konnte nämlich feststellen, dass mit einem größeren Maßstab und damit einer genaueren Karte die Küste länger wurde. Dies liegt daran, dass bei einer Vergrößerung auch mehr Einschnitte (wie Buchten) zu sehen sind, die natürlich jeweils wieder ein Stück mehr zu der Küstenlänge beitragen. Dies veranlasste Mandelbrot zu dem Ausspruch:

> „Wolken sind keine Kugeln, Berge keine Kegel, Küstenlinien keine Kreise. Die Rinde ist nicht glatt – und auch der Blitz bahnt sich seinen Weg nicht gerade. (...) Die Existenz solcher Formen fordert uns zum Studium dessen heraus, was Euklid als formlos beiseitelässt, führt uns zur Morphologie des ‚Amorphen'.
>
> Bisher sind die Mathematiker jedoch dieser Herausforderung ausgewichen. Durch die Entwicklung von Theorien, die keine Beziehung mehr zu sichtbaren Dingen aufweisen, haben sie sich von der Natur entfernt. Als Antwort darauf werden wir eine neue Geometrie der Natur entwickeln und ihren Nutzen auf verschiedenen Gebieten nachweisen. Diese neue Geometrie beschreibt viele der unregelmäßigen und zersplitterten Formen um uns herum – und zwar mit einer Familie von Figuren, die wir Fraktale nennen werden..."[108]

Die große Faszination für die fraktale Geometrie begann erst mit Anfang der 1990er Jahre mit der Entwicklung von sehr großen Computern, die scheinbar mühelos und schnell komplexe Operationen durchführen konnten. Hierzu

---

[108] Mandelbrot, B.: Die fraktale Geometrie der Natur, Birkhäuser Verlag, Basel, 1987, S. 13ff.

stellte Lynn Arthur Steen fest: *„Die Mathematik wird häufig als die Wissenschaft von Raum und Zahl aufgefasst ... Erst durch das Zusammenwirken von Computer und Mathematik ist in jüngerer Zeit eine ergänzende Charakterisierung ins Blickfeld gerückt: die Mathematik als Wissenschaft von den Mustern.“* Was ist jetzt die fraktale Geometrie genau?

5.1. Was ist die fraktale Geometrie?

Wie schon angedeutet, ist die fraktale Geometrie ein Teilgebiet der Geometrie, welches versucht, natürliche oder künstliche Gebilde, die eine sehr komplexe Struktur aufweisen, anhand von mathematischen Gesetzen zu beschreiben. Wie nähert man sich am besten der fraktalen Geometrie an? Durch ein bekanntes Beispiel aus der Natur, dem Blumenkohl. Wer kennt dieses Gemüse nicht?

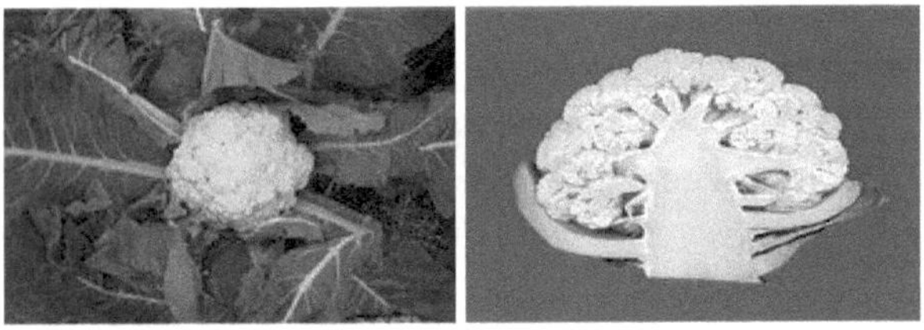

Abbildung 65: Blumenkohl[109]

Blumenkohl enthält (wie Abbildung 65 zeigt) Teile, die jede Hausfrau unter dem Begriff Röschen kennt. Man erkennt schnell, dass diese Röschen, abgesehen natürlich von ihrer Größe, dem ganzen Blumenkohlkopf sehr ähnlich sehen. Diese Röschen kann man nun wiederum in kleinere Röschen zerlegen. Diese kleinen Röschen besitzen wiederum eine große Ähnlichkeit sowohl zum ganzen Blumenkohlkopf als auch zur ersten Röschen-Generation. Ohne den eingeblendeten Maßstab zu erkennen, kann man nicht sagen, zu welcher ‚Generation‘ die Röschen gehören, d. h. es fehlt der natürliche Maßstab. Dies wird als Selbstähnlichkeit oder Skaleninvarianz bezeichnet. Wie das Beispiel des Blumenkohls schon andeutet, ist die Skaleninvarianz

[109] http://de.wikipedia.org/wiki/Blumenkohl, Fotos: Reiner Zenz

dadurch gekennzeichnet, dass solche Gebilde aus mehreren verkleinerten Kopien ihrer selbst bestehen. Die Selbstähnlichkeit kann man beim Blumenkohl etwa drei bis vier Stufen hindurch verfolgt werden. Danach sind die Strukturen für eine weitere Zerlegung einfach zu klein[110].

Dagegen weisen mathematische Fraktale (wie z. B. der Lorenz-Attraktor, s. S. 168) eine unendlich feine Struktur auf. Jeder neue Ausschnitt des Fraktals, mag er noch so klein sein, sieht dabei (entsprechend vergrößert) genau so aus, wie das Fraktal selbst. Dies bedeutet auch, dass man den Vergrößerungsfaktor nicht einfach feststellen kann, indem man das Fraktal betrachtet.

Unterstellt man, dass sich die charakteristischen Formen eines Fraktals auf immer kleineren Maßstäben wiederholen, so sollten diese Formen auch bei wiederholter bis zur unendlichen Vergrößerung neue Details ans Tageslicht bringen. Durch diese unendliche Vergrößerung neuer Details sollte die Länge des Fraktals gegen unendlich laufen. Deswegen interpretierte Mandelbrot die Selbstähnlichkeit (oder Skaleninvarianz) als das Fehlen eines natürlichen Maßstabes, d. h. die Selbstähnlichkeit bedeutet, dass das Objekt auf allen Skalen der Beobachtung annähernd gleich aussieht. Die genaue Definition ist:

- Ein Objekt wird als selbstähnlich bezeichnet, wenn Teile des Objektes kleine Kopien des ganzen Objektes sind. Dagegen wird ein Objekt als exakt selbstähnlich bezeichnet, wenn sie in Teile, die exakte Kopien des ganzen Objektes sind, zerlegt werden kann. Somit enthält jedes beliebige Teil eine exakte Kopie des ganzen Objektes.

Zur Beschreibung der Selbstähnlichkeit haben wir hauptsächlich unterschiedliche Skalierungen verwendet. Dagegen gelangt man zu den affinen Abbildungen (Selbstaffinität) durch die Operationen Spiegelung und Dehnung. Die Folge ist, dass ein Objekt in verschiedene Raumrichtungen unterschiedliche Skalierungen aufweist.

---

[110] Man trifft in natürlichen Fraktalen häufig keine exakte Selbstähnlichkeit an, meist reicht sie nur bis zur fünften oder sechsten Stufe. Exakte Selbstähnlichkeit ist ausschließlich bei mathematischen Fraktalen möglich und kann grafisch nicht dargestellt werden, weil die Strukturen einfach zu klein werden. Nicht selten erreichen sie Ausmaße, die kleiner sind als ein Pixel, weswegen der Computer sie nur noch als „schwarze Flecken" darstellen kann. Deswegen sind sämtliche Bilder von Fraktalen auch nur Annäherungen.

„*La Belle et la Bête*“ – Die Schöne und das Biest. Wer kennt nicht dieses wunderschöne Märchen. Genauso wie bei diesem Märchen gibt es einen unüberwindlichen Gegensatz zwischen der Chaostheorie und fraktalen Geometrie auf der einen Seite und auf der anderen Seite den schönen Künsten, wie Literatur und Musik. Es dürfte sofort klar sein, welchen Part die Chaostheorie übernimmt: Sie ist natürlich das Biest. Aber wie so oft im Leben ziehen sich Gegensätze an. Denn was ist schon Schönheit?

So entdeckte der zeitgenössische Komponist György Ligeti, dass die Chaostheorie bzw. fraktale Geometrie der Unterbau seiner Kompositionen der sechziger und siebziger Jahre ist. Vielleicht kennen Sie ja auch das Gedicht von Joachim Ringelnatz:

„Es stand schlecht um des Bandwurms Befinden,
ihn juckte immer etwas hinten.
Da konstatierte der Doktor Schmidt,
nachdem er den Leib aufgeschnitten,
dass dieser Wurm an Würmern litt,
die wiederum an Würmern litten...“

Sie sehen also, die fraktale Geometrie bzw. die Selbstähnlichkeit findet sich sogar in der Kunst wieder. Man trifft sie überall dort an, wo sich eine Struktur wiederholt (eventuell auch deformiert), egal unter welchen Maßstab man sie beobachtet.

Somit tritt eine neuer wichtiger Aspekt ins Rampenlicht, die Dimension. Sie ist aber zugleich auch ein sehr schwer zu fassender Begriff. So ist in der klassischen Geometrie eine Gerade eindimensional, eine Fläche zweidimensional und ein Volumen dreidimensional. Mit dem Aufkommen der Relativitätstheorie führten die Physiker eine vierte Dimension ein, die Zeit.

Mandelbrot verkomplizierte dies nochmals, indem er feststellte, dass diese Dimensionen nicht genügen, um die Gebilde der fraktalen Geometrie zu erfassen. Er führte als Dimension dieser Gebilde einen Bruch ein. Deswegen schlug Mandelbrot als Name für diese Gebilde Fraktale vor (der Begriff „Fraktal“ leitet sich vom lateinischen *fractus*, gebrochen, ab). Dieser Bruch gibt den Selbstähnlichkeitsfaktor des Fraktals an, d. h. er spiegelt das Verhältnis zwischen dem Ganzen und dem jeweiligen Teil wider.

Im Allgemeinen sind Fraktale durch einen unendlichen Detailreichtum, durch eine unendliche Länge, durch eine gebrochene Dimension sowie Selbstähnlichkeit gekennzeichnet. Sie lassen sich durch Iteration erzeugen.

5.2. Der Bauplan der Fraktale

Wodurch zeichnen sich Fraktale aus? Worauf muss man also beim Bau eines Fraktals besonders achten? Im Prinzip besitzen alle Fraktale drei Grundeigenschaften:

- Details auf allen Stufen: Somit existieren auf allen Skalierungsstufen neue Details.
- Selbstähnlichkeit auf allen Stufen: Im Allgemeinen besteht ein Fraktal zur Gänze aus verkleinerten Kopien von sich selbst.
- Nicht-Rektifizierbarkeit: Die Kurven (wie z.B. die Koch-Kurve, s. S. 71ff.) besitzen in ihren Punkten keine eindeutige Ableitung. Darum bezeichnet sie Mandelbrot auch als Teragon (abgeleitet aus den griechischen Wörtern τερας: Wunder, Schreckbild oder Ungeheuer und γωνια: Ecke, Winkel). Unter anderem wegen dieser Bedingung haben die Kurven auch eine unendliche Länge.

Zur Konstruktion eines Fraktals benötigt man ein Ausgangsobjekt. Dies kann z.B. eine Strecke[111] der Länge eins sein. Dieses Ausgangsobjekt bezeichnet man als Initiator.

0 (Initiator)

Allein der Initiator hilft uns noch nicht weiter, wir benötigen ein zweites Objekt, den Generator. Hierbei handelt es sich um eine Figur, durch die jeder Initiator (also unsere Strecke) einer Figur ersetzt wird. Obendrein muss der Generator den Initiator selbst enthalten, ansonsten würde der Konstruktionsprozess sofort zum Erliegen kommen. Bei unserem Beispiel wird der Initiator (Strecke)

[111] In der Regel wird in solchen Fällen von der Einheitsstrecke, dem reellen Intervall [0,1], ausgegangen.

zerlegt in drei gleiche Teile. Obendrein ersetzen wir das mittlere Drittel durch ein gleichseitiges Dreieck und entfernen dessen Grundlinie. Eine Verkleinerung dieser aus insgesamt vier Teilen bestehenden Figur ist unser Generator.

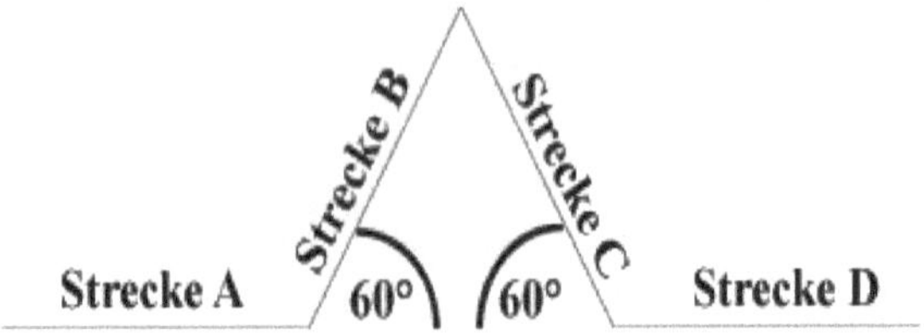

Die Konstruktion selbst läuft über einen iterativen Prozess ab, d. h. immer wieder wird der Initiator durch den Generator ersetzt. Darum zerlegen wir nun jede verbleibende Strecke A bis D in drei gleiche Teile, ersetzen das mittlere Drittel durch ein gleichseitiges Dreieck und entfernen dessen Grundlinie. So erhalten wir die Koch-Kurve nach der ersten Iteration.

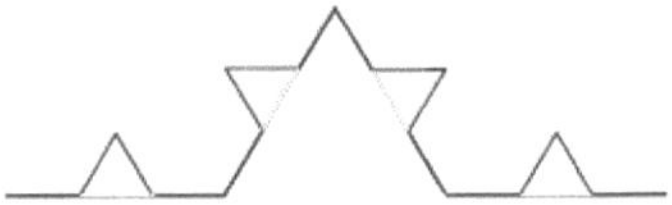

Folglich ist die Selbstähnlichkeit im Konstruktionsverfahren fest verankert. Darum ist jeder vierte Teil des k-ten Iterationsschrittes wiederum eine verkleinere Kopie – um den Faktor 3 – der gesamten Kurve des vorhergehenden (k-1)ten Iterationsschrittes.

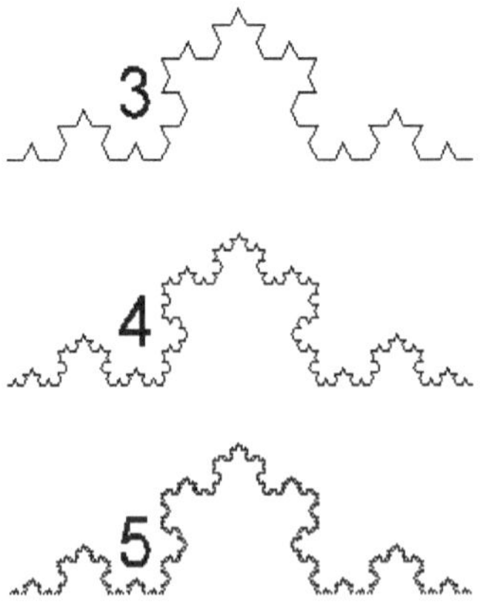

Die eigentliche Koch-Kurve (s. auch S. 71) (Nr. 5) erhält man, wenn man die Anzahl der Iterationsschritte gegen unendlich laufen lässt. Voila, fertig ist das Fraktal. Diese relativ einfach zu konstruierende Kurve weist schon einen Komplexitätsgrad auf, der in der ‚gewöhnlichen' Geometrie eigentlich nicht vorkommt. Ein weiteres Kriterium neben der Selbstähnlichkeit eines Fraktal ist die unendliche Länge. Wie misst man an fraktalen Kurven die Länge?

Dazu betrachten wir die Länge der Kurve im ersten Schritt, d. h. beim Generator. Der Bauplan der Koch-Kurve zeigt, dass wir auf jeder Stufe der Konstruktion eine neue Kurve erhalten. Folglich haben wir nach dem ersten Schritt eine Kurve, welche aus vier Liniensegmenten derselben Länge besteht, im zweiten bekommen wir schon 4 · 4 und im dritten Iterationsschritt 4 · 4 · 4 Liniensegmente usw.

$$\text{Länge des 1. Schrittes} = 4 \cdot \frac{\text{Einheitsstrecke}}{3}$$

Im 2. Schritt sind 4 Kopien des ersten Schrittes (= 4 Kopien des Generators) vorhanden, die alle um den Faktor 3 verkleinert sind.

$$\text{Länge des 2. Schrittes} = 4 \cdot \frac{\left(4 \cdot \frac{\text{Einheitsstrecke}}{3}\right)}{3} = 4^2 \cdot \frac{\text{Einheitsstrecke}}{3^2}$$

Somit ergibt sich für den n-ten Iterationsschritt:

$$\text{Länge des n-ten Schrittes} = \left(\frac{4}{3}\right)^n \cdot \text{Einheitsstrecke}$$

Somit wächst die Koch-Kurve von Schritt zu Schritt um den Faktor 4/3, d. h. nach unendlich vielen Iterationsschritten (die ja ausgeführt werden müssen, um zum Fraktal zu kommen) würde die Kurve unendlich lang werden. Nebenbei, die Werte 4 und 3 können aus dem Verkleinerungsfaktor und der Anzahl der Verkleinerungen abgeleitet werden, somit gilt allgemein für die Länge der n-ten Iterationsschrittes einer fraktalen Kurve Folgendes:

$$\left(\frac{\text{Anzahl der Verkleinerungen}}{\text{Verkleinerungsfaktor}}\right)^n \cdot \text{Initiatorstrecke}$$

Einschub: Warum hat Großbritannien eine endliche Landfläche?[112]

Um diese Frage beantworten zu können, wenden wir uns der Kreuzstichkurve zu. Deren Initiator ist wie der der Koch-Kurve eine einfache gerade Linie mit der Einheitsstrecke eins. Der Generator sieht wie folgt aus:

Das daraus resultierende Fraktal und einige Zwischenstufen[113] sehen wie folgt aus:

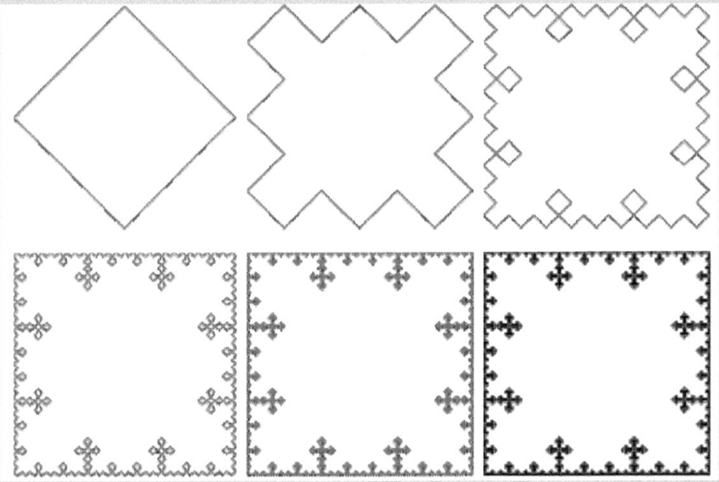

Wie bei jedem Fraktal ist auch die Länge dieser unendlich. Dennoch kann man die Fläche, die durch die Kreuzstichkurve eingeschlossen wird, berechnen. Um einem Missverständnis vorzubeugen: Dies hat nichts mit der Kreuzstichkurve selbst zu tun, denn sie ist ‚nur' der Rand der Figur.

In der ersten Stufe schließt der Generator ein Quadrat ein, welches sich zu folgender

---

112 Reiter, R.: Die Ästhetik der Fraktale. Mathematik und Kunst des Unendlichen, 2006, S. 68-79

113 Abbildungen der Kreuzstichkurve aus: Hildebrandt, S. et al.: Die Peanokurve als flächenfüllende Kurve, Universität Hamburg, 2006, S. 25 und eigene Grafiken

Fläche addiert. Dabei umfasst die Initiatorstrecke eine Fläche von null mit ein.

$$0+\left(\frac{\text{Einheitsstrecke}}{3}\right)^2$$

Im zweiten Schritt werden die vom Generator eingeschlossenen Quadrate des 1. Schrittes um den Faktor 3 = 3^1 verkleinert. Zudem gibt es fünf davon, welche sich ebenfalls addieren.

$$0+\left(\frac{\text{Einheitsstrecke}}{3}\right)^2+5\cdot\left(\frac{\frac{\text{Einheitsstrecke}}{3}}{3}\right)^2$$

Beim dritten Schritt ist die Seitenlänge der eingeschlossenen Quadrate bereits um den Faktor 9 = 3^2 im Vergleich zum ursprünglichen Quadrat verkleinert. Außerdem sind nun 25 = 5^2 Quadrate vorhanden.

$$0+\left(\frac{\text{Einheitsstrecke}}{3}\right)^2+5\cdot\left(\frac{\frac{\text{Einheitsstrecke}}{3}}{3}\right)^2+5^2\cdot\left(\frac{\frac{\text{Einheitsstrecke}}{3}}{3^2}\right)^2$$

In die Rechnung muss die null natürlich nicht mit einbezogen werden. Somit ergibt sich für die Fläche des n-ten Iterationsschrittes folgende Gleichung:

$$5^n\cdot\left(\frac{\frac{\text{Einheitsstrecke}}{3}}{5^n}\right)^2=5^n\left(\frac{\text{Einheitsstrecke}}{5^{n+1}}\right)^2$$

Die eingeschlossene Fläche der Kreuzstichkurve entspricht daher der Summe aller Iterationsschritte.

$$\sum_{n=1}^{\infty}5^n\left(\frac{\text{Einheitsstrecke}}{3^{n+1}}\right)^2=\frac{5}{36}$$

Die von der Kreuzstichkurve eingeschlossene Fläche ist also endlich. Dies ist auch der Grund, warum Großbritannien nicht unendlich viel Landfläche hat, obwohl der Verlauf der Küstenlinie als fraktal gilt. Ebenso ist dies der Grund, warum man die Fraktale überhaupt auf ein Stück Papier zeichnen kann. Somit kann man Fraktale auch mit folgendem Satz beschreiben: Unendlich (Länge), aber nicht grenzenlos (Fläche).

Ebenfalls ein typisches Merkmal von Fraktalen ist die fehlende Glattheit. So lässt sich an keinem Punkt der Koch-Kurve eine Tangente anlegen, weil das Gebilde ausschließlich aus Ecken besteht. Die mathematischen Begriffe dafür sind die Stetigkeit und die Nichtdifferenzierbarkeit. Wenn die Länge eines Fraktals gegen unendlich strebt, bleibt das Problem, Fraktale mathematisch miteinander zu vergleichen.

5.2.1. Die fraktale Dimension

Ein Philosoph stellte einmal zu der Dimension folgendes Gleichnis auf: „*Dem menschlichen Geiste erscheinen nur die erste, zweite und dritte Dimension fassbar. So erscheint uns der eindimensionale Raum als Strich, der zweidimensionale als Fläche und der dreidimensionale als Würfel bzw. Raum. Schon bei der vierten Dimension – der Zeit – scheiden sich die Geister. Sie übersteigt schon fast die Vorstellungskraft des Menschen. Zur Beschreibung der Dimension von Fraktalen geht man noch einen Schritt weiter. Jetzt wird die Dimension auch noch durch nicht-ganze Zahlen beschrieben werden. Wer sollt dass noch begreifen?*“

Wie schon häufig gesagt, sind wir nicht in der Lage, den Anfangszustand eines Systems im Phasenraum (s. S. 163ff.) beliebig genau zu beschreiben, weil über den Effekt der exponentiellen Verstärkung die Unsicherheit in den Anfangsbedingungen zu einer Nichtvorhersagbarkeit der langfristigen Entwicklung eines chaotischen Systems führt.

Folgerichtig ist es bei chaotischen Systemen prinzipiell nicht möglich, eine streng deterministische Vorhersage für die zukünftige langfristige Entwicklung zu geben. Jetzt greift allerdings die fraktale Geometrie ein. Sie eröffnet eine Möglichkeit, die zukünftige Entwicklung eines chaotischen Systems wenn auch nicht streng deterministisch, so doch zumindestens global zu beschreiben, und zwar mit den seltsamen Attraktoren.

Denn man weiß, dass der aktuelle Zustand des Systems irgendwo im Gebilde des seltsamen Attraktors liegt. Demzufolge zeigt der seltsame Attraktor alle Möglichkeiten an, wie sich das System verhalten kann, also sozusagen die Grenzen. Das System weiß gewissermaßen selbst noch nicht, wohin es sich entwickeln soll, es gibt verschiedene Möglichkeiten, und ein kleiner Anstoß

(Schmetterlingseffekt) reicht, um es in die eine oder andere Richtung zu stoßen. Allerdings kann das System sich nur innerhalb des durch den seltsamen Attraktor beschriebenen Raums bewegen. Daher kann man globale Aussagen tätigen, wenn man die Gestalt des seltsamen Attraktors kennt. Ferner gilt, dass chaotische Systeme im Prinzip berechenbar sind, weil sie strikten und allgemeinen Gesetzen gehorchen. Sie sind aber faktisch nicht berechenbar, weil eine beliebig genaue Bestimmung aller einwirkenden Ausgangsbedingungen nicht zu verwirklichen ist und zu chaotischen Prognosen führt.

Obendrein haben wir es bei seltsamen Attraktoren mit einer neuen Art von geometrischen Gebilden zu tun. Dabei handelt es sich gewissermaßen um ein Mittelding zwischen Linie und flächenmäßiger Erfüllung. Eine vollständige flächenmäßige Erfüllung würde dann vorliegen, wenn die Fläche im x-v-Diagramm durch den seltsamen Attraktor vollständig verschmiert oder ausgefüllt wäre. Dies ist aber nicht der Fall, demnach liegt ein Gebilde mit einer Dimension z. B. zwischen 1 und 2 vor, also ein gebrochener Wert wie z.B. 1,45. Dies ist auch der Grund, warum man von fraktaler Dimension spricht. Somit beschreibt die fraktale Dimension die Eigenschaft der Fraktale zwischen einer Linie und dem Flächenhaften.

Deswegen ist die fraktale Dimension von der Form des fraktalen Gebildes abhängig. Sie bringt zum Ausdruck, wie ein Gebilde den Raum ausfüllt. Das heißt, die fraktale Dimension beschreibt das Verhältnis zwischen einem Objekt und der Vergrößerung eines Teils desselben Objektes. Wie bereits erwähnt, zeigen Fraktale die Eigenschaft der Selbstähnlichkeit. Darum bestimmen die Anzahl und der Grad der Teilstrukturen die fraktale Dimension.

Um diese Dimension zu bestimmen, verwendete Mandelbrot die Ähnlichkeits-Dimension nach Felix Hausdorff (oder auch Hausdorff-Besicovitch-Dimension genannt).

$D = \frac{\log(n)}{\log\left(\frac{1}{m}\right)}$ mit D = Dimension, n = Anzahl Teilobjekte und m = Maßstab

Welche Dimension hat die Koch-Kurve? Da der Initiator durch 4 gleich lange Strecken ersetzt wird, ist die Anzahl der Teilobjekte 4. Wie groß sind die einzelnen Teilstecken?

Unser Initiator hatte je die Einheitslänge 1, diese wird jetzt durch 4 gleich lange Strecken ersetzt, d. h. diese Teilstrecken haben eine Länge von 0,25. Dabei entsteht in der Mitte ein gleichseitiges Dreieck, dessen Basisseite fehlt (siehe Generator). Es gilt: Die Strecke B und die Strecke C des Generators müssen genauso lang sein wie die Basisseite, die fehlt. Überdies müsste die Strecke A und die Strecke D des Generators die Ausgangslänge des Initiators ergeben. Darum beträgt die Länge einer Teilstrecke 1/3 der Ausgangsstrecke des Initiators, also ca. 0,333. Folglich berechnet sich die Dimension der Koch-Kurve wie folgt:

$$D\frac{\log(4)}{\log(3)} \approx 1{,}26$$

Damit liegt die Dimension der Koch-Kurve zwischen der einer Line (D=1) und der einer Ebene (D=2).

5.2.1.1. Grenzfall der fraktalen Dimension

In den vorherigen Abschnitten hatten sämtliche besprochenen Fraktale eine gebrochene (nicht ganzzahlige) fraktale Dimension. Hier macht uns die Natur jetzt einen Strich ‚durch die Rechnung', nicht alle Fraktale haben eine gebrochene Dimension. So hat z.B. die Teufelstreppe eine Dimension von 1.

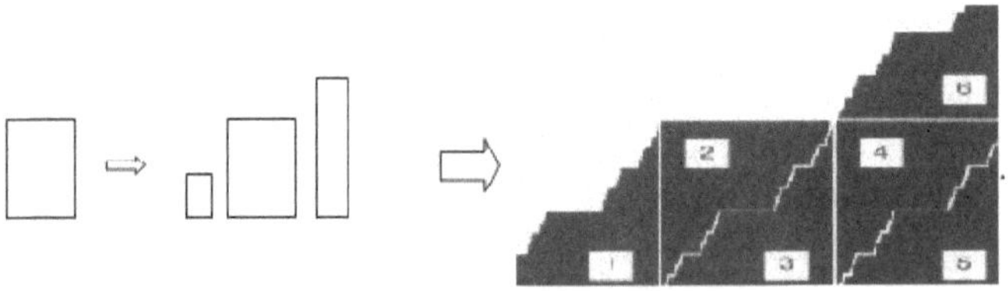

Abbildung 66: Konstruktion der Teufelstreppe[114]

Abbildung 66 zeigt, dass das Konstruktionsprinzip der Teufelstreppe eng verwandt ist mit dem der Cantor-Menge (s. S. 140). So ist die Ausgangsfigur

[114] Pleitgen, H.O. et al.: Bausteine des Chaos. Fraktale, Rowohlt, Reinbek bei Hamburg, 1998, S. 269

ein Quadrat mit der Seitenlänge 1. Auf dessen Grundseite wird, ähnlich wie bei der Cantor-Menge, fortlaufend das mittlere Drittel entfernt. Dabei wird jedes entfernte mittlere Drittel der Länge $\frac{1}{3^k}$ durch eine rechteckige Säule der Breite $\frac{1}{3^k}$ und eine bestimmte Höhe ersetzt. Beispielsweise wird in Abbildung 66 im ersten Schritt über dem mittleren Drittel die Grundseite des Quadrats – dem Intervall $\left[\frac{1}{3},\frac{2}{3}\right]$ – durch die rechteckige Säule der Höhe $\frac{1}{2}$ ersetzt. Im zweiten Schritt werden zwei rechteckige Säulen, eine von der Höhe $\frac{1}{4}$ über dem Intervall $\left[\frac{1}{9},\frac{2}{9}\right]$ und die andere in der Höhe von $\frac{3}{4}$ über dem Intervall $\left[\frac{7}{9},\frac{8}{9}\right]$, eingefügt. Im dritten Schritt werden schon vier Säulen eingefügt usw. Folglich werden im n-ten Schritt 2^{n-1} Säulen mit der Höhe $\frac{1}{2^n},\frac{3}{2^n},\ldots,\frac{(2^n-1)}{2^n}$ errichtet. Somit erhalten wir, wenn die Anzahl der Iterationen gegen unendlich strebt, eine Fläche, deren oberer Rand als Teufelstreppe bezeichnet wird. Die Teufelstreppe ist dadurch gekennzeichnet, dass sie eine von links nach rechts ansteigende Treppe mit unendlich vielen Stufen ist, deren Stufenhöhe unendlich klein wird.

Dennoch zeigt die Teufelstreppe eine vollkommene Symmetrie. Dies erkennt man besonders gut, wenn man das Ausgangsdreieck mit fortlaufenden Iterationsschritten in einen oberen weißen und einen unteren schwarzen Teil aufteilt. So ist nach unendlich vielen Iterationsschritten der weiße Teil eine genaue Kopie des schwarzen Teils. Folglich weist die Teufelstreppe auf den ersten Blick den Eindruck von Selbstähnlichkeit auf. Ist dies ‚nur' eine optische Täuschung?

Sieht man sich dazu die in Abbildung 66 dargestellte Teufelstreppe im Detail an, so stellt man fest, dass man die Fläche unterhalb der Teufelstreppe in sechs völlig gleiche Bausteine zerlegen kann. Beispielsweise kann die Fläche 1 aus der gesamten Fläche durch Kontraktion gebildet werden, und zwar mit einem Faktor $\frac{1}{3}$ in horizontaler und einem Faktor $\frac{1}{2}$ in vertikaler Richtung. Deswegen ist die Fläche der Teufelstreppe nicht selbstähnlich. Wäre sie selbstähnlich, wären diese beiden Faktoren gleich. Allerdings stellt man etwas anderes fest: Die Flächen 1 und 6 sind identisch, ebenso die Flächen 2 und 3 bzw. 4 und 5. Das heißt, die ,Flächenpärchen' sind affin. Objekte, die sich aus affinen Kopien zusammensetzen, werden auch als selbstaffin bezeichnet.

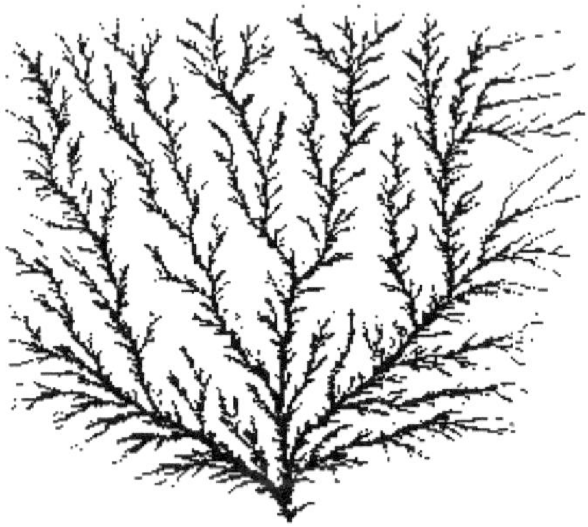

Abbildung 67: Lichtenberg-Muster

Abbildung 67 zeigt das Lichtenberg-Muster einer dielektrischen Entladung. Dieses Muster wird auch als eingefrorener Blitz bezeichnet. Hier findet man eine statistische Form der Selbstähnlichkeit wieder. Das bedeutet, dass sich die Teilbäumchen verschiedener Größen nicht exakt gleichen, aber sie haben dieselben statististischen Verteilungseigenschaften. Bei solchen Mustern und bei vielen Zeitreihen wird deswegen das Selbstähnlichkeitskonzept durch das Konzept der Selbstaffinität ersetzt. Wie die Teufelstreppe (s. Abbildung 66, S. 254) zeigt, setzt sich ein selbstaffines Objekt aus kleinen Teilen zusammen, welche durch unterschiedliche Skalierung entlang der Freiheitsgrade (z.B. Achse) bestimmt werden können.

Diese Ausführungen sollen eine sehr einfache Darstellung dieses faszinierenden Gebiets sein. Schließlich wurde schon vieles in vorherigen Kapiteln erläutert. So wurde z. B. das Fundament der fraktalen Geometrie, die Rückkopplung und die Iteration ausführlich am Beispiel der logistischen Gleichung erläutert. Auch die Mandelbrot- und Julia-Mengen wurden in diesem Rahmen besprochen. Ebenfalls wurde schon ausführlich über die Messung der Dimension, z. B. von der Korrelationsdimensionen (s. S. 178ff.), berichtet. Ein arabisches Sprichwort lehrt: „*Wenn du dich durch jeden Hund aufhalten lässt, der dich auf deinen Weg anbellt, wirst du nie ans Ziel kommen.*" Also wenden wir uns wieder unserem Ziel zu: Wie kann die fraktale Geometrie helfen, die Aktienkursentwicklungen besser zu verstehen? Bevor wir uns dieser Frage zuwenden, sollten wir kurz die wesentlichen Erkenntnisse der fraktaklen Geometrie Revue passieren lassen, insbesondere die Bedeutung der Fraktale und Attraktoren.

- Fraktale und Attraktoren entstehen aus einem Prozess des Faltens und Entfaltens im Rahmen von dynamischen Abläufen. In der Regel werden sie durch nichtlineare Gleichungen generiert und entstehen aus rekursiven[115] Formeln. Dazu bedarf es der fortgesetzten Iteration, um die komplexen Strukturen der Fraktale zu erzeugen. Mit anderen Worten: Fraktale sind geometrisch komplexe Objekte, deren Komplexität durch eine Wiederholung einer gegebenen Form in verschiedenen Größen entsteht.
- Fraktale haben eine feingliedrige Struktur, d. h. sie enthalten Details in beliebig kleinen Maßstäben.
- Ein wesentliches Merkmal von Fraktalen ist ihre Selbstähnlichkeit. Das heißt, wenn man einen beliebigen Teil eines selbstähnlichen Fraktals betrachtet, so beinhaltet dieser Teil wiederum das komplette Fraktal. Deswegen sind Fraktale invariant bezüglich ihrer Skalierung. Daher ist es egal, wie stark man ein Fraktal vergrößert oder verkleinert, es lässt sich immer das gesamte Fraktal wiederfinden. Überdies gibt es Fraktale mit einer statistischen Selbstähnlichkeit. Für solche Fraktale gilt, dass jeder vergrößerte oder verkleinerte Ausschnitt dieselbe statistische Verteilung des ganzen Fraktals aufweist.
- Fraktale haben eine gebrochene Dimension.
- Fraktale zeigen, dass es von der Wahl der Anfangsbedingungen abhängt, wie sich komplexe Systeme bzw. Strukturen entwickeln.

---

[115] Dabei bedeutet Rekursion, dass eine Formel immer wieder auf sich selbst angewendet wird.

- Fraktale sind holistisch, weil in jeder ihrer Teile die Beschreibung des Ganzen codiert ist. Folglich zeigen vergrößerte Ausschnitte immer wieder ähnliche, nie jedoch gleiche Strukturen. Überdies konnte der Mathematiker John Hubbard nachweisen, dass alle am Rand befindlichen verkleinerten Mandelbrotfiguren ganzheitlich miteinander vernetzt sind. Dies könnte ein Indiz dafür sein, dass vieles, was wir in der Natur sehen, unsichtbar miteinander vernetzt ist.
- Attraktoren sind die stabilisierenden Strukturen von nichtlinearen Systemen, da die Attraktoren in jedem noch so kleinen Gebiet die gleiche komplexe Struktur haben. Die komplexe Struktur der seltsamen Attraktoren entsteht aus einer Streckung und Stauchung eines Volumenelementes und der darauffolgenden Faltung in Folge der Nichtlinearität. Dabei ist die Streckung hauptsächlich verantwortlich für die Sensitivität der Anfangsbedingungen und die Stauchung ist für die Musterbildung des chaotischen Datensatzes verantwortlich. Darum sind seltsame Attraktoren effiziente Mischer und verantwortlich für das deterministische Chaos und seine Unberechenbarkeit. Alle seltsamen Attraktoren sind zugleich auch Fraktale.

Wer tiefgreifendere theoretische Ausführungen zu Fraktalen kennenlernen möchte, sollte zu entsprechender Fachliteratur, wie z.B. Pleitgen, H. O. et al.: Bausteine des Chaos - Fraktale, greifen.

5.3. Was hat die fraktale Geometrie mit Aktienkursen gemeinsam?

„Die heutige Finanzwirtschaft entspricht dem Urzustand der Naturwissenschaften vor dreihundert Jahren." (Benoît Mandelbrot)

Im vorherigen Kapitel haben wir gesehen, dass die tatsächlichen Aktienkurse in Trends und Zyklen verlaufen. Weiter stellten wir fest, dass zwischen einem lang- und kurzfristigen Gedächtnis der Aktienkurse unterschieden werden muss. Zudem haben wir festgestellt, dass die Zyklen eher mit einem langfristigen Gedächtnis beschrieben werden können. Dagegen können Trends sowohl bei zykluslosen Prozessen als auch bei kurzfristigem Gedächtnis auftreten. Obendrein stößt man bei Trends auf das Phänomen, dass die Trendbildung ihre Grenzen hat. Wieso?

In Europa herrscht das monochrome Zeitverständnis vor, d. h. Zeit ist linear, wie ein Band, und man erledigt somit sinnvollerweise nur eine Sache auf einmal. Wer so denkt, handelt meistens effektiv und hält Termine ein. Deswegen ist für den monochromen Menschen Zeit alles. Sie bietet ihm Sicherheit, weil sie berechenbar und vor allem teilbar ist. Er hat nur eine Zeit. Den Gegenpart nehmen die polychromen Menschen ein. Sie haben vieles auf einmal im Kopf. Solche Menschen ändern schnell ihre Pläne und unterbrechen oft ihre Arbeit. Das klassische Beispiel eines polychrom organisierten Orts ist die Börse. Dort reden viele Menschen wild durcheinander und streiten um die Aufmerksamkeit des Händlers. Was für den Betrachter vielleicht wie ein wilder Kampf aussieht, folgt aber tatsächlich ausgeklügelten Mechanismen des Handels. Aus dieser kleinen Aufzählung erkennen Sie schon, dass man Zeit nicht als ‚blinden Fleck‘ begreifen darf. Sie hat Einfluss auf das Handeln der Menschen.

Bisher haben wir nur Tagesintervalle betrachtet, d. h. es wurden zunächst Eintagesschwankungen, Zweitagesschwankungen, Dreitagesschwankungen usw. gemessen und in einem doppeltlogarithmischen Diagramm eingetragen. Dabei ergab sich jeweils eine Gerade, deren Steigung der Hurst-Exponent ist. Der Hurst-Exponent hatte dabei einen Wert von größer 0,5. Doch was passiert, wenn wir jetzt z. B. Minutenschwankungen oder sogar Sekundenschwankungen betrachten? Ändert sich z. B. der Hurst-Exponent?

In der Regel wird für die großen Indizes, wie z.B. den DAX, alle 60 Sekunden ein neuer Wert ermittelt und notiert. Werden nun die Minutenkurse in ein Diagramm eingezeichnet, so erhält man die Minutencharts. Diese Minutencharts können mit demselben Rüstzeug untersucht werden, wie die Tagescharts.

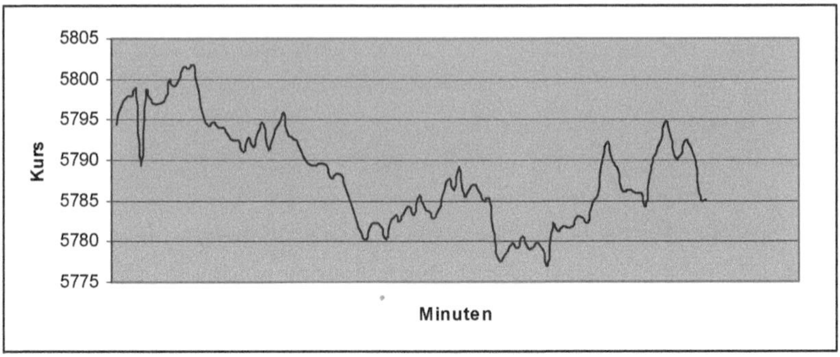

Abbildung 68: Minutencharts des DAX von 2003 bis 2005

Wenden wir die schon beschriebene R/S-Analyse (s. S. 81ff.) auf die Minutencharts an. Hier bringt die Analyse etwas Überraschendes zu Tage. Zunächst einmal stellt man fest, dass auch die Kurse innerhalb des Minutencharts in Trends verlaufen, d. h. der Hurst-Exponent liegt um die 0,7.

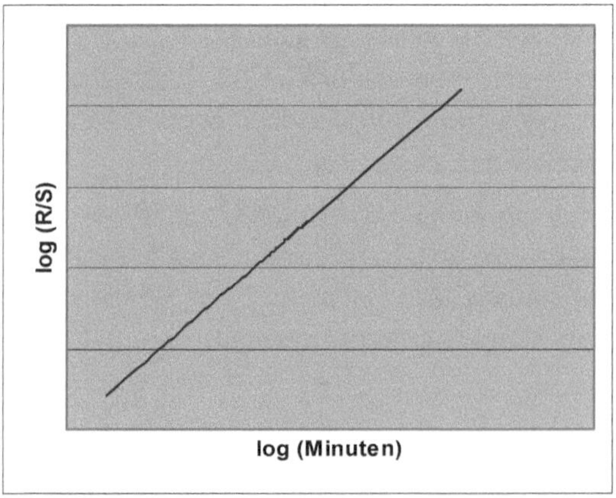

Abbildung 69: R/S-Analyse des Minutencharts des DAX von 2003 bis 2005

Führen wir nun eine Eliminierung der linearen Abhängigkeiten (lineares *Detrending*, s. S. 234ff.) durch, tritt etwas völlig Unerwartetes auf. Die neue Zeitreihe hat jetzt einen Hurst-Exponenten gleich 0,5, d. h. ein *Random Walk* liegt vor. Somit unterscheiden sich Minuten- und Tagescharts signifikant voneinander, weil bei Tagescharts das *Detrending* nur einen vernachlässigbaren Einfluss auf den Hurst-Exponenten hat. Das bedeutet, dass bei Tagescharts die Trends wesentlich tiefer im Prozess verwurzelt sind und nicht so einfach eliminiert werden können wie bei Minutencharts.

Es scheint also so, dass wir es bei Minutencharts, ähnlich wie bei den AR(2)-Prozessen, nur mit oberflächlicher Trendbildung zu tun haben. Demzufolge sind diese Trends auch nur von kurzer Dauer, und die Bewegung der Aktien wird linear von einer Minute zur nächsten weitergegeben. Außerdem stellt man fest, dass sich keine Zyklen bilden[116].

Festzuhalten bleibt also, dass das kurzfristige Verhalten der Aktie deutlich vom langfristigen Verhalten abweicht. Insgesamt gesehen gilt, dass kurzfristige Bewegungen einen deutlich größeren Zufallscharakter haben als langfristige Bewegungen.

Dieses Verhalten steht offensichtlich in einem krassen Widerspruch zur Selbstähnlichkeit bei ökonomischen Zeitreihen. In den vorherigen Kapiteln hatten wir ja festgestellt, dass man bedenkenlos ein kleines Stück aus einem Chart herausschneiden und vergrößern kann (unter der Voraussetzung, dass auf der y-Achse mit dem korrekten Hurst-Exponenten skaliert wird). Dieses so erhaltene Stückchen hat dann die gleichen statistischen Eigenschaften, wie die gesamte Bewegung. Das ist bei einem Minutenchart nicht möglich. Nach Thomas Beta bricht die Selbstähnlichkeit im Bereich von dreißig Minuten oder kleineren Intervallen ab. Er stellte genauso wie wir fest, dass die unbereinigte Zeitreihe einen Hurst-Exponenten von 0,7 hat, aber die linear bereinigten Werte derart unterschiedlich sind, dass hier von einem Bruch der Selbstähnlichkeit gesprochen werden kann.

In der Chaostheorie ist ein solches Phänomen – ein langfristiger Plan (langfristige Trends und Zyklen) gekoppelt mit einer kurzfristigen zufälligen Bewegung (in den Minutencharts zeigt sich der Random Walk) – schon seit längerem bekannt.

---

[116] Deswegen raten auch einige Experten bei der Verwendung von Minutencharts zur technischen Analyse zur Vorsicht, weil keine tieferliegenden und langfristigen Baupläne in den Minutencharts vorliegen. Schließlich versucht die technische Analyse, die längerfristigen bzw. tiefergehenden Trends und Zyklen zu finden und auszunutzen.

5.3.1. Die fraktale Market-Hypothese

„Wenn wir erfahren, dass etwas geschieht, so setzen wir voraus, dass etwas weitergehe, woraus es einer Regel folge.“ (Kant)

So muss nach Ansicht vieler Wissenschaftler die klassische Behauptung, dass alle preisrelevanten Informationen zu einem beliebigen Zeitpunkt in den Preisen enthalten sind, zumindestens abgeschwächt werden. Was ändert sich grundsätzlich beim Übergang vom *Random Walk* zum Fraktal? In erster Linie versteht man unter einer fraktalen Eigenschaft die Selbstähnlichkeit auf unterschiedlichen Skalen. Dies mündet in die Frage: Kann ein menschliches Auge überhaupt den Unterschied zwischen täglichen, wöchentlichen oder monatlichen Kursen bzw. Renditen in einem Aktienchart erkennen? Wohl eher nicht. Man stellt fest, dass es eben keinen Unterschied in den Eigenschaften gibt, ob man die Zeitintervalle in Sekunden, Minuten, Stunden, Tagen oder Monaten misst. Ein Anleger stellte dazu fest: *„All charts look the same – alle Charts sehen gleich aus.“* Dies ist zugleich auch mit einer Unsicherheit verbunden. So sind 10 % Rendite an einem Tag viel, bezogen auf ein Jahr scheint es nicht mehr so ungewöhnlich zu sein. Darum schuf Mandelbrot die fraktale Geometrie, um quantitative Aussagen zu geben. Im Prinzip sind die fraktalen Prozesse nichts anderes als eine Verallgemeinerung der traditionellen Modellierungswerkzeuge mit einem zusätzlichen Freiheitsgrad. Mithilfe dieses zusätzlichen Freiheitsgrades können sowohl schwere *tails* als auch das Langzeitgedächtnis der Aktienkurse nachgebildet werden. So geht das *Multifraktale Model of Asset Returns* (MMAR) davon aus, dass die Renditedynamik durch einen zusammengesetzten Prozess – eine gebrochene Brownsche Bewegung (s. S. 278ff.) in der multifraktalen Zeit – beschrieben werden kann. Daher vereinigt das Modell eine mögliche zeitliche Abhängigkeit von Renditen mit der Möglichkeit von größeren Ausschlägen. Vereinfacht ausgedrückt: Man geht davon aus, dass die Informationsverarbeitung auf Seiten der Anleger auf unterschiedlichen Zeitskalen erfolgt. So sind die ökonomischen Zusammenhänge meistens komplex, deswegen findet ihre Verarbeitung auf mehreren Zeitskalen statt. Zudem braucht die Erkenntnis über deren Bedeutung oft eine gewisse Zeit. Vielleicht umschreibt der Begriff ‚emotionale Zeit‘ dieses Phänomen besser. Hiermit ist nämlich gemeint, dass die einzelnen Marktteilnehmer nach ihrem eigenen Zeitempfinden agieren und nicht nach der physikalischen Zeit. Es interessiert also nicht, was halbstündlich, stündlich oder täglich mit einem Kurs passiert. Vielmehr interessiert die Frage, wann sich ein Kurs bewegt und durch wen. Denn die verschiedenen Akteure an den Finanzmärkten agieren in unterschiedlichen Zeitfenstern (auch Skalen). Beispielsweise entfalten volkswirtschaftliche Informationen ihre Wirkung nicht innerhalb weniger Stunden, sondern eher über Monate, wie z.B. bei Zinsänderungen durch die EZB, die sich auf das Wirtschaftswachstum und dadurch auf die Unternehmensgewinne auswirken. Allerdings schlägt sich die veränderte Geschäftslage wesentlich früher an den Finanzmärkten durch.

So versteht Peters in seiner fraktalen Market-Hypothese (FMH) unter fraktal nicht die Auswirkungen der Informationsverarbeitungen auf das Verhalten der Aktienkurse (somit indirekt auf die Renditen), sondern auf das Verhalten der Marktteilnehmer selbst. Die klassische Lehre geht davon aus, dass ein Investor ein rationaler Preisnehmer ist, d. h. er zieht mehr Wohlstand weniger Wohlstand vor. Zudem ist er immer fähig, eine korrekte Bewertung von beliebig komplexen Informationen vorzunehmen. Der Schwachpunkt der klassischen Annahme ist, dass keine Trennung nach der Art der zu verarbeitenden Informationen und nach der entsprechenden Art der Investoren gemacht wird.

Um diese Schwachstelle zu beheben, schlägt Peters vor, das Verhalten der Marktteilnehmer in Bezug auf ihren Investmenthorizont heterogen zu modellieren.

- Die Finanzmärkte bestehen aus einer großen Anzahl von Anlegern mit unterschiedlichen (lang- und kurzfristig orientierten) Investmenthorizonten. Dadurch kann es zu einer Überlagerung von Informationen auf unterschiedlichen Skalen kommen. Dies kann sowohl zu einer gegenseitigen Verstärkung als auch zu einer Reduzierung der entsprechenden Auswirkungen kommen.
- Der Einfluss von Informationen auf die Kurse lässt sich in Bezug auf den Investmenthorizont unterscheiden. So gewinnen auf kurzfristiger Sicht Informationen bezüglich der Marktstimmung und technische Indikatoren an Relevanz, wohingegen mit steigendem Investmenthorizont immer mehr die Fundamentalanalyse die Oberhand gewinnt. Mit ande-

ren Worten ausgedrückt: Die Kursänderungen reflektieren nur Informationen über den jeweiligen Investmenthorizont. Demnach verarbeiten die Anleger auf unterschiedliche Weise je nach Anlagehorizont die preisrelevanten Informationen.

- Die Markstabilität stellt sich durch eine ausreichende Liquidität, d. h. den Ausgleich zwischen Angebot und Nachfrage, ein. Die Liquidität kommt in den Markt durch die verschiedenen Transaktionen der Anleger mit unterschiedlichen Investmenthorizonten. Kommt z. B. ein Ereignis auf den Markt, dass die Gültigkeit der fundamentalen Informationen in Frage stellt, so haben Langfristanleger mehrere Möglichkeiten, ihre Strategie zu überdenken. Entweder sie stellen ihre Position glatt und verlassen den Markt, oder sie entscheiden sich auf die Seite der kurzfristigen Anleger zu wechseln und von möglichen kurzfristigen Informationen zu profitieren. Kommen immer mehr Langfristanleger zu dem Schluss, den Markt zu verlassen oder die Seite zu wechseln, schrumpft der Investmenthorizont des Marktes zusammen. Der Markt wird instabil.
- Die Kurse entstehen aufgrund des Zusammenspiels zwischen dem kurzfristigen technischen Handel und der langfristigen fundamentalen Bewertung. Die kurzfristigen Preisbewegungen sind volatiler als die langfristigen. Sie werden durch das Massenverhalten der Anleger (*Behavioral Finance*) verursacht. Die langfristigen Trendbewegungen können in der Änderung der erwarteten Gewinne der Unternehmen liegen.
- Aktien von Unternehmen, die keinen Bezug zu einem ökonomischen Zyklus aufweisen, sind in der Regel nicht für langfristige Trends anfällig. In solchen Fällen dominieren der Handel, die Liquidität und die kurzfristigen Informationen.

Die Annahme, dass die Informationsverarbeitung auf den Finanzmärkten auf unterschiedlichen Zeitskalen erfolgt, ist wohl die wesentliche Erkenntnis dieser Theorie.

6. Das Chaosspiel – Zufall und Vorausbestimmung in Eintracht nebeneinander

Georg Christoph Lichtenberg erkannte schon: „*Die Realität ist vielleicht das reinste Chaos.*" Nachdem wir das Chaosspiel gespielt haben, werden Sie vielleicht ihre Vorstellung vom Zufall drastisch ändern.

Das Chaosspiel zeigt, wie man feste Regeln und die zufällige Auswahl miteinander vermischen kann. Dies führt dazu, dass jedes Spiel unterschiedlich abläuft, aber immer dasselbe Resultat zustande kommt. Wie beim Schach müssen zunächst die Figuren in die Startaufstellung und aufs Spielfeld gebracht werden.

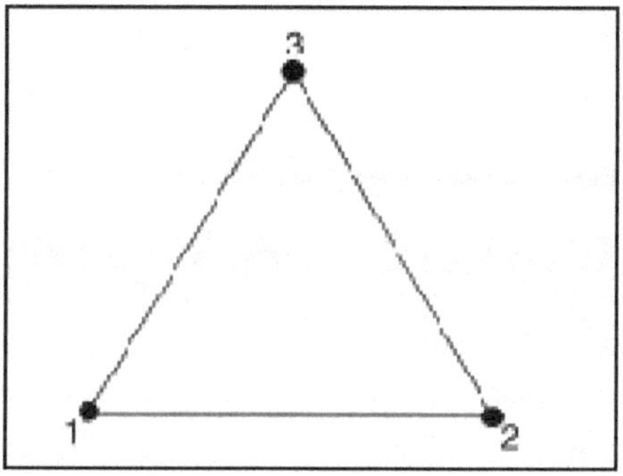

Abbildung 70: Startaufstellung und Spielfeld des Chaosspiels

Abbildung 70 zeigt das Spielfeld für das Chaosspiel. Dabei fungieren als Spielfeld drei in ein gleichseitiges Dreieck angeordnete Punkte 1, 2 und 3. Diese Punkte werden auch als Fixpunkte bezeichnet.

Danach wird ein weiterer Punkt zufällig irgendwo in der Ebene ausgewählt. Dieser Punkt wird als erster Spielpunkt bezeichnet. Er kann sowohl innerhalb als auch außerhalb des Dreiecks liegen. Im nächsten Schritt wird durch Würfeln einer der drei Fixpunkte ausgewählt. Dabei bedeuten die Zahlen 1 und 2 des Würfels, dass als Fixpunkt die Markierung 1 ausgewählt wird. Dagegen stehen die Zahlen 3 und 4 für die Markierung 2 und die Zahlen 5 und 6 für die Markierung 3.

Im nächsten Schritt denkt man sich eine gerade Linie zwischen dem ersten Spielpunkt und dem ausgelosten bzw. gewürfelten Fixpunkt. Der Mittelpunkt dieser geraden Linie ist dann der zweite Spielpunkt. Danach bestimmt man erneut durch Würfeln einen der drei Fixpunkte und halbiert die Strecke zum zweiten Spielpunkt. Dadurch erhält man Spielpunkt drei. Folgende Abbildung verdeutlicht die Vorgehensweise im Spiel.

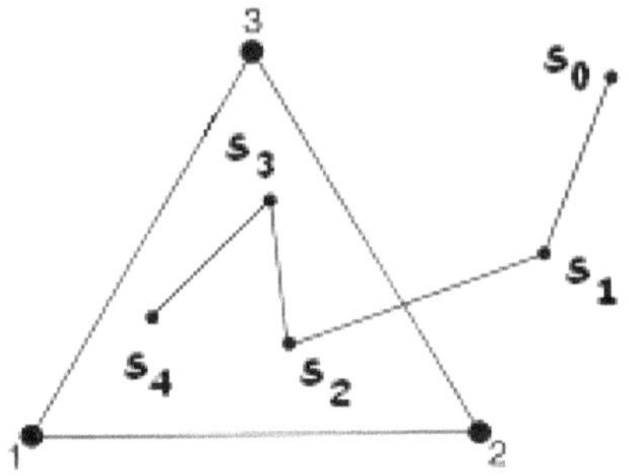

Abbildung 71: Einige Spielzüge des Chaosspiels

Von nun an fährt man immer so weiter fort. Was denken Sie, geschieht mit dem Dreieck, wenn man bespielweise das Spiel 100.000-mal durchgeführt hat, d. h. 100.000 Spielpunkte erzeugt hätte? Die meisten von Ihnen werden wohl annehmen, dass das Dreieck irgendwann gleichmäßig ausgefüllt sein müsste. Schließlich sind die drei Fixpunkte ja gleichseitig und symmetrisch angeordnet. Außerdem dürfte nach dem Gesetz der großen Zahl kein bestimmter Bereich des Dreiecks bevorzugt werden. Tatsächlich bekommt man folgende Ergebnisse:

Abbildung 72: Der Endzustand des Chaosspiels – das Sierpinski-Dreieck und dessen Vorstufen

Man kann das Chaosspiel auch mit einem ganz anderen Startpunkt wiederholen. Nach einer gewissen Zeit erscheint immer wieder dasselbe Muster. Dabei spielt es keine Rolle, ob man innerhalb des Dreiecks startet oder außerhalb. Das heißt, unabhängig vom Startpunkt und den jeweils zufällig gewürfelten Fixpunkten am Schluss bekommt man immer dasselbe Objekt – das Sierpinski-Dreieck. Sie haben somit miterlebt, wie der Zufall (Würfeln) eine deterministische Gestalt – einen sogenannten Attraktor – erzeugen kann. In diesem Zusammenhang spricht man von einem Attraktor, weil er die Punkte bildlich gesprochen anzieht und so seine Figur – hier das Sierpinski-Dreieck – herausbildet.

Im Grunde genommen ist der eigentliche Attraktor niemals in seiner reinen Form auf dem Papier zu sehen. Vielmehr liegen die Punkte in der Nähe, und je mehr Punkte erzeugt werden, desto klarer bildet sich das Grenzobjekt, der Attraktor, heraus. Dennoch gilt, wenn ein Spielpunkt eine gewisse Distanz zum Attraktor aufweist, so liegt sein Nachfolger mindestens gleich nahe oder näher am Attraktor. Aus dieser Tatsache folgt, dass sich jede beliebige Folge von Spielpunkten irgendwann dem Grenzobjekt annähert. Ferner gilt, dass wenn ein Spielpunkt zufälligerweise direkt auf den Attraktor landet, dass dann sämtliche nachfolgenden Spielpunkte ebenfalls auf dem Attraktor liegen.

Somit zeigt das Chaosspiel, dass es eine Verbindung von Zufall und langfristigem Plan geben kann. Beim Chaosspiel ist der langfristige Plan durch die Spielregeln festgelegt. Besonders wichtig sind hier die gleichmäßige Anordnung der Fixpunkte und die Forderung nach einem fairen Würfel, d. h. keine Zahl darf bevorzugt werden. Der Zufall kommt ins Chaosspiel durch die beliebige Festlegung eines Startpunktes und die zufällige Auswahl des jeweiligen Fixpunktes. Auch an den Kapitalmärkten haben wir gesehen, dass von Minute zu Minute der Zufall herrscht (da sich die Kurse in Minutencharts nach dem *Detrending* in Form eines *Random Walks* bewegen), ähnlich wie beim Chaosspiel wird sozusagen der jeweils neue Kurs rein zufällig gewürfelt. Auf der anderen Seite findet man in Tages- oder Monatscharts Trends und Zyklen, also eine Form von Gedächtnis und Planung, welche die Kurse in gewisser Weise anziehen. Natürlich findet man hier keine strenge Geometrie wie das Sierpinski-Dreieck vor.

Dies liegt daran, dass sowohl die genauen Spielregeln als auch der Zufallsmechanismus an den Finanzmärkten noch völlig unbekannt sind. Einige Experten sagen auch, dass dies daran liegt, dass noch zu wenige Finanzdaten vorliegen, beispielsweise existiert der DAX erst seit dem 30.12.1987. Bedenkt man, dass das Chaosspiel, bis sich das Sierpinski-Dreieck abzeichnet, einige 100.000-mal durchgespielt werden muss, ist die Begründung nicht von der Hand zu weisen. Wer weiß – vielleicht zeichnet sich in ein paar hundert Jahren eine solche Geometrie ganz allein und unspektakulär ab.

Andere Experten führen aus, dass das Vorhandensein eines höheren Zufallsanteils bei Minutenchart als bei Tagescharts auf kleine Störungen der Börse zurückzuführen ist, wie z. B. Naturereignisse, Gerüchte, die die Kurse beeinflussen oder Systemausfälle. Da es sich um kleine Störungen handelt, die aufgrund ihrer Häufigkeit und Unabhängigkeit als normalverteilt angesehen werden, wirken sich diese Störungen auch nur in kleinen Kursschwankungen und in sehr kurzer Zeit aus, was zu einem rein zufälligen Auf und Ab in den Minutencharts führt. Dagegen lassen sich die langfristigen Mechanismen wie die gerade vorherrschenden Börsentrends nicht von solchen Miniaturstörungen beeinflussen.

Aus diesem Grund werden die kleinen Störungen auch als weißes Rauschen *(white noise)* bezeichnet. Der Begriff „Rauschen“ kommt aus der grauen Vorzeit der Unterhaltungselektronik. Das Rauschen und Kratzen beim Abspielen einer Schaltplatte führte dazu, dass die Tonfolge verzerrt wurde, aber die eigentliche Melodie (also der Trend bzw. Zyklus bei Aktienkursen) erhalten blieb.

Allerdings kann man mithilfe der fraktalen Geometrie einen Aktienverlauf relativ gut nachzeichnen. Zudem gelingt es mit der fraktalen Geometrie das Phänomen, dass Aktienkurse springen und Zwischenwerte auslassen, besser zu beschreiben. Dazu sehen wir uns Abbildung 73 (s. S. 270) an. Als Initiator verwenden wir eine ansteigende Gerade und einen gezackten Generator. Danach stellt man Kopien des Generators her und verkleinert sie. Danach wird der Generator derart in das Diagramm eingezeichnet, dass jede auftretende gerade Linie durch ein passendes Zickzackmuster ersetzt wird. Durch das unzählige Wiederholen des Vorganges erscheint allmählich eine gezackte, komplexe Kurve. Die Gestalt der Kurse ergibt sich aus der Gestalt des Generators. Ausgehend vom Punkt (0,0) steigt er zunächst auf den Punkt (4/9, 2/3), um danach wieder auf den Punkt (5/9, 1/3) zu fallen. Dies endet schließlich bei Punkt (1,1). Insofern haben wir drei Segmente des Generators mit der Breite (4/9, 1/9, 4/9) und der Höhe (2/3, -1/3 (weil die Linie fällt), 2/3). Es fällt auf, dass jede Breite in etwa dem Quadrat der jeweiligen Höhe entspricht. Dies entspricht einer Brownschen Bewegung. Deswegen müssen wir diese Koordinaten ändern, damit die erhaltene Kurve besser den realen Aktienkursverläufen ähnelt.

Dazu beginnen wir genauso wie oben gezeigt. Wir verwenden wiederum einen Generator, der in drei gleichweit entfernte Breiten unterteilt ist. Dabei hat jeder Abschnitt die Größe eines Drittels der Breite des Kastens. Jeder Abschnitt besitzt nun eine positive Steigung, die bis zur halben Höhe des Kastens reicht. Jetzt kommt der Unterschied. Wir fügen zwei vertikale Sprünge hinzu, der erste eine halbe Einheit aufwärts, der zweite eine ganze Einheit abwärts. So kommen im Gegensatz zur Brownschen Bewegung Diskontinuitäten in die Kurve, weil jede Interpolationsstufe automatisch weitere Sprünge hinzufügt. Als Ergebnis erhalten wir eine Kurve, die eine Art Skaleninvarianz und wilde Sprünge zeigt. Ähnlich wie beim Chaosspiel, zeigt sich eine Verbindung von Zufall und langfristigem Plan. So vereinigt der Schmierstoff die Skalenänderung und die Fraktale, zwei scheinbar unvereinbare Fälle.

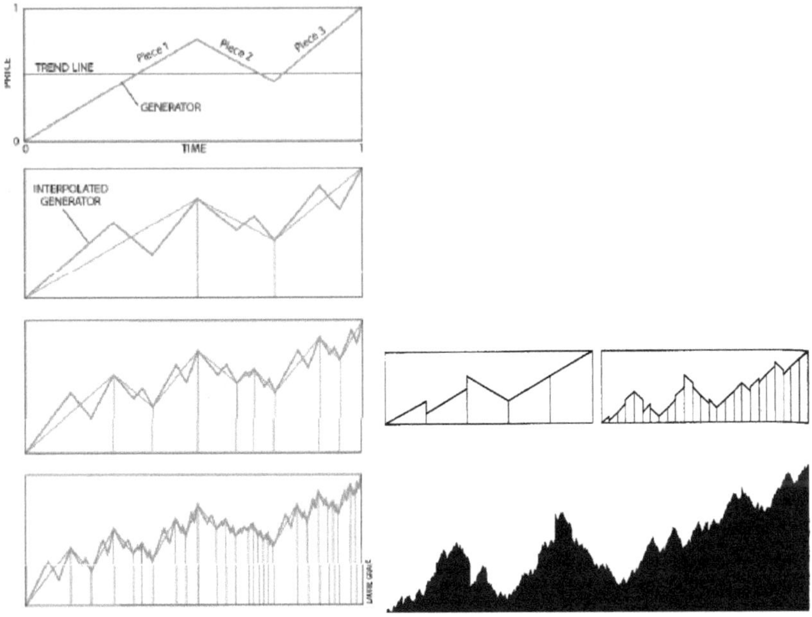

Abbildung 73: Erstellen eines Aktienkursverlaufes mit der fraktalen Geometrie[117]

Abbildung 73 zeigt, dass nach der fraktalen Geometrie zwei Effekte für die mathematische Beschreibung von Aktienkursen ausreichen. Der Entdecker dieser Effekte, der Mathematiker Mandelbrot, verwendet dafür die zwei biblischen Namen Noah- und Joseph-Effekt. Ähnlich wie Joseph durch die Vorhersage von sieben Hungersjahren Ägypten vor einer Katastrophe bewahrte, beschreibt der Joseph-Effekt das langfristige Gedächtnis der Kurse. Dagegen beschreibt der Noah-Effekt die schnelle und abrupte Änderung der Kurse. Diese beiden Effekte führen dazu, dass ein geschultes Auge regelmäßige Muster in der Unordnung der Kurssprünge sieht. Das Problem ist allerdings, dass sich der Noah- und Joseph-Effekt häufig überlagern. In einer ruhigen

---

[117] Kühnlein, P.: Kritische Bewertung von Modellen in der Finanzmathematik im Hinblick auf die Finanzkrise, Seminar Simulation: Anspruch und Risiko, 10.02.2010, S. 33 und Mandelbrot, B. und Hudson, R. L.: Fraktale und Finanzen. Märkte zwischen Risiko, Rendite und Ruin, Piper-Verlag GmbH, München, 2. Aufl. 2005, S. 240

Handelsphase kündigen sich abrupte Kursänderungen meist an. Und auf der anderen Seite kommt es bei plötzlichen Kurssprüngen wiederum dazu, dass sich die Aktien an frühere Kursverläufe erinnern. Deswegen bilden sich in den Aktienkursen selbstähnliche Muster aus.

Üblicherweise betrachtet man in der Finanzmarkttheorie den Logarithmus der relativen Wertänderung, d. h. der Rendite (R):

$$R_{T,T-1} = \ln\left(\frac{R_T}{R_{T-1}}\right) = \ln(R_T) - \ln(R_{T-1})$$

Über mehrere Tage hinweg ergibt sich die Gesamtrendite nach folgender Gleichung:

$$R_{O,T} = \ln\left(\frac{R_T}{R_0}\right) = \ln(R_T) - \ln(R_0) = R_{0,1} + R_{1,2} + \ldots + R_{T,T-1}$$

Die Selbstähnlichkeit führt dazu, dass die Summe von Zufallsvariablen (hier einperiodische Renditen) dem gleichen Verteilungsgesetz unterliegen müssen, wie die einzelnen Summanden. Solche Verteilungen, werden als Levy-stabil bezeichnet. Bei einer Levy-stabilen Verteilung handelt es sich entweder um den herkömmlichen Fall einer Normalverteilung, oder es liegt eine Verteilung vor, die näherungsweise durch ein *Power Law* (s. S. 92ff.) beschrieben werden kann. Geht man von einem Mittelwert von null aus, dann ergibt sich Folgendes für die standardisierten Renditen, d. h. unabhängig vom Zeitraum T unterliegen die Renditen demselben Verteilungsgesetz.

$$\frac{R_{0,1} + R_{1,2} + \ldots + R_{T-1,T}}{\sqrt[\alpha]{T}} = \frac{R_{0,T}}{\sqrt[\alpha]{T}}$$, wobei α der Tail-Index (s. S. 92) ist.

Demnach ist näherungsweise der Faktor $\sqrt[\alpha]{T}$ der Scaling-Faktor, um Renditen für unterschiedliche Zeiträume vergleichbar zu machen. So gilt beispielsweise:

VaR (T Tage) = $\sqrt[\alpha]{T}$ VaR (1 Tag), wobei VaR = *Value at Risk* (s. S. 50ff.) ist.

6.1. Die Brownsche Bewegung im Lichte der fraktalen Geometrie

„Die fraktale Geometrie wird ihre Sicht der Dinge grundlegend verändern" – sagte Michael F. Barnsley. Gilt dies auch für die Brownsche Bewegung? Schließlich dient sie in der Welt der Ökonomie vielen Modellen als Grundlage, wie z. B. der Portfoliotheorie. So ist die Selbstähnlichkeit ein grundlegendes geometrisches Konstruktionsprinzip in der Natur. In vielen Organen von Tieren und Pflanzen findet man fraktale Strukturen vor. Beispielsweise erlaubt erst die fraktale Verzweigungsstruktur eines Baumes seinen Blättern die Aufnahme eines Höchstmaßes an Sonnenlicht. Der Baum und seine Blätter zeigen keine exakte Selbstähnlichkeit, aber wir können die Grundbausteine von Strukturen erkennen, die Verzweigungen auf den verschiedenen Ebenen. Das heißt, viele natürliche Objekte, wie Tiere oder Pflanzen, besitzen die Eigenschaften der Unregelmäßigkeit, gehorchen aber dennoch einem Skalierungsgesetz. Dies hat z. B. die schon im vorherigen Abschnitt angesprochene Konsequenz, dass es unmöglich ist, bei vielen natürlichen Formen, wie z. B. Wolken, Küstenlinien usw., die Länge zu ermitteln. Ist dies auch bei der Brownschen Bewegung der Fall?

Die Brownsche Bewegung beschreibt, dass in einer Flüssigkeit schwebende, feste Teilchen wandern[118]. Unter dem Mikroskop sieht es so aus, als würden die Teilchen unregelmäßig und unberechenbar umher wandern. Ausgelöst wird dies durch die zufälligen Zusammenstöße der umgebenden Flüssigkeitsmoleküle mit den kleinen festen Teilchen. Die Brownsche Bewegung ist somit ein gutes Beispiel für eine durch Zufall gesteuerte Bewegung. Was lässt sich über die Brownsche Bewegung noch sagen, als dass sie unregelmäßig erfolgt?

Zur Beantwortung dieser Frage sollten wir annehmen, dass die Brownsche Bewegung nur in eine Raumrichtung erfolgt. Dies hat den Vorteil, dass sich die Bewegung der Teilchen auf einer Geraden vollzieht. Folglich können die Flüssigkeitsmoleküle das kleine feste Teilchen nur von links oder rechts treffen und bewirken so eine Verschiebung um die Länge (l) in eine der beiden Richtungen. Die Länge (l) wird auch als mittlere freie Weglänge bezeichnet.

---

[118] Pleitgen, H.O. et al.: Bausteine des Chaos. Fraktale, Rowohlt, Reinbek bei Hamburg, 1998, S. 444-467

Wie groß ist nun die Gesamtverschiebung nach einer Anzahl von (n) Stößen oder Zeiteinheiten?

Aus Abschnitt 2 wissen wir, dass es nicht sinnvoll ist, nach der insgesamt zu erwartenden Verschiebung der Teilchen zu fragen. Sie wäre nämlich null, weil alle einzelnen Verschiebungen nur + l oder – l betragen und beide die gleiche Wahrscheinlichkeit von 0,5 haben. Darum ist es schlauer, anstelle der durchschnittlichen Gesamtverschiebung das Quadrat der Verschiebung zu betrachten. Als mittleres Verschiebungsquadrat bezeichnet man den Mittelwert der Verschiebungsquadrate. Es sollte uns angeben, wie weit ein Teilchen bei einer gegebenen Anzahl von Zeiteinheiten streut. Wie berechnet man das mittlere Verschiebungsquadrat?

Hierzu betrachtet man (n) Verschiebungen um die mittlere freie Weglänge l mit l_1, l_2, …,l_n. Somit ergibt sich das mittlere Verschiebungsquadrat, wie folgt:

$$(l_1, l_2, \ldots, l_n)^2 = \sum_{i=1}^{n} \sum_{j=1}^{n} l_i l_j$$

Die Ausdrücke l_i und l_j haben den Wert + l oder – l mit derselben Wahrscheinlichkeit von 0,5. Außerdem sind l_i und l_j für den Fall $i \neq j$ unabhängig voneinander. Deswegen gibt es vier gleich wahrscheinliche Fälle.

l_i	l_j	$l_i l_j$	Wahrscheinlichkeit
+l	+l	$+l^2$	0,25
-l	-l	$+l^2$	0,25
+l	-l	$-l^2$	0,25
-l	+l	$-l^2$	0,25

Es zeigt sich, dass das Produkt $l_i l_j$ für $i \neq j$ auf $+l^2$ oder $-l^2$ mit derselben Wahrscheinlichkeit von 0,5 herausläuft. Dies hat zur Folge, dass der Erwartungswert $\overline{l_i l_j} = 0$ ist. Zusätzlich gilt, dass alle Glieder $l_i l_i$ den Wert $+l^2$ haben, und zwar für alle i = 1, 2, 3, …, n-Werte. Deshalb beträgt das mittlere Verschiebungsquadrat $n \cdot l^2$ (n = Anzahl der Schritte, l^2 = mittlere freie Weglänge). Dies bedeutet, je mehr Schritte man zulässt, desto weiter streut das Teilchen bzw. umso größer ist das mittlere Verschiebungsquadrat.

Doch leider ist die Anzahl der Schritte, die ja der Zahl der Zusammenstöße zwischen unseren festen Teilchen und den Flüssigkeitsmolekülen entspricht, durch eine Messung nicht zugänglich. Um weitere Aussagen machen zu können, müssen wir eine messbare Größe für die Zusammenstöße finden. Hierfür bietet sich die Bewegung eines Teilchens an, also die Bewegungsdauer (t) des Teilchens. Dazu nehmen wir an, dass in einer Zeitspanne (n) Stöße erfolgen, die dazu führen, dass das Teilchen die Strecke n·l in der betrachteten Zeitspanne zurückgelegt hat. Beträgt zudem die mittlere Geschwindigkeit des Teilchens $\overline{v}$, so folgt daraus $\overline{v} \cdot t = n \cdot l$. Somit ergibt sich das mittlere Verschiebungsquadrat wie folgt: $n \cdot l^2 = \overline{v} \cdot l \cdot t$. Folgerichtig nimmt das mittlere Verschiebungsquadrat proportional mit der Zeit zu, wobei der Proportionalitätsfaktor von der mittleren Geschwindigkeit des Teilchens und deren mittleren freien Weglänge abhängt.

Immer noch gilt, dass die Gesamtverschiebung nach einer gewissen Zeit (t) im Durchschnitt null ist und dass der Erwartungswert des Verschiebungsquadrates proportional zur Zeit (t) ist. Ist das alles? Nein, betrachten wir einmal Stichproben der Brownschen Bewegung in regelmäßigen Zeitintervallen der Länge (t). Was ergibt sich daraus für eine Verteilung? Vielleicht können Sie es sich schon denken. Der resultierende Graph ist gemeinhin bekannt als Gaußsche Verteilung oder Glockenkurve.

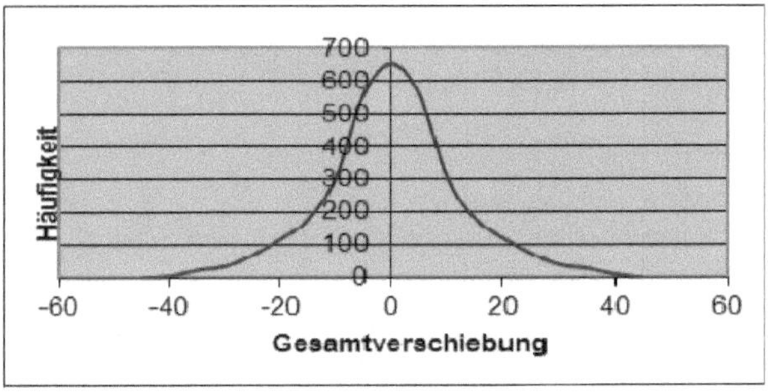

Abbildung 74: 1.000 Stichproben der regelmäßigen Zeitabstände der Verschiebungen der Brownschen Bewegung

Die Gaußsche Verteilung tritt in all den Fällen auf, in denen unabhängige und ähnliche – also gleich verteilte – Zufallsereignisse aufsummiert oder gemittelt werden. Daher können wir die Brownsche Bewegung durch eine Variable vollständig beschreiben. Dies ist die Verschiebung nach der Zeit (t), wobei die Zeit (t) eine sogenannte Zufallsvariable mit einer Gaußschen Verteilung ist, die durch ihren Mittelwert null und das zur Zeitdifferenz (t) proportionale Verschiebungsquadrat gekennzeichnet ist. Als Gaußsche Zufallszahlen werden Stichproben einer Gaußschen Verteilung mit zu 1 normiertem mittleren Verschiebungsquadrat bezeichnet.

Um die Gaußschen Zufallszahlen zu simulieren, kann man irgendeine Anzahl von Würfeln nehmen und würfeln. Wir verwenden fünf Würfel, als Ergebnis definieren wir die Summe aller fünf Würfelaugen, also eine Zahl zwischen 5 und 30. Nach vielen Würfen erhält man wieder die typische Glockenkurve. Häufig werden für praktische Zwecke die Ergebnisse vor einer Verwendung normiert. Dann sind die Ergebnisse immer positiv und der Erwartungswert (Mittelwert aller Zahlen) hängt von der Anzahl der benutzten Würfel ab. Die Normierung der Gaußschen Zufallsvariable leitet sich aus der Wahrscheinlichkeitstheorie ab.

$$D = \frac{1}{A}\sqrt{\frac{12}{n}}(Y_1 + Y_2 + \ldots + Y_n) - \sqrt{3n}$$

Mit A = obere Grenze des Zufallsgenerators; n = Anzahl der benutzten Würfel; $Y_1, Y_2, \ldots, Y_n$ = Ergebnisse eines Wurfes aller n Würfel

Die so normierten Gaußschen Zufallszahlen können nun in einer Simulation der Brownschen Bewegung in einer Raumdimension verwendet werden. Dazu sollten wir die Zeit (t) in gleichen Schritten δt laufen lassen. Ferner akkumulieren wir die Stöße aller Flüssigkeitsmoleküle, die unser festes Teilchen treffen, zu einer Gesamtverschiebung auf, welche wir zu einer Gaußschen Zufallszahl modellieren.

Die Lage des Teilchens zur Anfangszeit definieren wir als 0, mathematisch ausgedrückt $X(0) = 0$. Nach einer Zeiteinheit der Länge δt wird die (normierte) Gaußsche Zufallszahl (D_1) bestimmt. Somit ergibt sich $X(\delta t) = D_1$. Nach zwei Zeitschritten erhalten wir eine weitere Verschiebung (D_2), deren Lage folgender Summe entspricht: $X(2\delta t) = X(\delta t) + D_2 = D_1 + D_2$. Die Lage des k-Schrittes ergibt sich wie folgt:

$X(k\delta t) = D_1 + D_2 + \ldots + D_k$ mit $k = 1, 2, 3 \ldots$

Trägt man nun die Lage X(t) des Teilchens vertikal und die Zeit horizontal auf, so ergeben sich folgende Graphen. Die Berechnung lässt sich auch abkürzen, indem man nur jeden zweiten Zeitpunkt betrachtet. Schließlich verdoppelt sich das mittlere Verschiebungsquadrat für die doppelte Zeitdifferenz ebenfalls. Darum reicht die einfache Multiplikation der Gaußschen Zufallszahlen mit $\sqrt{2}$ aus.

$X(k\delta t) = \sqrt{2}\,(D_1 + D_2 + \ldots + D_k$ mit $k = 1, 2, 3 \ldots)$.

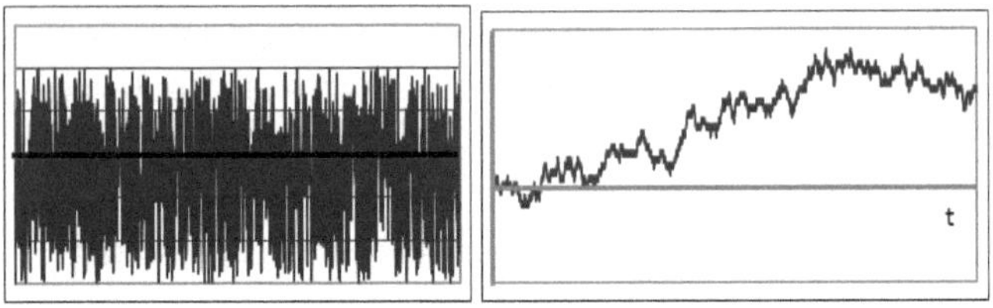

Abbildung 75: Gaußsche Zufallszahlen (linke Kurve) ergeben aufsummiert ein grobes Modell der Brownschen Bewegung (rechte Kurve)

Man erkennt aus Abbildung 75, dass sich das Teilchen völlig unkorreliert auf und ab bewegt. Somit sind die Chancen für eine Beibehaltung und die Chancen für eine Änderung dieser Tendenz genau gleich groß, wenn ein Teilchen in einem Zeitschritt an Höhe gewinnt.

Die grafische Aufzeichnung der Brownschen Bewegung eines Teilchens zeigt eine unregelmäßige Spur, d. h. das Teilchen irrt planlos umher, wie Abbildung 76 zeigt. Noch etwas Verblüffendes fällt beim genaueren Hinsehen auf: Gewisse Bereiche in der Ebene sind durch die Spur des Teilchens extrem dicht gefüllt, wie der markierte Kasten in Abbildung 76 verdeutlicht. Man kann sogar davon ausgehen, dass dieser Bereich auf eine Skaleninvarianz oder Selbstähnlichkeit hindeutet, weil der markierte Ausschnitt in Abbildung 76 der gesamten Spur des Teilchens relativ ähnlich sieht.

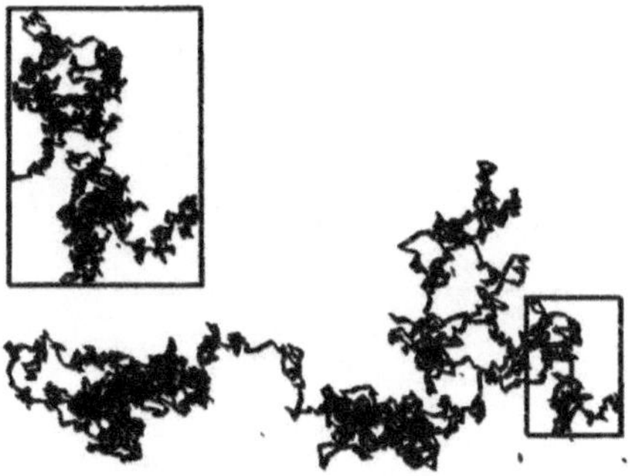

Abbildung 76: Der Spur einer Brownschen Bewegung

Liegt jetzt tatsächlich eine Selbstähnlichkeitseigenschaft oder Skaleninvarianz der Brownschen Bewegung zugrunde? Unter Skaleninvarianz versteht man die Eigenschaft eines Objektes, auch bei Veränderung der Betrachtungsgrößen (Skalierung) die Charakteristik weitestgehend zu behalten. So zeigt der Blick auf Abbildung 75 (s. S. 276), dass man keine Skaleninvarianz im üblichen Sinne erwarten darf. Diese Abbildung macht deutlich, dass eine Vergrößerung oder Verkleinerung des Graphen der Brownschen Bewegung in der Zeitrichtung und der Amplitude mit unterschiedlichen Faktoren nicht den ursprünglichen Graphen ergibt. Insofern ist eine Skalierung – d. h. eine Verkleinerung oder Vergrößerung – der Brownschen Bewegung so einfach nicht möglich. Gibt es dennoch eine Skaleninvarianz im Graphen der Brownschen Bewegung? Ja, tatsächlich lässt sich so etwas beobachten. Skaliert man die Amplituden (vertikale Richtung) der Brownschen Bewegung mit $\sqrt{2}$ und gleichzeitig die Zeit (horizontale Richtung) mit einem Faktor 2, wie Abbildung 77 (obere zwei Kurven) zeigt, erkennt man tatsächlich eine Skaleninvarianz. Denn die so skalierten Kurven sind statistisch äquivalent. Darum weist die Brownsche Bewegung auch eine Skaleninvarianz auf. So weisen die schraffierten Bereiche in Abbildung 77 (obere beiden Kurven) für verschiedene Stufen dieselbe Gestalt auf.

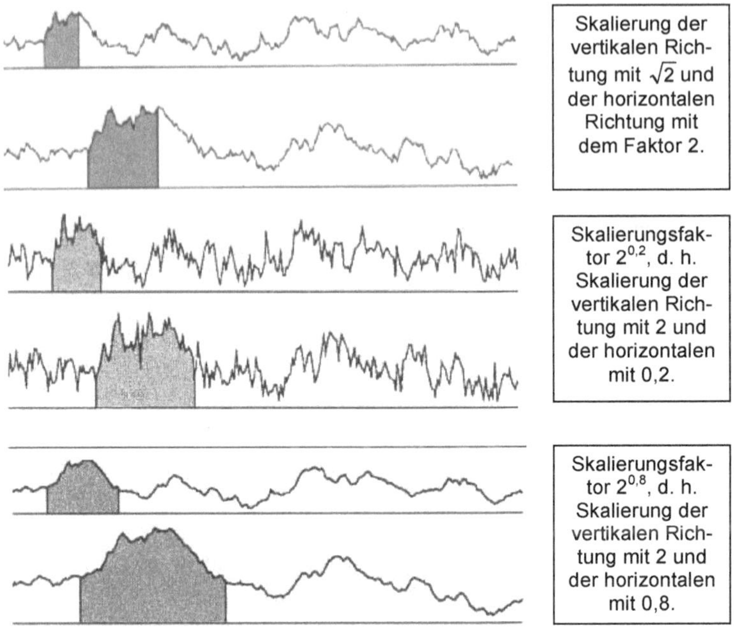

Abbildung 77: Skalierung der Brownschen Bewegung[119].

Ist es möglich, für einen beliebig vorgegebenen Skalierungsfaktor zwischen 1 und 2 in vertikaler Richtung – also in Richtung der Amplitude – eine Kurve zu erhalten, die Skaleninvarianz aufweist? Ja, solche Kurven werden als gebrochene Brownsche Bewegungen bezeichnet.

In Abbildung 77 zeigen die beiden mittleren Kurven eine Brownsche Bewegung mit einem Skalierungsfaktor 2 in vertikaler Richtung und in horizontaler mit 0,2, also einen Skalierungsfaktor $2^{0,2} = 1{,}148 \ldots$ Im Vergleich zu der gewöhnlichen Brownschen Bewegung sind diese Kurven wesentlich stärker zerklüftet. Dagegen zeigen die beiden unteren Kurven eine Brownsche Bewegung mit einem Skalierungsfaktor 2 in vertikaler Richtung und in horizontaler mit 0,8, d. h. einen Skalierungsfaktor $2^{0,8} = 1{,}741 \ldots$ Eine solch konstruier-

[119] Vgl. Pleitgen, H.O. et al.: Bausteine des Chaos. Fraktale, Rowohlt, Reinbek bei Hamburg, 1998, S. 460ff.

te Kurve zeigt im Vergleich zur gewöhnlichen Brownschen Bewegung einen viel glatteren Verlauf.

Im Allgemeinen wird eine gebrochene Brownsche Bewegung durch den Exponenten (wie $2^{0,2}$) beschrieben. Dieser Exponent ist nichts anderes als unser alter Bekannter, der Hurst-Exponent (Abk. H). Dessen Gültigkeitsbereich für die Brownsche Bewegung liegt zwischen 0 (was stark zerklüftete Kurven bedeutet) bis 1 (was ziemlich glatt verlaufende Kurven bedeutet). Obendrein gibt es eine direkte Beziehung zwischen dem Hurst-Exponenten und der fraktalen Dimension eines Graphen eines zufälligen Fraktals. Ein solcher Graph ist stets eine in der Ebene gezeichnete Linie. Das bedeutet, die Dimension sollte mindestens 1 sein, aber sie darf zugleich niemals größer als 2 werden. Darum gilt:

$D = 2 - H$ [120]

Anhand dieser Gleichung erkennt man, dass die Dimension einen Wert zwischen 1 und 2 annehmen kann, wenn man den Hurst-Exponenten zwischen 0 und 1 variieren lässt – was bei der gebrochenen Brownschen Bewegung der Fall ist. So hat z.B. die Brownsche Bewegung mit den Skalierungsfaktor $2^{0,8}$ aus Abbildung 77 eine Dimension von 1,2.

Überdies wird die gebrochene Brownsche Bewegung in drei Bereiche eingeteilt:

- $H < 1/2$: Die Brownsche Bewegung zeigt eine negative Korrelation. Darum wird der Vorgang seine Richtung wechseln.
- $H = 1/2$: Deutet auf einen unabhängigen Zufallsprozess hin, d. h. einen *Random Walk*. Dies ist also die gewöhnliche Brownsche Bewegung, wie sie vielen ökonomischen Modellen zugrunde liegt.
- $H > 1/2$: Die Brownsche Bewegung zeigt eine positive Korrelation. Dies bedeutet, dass bei einer in eine bestimmte Richtung – z. B. Anstieg –

---

[120] Im Allgemeinen berechnet man die Dimension aus der Formel: $D = E + 1 - H$, wobei E die euklidische Dimension des Objektes darstellt. Da die fraktale eindimensionale Brownsche Bewegung eine Kurve darstellt, ergibt sich eine euklidische Dimension von 1. Deswegen kann man die Dimension der fraktalen Brownschen Bewegung nach folgender Formel: $D = 2 - H$ berechnen.

weisende Dynamik eines Vorganges in der Vergangenheit die künftige Bewegung in dieselbe Richtung am wahrscheinlichsten ist.

Im Allgemeinen deutet ein Hurst-Exponent im Bereich von $0{,}5 < H < 1{,}0$ darauf hin, dass der Zufallsprozess ein Gedächtnis hat. Ebenso gilt: Je kleiner der Hurst-Exponent wird, desto zerklüfteter und wilder wird der entsprechende Kursverlauf.

Solche Zahlenreihen werden auch als fraktale Brownsche Bewegung (Abk. fBM) bezeichnet. Außerdem zeigt Abbildung 77 ein wesentliches Merkmal der fraktalen Brownschen Bewegung. Die unterschiedliche Skalierung der Achsen zeigt die Selbstaffinität der fraktalen Brownschen Bewegung. Folglich ist die Kurve der fraktalen Brownschen Bewegung durch eine statistische Selbstähnlichkeit gekennzeichnet.

Die fraktale Brownsche Bewegung eröffnet für die Modellierung von Naturprozessen vielfältige Möglichkeiten. Möchte man z. B. eine Küstenlinie modellieren, so bietet sich die Koch-Kurve (s. Abbildung 12, S. 71) an, weil sie sehr zerklüftet aussieht, ähnlich einer Küstenlinie. Obendrein ist die Koch-Kurve eine exakt selbstähnliche Kurve mit der gewünschten Skaleninvarianz und fraktalen Dimension. Allerdings werden Küstenlinien, die mit solchen Kurven modelliert wurden, nicht als besonders realistisch empfunden. Es fehlt einfach etwas, nämlich die Zufälligkeit. Um eine möglichst echt aussehende Küstenlinie zu simulieren, benötigt man Kurven, die bei der Vergrößerung unterschiedlich aussehen, trotzdem aber denselben Eindruck erwecken. Man sollte sie einfach für einen in demselben Maßstab gezeichneten anderen Teil der Küstenlinie halten. Um dies zu bewerkstelligen, benötigt man Kurven, bei denen der Zufall in die fraktale Konstruktion eingreift, wie eben bei der fraktalen Brownschen Bewegung. Sehen wir uns dies im Detail an.

Wird nun die Position des Teilchens zu einem bestimmten Zeitintervall gemessen, so lässt sich dessen Bahn (s. Abbildung 76) aufzeichnen. Doch tatsächlich ist diese Bahn nicht identisch mit der tatsächlichen Bahn des Teilchens, weil das Teilchen innerhalb des Zeitintervalls weitere nicht gemessene Zitterbewegungen vollführt. Somit ist die tatsächliche Bahn des Teilchens länger als die gemessene. Dies hat zur Folge, dass sich auch die tatsächliche Geschwindigkeit des Teilchens nicht angeben lässt. Darum bezieht man sich auch nicht auf die tatsächliche, sondern auf die durchschnittliche Verschiebung des Teilchens bezogen auf das Beobachtungsintervall.

Jetzt betrachtet man eine zufällige Bahn mit unterschiedlich langen, im Durchschnitt der gemessenen Verschiebung entsprechenden Teilstrecken. Danach werden diese Teilstrecken iterativ durch immer kleinere zufällige Streckenzüge verfeinert. Problematisch an diesem Modell ist, dass in der Realität die Anzahl der Stöße (die mit den kleinen Streckenzügen erfasst werden) auf das Teilchen zwar sehr groß sind, dennoch aber endlich. Das fraktale Modell simuliert jedoch eine unendliche Anzahl an Stößen. Dennoch hat sich dieses Modell in der Praxis gut bewährt.

Einige Kritiker der fraktalen Modelle sagen, dass die Natur (also auch die Aktienkurse) nur imitiert wird und nicht nachgebildet werden kann, da sämtliche natürlichen Vorgänge endlich und nicht unendlich sind, wie die fraktale Geometrie unterstellt. So lässt sich z.B. durch fraktale Methoden ein 3-dimensionales Gebirge, wie die Alpen erzeugen, jedoch stimmt dieses Modell mit der tatsächlichen Oberfläche nur insofern überein, als dass die Alpen sowie ihr fraktales Modell eine bis in die kleinste Größenordnung sehr zerklüftete Oberfläche haben. Das fraktale Model erfasst also ‚nur' die charakteristischen Eigenschaften des zu beschreibenden Objekts, wie z.B. die Gesamtoberfläche der Alpen. Das liegt daran, dass die entsprechenden Umgebungsvariablen wie Windgeschwindigkeit, Verwitterung durch Regen usw. nicht exakt für jeden Punkt in den Alpen gemessen werden können. Somit stehen nur unvollständige Parameter zur Verfügung.

Allerdings können Fraktale mit geringem Aufwand ein wesentlich natürlicheres bzw. wirklichkeitsgetreueres Bild von der Natur zeichnen, als es mit traditionellen Methoden möglich wäre. So sind z.B. Wolken keine Kugeln oder Berge keine Kegel.

6.2. Was die fraktale Geometrie leisten kann

Um es einmal klar zu sagen, die klassische Wirtschaftswissenschaft verfügt über keinerlei Instrumentarium, um wilde Märkte zu verstehen. Doch die Physik lehrt uns, wie kleine Bewegungen zu großen Turbulenzen führen können. So formulierte der Finanztheoretiker Hyman Minsky bereits in den 1960er

Jahren seine *Financial Instability Hypothesis*, der zufolge es in einem Finanzsystem regelmäßig ohne äußere Einwirkungen zu einem Crash kommt.

Denkt man diese Hypothese zu Ende, bedeutet dies, dass in dem gegenwärtigen Verhalten der Börse bereits eine Spur der zukünftigen Ereignisse enthalten ist. Schließlich agieren auch Börsianer nicht unabhängig voneinander, im schnellen Spiel von Kaufen und Verkaufen gibt es eine extrem starke Tendenz zur Nachahmung. Diese wird in der Physik mittels eines nichtlinearen Rückkopplungsmechanismus abgebildet. Zum Beispiel konnte der Däne Per Bak Zusammenhänge zwischen Börsencrashs, dem Abgang von Sandlawinen und dem Auftreten von Verkehrsstaus aufzeigen.

Dagegen fand Didier Sornette heraus, dass die Graphen von plötzlichen Ausschlägen an den Finanzmärkten Ähnlichkeiten mit jenen von Erdbeben und epileptischen Anfällen aufweisen. Bei seinen Forschungen orientierte er sich zum Beispiel an dem sogenannten Omori-Gesetz aus der Geophysik, dem zufolge sich um ein Erdbeben Vor- und Nachbeben entsprechend einer Potenzverteilung häufen. Solche charakteristischen Verhaltensmuster, die Sornette auch in den Finanzmärkten zu erkennen glaubt, sollen genutzt werden, um rechtzeitig vor drohenden Ereignissen zu warnen.

So glaubt Didier Sornette, dass z. B. die im Jahr 2008 beginnende Finanz- und Wirtschaftskrise nicht durch äußere Ereignisse wie die Spekulationen am US-Immobilienmarkt ausgelöst wurde, sondern vom Wirtschaftssystem selbst erzeugt wurde. Er vertritt die kühne These, dass wenn das Wachstum von Börsenwerten über Zeitreihen nicht um einen festen Betrag ansteigt, sondern exponentiell (z.B. mit einer Steigerungsrate von zwei, vier, acht usw.), dann liegt die Vermutung nahe, dass sich eine Blase aus den sich gegenseitig hochschaukelnden Erwartungen ergibt. Zudem weist der Kursverlauf in einer Blase noch eine weitere Eigenschaft auf, sie oszilliert – schwingt – in immer kürzeren Abständen zwischen dem Maximum und Minimum umher. Denn die Anleger agieren in solchen Phasen immer gleichförmiger und folglich schlägt jede noch so kleine Kurskorrektur auf die ganze Gruppe der Anleger durch. Allerdings verschwindet dieser Effekt bei der Betrachtung in einer logarithmischen Darstellung, d. h. die Oszillationen erscheinen gleichmäßig.

Aus dem hier gesagten leitet sich auch der Name der Methode ab – die log-periodische Analyse. Kommt bei der Analyse noch der steile Anstieg der Kurve hinzu, so kommt man zu der von Sornette bezeichneten Logperiodic-Power-Law-(LPPL)-Analyse. Der Name *Logperiodic Power Law* leitet sich von der Beobachtung ab, dass die Aktienkurse einem log-periodischen Potenzgesetz näherungsweise folgen. Dabei ist ein Potenzgesetz eine Funktion, deren Höhe (in der grafischen Darstellung) der Länge um eine positive oder negative Potenz proportional ist. Mit Log-Periodizität (oder logarithmisch-periodisch) ist gemeint, dass die Zyklusdauer mit der Zeit prozentual abnimmt. Liegen beispielsweise innerhalb eines übergeordneten Aufwärtstrends zwischen den Börsentiefs nacheinander 100 Wochen, 50 Wochen, 25 Wochen usw., so besteht in dieser Zeitreihe ein log-periodisches Verhältnis von 50 %. Sornette konnte nun feststellen, dass der Aktienmarkt tendenziell Zyklen mit Nebenverhältnissen zwischen 1,5 und 1,7 ausbildet. In der Physik kennt man solche log-periodischen Zyklen in komplexen Systemen mit diskreter Skaleninvarianz, die sich einem kritischen Punkt (Phasenübergang genannt) annähern. Nach Erreichen kippt das System dann um. Auch im Aktienmarkt finden sich solche log-periodischen Zyklen. Um jetzt eine Aussage machen zu können, haben Sornette und Zhou einen Algorithmus entwickelt, der ausschließlich nach solchen log-periodischen Zyklen in steigenden Marktlagen sucht, welche den Zyklen im Vorfeld der Crashs 1929 und 1987 oder 1998 ähneln.

Für die Anwendung der LPPL-Methode ist es wichtig zu wissen, was diese Methode unter einer Blase versteht. Die meistens Anleger verstehen unter einer Blase vor allem einen steilen Anstieg, dem ein ebenso folgenschwerer Crash folgt. Dagegen definiert die LPPL-Methode auch schon den Kurs-Höhenflug als Blase, der in einer sanften Landung enden kann. Gibt die LPPL-Methode eine Blasenwarnung ab, bedeutet dies nur, dass langfristig gesehen ein Kurswechsel zu erwarten ist, und nicht unbedingt ein plötzlicher Crash. Das heißt, die Anleger müssen im Falle einer Blasenwarnung die Aktienmärkte besonders beobachten, weil Gefahr droht.

Um seine Theorie zu untermauern, führte Sornette das Finanzblasen-Experiment (*Financial Bubble Experiment*, FBE) durch. Dazu formulierte er zwei Hypothesen:

1. Man kann Blasen in Echtzeit prognostizieren, bevor sie enden.

2. Man kann das Ende einer Blase durch eine auf Wahrscheinlichkeit basierende Vorhersage besser eingrenzen als durch Zufall.

Um diese Hypothesen zu beweisen, prognostizierte Sornette vier ausgewählten Finanztiteln, in den nächsten sechs Monaten eine Blase zu bilden. Der Erfolg des Experiments zeigt, dass die Dynamik der Finanzmärkte eine erkennbare Struktur aufweist. Mehr noch, die Ergebnisse des Experimentes zeigen, dass die Dynamik an den Finanzmärkten einen sogenanntes *Regime Shift* zeigen. Damit ist gemeint, dass Phasen mit starkem Wachstum abgelöst werden von solchen, die nur moderates Wachstum oder gar Einbrüche aufweisen. Ferner zeigt dieses Experiment, dass als Indikator für *Regime Shifts*[121] folgende Beobachtungen gelten: Zum einen das Ausmaß des Preisverfalls und zum anderen der Anteil der ‚guten' Tage, also die Tage, an denen der Preis steigt. Dies wird noch gewürzt mit der Wachstumsrate des Preises. Stellt sich die Frage: Ist Sornette ein Scharlatan oder ein Prophet? Hat er wirklich einen Schüssel zum Börsenerfolg gefunden? Sehen wir uns die Ergebnisse des Experimentes im Detail an. Sornette veröffentliche für den *Brazil IBOVespa*, den *Merrill Lynch EMU (European Monetary Union) Corporates Non-Financial Index* und den Goldpreis am 2. November 2009 seine

---

[121] Nach Ansicht von Sornette kann das Verhalten eines einzelnen Akteurs nicht vorhergesagt werden. Allerdings kann über das kollektive Verhalten sehr vieler Anleger Aussagen getroffen werden. Denn die einzelnen Anleger verhalten sich nicht unabhängig voneinander, sondern ihr Verhalten unterliegt kollektiven Mechanismen. Dabei führen Imitation und Herdentrieb dazu, dass die Aktionen des Kollektivs immer gleichgerichteter werden und sich so verstärken können. Erwarten die Anleger beispielsweise steigende Kurse, so führt dies zu noch höheren Erwartungen in steigende Preise usw. Durch diese „Art" der Selbstbeschleunigung wird das Kurswachstum in solchen Phasen schnell exponentiell. Genau dieses hyperexponentielle Wachstum ist ein Kennzeichen für eine Blase. Kursbewegungen sind in solchen Zeiten weniger irregulär, vielmehr neigen sie dazu, mit einer niedrigen Frequenz zu oszillieren. Je näher nun der Zeitpunkt des *Regime* Shifts rückt, desto höher wird die Frequenz, mit der die Kurse oszillieren. Darum erlaubt es die Art und Weise, wie sich diese Frequenz, verändert, eine Aussage über den möglichen Umkehrpunkt zu machen. Da die Kursdaten stets einem Rauschen unterliegen und deshalb eine Zufallskomponente in sich tragen, können über den Zeitpunkt der Wende nur statistische Aussagen gemacht werden. So gibt Sornette seine Prognosen in Form von Wahrscheinlichkeiten an, und zwar innerhalb zweier Zeitfenster. In dem einen Fenster mit einer Wahrscheinlichkeit von 60 % und im zweiten mit 90 % bzw. höher.

Prognosen, die Vorhersage für den Baumwoll-Future tätigte er am 23. Dezember 2009. Am 3. Mai 2010 wurden die Prognosen überprüft.

- *Brazil IBOVespa* (Aktienindex): Die Prognose: Vom 19.10.2009 bis 17.12.2009 sollte die Wahrscheinlichkeit für einen *Regime Shift* bei 95 %, vom 27.10.2009 bis 29.11.2010 bei 60 % liegen. Tatsächlich begann innerhalb des Vorhersagefensters ein *Regime Shift*. So fiel der Anteil der guten Tage ausgehend von einem Spitzenwert deutlich ab, gleichzeitig brach die Wachstumsrate des Preises ein. Ein Kurseinbruch von 11 % fand innerhalb von 30 Tagen nach Ende des Vorhersagefensters statt.
- *Merrill Lynch EMU (European Monetary Union) Corporates Non-Financial Index (Anleiheindex)*: Die Prognose: Vom 11.10.2009 bis 09.02.2010 sollte die Wahrscheinlichkeit für einen *Regime Shift* bei 95 %, vom 27.10.2009 bis 16.01.2010 bei 60 % liegen. Tatsächlich begann der *Regime Shift* bereits ein bis zwei Monate vor dem Vorhersagefenster. Damit konnte gezeigt werden, dass sich der Index in einer Blase befand, welche bereits vor dem Startdatum endete. Dies konnte erst rückwirkend durch die Analyse der vergangenen sechs Monate gezeigt werden.
- Gold: Die Prognose: Vom 13.10.2009 bis 07.09.2010 sollte die Wahrscheinlichkeit für einen *Regime Shift* bei 95 %, vom 05.11.2009 bis 25.02.2010 bei 60 % liegen. Tatsächlich fand ein *Regime Shift* statt, der Preis fiel um 11 % innerhalb von 20 Tagen und insgesamt um 13 % während 68 Tagen. Allerdings setzte der Goldpreis gegen Ende Mai schon wieder zum Sprung nach oben an, sodass sich Anleger, die ausgestiegen waren, einiges an Performance haben entgehen lassen.
- Baumwolle: Die Prognose: Vom 05.12.2009 bis 09.04.2010 sollte die Wahrscheinlichkeit für einen *Regime Shift* bei 95 %, vom 31.12.2009 bis 16.03.2010 bei 60 % liegen. Tatsächlich beobachtete man einen starken Preisverlust von Baumwolle von 12 % in 30 Tagen innerhalb des Vorhersagefensters. Allerdings kann dies nur als ein teilweiser Erfolg angesehen werden, weil nach Ansicht von Sornette die Blase noch nicht beendet ist. Er vermutet, dass er eine ‚Baby-Blase' gefunden hat, die noch wächst.

Dieser Versuch bildet erst den Auftakt für eine ganze Reihe weiterer ähnlicher Experimente. Zudem sollen in Zukunft diejenigen Titel, die für einen *Regime Shift* in Frage kommen, vollständig automatisch ermittelt werden. Dazu wurden entsprechende Filter entwickelt. Dies ist notwendig, um die große Menge an Finanztiteln zu scannen und Blasen zu identifizieren.

Allerdings merkte selbst Sornette an, dass seine Methode, mehrere schwere Preiseinbrüche, zum Beispiel die in den Jahren 1920,1962,1969 oder 1974 nicht erkannt hätte. In diesen Jahren sind Crashs aufgetreten, ohne dass das LPPL eine Warnung ausgegeben hätte. Außerdem räumt Sornette ein, dass das LPPL gelegentlich falsche positive Aussagen liefert, das heißt, ein LPPL-Signal erscheint, und es tritt dennoch kein Crash auf. Nach Sornette liegt das daran, dass nicht alle spekulativen Blasen in einen Crash enden müssen. Die Crux ist, dass immer eine endliche Wahrscheinlichkeit existiert, dass die Blase sanft und ohne Crash abschwillt.

Wieder einmal schlägt die Nicht-Vorhersagbarkeit des Chaos zu. Es kann demnach keine Formel die Fortentwicklung und Rückentwicklung lebendiger Formen, wie es die Finanzmärkte sind, voraussagen, es gibt nur vorhersagbare Wahrscheinlichkeitsmuster. Die Hoffnung vieler Anleger, Börsencrashs Ade sagen zu können, ist also noch nicht erfüllt. Es gibt einfach zu viele psychologische und politische Faktoren, die eine Auswirkung auf die Kurse haben.

6.3. Resümee

„Es gehört oft mehr Mut dazu, seine Meinung zu ändern, als ihr treu zu bleiben.“ (Friedrich Hebbel)

Viele Wissenschaftler, wie z. B. Benoît Mandelbrot, raten angesichts der Turbulenzen an den Finanzmärkten zu einer alternativen Sichtweise auf das Marktgeschehen. Mithilfe der fraktalen Geometrie kann man die Komplexität der Märkte besser verstehen, die Gefahren von Kurseinbrüchen wie Börsencrashs verkleinern und im Allgemeinen die Risiken besser einschätzen. Demnach könnten fraktale Modelle eines Tages die heute üblichen Kapitalmarkt-Modelle ergänzen oder sogar völlig ersetzen.

Die Vertreter der ‚orthodoxen' Theorie glauben an eine Welt, die sich den Gesetzen der Normalverteilung anpassen lässt. Sie erkennen zwar an, dass es extreme Kursbewegungen gibt, aber diese seien ähnlich selten wie ein ‚Vegetarier in einem Steak-Haus'. Die allermeisten Kursbewegungen bewegen sich den Anhängern dieser Theorie zufolge in einem Bereich, den man als ‚normal' ansehen kann. Es wird erwartet, dass sich an den Finanzmärkten auf lange Sicht ein ähnliches statistisches Wohlverhalten einstellt, wie bei einem Münzwurf – also eine Waage von Kopf und Zahl, von Auf und Ab.

Doch bei diesen Überlegungen werden solche Ereignisse wie der schwarze Montag 1987, die Asien-Krise, die Russland-Krise, die Kurskapriolen im Jahr 2000 oder 2009 usw. ausgeblendet. Genau hier setzt die Kritik ein. Die Kritiker sagen, dass die Kurse an den Finanzmärkten nicht dem Muster eines langen, ruhigen Flusses folgen, sondern dass dieser Fluss viele Stromschnellen hat. Die Märkte sind also turbulent. Ihre Bewegungen sind daher nicht von einer Normalverteilung geprägt. Die Finanzmärkte sind vielmehr so berechenbar, wie eine Horde Erstklässler auf dem Weg in die große Pause. Die Konsequenz ist, dass die Finanzmärkte wesentlich riskanter sind, als es die ‚Orthodoxen' wahrhaben wollen. Folgerichtig gehen Anleger viel mehr Risiko ein, als sie dachten. Fassen wir also die wichtigsten Erkenntnisse der fraktalen Geometrie an dieser Stelle kurz zusammen.

1. Die Finanzmärkte sind turbulent, d. h. die Kurse können plötzlich heftig umschlagen. Sie zeigen langfristige Abhängigkeiten. Das heißt, ein hier und jetzt stattfindendes Ereignis kann jedes andere Ereignis an anderer Stelle und in ferner Zukunft beeinflussen.

2. Die Finanzmärkte sind wesentlich riskanter, als die Glockenkurve vorhersagt. Folglich steigen oder fallen die Aktienkurse nicht, wie es die Lehrbuch-Literatur postuliert, diszipliniert im Rahmen einer Normalverteilung, sondern sie springen wild umher. Das bedeutet, dass die Kurse Zwischenwerte auslassen und auf und ab hüpfen. Das erhöht zusätzlich das Risiko an den Märkten. Daher ist das Risiko, Geld zu verlieren, viel größer, als die Normalverteilung suggeriert.

3. Auf den Finanzmärkten spielt der ‚richtige' Zeitpunkt eine größere Rolle, als die Glockenkurve vorgaukelt. Denn große Gewinne und Verluste konzentrieren sich innerhalb schmaler Zeitintervalle. Dies liegt daran,

dass große Nachrichten oftmals große Marktaktivitäten auslösen. Obendrein konzentrieren sich solche Nachrichten meistens auf kleine Zeitfenster. Große Kurssprünge folgen tendenziell weiter großen Änderungen, egal ob positiv oder negativ. Ebenso ziehen kleine Änderungen tendenziell weitere kleine Änderungen nach sich. Das heißt, Volatilität versammelt sich zu Clustern.

4. Preisschwankungen an den Finanzmärkten sind abhängig voneinander. Diese Preisbewegungen bilden Muster aus, die sich wiederholen, innerhalb eines Tages, einer Woche, eines Monats usw. Auf diese Weise zeigen sie genau dasselbe Phänomen von wiederkehrenden Strukturen, wie wir sie bei Fraktalen vorfinden.
5. Kursprognosen sind mit äußerster Vorsicht zu genießen. Ihre Vorhersagekraft ähnelt denen der Wettervorhersage. Beispielsweise kann man Stärke und Weg eines Hurrikans messen, ebenso die Wahrscheinlichkeit berechnen, mit der er das Land erreicht. Allerdings ist es nicht möglich, zuverlässig vorherzusagen, an welcher Stelle er genau auf das Land trifft und welche Schäden er anrichtet.
6. Die Verteilung der Kursänderungen auf einen Finanzmarkt ist skaleninvariant.
7. Die Kurse bewegen sich in Trends fort. So führt die langfristige Abhängigkeit in den Kursen zu Kursänderungen einer bestimmten Größe oder Richtung. Diese Änderungen können beständig sein, einander verstärken, worauf sich ein einmal begonnener Trend tendenziell weiterentwickelt.
8. Der ‚richtige' Zeitpunkt an der Börse spielt eine sehr große Rolle für die Rendite. Denn die Kursschwankungen sind nicht symmetrisch über die Zeit verteilt, sondern kommen gehäuft vor. Das heißt, große Ereignisse – die öfter eintreten, als wir vermuten – haben große Kursbewegungen zur Folge, und diese Aktivitäten konzentrieren sich auf kleine Zeitabschnitte.

Meiner Meinung nach müssen nach diesen Erkenntnissen die klassische Portfoliotheorie, die Formeln zur Bewertung von Optionen und Handelsstrategien im Lichte der fraktalen Geometrie der Finanzmärkte neu überdacht werden. Denn die Aktienkurse springen wild umher und scheren sich keinen Deut um Portfolios, die auf der Annahme normal verteilter Kursschwankungen aufgebaut sind.

Halten wir fest. Jede Aktie hat ein individuelles, fraktales Muster, und dieses Muster ist selbstähnlich. Das bedeutet, dass der Kursverlauf sich kaum unterscheiden lässt, egal, ob man Tages-, Wochen- oder Monatscharts betrachtet. Das gleiche Phänomen zeigt die Börse als Ganzes, was durch die Aktienindizes zum Ausdruck kommt. Auch sie haben ein fraktales Muster und sind selbstähnlich. Hierdurch eröffnet sich eine Möglichkeit, Investitionsrisiken besser abzuschätzen. Wie wichtig dies ist, kommt durch die alte Börsenweisheit zum Ausdruck *„Sich in den Märkten bewegen heißt Risiken erkennen. In Risiken liegt wiederum versteckt auch die Chance, etwas zu gewinnen.“* Die fraktale Geometrie zeigt nun eine neue Form der Entdeckung, Betrachtung und Bewertung des Risikos auf. Börsencrashs kann diese Methode natürlich nicht vorhersagen, und sie kann auch nicht prognostizieren, was die Allianz-Aktie in sechs Monaten oder einem Jahr wert ist. Sie gibt aber die Möglichkeit, ein Risikofeld abzustecken, das vielleicht dazu beitragen kann, dass die Anleger weniger Geld verlieren, da das Börsengeschehen realistischer abgebildet wird, als mit der ‚alten‘ Theorie (Normalverteilung).

7. Was man mitnehmen sollte

„Die Wahrheit ist viel zu komplex, als dass sie irgendetwas anderes als Approximation erlauben würde.“ (John von Neumann)

Um die 1970er Jahre wurde die Portfoliotheorie nach Harry M. Markowitz die Grundlage des Denkens der meisten privaten und institutionellen Anleger. Sie wurde Bestandteil bzw. Basis für fast alle Modelle zur Kapitalmarktbewertung.

Die Portfoliotheorie setzt auf die Vollkommenheit der Finanzmärkte, sie geht vom *Homo oeconomicus* aus. Dieser idealisierte Anleger ist durch rationales Handeln und Entscheidungen bei vollständiger Information (d. h. alle Informationen stehen allen Anleger gleichzeitig zur Verfügung) gekennzeichnet. Er versucht stets, seinen Nutzen zu maximieren. Ferner ging Markowitz davon aus, dass die Informationen von den Anlegern auf Basis einer einheitlichen Erwartungsbildung und unter nüchternen Risiko-Ertrags-Gesichtspunkten in Anlageentscheidungen umgemünzt werden.

Daraus folgerte Markowitz, dass an einem effizienten Kapitalmarkt die Kurse stets vollständig und ohne zeitliche Verzögerung alle relevanten Informationen widerspiegeln. Somit ergibt sich der Preis jedes Finanzproduktes zu einem beliebigen Zeitpunkt aus allen Nachrichten der Vergangenheit und allen Erwartungen der Zukunft und spiegelt daher die bestmögliche Schätzung des inneren Wertes wider. Dies wird als Theorie der rationalen Erwartungen bezeichnet. Nun griff Markowitz auf eine Arbeit von Luis Bachelier mit dem Titel *Theorie de la Speculation* aus dem Jahre 1900 zurück. Die Kernaussage des Franzosen ist, dass der Verlauf der Börsenkurse ein Zufallsprozess ist, der unvorhersehbar mal nach oben, mal nach unten geht. Deswegen sagt Markowitz, dass die am Markt gehandelten Preise leicht um diesen inneren Wert schwanken, Richtung und Ausmaß der Abweichungen seien allerdings nicht prognostizierbar. Das heißt, die Vergangenheit kann nicht zur Vorhersage der Zukunft verwendet werden. Markowitz zwängte also die Kursentwicklung an den Börsen in das Korsett der Normalverteilung, mit ihrer Gaußschen Glockenkurve. Die Konsequenz ist, dass geringe Kursausschläge als ein häufig auftretendes Phänomen gelten und große dagegen selten vorkommen. Dies führt zu der Aussage: Riese Einbrüche sind so unwahrscheinlich, dass man sie im Tagesgeschäft vernachlässigen kann. Denn temporäre Ineffizienzen (Abweichungen vom inneren Wert) werden durch das Handeln gut informierter und weitsichtiger Marktteilnehmer schnell beseitigt. Die aus den Ineffizienzen resultierenden Gewinnmöglichkeiten würde den *Homo oeconomicus* dazu verleiten, diese Gewinne schnell zu realisieren und damit die Preise zurück auf ihren fundamentalen Gleichgewichtswert bzw. inneren Wert zu treiben. Insofern können größere Übertreibungen (Preisblasen) laut der Theorie kaum stattfinden.

Denkt man die Markowitz-Theorie konsequent zu Ende, so gibt es keine systematischen Abweichungen zwischen dem inneren Wert einer Aktie und dem aktuellen Marktpreis. Deshalb können mit der Fundamentalanalyse, der technischen Analyse oder sonstigen Analysetechniken keine Verbesserungen der Prognosen, Renditen oder des Risikos einer Kapitalanlage erzielt werden. Wir sind also in der Welt der Anhänger der Buy-and-Hold-Strategien gelandet. Am besten kann man diese Welt mit dem Rat des Börsengurus Andre Kostolany umschreiben, „*gleich nach dem Kauf von Aktien Schlaftabletten für die gesamte Anlageperiode zu nehmen*".

Diese Theorie von Markowitz scheint auf den ersten Blick elegant zu sein, doch leider ist sie fehlerhaft. Die Börse verhält sich nicht so normal, wie es die Glockenkurve beschreibt. Dummerweise können mit dieser Theorie viele reale Erscheinungen der Kapitalmärkte nicht erklärt werden. Darum nennt man diese auch Anomalien. Wäre nämlich die Portfoliotheorie korrekt, dürfte es weder saisonale Effekte wie den Januareffekt noch den Small-Cap-Effekt, Volatilitätscluster oder Autokorrelationen innerhalb der Finanzmarktzeitreihen geben. Obendrein kann die Portfoliotheorie das Auftreten von Kapitalmarktblasen nicht erklären.

Mittlerweile wird versucht, die klassische Theorie zu verfeinern, um nachzuweisen, dass rationale Erwartungen und Blasen unter gewissen Annahmen koexistieren können, d. h. es kann große rationale Abweichungen des aktuellen Marktpreises von dem fundamentalen Wert geben. Dies wird hauptsächlich mit einer Agency-Problematik zu erklären versucht. Diese entsteht, weil Geldgeber (z. B. Banken, Anleger) und Investoren (z.B. Fonds) nicht identisch sein müssen. So können Banken nicht kontrollieren, wie das Geld investiert wird, welches sie verleihen. Anderseits können Fondsanleger nicht wirklich kontrollieren, wie der Fondsmanager ihr Geld investiert. Im Modell der rationalen Erwartungen haben die eigentlichen Investoren (z. B. Fonds) in einem Umfeld unterschiedlicher Informationen (bzw. unterschiedlicher Chancen-Risiken-Profile) Anreize, ihre Risiken über das Maß zu erhöhen, welches der ursprüngliche Geldgeber (z. B. Anleger) selbst eingegangen wäre. So kann es im Umfeld überexpansiver Geldpolitik trotz rationalem Verhaltens aller Marktteilnehmer zum Entstehen einer Blase kommen *(Rational Price Bubbles)*. Ein Beispiel für die asymmetrische Informationsverteilung ist die Subprime-Markt-Krise. Dort wurden Subprime-Kredite (zweitklassige Hypothekenkredite) mehrfach gebündelt und weiterverkauft, und auf diese Weise ging die Produkttransparenz verloren. Deswegen bildeten sich unterschiedliche Erwartungen bei Geldgebern (u.a. Banken und Anlegern) und den eigentlichen Investoren (u.a. Investmentfonds).

Lange wurde die Existenz von (irrationalen) Kapitalmarktblasen geleugnet. Erst die Erfahrungen mit der New-Economy-Blase der 1990er Jahre, welche im Jahr 2000 platzte und in eine dreijährige Aktienmarktbaisse mündete, öffnete die Augen vieler Investoren. Man erkannte, dass die Anleger in den 1990er Jahren in einer Phase des Übermutes waren, in der die Erträge nicht hoch genug sein konnten, und die Risiken fast vollständig ausgeblendet wurden. Der Traum vom schnellen Geld machte die Runde. Dies änderte sich im Jahr 2000 vollständig, als die Anleger in eine Phase des Überpessimismus hinein schlitterten, in der Paranoia der Ratgeber wurde. In dieser Phase war der Wunsch nach Risikovermeidung so dominant, dass die langfristigen Ertragspotenziale der einzelnen Assetklassen eigentlich keine Rolle mehr spielten. So verpassten viele Anleger die Aktienrallye der Jahre 2003-2005. Dieses Verhalten spricht nicht für die nüchterne Ertrags- und Risikoabwägung eines rational agierenden *Homo oeconomicus*.

Eigentlich sind Kapitalmarktblasen oder Crashs untrennbare Bestandteile des Kapitalismus. So finden sich in der Kapitalmarktliteratur für einen Zeitraum von ca. 360 Jahren immerhin 451 größere Blasen oder Crashs verteilt auf verschiedene Assetklassen, somit sind sie ständige Begleiter der Anleger.[122]

---

[122] Vgl. auch Rüdiger Götte: "Finanzkrisen: Mythos und Wahrheit, Anatomie und Geschichte. Warum Spekulationsblasen immer wieder entstehen, wie sie platzen - und wie Anleger sich vor ihnen schützen können" (Erscheinungstermin November 2011). Hier werden die wichtigsten Finanzkrisen der Börsengeschichte aufgearbeitet und gezeigt, dass Finanzmarktkrisen immer nach einem ähnlichen Muster ablaufen.

Die wohl berühmtesten Blasen sind die *Tulip Mania* im Holland des 17. Jahrhunderts, die *Mississippi Scheme* und die *South Sea Bubble* im 18. Jahrhundert, die *Railroad Mania* im 19. Jahrhundert, der ‚große Crash', der die Weltwirtschaftskrise in den 1930er Jahren auslöste, und die Japan-Krise, die *New Economy Bubble* oder die Subprime-Markt-Krise im 20. und 21. Jahrhundert. Die Chaostheorie hat festgestellt, dass Blasen und Crashs nach gewissen Regeln ablaufen, ähnlich wie der Weg ins Chaos über die logistische Gleichung. Dieser Weg wird in 10 Phasen eingeteilt.

Die Grundlage einer Blase wird durch ein auslösendes Ereignis (exogener Schock) gelegt. Solche Schocks können von einer ökonomischen (z.B. Erfindung der CDO[123], die als Auslöser der Subprime-Markt-Krise im Jahr 2009 gelten) oder technologischen Innovation ausgelöst werden. Ebenfalls können eine überhastete Deregulierung der Finanzmärkte oder grundlegende gesellschaftliche Veränderungen solche Schocks auslösen. Diese Ereignisse bewirken eine Veränderung, die den Blick in die Zukunft erschwert oder die Phantasie der Anleger anregt und ihre Hoffnungen und Ängste schürt. Beispielsweise bestand die Grundlage der *New Economy Bubble* aus Innovationen in den Bereichen der Telekommunikation (Handys), Internet und Technologie, die das Leben der Menschen grundlegend veränderten. Die zweite Zutat ist ein Überschuss an Liquidität. Jetzt betreten die Zentralbanken das Spielfeld, welche durch eine expansive Geld- und Kreditpolitik die Blasenbildung erst ermöglichen bzw. unterstützen. Einige Experten sagen sogar, Blasen könnten ohne eine überexpansive Geldpolitik, d. h. Niedrig-Zinspolitik (oftmals verbunden mit einer überhasteten Deregulierung) überhaupt nicht entstehen. Deswegen sind Blasen ein monetäres Phänomen.

Oft geht dies einher mit Innovationen im Finanzsektor, welche die Geldpolitik zusätzlich konterkarieren. So spielte das enorme Geldmengenwachstum der 1990er Jahre eine wichtige Rolle bei der Entstehung der *New Economy Bubble*. Zu dieser Zeit pumpten die Zentralbanken als Reaktion auf die Asienkrise und zur Vermeidung einer möglichen Weltwirtschaftskrise aufgrund der Datumsumstellung zur Jahrtausendwende viel Geld in die Märkte.

---

[123] Dies sind Finanzprodukte, denen zweitklassige Hypothekenkredite unterlegt sind. Diese *Subprime Mortgages* verloren nach dem Platzen der US-Immobilienblase extrem an Wert.

Gleichzeitig beflügelte die Phantasie der Anleger die Entstehung der ‚Neuen Märkte' und des Derivatebooms in vielen Ländern der Welt.

Im dritten Schritt kommt langsam Schwung in die Hausse, da der erste Innovationsschub und der geldpolitische Impuls des zweiten Schrittes für erste zaghafte Impulse in der Realwirtschaft sorgen. Gleichzeitig beginnen die Kurse anzusteigen und locken die ersten spekulativen Anleger an, die von möglichen weiteren Kursanstiegen profitieren möchten.

Die vierte Phase wird immer mehr getrieben durch die Gier und Irrationalitäten spekulativer Anleger. Immer mehr Anleger springen in einer Art Herdenverhalten auf den fahrenden Zug auf. Angetrieben von der Berichterstattung in den Medien. Börsennachrichten, Magazine und Bulletin-Boards sowie mit ihnen die vermeintlichen Superbroker schießen plötzlich wie Unkraut aus dem Boden. Gleichzeitig wagen es die Zentralbanken nicht, das Geldmengenwachstum einzuschränken. Außerdem greifen auch die Überwachungsbehörden nicht ein *(Self-fulfilling Expectations and Loops)*.

Dies führt direkt in den fünfte Phase der Blase. Sie ist dadurch gekennzeichnet, dass das Kurswachstum noch mehr an Dynamik gewinnt. Ausgelöst wird dies, weil jetzt die leichtgläubige Öffentlichkeit, also die Massen, auf den Trend aufspringt. Es herrscht eine grenzenlose Euphorie, welche dazu führt, dass die kreditfinanzierten Käufe deutlich zunehmen. Die Bewertungen der Aktien haben sich schon weit von ihrem fundamentalen inneren Wert entfernt. Dies spielt für Anleger keine Rolle, sie glauben, morgen noch einen Dümmeren zu finden, der noch mehr zahlt als sie *(Greater Fool Theory)*. Die Anzahl der Aktionäre steigt deutlich an. Auf Partys geht es nicht mehr um die neuesten Klamotten, Stars oder Fußball, sondern wer wie viele und welche Aktien gekauft hat, oder welche man besser aus dem Depot schmeißen sollte. Jeder glaubt, mit Aktien reich werden zu können.

Auf dem Höhepunkt der Party kommt langsam die sechste Phase der Blase ins Spiel. Es kommen erste Ermüdungserscheinungen auf. In dieser Phase genügt schon ein kleines unerwartetes Ereignis, das die Unsicherheit der Anleger weiter verstärkt. Dann beginnen die ersten ‚starken Hände', an Newcomer zu verkaufen, und das Momentum des Marktes dreht sich.

Jetzt zeichnet sich am Horizont die siebte Phase der Blase ab. In dieser Phase verstärkt sich nochmals der Verkaufsdruck. Erste Unternehmen scheitern.

Ebenfalls kommt es häufiger zu Bilanzmanipulationen. Diese Verunsicherungsfaktoren sowie weitere drohende Insolvenzen drückten bei den Anlegern gewaltig die Stimmung. Die Verkaufsflut verschärft sich weiter. Gleichzeitig treten die Analysten auf die Tagesordnung, die den Anlegern Hoffnung machen. Jetzt zeichnet sich die achte Phase der Blase ab.

Es setzen die ersten Panikverkäufe ein. Das Momentum des Aufwärtstrends entlädt sich mit voller Wucht in die umgekehrte Richtung. Es entsteht eine Abwärtsspirale nach unten. Die Banken fangen an, ihre Wertpapierkredite zurückzufahren, so dass viele Anleger ihre Aktien notgedrungen verkaufen müssen, um die Kredite zurückzuzahlen. Die Aktienkurse fallen von Tag zu Tag, das Abwärtsmomentum nährt sich von selbst, bis eine ultimative Verkaufspanik den Markt erfasst. Es kommt zu einem Kollaps, der die Aktienkurse auf ein grotesk niedriges irrationales Niveau herunterdrückt. Die Blase hat sich in einen Crash entladen.

In der neunten Phase der Blase wirkt sich dieser Crash auf die Realwirtschaft aus. So müssen die Unternehmen bzw. sogar ganze Volkswirtschaften restrukturiert und Schulden abgebaut werden, die Überinvestitionen der Vergangenheit werden abgeschrieben und so die Bilanzen bereinigt *(Balance Sheet Deleveraging)*. Die Banken sind mit faulen Krediten überladen und zögern deswegen bei der Neuvergabe von Krediten *(Credit Crunch)*. Es droht ein mehr oder minder großer Rückgang der Wirtschaftsleistung, d. h. eine Weltwirtschaftskrise.

Schlussendlich werden die Anleger völlig risikoavers. Sie investieren in den vermeintlich sicheren Hafen Staatsanleihen und drücken somit die Zinsen auf ein extrem niedriges Niveau. Letztendlich werden in dieser Phase alle Exzesse des vorhergehenden Booms bereinigt (Bilanzrezession). Historisch gesehen gehen bei einem Crash zwischen 75 % und 99 % der vorhergehenden Kursgewinne wieder verloren.

Nach einer langen Zeit gelangt der Markt in die zehnte Phase der Blase. Der Preisrückgang kommt zum Stehen. Es findet eine Bodenbildung statt. Assetklassen, die lange vom Radar der Anleger verschwunden waren, tauchen wieder auf der Agenda auf.

Was haben die Krisen der Börsengeschichte gemeinsam? Wie kann man erkennen, ob man sich in einer solchen Blase befindet? Albert Einstein rät:

„Man kann Probleme nicht mit Methoden lösen, die sie geschaffen haben." Machen wir uns die Erkenntnisse aus Kapitel 3 zunutze. Dort konnten wir feststellen, dass die Aktienmärkte ein Gedächtnis haben. Dies äußert sich darin, dass sich die Börsenkurse in Trends bzw. Zyklen bewegen. Vielleicht haben ja Kapitalmarktblasen einen ähnlichen Kursverlauf, der sie enttarnt.

Der charakteristische Chartverlauf einer Kapitalmarktblase ist in Abbildung 78 dargestellt. Auffällig ist ihre Form. Sie ist gekennzeichnet durch einen fulminanten Aufwärtstrend, gefolgt von einem dramatischen Abwärtstrend, bei dem die Gewinne des Aufschwunges mehr oder minder vollständig weggewischt werden. Zunächst beobachtet man allerdings eine steigende Anstiegsgeschwindigkeit der Aktienkurse. Der Aufwärtstrend wird zunehmend exponentiell. Zusätzlich werden die Korrekturen innerhalb des Aufstiegs immer kürzer. Der Markt will einfach nach oben.

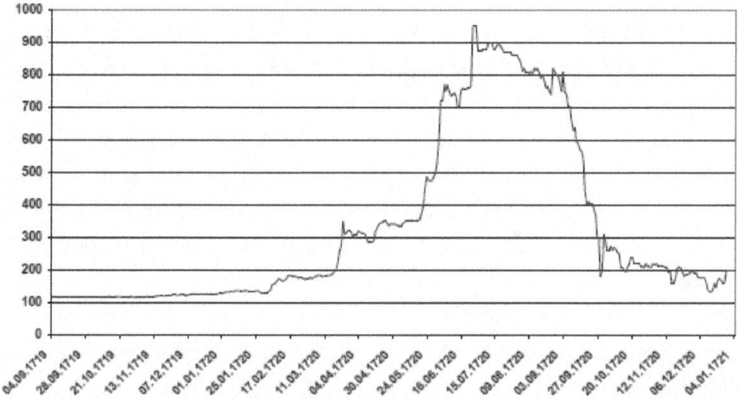

Abbildung 78: South Sea Company Sept. 1719 – Dez. 1720 in britischen Pfund (£)

Gleichzeitig fallen die Dividendenrenditen deutlich, sodass das Verhältnis Kurs zu Dividende deutlich ansteigt.

Abbildung 79: Verhältnis Kurs zu Dividende für den S&P 500 von 1910-2004

Alle Finanzmarktkonzepte, die auf den *Homo oeconomicus* setzen, erfassen keine Kapitalmarktblasen, weil die Normalverteilung diese nicht erfasst. Dumm für den Anleger ist es, dass gerade diese Ausreißer an der Börse besonders wichtig sind. Nimmt man z.B. die letzten 7 Jahre, so sind es nicht die normalen Handelstage, die für die großen Gewinne und Verluste wichtig waren, sondern gerade die Tage, an denen es dramatische Ausreißer gab. Würde man beispielsweise die zehn schlimmsten Kursabstürze der vergangenen sieben Jahre aus dem S&P-500-Index herausrechnen, so stünde der US-Index heute in etwa doppelt so hoch. Daher werden bei der Normalverteilung die Risiken der Finanzmärkte systematisch unterschätzt, weil sie teilweise nicht erfasst werden.

Deswegen funktioniert die Portfoliotheorie auch nicht in allen Börsenphasen. Sie versagt in einer Hausse oder Baisse, weil diese Ereignisse nicht durch das theoretische Konzept erfasst werden. Überspitzt formuliert: Die Portfoliotheorie kennt keine Hausse oder keinen Crash.

Früher oder später muss sich jeder Anleger mit der Frage beschäftigen, wohin der Weg führen soll. Glaubt er also den einen (Theorie der effizienten Märkte) oder den anderen (Chaostheorie). Ich persönlich hoffe, dass ich Sie für neue Einsichten über die Märkte begeistern konnte, dass Sie davon abrücken, durch Regeln und Kontrolle alles im Griff haben zu wollen. Immer, wenn etwas gemessen wird, gibt es Unsicherheiten. Denn bereits kleinste Unterschiede können eine große Wirkung erzielen. Wohlgemerkt sie können – sie müssen aber nicht. Denn die Natur liebt Ordnung im Chaos und Chaos in der Ordnung, wo immer ein Wettbewerb unter dynamischen Bedingungen stattfindet. Börsendaten bestehen aus einem System aus Trends und Zyklen. Diese können z.B. mithilfe der technischen Analyse (s. S. 25) in konkrete Anlageentscheidungen umgemünzt werden.

Ebenso scheint die Theorie der effizienten Märkte ins Straucheln zu kommen. Zwar beobachtet man bei Aktienkursverläufen im extrem kurzfristigen Bereich (in Minuten) tatsächlich noch reine Zufallsbewegungen, aber im langfristigen Bereich nicht. Dort reagieren die Trends und Zyklen. Das Nebeneinander von Zufall und Struktur bedeutet, dass die Theorie der effizienten Märkte nicht vollständig falsch ist, sondern eben ein Sonderfall des allgemeinen Chaos an den Börsen.

Eines ist auf jeden Fall klar, die Börse ist komplizierter, als die bisherige Forschung uns glauben machen möchte. Rückkopplungen mit der Vergangenheit, Interaktionen der Marktteilnehmer untereinander und die Sensitivitäten bei den Anfangsstörungen führen dazu, dass heute als sicher geglaubte Zusammenhänge ‚verbogen' werden oder sich je nach Umfeld als richtig oder falsch erweisen.

Wer von einer zufälligen Börsenentwicklung ausgeht und damit ohne System ein- bzw. aussteigt, verliert auf Dauer nur Geld. Die Buy-and-Hold-Strategien sind des Anlegers Tod. Vielmehr kommt es auch bei einer langfristigen Kapitalanlage auf das Timing bzw. den richtigen Zeitpunkt an. Das heißt, auch Aktien bzw. Indizes können extrem weit von ihrem inneren Wert abweichen.

Wer hingegen mit den einfachsten technischen Hilfsmitteln (z.B. Trendlinien) arbeitet, sollte langfristig Gewinne erzielen können. Eine solch simple Strategie, die das Phänomen der Trends ausnutzt, könnte wie folgt aussehen:

- Hierzu verwendet der Anleger das Hilfsmittel der technischen Analyse, die 200-Tage-Linie. Sie wird folgendermaßen berechnet: Für einen Börsentag wird zunächst ein Durchschnitt aus den Kursen der letzten 200 Börsentage z.B. einer Aktie gebildet. Weiterhin wird an jedem folgenden Börsentag der jeweils in die Berechnung einbezogene erste bzw. älteste Börsentag weggelassen und stattdessen wird der aktuellste Kurs in die Berechnung einbezogen. Wenn der Kursverlauf der Aktie die 200-Tage-Linie von unten nach oben durchschneidet, spricht man von einem Kaufsignal, im umgekehrten Fall von einem Verkaufssignal. Gibt nun die 200-Tage-Linie ein Verkaufssignal, so verkauft der Anleger mechanisch seine Aktie. Falls dagegen die 200-Tage-Linie ein Kaufsignal gibt, kauft der Anleger die Aktie ohne zu zögern.

Viele Anleger glauben, dass auf lange Sicht die Entwicklungen der Vergangenheit immer so weiter gehen. Auch wenn etwas tausendmal auf die gleiche Weise passiert, bedeutet dies nicht, dass es auch beim 1001sten Mal genauso abläuft. Wir gehen aber davon aus, dass die Dinge sich linear entwickeln. Wenn beispielweise Ihr Kind in einem bestimmten Alter nicht spricht, geraten Sie in Panik und suchen einen Arzt auf. Wenn es später plötzlich ausgefeilte Sätze von sich gibt, sind Sie völlig baff. In der Regel ist es so, dass alle Ereignisse, die nichtlinear auftreten, uns überraschen. Verfallen Sie also nicht der trügerischen Linearität der Ereignisse, es kann zu jederzeit an den Börsen etwas passieren, womit man nicht rechnet.

Eine Anekdote des römischen Politikers Cicero lehrt uns, Ereignisse nicht zu verzerren. Cicero hatte einen Disput mit einem Mann, der nicht an die Götter glaubte. Ihm zeigte Cicero zunächst mehrere Bilder von Menschen, die beteten und danach einen Schiffsuntergang überlebten. Cicero konstruierte nun folgenden Zusammenhang: Das Beten beschützte sie. Der ungläubige Mann fragte Cicero, wo die Bilder der Ertrunkenen seien, die ja ebenso gebetet hätten. Damit wiederlegte der Mann Cicero, weil den Gläubigen, die gestorben waren, die Chance genommen wurde, sich mitzuteilen. Ihr Zeugnis bleibt stumm. Das einzige, was beide Gruppen der Gläubigen voneinander unterscheidet, ist Glück. Die Verzerrung, die daraus resultiert, bezeichnet man als statistischen Bias.

Zudem konzentriert man sich zumeist auf Dinge, die gut erforscht sind. Dazu gehört die Wahrscheinlichkeitsrechnung. Hiermit hatte z. B. ein Kasino in der Spielerstadt Las Vegas seinen Unternehmenserfolg berechnet. Auf dem Papier sah alles hervorragend aus – aber die Realität machte den Planern einen Strich durch die Rechnung. Es trat ein Ereignis ein, dessen Auftreten die Wahrscheinlichkeitsrechnung als extrem gering einstufte. Einer der wichtigsten Mitarbeiter des Kasinos – Roy aus der Siegried-und-Roy-Show – wurde von einem Tiger angegriffen und schwer verletzt. Die Kosten für diesen unversicherten Unfall belaufen sich auf mehr als 100 Millionen $. Dieses Beispiel zeigt, dass selbst die hochkomplexen Wahrscheinlichkeitsrechnungen, seien sie auch noch so gut begründet, vor allem wissenschaftliche Spielchen sind. Die Realität kann sie jeder Zeit ad absurdum führen, d. h. die wirklich großen Risiken werden damit nicht erfasst. Man spricht deshalb auch von einer ludischen (lat. ludus = Spiel) Verzerrung.

Es bleibt immer ein Überraschungseffekt bestehen. Viele Risikoanalytiker benutzen gerne die Gaußsche Glockenkurve als ihr Modell der Wahrscheinlichkeitsverteilung. Es konzentriert sich auf den Durchschnittswert und verliert die Extreme aus dem Auge. Viel geeigneter ist das Modell der fraktalen Zufälligkeit. Fraktale sind selbstaffin, d. h. sie bestehen aus immer kleiner oder größer werdenden Teilen ihrer selbst. Die fraktale Zufälligkeit belegt nun, dass es in Wirklichkeit frei skalierbare Ereignisse gibt, welche immer größer oder kleiner werden können.

Die Hoffnung darauf, in diesem scheinbaren Chaos verborgene Strukturen entdecken zu können, elektrisierte verständlicherweise Wirtschaftswissenschaftler und ebenso Börsenspekulanten. Lässt sich dieses Chaos aber nicht vielleicht doch beherrschen, und lassen sich Börsenkurse nicht vielleicht doch vorhersagen? Leider hat bis heute offenbar noch niemand den ultimativen Schlüssel zum Reichtum gefunden. Der Weg zur ersten Million ist zwar mit Erkenntnissen der Physik ein wenig begradigt worden. Dennoch ist er nicht weniger steinig und man gerät an allen Ecken in Gefahr zu stürzen. Hoffnung kommt von Seiten der Physik, weil sie das Verständnis der Finanzmärkte erweitert hat. Mein Fazit ist: **Ein bisschen Kunst gehört neben all der Wissenschaft auch dazu, um an den Finanzmärkten ein großes Rad zu drehen.**

8. Literaturverzeichnis

Lit. 1 : Albrecht und Maurer: 100% Aktien zur Altersvorsorge? – Über die Langfristrisiken einer Aktienanlage, AbsolventUm Universität Mannheim (Hrsg.): 1. Mannheimer Alumni-Tag, Mannheim, 2000, S. 241-271.

Lit. 2 : Albrecht: Welche Aktienperformance ist über die nächsten Dekaden realistischerweise zu erwarten? Eine Fundamentalanalyse, Zeitschrift für Versicherungswesen 23/2001, S. 803-812.

Lit. 3 : Ambrose et al.: Fractal Structure in the Capital Markets Revisited, in: Financial Analysts Journal, Vol. 49, No. 3, May/June 1993, S. 73-77.

Lit. 4 : Argyris et al.: Die Erforschung des Chaos. Friedrich Vieweg & Sohn, Wiesbaden, 1994.

Lit. 5 : Auckenthaler und Mettler: Chaos-Theorie und Finanzmarktforschung, Universität Zürich, 1994.

Lit. 6 : Bak und Chen: Selbstorganisierte Kritizität, in: Spektrum der Wissenschaft, März 1991, S. 62-71.

Lit. 7 : Bamberg et al.: Statistik, 11. Auflage, Oldenbourg, München, 2001.

Lit. 8 : Barnsley: Fractal modeling of real world images, in: Pleitgen und Saupe (Hrsg.): The Science of Fractal Images, Springer-Verlag, New York, 1988.

Lit. 9 : Behr: Ein Weg zur fraktalen Geometrie, Ernst Klett Schulbuchverlag, 1993.

Lit. 10 : Behr: Fraktale. Formen aus der Mathematik und Natur, Ernst Klett Schulbuchverlag, 1997

Lit. 11 : Benke: Kapitalmarktprognosen auf dem Prüfstand (1992 – 2005), Stiftung & Sponsoring, Ausgabe 35, Mai 2005, S. 36ff.

Lit. 12 : Mandelbrot: Die fraktale Geometrie der Natur. Birkhäuser, Basel, 1987.

Lit. 13 : Berkner und Evertsz: Large deviation and self-similarity analysis of curves: DAX stock prices. Chaos, Solitons and Fractals 6, S. 121-130.

Lit. 14 : Bernard und Thomas: Evidence that Stock Prices Do Not Fully Reflect the Implications of Current Earnings for Future Earnings, in: Journal of Accounting Economics 1992, vol. 13, S. 305-340.

Lit. 15 : Boeing: Kaskaden der Spekulation – Warum die Ökonomie von der Eleganz physikalischer Formeln fasziniert wird, Die Woche, 21. Dezember 2001, S. 26.

Lit. 16 : Bohl: Die Aktienhaussen der 80er und 90er Jahre: Waren es spekulative Blasen? Lehrstuhl für Allgemeine Betriebswirtschaftslehre, Europa-Universität Viadrina, Frankfurt (Oder), März 2003.

Lit. 17 : Bollerslev et al.: ARCH Models, in: Engle und McFadden (Hrsg.):Handbook of Econometrics, North Holland Press, 1994, Amsterdam, S. 2959-3038.

Lit. 18 : Bollerslev: Generalized Autoregressive Conditional Heteroskedasticity, in: Journal of Econometrics, 1986, Vol. 31, S. 307-327.

Lit. 19 : Briggs und Peat: Die Entdeckung des Chaos. Eine Reise durch die Chaos-Theorie. München, 1990.

Lit. 20 : Brügge: Mythos aus dem Computer. Der Spiegel Nr. 39/1993, S. 156-164.

Lit. 21 : Capstaff et al.: The accuracy & rationality of earnings forecast by UK analysts, Journal of Business Finance and Accounting 1995, Vol. 22, S. 67-85.

Lit. 22 : Christmann: Anwendungen der Synergetik und Chaostheorie in der Ökonomie. Doktorarbeit, Karlsruhe, 1990.

Lit. 23 : Cohen: Bears & Bulls: The psychology of the stock market, Metro Books London, 2000.

Lit. 24 : Dähn: Seit langen bemühen sich Ökonomen, das Geheimnis des Geldes und die Turbulenzen der Wirtschaft mit den Gesetzen der Physik zu ergründen – Was der Strahl aus einem Wasserhahn mit dem Chaos an der Börse gemein hat, Die Woche, 21. Dezember 2001, S. 27.

Lit. 25 : De Bondt und Forbes: Herding in analyst earning forecasts: evidence from United Kindgom, European Financial Management 1999 5, S. 143-163.

Lit. 26 : Depczynski: Mathematik und Software im Finanzmanagement – Teil 2: Wahrscheinlichkeitsrechnung und Statistik, Finanz Betrieb (4), 2005.

Lit. 27 : Deutsche Bundesbank: Zur Rolle von Volatilitätsmustern an den Finanzmärkten, Monatsbericht September 2005.

Lit. 28 : Devaney und Keen (Hrsg.): Chaos and Fractals. The Mathematics Behind the Computer Graphics, Providence, Rhode Island: American Mathematical Society, 1989.

Lit. 29 : Dufner et al.: Fraktale und Julia-Mengen. Harri Deutsch, Thun et al., 1998.

Lit. 30 : Elsner: Chaos und Zufall am deutschen Aktienmarkt – Eine Studie über nichtlineare Dynamiken, Volatilität und Effizienz, Physica-Verlag, Heidelberg, 1996

Lit. 31 : Engle: Dynamic Conditional Correlation: A Simple Class of Multivariate Generalized Autoregressive Conditional Heteroskedasticity Models, Journal of Business and Economic Statistics, Vol. 20, No. 3, S. 339-350.

Lit. 32 : Engle und Granger: Co-Integration and Error Correction: Representation, Estimation and Testing, Econometrica, Vol. 55, No. 2, 1982, S. 251-275.

Lit. 33 : Evertzsy et al.: Fraktale Geometrie von Börsenzeitreihen: Neue Perspektiven ökonomischer Zeitreihenanalysen, Universität Bremen.

Lit. 34 : Farmer und Yorke: The dimension of chaotic attractors, Physica 7D, 1983, S. 153-180.

Lit. 35 : Frank et al.: International Chaos? European Economic Review 32, 1988, S. 1569-1584.

Lit. 36 : Franke et al.: Einführung in die Statistik der Finanzmärkte, 28. Mai 2001 (http://fedc.wiwi.hu-berlin.de/xplore/ebooks/html/sfm/).

Lit. 37 : Franses und van Dijk: Non-linear time series models in empirical Finance, Cambridge University Press, 2000.

Lit. 38 Frerichs: Grundlagen der Chaostheorie – Eine allgemein verständliche Einführung für Laien.

Lit. 39 Gammelin und Kloy: Diversifikation in neue Assetklassen. Risikomessung – Normalverteilung oder Mean-Reversion Modelle? www.risiko-manager.de, 05. 2006 (08.03.2006), S. 4-12.

Lit. 40 : Glass und Mackey: Oscillation and chaos in physiological control systems. Science, 197, 1977, S. 287-289.

Lit. 41 : Goldman Sachs: Volatilitäts-Kompass, Frankfurt am Main, 2007.

Lit. 42 : Greschik: Das Chaos und seine Ordnung, Deutscher Taschenbuch Verlag, München, 1999.

Lit. 43 : Groetker: Die Formel gegen den Absturz, Technology Review, Juni 2009.

Lit. 44 : Hannula: Making Money With Chaos, in "Technical Analysis of Stocks & Commodities", August 1990, S. 62-65.

Lit. 45 : Hassler: Zeitabhängige Volatilität und instationäre Zeitreihen, Wirtschaftsdienst 12, 2003, S. 1-6.

Lit. 46 : Hausdorff: Dimension und äußeres Maß, Mathematische Annalen, Bd. 79, 1919, S. 157-179.

Lit. 47 : Hepp: Fächerübergreifende Matura Mathematik/Informatik Fraktale, April 2000.

Lit. 48 : Hoffmann: Ein Versuch, fraktale Geometrie zu erklären, PrimaryCare 9, 2009, Nr. 10

Lit. 49 : Hohls und Miller: Komplexe dynamische Systeme, Arbeitsgemeinschaft „Jugend forscht" des Christian-Gymnasiums Hermannsburg, 2005.

Lit. 50 : Hoyer: Eine Alternative zur Korrelationsfunktion – Vergleich verschiedener nicht-linearer Modelle (Diplomarbeit), Technische Universität München, Zentrum Mathematik, 2006.

Lit. 51 : Hsieh: Chaos and Nonlinear Dynamics: Application to Financial Markets, Journal of Finance 5, Vol. 46, 1991, S. 1839-1877.

Lit. 52 : http://www.chaosforschung.info

Lit. 53 : http://www-gs.informatik.tu-cottbus.de/~wwwgs/cg2_v10a.doc

Lit. 54 : Hurst: Cyclic Analysis: A Dynamic Approach to Technical Analysis, Traders Press, 1999.

Lit. 55 : Hurst: The Profit Magic of Stock Transaction Timing, Traders Press, 2000.

Lit. 56 : Johansen und Sornette: Predicting financial crashes ask critical points, International Journal of Theoretical and Applied Finance 3, 2000, S. 219-255.

Lit. 57 : Jung: Das Lorenz-System und seltsame Attraktoren. http://andreas.welcomes-you.com/research/talks/lorenz/index.html

Lit. 58 : Kummer: Die Juliamengen und die Mandelbrotmenge. http://jumk.de/facharbeit/anmerkungen.html

Lit. 59 : Kaizoji: Power laws and market crashes: Empirical laws on bursting bubbles, Progress of Theoretical Physics Supplement 192, 2006, S. 165-172.

Lit. 60 : Kennel et al.: Determining embedding dimension for phase-space reconstruction using a geometrical construction. Physical Review A 45, 3403-3411, 1992.

Lit. 61 : Kern: Facharbeit Fraktale Geometrie, Städtisches Gymnasium Riesa, 2006.

Lit. 62 : Kernig: Chaos und Ordnung in neuer Sicht, www.cd.kernig.de

Lit. 63 : Kiehling: Eine Einführung in die Kapitalmarkttheorien, DStR 14/92, S. 476-482.

Lit. 64 : Kiehling: Das Chaos auf dem Aktienmarkt, Die Bank 3/92, S. 146-150.

Lit. 65 : Kiehling: Kursstürze am Aktienmarkt. Deutscher Taschenbuch Verlag, München, 1991.

Lit. 66 : Kiehling: Nichtlineare chaotische System-Charakteristika, in: Schweizer Bank, Nr. 8/94, S. 49-50.

Lit. 67 : Kladroba und von der Lippe: Die Qualität von Aktienempfehlungen in Publikumszeitschriften, Diskussionsbeiträge aus dem Fachbereich Wirtschaftswissenschaften der Universität Essen, Nr. 117, November 2001.

Lit. 68 : Know How: Transatlantischer Bogen: Robert Engle und Clive Granger – Über Mathematik, Physik, Ökonomie und das ARCH – Modell, 04/2008.

Lit. 69 : Krämer und van de Weyer: Bonds, Bubbles und andere Ungereimtheiten. Hintergrund Lazard Asset Management, Oktober 2005.

Lit. 70 : Lattemann: Zum Zusammenhang zwischen der Kursentwicklung der Aktien am Kapitalmarkt und der Geldpolitik der Deutschen Bundesbank, Dissertation Universität Bremen, 1997.

Lit. 71 : Le Bon: Psychologie der Massen. Alfred Kröner Verlag, Stuttgart, 1982.

Lit. 72 : Lenhard: Vorhersagegenauigkeit britischer Broker und Analysten, Reader ABO – Finanzpsychologie SS 2001 (Hrsg. Hünnerkopf, M.), S. 70-80.

Lit. 73 : Lindemann: Werte verbinden, Zahlen ziehen oder frei leben, Heureca April 2007, S. 4-9.

Lit. 74 : Loistl und Betz: Chaostheorie - Zur Theorie nichtlinearer dynamischer

Systeme. R. Oldenbourg Verlag, München, 1993.

Lit. 75 : Lorenz: Nonlinear Dynamical Economics and Chaotic Motion. 2nd edn. Springer, 1993.

Lit. 76 : Löwer: Mediziner setzen auf die heilsame Wirkung des Chaos, http://www.handelsblatt.com/technologie/medizin/mediziner-setzen-auf-die-heilsame-wirkung-des-chaos;1071786

Lit. 77 : Lüdecke: The Karlsruher Kapitalmarktdatenbank (KKMDB): The IBIS Data, in: Discussion Paper No. 190, University of Karlsruhe, 1998.

Lit. 78 : Feigenbaum: Universal Behavior in Nonlinear Systems. Physica 7D, 16-39, 1983.

Lit. 79 : Mackey und Glass: Oscillation and chaos in physiological control systems. Science 197, 1977, S. 287-289.

Lit. 80 : Mandelbrot und van Ness: Fractional Brownian motions, fractional noises and applications. SIAM Review 10(4), 1968, S. 422-437.

Lit. 81 : Mandelbrot: How long is the coast of Britain? Statistical self-similarity and fractional dimension, Science 155, 1967, S. 636-638.

Lit. 82 : Mandelbrot: The variation of certain speculative prices. The Journal of Business of the University of Chicago 36, 1963, S. 394-419.

Lit. 83 : Wehr: Der Schmetterlingsdefekt. Turbulenzen in der Chaostheorie. Klett-Cotta, Stuttgart, 2002.

Lit. 84 : Mittnik: Risikoprognose in turbulenten Märkten, Euro am Sonntag, 05.10.2008, S. 21-23.

Lit. 85 : Neidhardt und Zeitler: Fraktale und Chaos - Eine Einführung, Wissenschaftliche Buchgesellschaft Darmstadt, 1993.

Lit. 86 : Nemtsev: Skalierungsmodelle für das Risiko am Aktienmarkt – eine ökonomische Analyse, Dissertation Universität Fridericiana Karlsruhe, 2006.

Lit. 87 : Nötige Ergänzungen für die Portfoliotheorie – Gültigkeit trotz dem kollektiven Absturz der Anlageklassen, NZZ Online.

Lit. 88 : Bryant et al.: Lyapunov Exponents from Observed Time Series. Physical Review Letters 65, 1523, 1990.

Lit. 89 : Pagan: The econometrics of financial markets, in: Journal of Empirical Finance, Vol. 3, 1996, S. 15-102.

Lit. 90 : Parker und Chua: Practical Numerical Algorithms for Chaotic Systems. Springer Verlag, New York, 1989.

Lit. 91 : Pleitgen et al.: Chaos and fractals. New frontiers of science, 2nd Edition, Springer, 2004.

Lit. 92 : Pleitgen et al.: Fraktale. Eine komplexe Sprache für komplexe Strukturen. Spektrum der Wissenschaft, 1989. S. 106-118.

Lit. 93 : Pleitgen et al.: Fraktale Selbstähnlichkeit, Chaosspiel, Dimension. Ein Arbeitsbuch, Ernst Klett Schulbuchverlag, 1992.

Lit. 94 : Pleitgen et al.: Chaos, Iteration, Sensitivität, Mandelbrot-Menge. Ein

Arbeitsbuch, Ernst Klett Schulbuchverlag, 1992.

Lit. 95 : Pleitgen et al.: Bausteine des Chaos – Fraktale, Rowohlt, Reinbek bei Hamburg, 1998.

Lit. 96 : Pleitgen et al.: Chaos. Bausteine der Ordnung, Springer-Verlag, Berlin, 1994.

Lit. 97 : Peters: Fractal market analysis, John Wiley, New York, 1994.

Lit. 98 : Peters: Chaos and Order in the Capital Markets: A New View of Cycles, Prices, and Market Volatility, Second Edition, John Wiley, New York, 1996.

Lit. 99 : Peters: Fractal Market Analysis - Applying Chaos Theory to Investment & Economics, John Wiley, New York, 1994.

Lit. 100 : Poddig: Analyse und Prognose von Finanzmärkten, Bad Soden, 1996.

Lit. 101 : Rau-Bredow: Value at Risk, Normalverteilungshypothese und Extremwertverhalten, Finanz Betrieb, Zeitschrift für Unternehmensfinanzierung und Finanzmanagement, 3. Jahrgang, Oktober 2002, S. 603-607.

Lit. 102 : Rau-Bredow: Überwachung von Marktpreisrisiken durch Value at Risk, Wirtschaftswissenschaftliches Studium (WiSt), 2001, S. 315-319.

Lit. 103 : Redlhammer: Chaos & Ordnung. Ein sommerlicher Ausflug in die Komplexitätstheorie, Ramsauer & Stümer Consulting, Wien, 2008.

Lit. 104 : Reiber: Von Lichtenbergs „Gespenst“ zur Emergenz der Qualität. Die neurobiologische Hirn-Geist-Diskussion im Licht der Komplexitätswissenschaft, Lichtenberg-Jahrbuch, 2008.

Lit. 105 : Richter: Chaotisches Verhalten dynamischer Systeme und seine regelungstechnische Behandlung, Theoretische Arbeit 10/2000.

Lit. 106 : Kaiser, Fachbereichsarbeit: Die Mandelbrotmenge, 1997.

Lit. 107 : Rosenbeiger: Julia-Mengen. Fachbereichsarbeit Stubenbastei Wien 1997/98.

Lit. 108 : Ruffleux: Märkte im Labor, Spektrum der Wissenschaften 5, S. 60-68.

Lit. 109 : Schlichting: Prozeß und Struktur. Probleme der Selbstorganisation im Bereich der unbelebten Natur, Physik in der Schule, 1994, 32/11, S. 392-397 und 32/12, S. 430-434.

Lit. 110 : Schneider (Hrsg.): Wege in der Physikdidaktik. Band 3, Rückblick und Perspektive, Verlag Palm & Enke, Erlangen, 1993.

Lit. 111 : Schoffer: Modellierung von Kapitalmarktrenditen mittels asymmetrischer GARCH-Modelle, Dissertation Universität Dortmund, 2003.

Lit. 112 : Seifritz: Wachstum, Rückkopplung und Chaos - Eine Einführung in die Welt der Nichtlinearität und des Chaos. Carl Hanser Verlag, München et al., 1987.

Lit. 113 : Sibbersten: Warum die Börse die Mathematik braucht? Statistische Methoden zur Analyse von Finanzmarktdaten.

Lit. 114 : Großmann. Selbstähnlichkeit: Das Strukturgesetz im und vor dem Chaos. Phys. Bl. 45, 1989, S. 172-180.

Lit. 115 : Sornette: Critical market crashes, Physics Reports 378 (1), 2003, S. 1-98.

Lit. 116 : Sornette: Das Finanzblasen-Experiment, ETH Zürich Media Relations, 3. Mai 2010.

Lit. 117 : Soros: Die Alchemie der Finanzen: Wie man die Gedanken des Marktes liest, Börsenmedien, 3. Aufl., 2007.

Lit. 118 : Stadlinger: Deterministisches Chaos, Facharbeit aus dem Fach Physik, Platen-Gymnasium Ansbach, Kollegstufe, 2001/2003.

Lit. 119 : Stewart: Spielt Gott Roulette? Chaos in der Mathematik. Birkhäuser Verlag, Basel, 1990.

Lit. 120 : Taleb: Der schwarze Schwan. Die Macht höchst unwahrscheinlicher Ereignisse, Carl Hanser Verlag, München, 2007.

Lit. 121 : Thiemann: Chaos auf Kapitalmärkten des DAX, Dow und FTSE anhand moderner Verfahren auf deterministisches Chaos, Wiku-Verlag – Verlag für Wissenschaft und Kultur Dr. Stein & Brokamp KG, Stuttgart, 2004.

Lit. 122 : Thoma: Chaostheorie, Wirtschaft und Börse, R. Oldenbourg Verlag, München, 1997.

Lit. 123 : Uhlig: Finanzmarktanalyse. Neue Ansätze aus der Chaosforschung, Verlag Franz Vahlen, München, 1999.

Lit. 124 : Welowsky: Das Ende der Vernunft, in: "Faszination Chaos und Fraktale", Bild der Wissenschaft und Chipspecial. Vogel, Würzburg, 1. Aufl., 1995, S. 18-25.

Lit. 125 : Wolfram: Software für Mathematik und Naturwissenschaften, in: "Chaos und Fraktale", Spektrum der Wissenschaft, Heidelberg, 1989

Lit. 126 : Wünsche: Long Memory Effekte in Finanzzeitreihen, Diplomarbeit an der Wirtschaftswissenschaftlichen Fakultät der Humboldt Universität zu Berlin, 2000.

Lit. 127 : www.eberl.net/chaos/Skript/node1.html#SECTION0010000000000000000

Lit. 128 : www.formel-sammlung.de/wiki_Mandelbrot-Menge.html

Lit. 129 : www.matheprisma.uni-wuppertal.de/Module/Fraktal/index.htm

Lit. 130 : www.wissensnavigator.com/interface4/management/endo-management/buch/**hab233**.pdf, Stand: 10. Mai 2010

Lit. 131 : www-gs.informatik.tu-cottbus.de/~wwwgs/cg2_v10a.doc

Lit. 133 : www.misbehaviorofmarkets.com

Lit. 134 : Zeeman: On the unstable behaviour of stock exchanges. Journal of Mathematical Economics, 1974, S. 39-49.

9. Stichwortverzeichnis

G

H

I

J

K

L

T

U

V

W

Z

A

Λ

M

Φ

Rüdiger Götte

Finanzkrisen: Mythos und Wahrheit, Anatomie und Geschichte

Warum Spekulationsblasen immer wieder entstehen, wie sie platzen – und wie Anleger sich vor ihnen schützen können

ISBN 978-3-8382-0219-8
340 S., Paperback, € 34,90

Erhältlich **ab Herbst 2011** in jeder Buchhandlung oder direkt bei

ibidem

Die letzte Finanzkrise kam für die Mehrheit der Anleger überraschend, war und ist hart in ihren bis jetzt nicht überwundenen Konsequenzen und zudem global in ihren Ausmaßen. Was folgte, waren die üblichen Fragen, besonders nach dem Wer und dem Wie. Es herrschten zwar Verwirrung, Angst und Ratlosigkeit, doch bei näherem Hinsehen entpuppt sich die US-Immobilienkrise als ein alter Bekannter, der sich lediglich in einem neuen Gewand präsentierte. Sie war nicht die erste und wird wohl auch kaum die letzte globale Finanzkrise sein, auch wenn es nach der letzten und vor der nächsten Krise nur allzu oft heißt, dass diesmal alles anders werde. Das Gegenteil ist der Fall, denn alle großen Wirtschaftskrisen verlaufen nach einem erkennbaren Muster, als deren Motto gelten könnte: *The same procedure as every crisis.*
Doch wie sieht dieses Muster genau aus? Wie kommt es dazu? Wer ist dafür veran wortlich, und wie kann man sich am besten vor der nächsten Krise schützen?
Diesen und anderen Fragen geht Dr. Götte in seinem neuesten Werk nach, das sich dem Entstehen und Vergehen von Spekulationsblasen widmet. Hierzu macht er den Leser zunächst mit den Krisen-Theorien der bekanntesten und meistbeachteten Ökonomen bekannt, stellt also gewissermaßen die mutmaßlichen tieferen Spielregeln vor, nach denen die heutigen Wirtschafts- und Finanzmärkte funktionieren und unser aller Leben beeinflussen. Im Anschluss folgt eine Zeitreise durch die bereits mehr als 800 Jahre umspannende Geschichte der Finanzkrisen, die einzeln vorgestellt und analysiert werden. Die Ergebnisse dieser Betrachtung münden in der ernüchternden Erkenntnis, dass jede neue Spekulationswelle mit fataler Sicherheit in einem Crash enden muss.
Die Darstellung der Finanzkrisen rundet Dr. Götte durch eine Betrachtung der den Euphorien zugrundeliegenden massenpsychologischen Mechanismen ab: Warum lassen sich Anleger jedes Mal aufs Neue von abenteuerlichen Gewinnversprechen blenden und laufen sehenden Auges in die Katastrophe? Wie erkenne ich die nächste Euphorie-Blase, und wie schütze ich mich davor, von ihr angesteckt zu werden?

Mit dem von Dr. Götte vermittelten Wissen über die Zusammenhänge früherer und aktueller Wirtschaftskrisen erhalten Anleger ein Werkzeug an die Hand, mit dem sie zukünftige Krisen nicht nur bewältigen, sondern unter bestimmten Umständen sogar für sich nutzen können, denn nach der Krise ist vor der Krise.

ibidem-Verlag • Melchiorstr. 15 • 70439 Stuttgart • Tel.: 0711/9807954 • Fax: 0711/8001889
ibidem@ibidem-verlag.de

***ibidem*-Verlag**
Melchiorstr. 15
D-70439 Stuttgart
info@ibidem-verlag.de

www.ibidem-verlag.de
www.ibidem.eu
www.edition-noema.de
www.autorenbetreuung.de